Jane M. Connor & Dian Killian

Verbindung herstellen – Trennendes überbrücken

Mit jedermann, jederzeit und überall eine gemeinsame Ebene finden

Praktische GFK für den Alltag

W0084369

Ausführliche Informationen zu jedem unserer lieferbaren und geplanten Bücher finden Sie im Internet unter ↗ http://www.junfermann.de. Dort können Sie auch unseren Newsletter abonnieren und sicherstellen, dass Sie alles Wissenswerte über das Junfermann-Programm regelmäßig und aktuell erfahren. – Und wenn Sie an Geschichten aus dem Verlagsalltag und rund um unser Buch-Programm interessiert sind, besuchen Sie auch unseren Blog ↗ http://blogweise.junfermann.de.

JANE M. CONNOR & DIAN KILLIAN

VERBINDUNG HERSTELLEN – TRENNENDES ÜBERBRÜCKEN

MIT JEDERMANN, JEDERZEIT UND ÜBERALL
EINE GEMEINSAME EBENE FINDEN
PRAKTISCHE GFK FÜR DEN ALLTAG

Aus dem Englischen von
Renate Weitbrecht

Junfermann Verlag
Paderborn
2014

Copyright	© der deutschen Ausgabe: Junfermann Verlag, Paderborn 2014 Translated from the book *Connecting Across Differences 2ed, ISBN: 13/10 9781892005243 / 1892005247, by Jane Marantz Connor & Dian Killian*, Copyright © Spring 2012 PuddleDancer Press, published by PuddleDancer Press. All rights reserved. Used with permission. For further information about Nonviolent Communication (TM) please visit the Center for Nonviolent Communication on the Web at: ↗ www.cnvc.org.
Übersetzung	Renate Weitbrecht
Fachliche Begleitung der Übersetzung	Jürgen Engel
Coverfoto	© Robert Churchill – iStockphoto.com
Covergestaltung / Reihenentwurf	Christian Tschepp

Satz	Peter Marwitz, Kiel (etherial.de)
Bibliografische Information der Deutschen Nationalbibliothek	Die Deutsche Nationalbibliothek verzeichnet diese Publikation in der Deutschen Nationalbibliografie; detaillierte bibliografische Daten sind im Internet über ↗ http://dnb.d-nb.de abrufbar.

ISBN978-3-87387-922-5

Dieses Buch erscheint parallel als E-Book
(ISBN 978-3-87387-990-4).

Für die Idealisten überall auf der Welt,
die den Mut zu Visionen und Veränderungen haben.

„Ein Feind ist jemand, dessen Geschichte wir nicht gehört haben.“
(Gene Knudsen-Hoffman)

Inhalt

Abbildungen und Tabellen

Abbildungen

Tabellen

Einleitung:
Bewusst leben und entscheiden

Du verstehst mich einfach nicht. Du hörst nie zu, oder?

Wie konnte ich nur schon wieder so einen blöden Fehler machen? Anscheinend lerne ich nie dazu.

Ich weiß einfach nicht, was ich tun soll. Es gibt zu viele Wahlmöglichkeiten.

Er ist einfach ein Idiot, der nur an sich selbst denkt.

Was empfinden Sie, wenn Sie diese Äußerungen lesen? Versetzen Sie sich in die Menschen hinein, die sie machten. Wie reagiert Ihr Körper? Fühlen Sie sich angespannt oder nervös? Werden Sie ängstlich, traurig, wütend oder verwirrt? Wenn ja, ist das nicht verwunderlich. Obwohl es in jeder Äußerung um etwas anderes geht, enthalten alle ein Urteil. Sie offenbaren Kommunikationsprobleme und eine kritische oder vorwurfsvolle Haltung gegenüber anderen oder der eigenen Person. Und niemand wird gerne verurteilt – nicht einmal von sich selbst. Zudem wird in keiner Äußerung auf die Hauptursache der Spannungen und Missverständnisse eingegangen, sodass es keinen klaren Weg zur Lösung des bestehenden Problems gibt.

Lesen Sie nun die folgenden Äußerungen, in denen es um dieselben Dinge geht wie in den obigen, und zwar in derselben Reihenfolge. Diesmal bringen die Menschen konkret zum Ausdruck, was sie denken oder fühlen.

> Ich bin frustriert. Meiner Erinnerung nach habe ich das so nicht gesagt. Und ich schätze Genauigkeit.

> Das ist schon das zweite Mal in diesem Jahr, dass ich vergessen habe, meine Visa-Rechnung zu bezahlen. Ich hasse es, Mahnungen zu bekommen, und ich bin wirklich bestrebt, meine persönlichen Angelegenheiten mit der nötigen Sorgfalt zu regeln.

> Nun, da ich sehe, dass es 22 verschiedene Kurse gibt, die alle die Prüfungsanforderungen erfüllen, fühle ich mich ganz erschlagen. Ich weiß wirklich nicht, für welchen ich mich entscheiden soll.

> Ich bin wütend. Mein Mitbewohner hat gerade 25 Minuten lang geduscht, und jetzt ist kein heißes Wasser mehr übrig. Etwas mehr Rücksichtnahme und Achtsamkeit würde ich mir schon wünschen!

Beim Lesen dieser Äußerungen spüren Sie vielleicht, dass Sie anders reagieren als vorhin. Fühlen Sie sich entspannter und wohler? Empfinden Sie mehr Wohlwollen und Verständnis für die Menschen, die diese Äußerungen machten, und eine stärkere Verbundenheit mit ihnen – besonders wenn Sie lesen, was sie wollen (Genauigkeit, Sorgfalt, Klarheit und Rücksicht)? Stellen Sie fest, dass Sie für die geäußerten Wünsche offener sind und eher bereit wären, auf sie einzugehen?

In den letzten Äußerungen übernehmen die Menschen Verantwortung für ihre Erfahrungen. Statt Urteile zu fällen (die oft kaum Informationen liefern), beschreiben sie mit klaren Worten, was sie stört, was sie empfinden und was sie wollen.

Diese Gegenüberstellung von Äußerungen illustriert die Techniken, mit denen wir uns in diesem Buch beschäftigen werden: Wie kommuniziert man, ohne zu werten oder zu urteilen, und wie beschreibt man die eigenen Erfahrungen auf eine Art und Weise, die bei allen Beteiligten die Bereitschaft fördert, anderen zuzuhören und Verständnis für ihre Anliegen aufzubringen? Darum geht es in der Gewaltfreien Kommunikation (GFK), die auch Mitfühlende Kommunikation genannt wird.[1]

Wir machen Sie nicht nur mit diesen Techniken vertraut, sondern stellen Ihnen gleichzeitig eine Sicht der Welt und der menschlichen Beziehungen vor, die auf eine vielfältige und tief greifende Weise zu einem harmonischen Miteinander von Einzelpersonen oder Gruppen beiträgt. Die hier präsentierten Kommunikationswerkzeuge und die ihnen zugrunde liegende Weltsicht ergänzen und verstärken sich in ihrer Wirkung. Zusammen fördern sie ein empathisches Denken und Bewusstsein, eine mitfühlende Art, die Welt zu sehen und auf ihr zu leben.

Verschieden und doch gemeinsam

Vom GFK-Ansatz ausgehend untersuchen wir die Gemeinsamkeiten zwischen Menschen. Als Lebewesen haben wir alle zahlreiche körperliche Bedürfnisse. Unter anderem brauchen wir Nahrung, Luft, Wasser und Schlaf. Wir brauchen Kleidung und ein Dach über dem Kopf. Wir möchten vor gesundheitlichen Gefahren geschützt sein. Wir brauchen Wärme, Zuneigung, Nähe, Zärtlichkeit und Körperkontakt. Und wir haben sexuelle Bedürfnisse.

---

1 Manche nennen die GFK auch gern authentische oder kollaborative Kommunikation. Der Begriff Gewaltfreie Kommunikation ist eine Übersetzung des von Gandhi benutzten Sanskrit-Wortes *ahimsa*. Es bedeutet wörtlich: „nicht verletzen".

Auf der englischsprachigen Website ↗ www.mettacenter.org/definitions/ahimsa wird *ahimsa* als „tätige Liebe" definiert oder als „die Kraft, die freigesetzt wird, wenn das Verlangen zu verletzen ausgemerzt wird".

Abgesehen von unseren körperlichen Bedürfnissen gibt es bestimmte Eigenschaften und Werte, die wir Menschen schätzen und zum Ausdruck bringen möchten. Zum Beispiel Ehrlichkeit, Authentizität und Integrität, Gemeinschaft und Verbundenheit, Autonomie, Toleranz und Entscheidungsfreiheit. Die meisten von uns schätzen, zumindest in gewissen Situationen, Effizienz, Effektivität, Bewegung und Sorglosigkeit. Es gibt noch zahlreiche andere Bedürfnisse, wie die nach Ordnung, nach Schönheit und nach Sinn, die, wenn sie erfüllt werden, zu unserem Wohlbefinden beitragen. Auch Gegenseitigkeit, Freundschaft und Rücksicht können als wichtige menschliche Grundbedürfnisse betrachtet werden. Und das sind noch längst nicht alle.

Was schätzen Sie in Ihrem eigenen Leben? Was ist Ihnen wichtig, insbesondere in Bezug auf andere? Vielleicht schätzen Sie Freundlichkeit, Mitgefühl, Rücksicht, Autonomie und die Freiheit, selbst zu entscheiden, wie Sie leben wollen. Vielleicht auch Unterstützung, Selbstverwirklichung und Verantwortung. Und vermutlich sind Ihnen Würde, Verständnis, Ehrlichkeit und Vertrauen ebenfalls wichtig. Es gibt wahrscheinlich noch viele weitere Werte, die Sie schätzen. Stellen Sie sich einmal vor, wie hart es wäre, durchs Leben zu gehen, ohne diese Qualitäten je zu erleben. Das wäre, als würde man eine öde Wüste durchqueren. Diese Qualitäten helfen uns, ein erfülltes Leben zu führen und ganz und gar lebendig zu sein.

Halten Sie nun einen Augenblick inne und denken Sie an Ihre Angehörigen, Freunde, Kollegen und Leute, denen Sie im Vorbeigehen auf der Straße begegnen. Ist unter diesen Menschen irgendwer, dem es nicht gefallen würde, die erwähnten Qualitäten zu erleben? Gibt es auf der Welt irgendwen, der Nahrung, eine schützende und behagliche Unterkunft, Wärme, Rücksicht, Mitgefühl, Unterstützung, Respekt und Wohlbefinden nicht schätzen würde? All das schätzt und will jeder Mensch, egal, wo er lebt oder welchem Kulturkreis er angehört. Es sind universelle Grundbedürfnisse, die wir alle gemeinsam haben, auch wenn wir sie auf unterschiedliche Weise zu befriedigen suchen und zu unterschiedlichen Zeiten oder unter unterschiedlichen Umständen verspüren. Das ist das Thema, mit dem wir uns in diesem Buch näher beschäftigen wollen.

Bedürfnisse verstehen und berücksichtigen

Wir sind uns also einig, dass wir alle Bedürfnisse haben. Das zu erkennen ist der einfache Teil. Dieses Wissen anzuwenden, es zu nutzen, um eine mitfühlendere Welt zu schaffen, ist schwieriger. Wie befriedigen wir unsere Bedürfnisse auf eine Weise, die unseren Wünschen, Werten und Lebensvorstellungen entspricht? Wie kann es gelingen, den Bedürfnissen aller Menschen gerecht zu werden? Und dann ist da noch ein

Rätsel zu lösen: Wenn wir so vieles gemeinsam haben, warum kommt es zwischen uns dann so oft zu Meinungsverschiedenheiten, Missverständnissen und Konflikten?

Das sind die Fragen, denen wir in diesem Buch nachgehen, indem wir uns mit zwei Grundprinzipien auseinandersetzen. Das erste lautet: Wenn wir Differenzen haben oder das Gefühl, dass uns Welten voneinander trennen, dann deshalb, weil wir uns uneinig sind, mit welchen *Strategien* bestehende Bedürfnisse befriedigt werden können; uneinig darüber, was wir in bestimmten Situationen tun wollen. Um trennende Differenzen zu überwinden und einen Konflikt gemeinsam zu lösen, müssen wir zuerst die Bedürfnisse hinter unseren verschiedenen Strategien erkennen. Dazu müssen wir einander wirklich zuhören und verstehen, indem wir uns auf unsere gemeinsamen Werte besinnen. Wenn es uns auf diese Weise gelungen ist, die Bedürfnisse aller Beteiligten zu ermitteln – und zu diesem Zweck wurden die Techniken in diesem Buch entwickelt –, können wir neue Strategien finden, die wesentlich befriedigender, bereichernder und einheitsstiftender sind. Wenn alle Beteiligten die Erfahrung machen, dass die anderen ihnen zuhören und ihre Bedürfnisse ernst nehmen, ergeben sich gewöhnlich wie von selbst Strategien, die alle zufriedenstellen.

Das zweite Prinzip lautet: Sich mit anderen zu verbinden und zu ihrem Wohl beizutragen sind instinktive menschliche Verhaltensweisen, die selbstbelohnend sind. Glauben wir an dieses zweite Prinzip – also dass es befriedigend ist, zum Wohl anderer beizutragen –, dann wird es viel einfacher, Win-win-Lösungen zu finden, die den Bedürfnissen aller Beteiligten gerecht werden.

Der Selbsttest

Haben Sie Zweifel am zweiten Prinzip? Falls ja, dann schlagen wir Ihnen vor, es in Ihrem eigenen Leben zu testen. Nehmen Sie sich einen Augenblick Zeit und überlegen Sie sich, wann Sie das letzte Mal zum Wohl eines anderen Menschen beigetragen haben. Vielleicht erklärten Sie jemandem, der sich verirrt hatte, den Weg, halfen einem Kind bei einer Aufgabe, taten etwas Nettes für Ihr Haustier oder erledigten etwas für einen Freund. Vielleicht hörten Sie einem Menschen, der Ihre Gesellschaft suchte, aufmerksam zu. Vielleicht erzählten Sie einen Witz und bereicherten so den Tag mit etwas Humor und Kreativität. Oder vielleicht brachten Sie einem anderen Menschen gegenüber Dankbarkeit, Liebe oder Anerkennung zum Ausdruck.

Denken Sie nun darüber nach, wie Sie sich fühlten, als Sie auf die eine oder andere Weise zum Wohl eines anderen Menschen beitrugen. Was spüren Sie in Ihrem Körper, wenn Sie sich an diese Situation erinnern? Wie fühlen Sie sich? Vielleicht wird Ihnen warm und leicht ums Herz. Vielleicht haben Sie das Gefühl, dass Sie freier atmen oder dass Ihr Körper sich entspannt. Vielleicht sind Sie glücklich, ruhig, zufrieden oder gelassen. Vielleicht empfinden Sie ein Gefühl von Ganzheit, Frieden und Erfüllung. Aus dieser Übung lässt sich eine sehr wichtige Erkenntnis gewinnen: Wir haben dabei dieselben Gefühle, die wir normalerweise empfinden, *wenn unsere Bedürfnisse erfüllt werden*. Das ist eine Art, zu erkennen, dass es zu den elementarsten und unwiderstehlichsten menschlichen Bedürfnissen gehört, zum Wohl anderer beizutragen. Tun wir es, fühlen wir uns wohl. Wir haben alle ein Verlangen, zum Leben beizutragen, es zum Wohle aller zu bereichern und zu verbessern.

Stellen Sie sich nun vor, dass alle Menschen, die Sie kennen, die angenehmen Gefühle erleben, die Sie gerade empfunden haben. Wie würde die Welt aussehen und wie würde unser tägliches Leben sich verändern, wenn Menschen überall auf der Welt mehr Erfahrung damit hätten, menschliche Bedürfnisse zu erfüllen? Was wäre, wenn die Bedürfnisse jedes Menschen ernst genommen und berücksichtigt würden? Wie würde das die Kommunikation und die Entscheidungsfindung verändern? Wie würde die Mehrheit von uns dann auf Differenzen und Missverständnisse reagieren? Wie könnten wir unsere Arbeitswelt entsprechend umstrukturieren? Und unsere Viertel, Gemeinden und Schulen?

Wie sollen wir uns – angesichts der großen Zahl von Menschen, deren Bedürfnisse in der heutigen Welt nicht berücksichtigt werden und die zudem glauben, dass ihre Bedürfnisse unwichtig sind – diese neue Welt vorstellen? Wie würde sie aussehen und funktionieren? Wie können die Bedürfnisse jedes einzelnen Menschen berücksichtigt werden?

Durch gewaltfreie Kommunikation das Leben bereichern

Das seit Jahrzehnten international erprobte Konzept der GFK eröffnet uns neue Möglichkeiten der Verständigung, die, wenn wir sie nutzen, unser eigenes Leben und das unserer Mitmenschen bereichern.

Der Ansatz wurde von Dr. Marshall Rosenberg entwickelt, dessen Interesse einer fundamentalen Frage galt: Woran liegt es, dass Menschen zu manchen Zeiten Augenblicke tiefer Verbundenheit und Empathie erleben und zu anderen Zeiten einen Mangel an Mitgefühl und sogar Antipathie und Verachtung? Beides beobachtete Marshall als Kind in seiner unmittelbaren Nachbarschaft. Er erlebte in den 1940er-Jahren in Detroit Rassenunruhen, bei denen Menschen umkamen, sowie beeindruckende

Beispiele mitfühlenden Handelns wie die liebevolle Fürsorge seines Onkels für seine alte Mutter.

Weil er verstehen wollte, was Mitgefühl ist und wie man es fördern kann, studierte er Psychologie, unter anderem bei dem humanistischen Psychologen Carl Rogers. Nach Abschluss seiner Studien setzte er seine Erkenntnisse in ganz unterschiedlichen Umfeldern – darunter viele, die von Konflikten und physischer wie institutioneller Gewalt geprägt waren – in die Praxis um. Bei seiner Arbeit mit Straßengangs und Gefangenen, Unternehmen und anderen Organisationen entwickelte und perfektionierte er das GFK-Konzept, das inzwischen auf der ganzen Welt genutzt wird, um das gegenseitige Verständnis und die Zusammenarbeit von diversen Gruppen zu verbessern und Konflikte zu lösen.

Sie werden feststellen, dass die Anwendungsmöglichkeiten der Gewaltfreien Kommunikation unbegrenzt sind. GFK-Kenntnisse stärken das Selbstbewusstsein und die Verbundenheit mit anderen und helfen bei der Entscheidungsfindung, der Schlichtung von Konflikten und der Ermittlung von Bedürfnissen. Bei Zusammenkünften aller Art bewirkt die Gewaltfreie Kommunikation, dass jeder sich eingebunden fühlt. Die Techniken, die dieses Buch Ihnen vermittelt – die Früchte von Marshall Rosenbergs zahllosen Reisen in Krisengebiete –, können Ihr Erleben transformieren. Sie können Ihnen helfen, sich in Ihrer Haut wohlzufühlen und zu erkennen, was Sie mit anderen verbindet – zu Hause, in der Schule, bei der Arbeit und in Ihren engsten Beziehungen.

Klingt großartig. Ist das schwer zu lernen?

Die Prinzipien der GFK sind nicht schwer zu verstehen. Wie Sie sehen werden, umfasst das Modell vier Grundschritte, die sich mit dem Kürzel BGBB zusammenfassen lassen: klare *Beobachtungen* machen; die *Gefühle* erkennen, die mit diesen Beobachtungen verbunden sind; die *Bedürfnisse* erkennen, die mit diesen Gefühlen in Zusammenhang stehen; und eine *Bitte* äußern, die dazu beitragen könnte, Ihre Bedürfnisse zu erfüllen. Doch wenn Sie diese andere Art der Kommunikation lernen wollen, müssen Sie bereit sein, sich aus Ihrer Komfortzone herauszuwagen und sich auf etwas Neues einzulassen. Zunächst erfordert es eine Portion Mut zum Risiko, etwas über sich selbst zu lernen und darauf zu vertrauen, dass der Mensch, der sie „wirklich" sind (mit all seinen Gefühlen und Bedürfnissen), anderen etwas zu geben und zu sagen hat.

Um gewaltfrei kommunizieren zu lernen, müssen Sie es üben. Das ist entscheidend. Kommunikative Fertigkeiten zu erwerben ist etwas anderes, als Geschichte oder

Mathematik zu lernen. Es geht bei der GFK nicht nur um Prinzipien oder theoretisches Wissen, sondern vor allem darum, sie Tag für Tag zu *leben*. Erst wenn Sie die Prinzipien zu einem Teil Ihres Lebens machen, sehen Sie, wie GFK funktioniert. Und von da an werden Sie an Selbstvertrauen gewinnen. Weil es so wichtig ist, GFK zu praktizieren, enthält dieses Buch viele Übungen, um Sie dabei zu unterstützen. Alle Übungen sind dazu gedacht, mehr als einmal durchgeführt zu werden. Wenn Sie sie wiederholen, denken Sie einfach an eine andere Situation, die Sie gerne verbessern oder besser verstehen würden.

Vielleicht möchten Sie auch ein Tagebuch führen, während Sie dieses Buch lesen und lernen, Gewaltfreie Kommunikation zu praktizieren. Darin können Sie sich Notizen machen und Ihre eigenen Erkenntnisse und Gedanken festhalten. Sie können es für Übungen benutzen, bei denen Sie Ihre Interaktionen beobachten und kommentieren sollen. Sie können an Entscheidungen arbeiten, die Sie zu treffen haben, oder an Verhaltensweisen, die Sie besser verstehen oder vielleicht ändern möchten. Sie können auch Situationen aus der Vergangenheit, in denen Sie nicht so mitfühlend, bewusst oder effektiv kommunizierten, wie Sie es gerne getan hätten, noch einmal schriftlich rekonstruieren und bearbeiten.

Wenn Sie in ein anderes Land reisen, ist es hilfreich, ein paar Worte der Landessprache zu kennen. Auf ähnliche Weise werden Sie von der GFK profitieren, sobald Sie damit anfangen, auch wenn es Zeit braucht, sie in das Gefüge Ihres Lebens zu integrieren. Wenn Sie aus den ersten beiden Kapiteln gelernt haben, Gefühle und Bedürfnisse zu erkennen, werden Sie bereits einen Unterschied ausmachen. Mit der Zeit wird Ihr Selbstvertrauen wachsen, und Sie werden feststellen, dass Sie in der Lage sind, selbst auf die schwierigsten Menschen und Situationen erfolgreich zu reagieren.

Einige Anmerkungen zu diesem Buch

Obwohl dieses Buch zwei Autorinnen hat, verwenden wir das Personalpronomen der ersten Person Singular „ich", wenn eine von uns eigene Erfahrungen schildert. Falls es Sie interessiert, wann welche Autorin spricht: Jane Marantz Connor, die in der Nähe von Washington lebt, erzählt in diesem Buch Geschichten über den Einfluss der GFK auf ihre Interaktionen mit ihrer Tochter und ihrem Exmann und an der Universität, an der sie früher lehrte. Dian Killian, die im New Yorker Stadtteil Brooklyn lebt, steuert Beispiele bei, wie sie GFK beim Fahrradfahren übt und sie in ihren GFK-Kursen, Paarberatungsgesprächen und Unterhaltungen mit ihrer Mutter anwendet.

Noch eine Anmerkung zum Sprachgebrauch: Vielleicht fällt Ihnen auf, dass wir oft sagen: „Ich will momentan …" statt nur „Ich will …" oder „Sie empfinden gerade …" statt „Sie empfinden …". Das tun wir deswegen, weil Gefühle und Bedürfnisse nicht statisch sind, sondern immer in speziellen Momenten auftauchen. Wenn wir zum Beispiel jemanden fragen „Sind Sie glücklich?", könnte er denken, dass wir wissen wollen, ob er die ganze Zeit glücklich ist. Wir wissen jedoch, dass das nicht der Fall ist, und um das zu verdeutlichen, fragen wir stattdessen: „Sind Sie gerade glücklich?"

So verfahren viele GFK-Praktizierende. Wie Sie sehen werden, entspricht das dem klassischen Modell.

Ihre Reise beginnt

Nun ist es Zeit, zu einer Reise aufzubrechen, deren Ziel mehr Verständnis und Mitgefühl und ein erfüllteres Leben für Sie und Ihre Mitmenschen ist. Die folgenden zehn Kapitel machen Sie mit den Prinzipien und Techniken der Gewaltfreien Kommunikation vertraut, die Ihnen auf dieser Reise den Weg weisen werden.

In Kapitel 1 stellen wir Ihnen eine neue Sicht der Welt vor und beginnen, die ganze Palette menschlicher Gefühle zu erforschen. In Kapitel 2 geht es um das, was uns im Leben antreibt: die Bedürfnisse, die unsere ständigen Begleiter sind. In Kapitel 3 zeigen wir auf, welche Macht Mitgefühl hat, das ein Wissen um Gefühle und Bedürfnisse einschließt. In Kapitel 4 verdeutlichen wir die Unterschiede zwischen Urteilen und Beobachtungen, um verständlich zu machen, warum es wichtig ist, dass wir unsere Erfahrungen und die anderer Menschen klar und objektiv sehen und beschreiben.

In Kapitel 5 lernen wir, Wünsche zu äußern, die dazu beitragen, bestehende Bedürfnisse zu erfüllen. In Kapitel 6 wird das wichtige Werkzeug der Selbst-Empathie besprochen. In Kapitel 7 erforschen wir das leidenschaftliche Gefühl der Wut. Kapitel 8 beschreibt die beschützende Anwendung von Macht in Situationen, in denen kein Dialog möglich ist. In Kapitel 9 lernen wir, Komplimente und Dank auszusprechen, ohne zu urteilen. Und in Kapitel 10 geht es schließlich darum, wie Sie GFK in Ihr tägliches Leben integrieren können, unter anderem durch eine umgangssprachliche (nichtklassische) Anwendung des Modells.

Dieses Buch soll Sie dazu inspirieren, die Qualitäten, die Sie sich in Ihrem Leben am meisten wünschen, zu verwirklichen und zu fördern, und mithilfe der GFK-Techniken Ihre Verbundenheit mit sich selbst, Ihren Angehörigen, Freunden und Kollegen und der ganzen Welt immer weiter zu vertiefen.

1 | Eine andere Art, die Welt zu sehen

*„Gefühle und Bedürfnisse sind die treibenden Kräfte hinter
allen menschlichen Unternehmen und Schöpfungen."*

(Albert Einstein)

*„Sticks and stones can break my bones
but names can never hurt me."*

*(Stöcke und Steine können mir die Knochen brechen,
doch Worte können mich niemals verletzen.)*

(Englischer Kinderreim)

Manche Menschen sind vielleicht überrascht oder befremdet, wenn sie zum ersten Mal den Begriff Gewaltfreie Kommunikation hören. Wenn wir von Gewalt sprechen, meinen wir in der Regel physische Gewalt. Und die Vorstellung, dass – eine rein verbale – Kommunikation aggressiv sein kann, mag irritieren. Schließlich wird Kommunikation gewöhnlich als *Alternative* zu Gewalt betrachtet.

Vor militärischen Maßnahmen wird meistens versucht, durch Verhandlungen einen bewaffneten Konflikt zu vermeiden. Wenn die Polizei sieht, wie eine bewaffnete Person eine Straftat begeht, ruft sie (im Idealfall): „Stehen bleiben! Waffe fallen lassen!", bevor sie schießt. Wenn Eltern sehen, wie ihr Kind ein anderes schlägt oder ihm ein Spielzeug wegnimmt – ein Akt körperlicher Gewalt –, ermahnen sie es vielleicht, sich mit Worten verständlich zu machen, statt handgreiflich zu werden. Wie heißt es im obigen Kinderspruch: Stöcke und Steine können mir die Knochen brechen, doch Worte können mich niemals verletzen.

Wir wissen jedoch alle, dass Worte sehr verletzen und schmerzen können. Unsere Gedanken und Worte mögen keine körperlichen Wunden verursachen, doch sie bestimmen, wie wir handeln. Wenn wir negative Gedanken oder Bilder von anderen Menschen oder Gruppen haben, wird es mit größerer Wahrscheinlichkeit zu körperlicher Gewalt oder einem Akt der Zerstörung kommen.

Wenn Sie sich überlegen, was zu physischer Gewalt führt, glauben Sie zunächst vielleicht, dass der Auslöser immer ein Verhalten ist: „Er hat mich zuerst geschlagen!" Oder: „Er hat mir die Vorfahrt genommen!" Doch wenn Sie gründlicher darüber nachdenken, wird Ihnen klar werden, dass Worte oder Gedanken vorausgehen, bevor ein Mensch zuschlägt, selbst wenn er meint, sich nur zu wehren: „Was fällt dir ein?",

„So ein Idiot!", „Dir werd ich's zeigen!" Solche Gedanken oder Äußerungen machen uns gewaltbereit.

Gewalt kann, stark vereinfacht, als Zusammenbruch der menschlichen Verbundenheit und des gegenseitigen Verständnisses definiert werden. Je geringer die Verbundenheit und das Verständnis sind, desto größer ist die Wahrscheinlichkeit, dass es zu physischer Gewalt kommt. Wenn wir dagegen einen Menschen lieben und auf sein Wohl bedacht sind, wollen wir keinesfalls, dass er leidet oder Schaden nimmt. Wir sind vielleicht nicht fähig, allen anderen Menschen ebenso viel Zuneigung und Aufmerksamkeit entgegenzubringen, doch wenn wir lernen, *wie* wir uns empathisch mit anderen verbinden können, können wir dazu beitragen, auftretende Konflikte zu lösen und dort, wo bereits Verbundenheit besteht, ein tieferes Verständnis zu fördern.

Um diese Art von „gewaltfreier" oder „mitfühlender" Kommunikation geht es in diesem Buch.

Jenseits aller Vorstellungen von richtigem und falschem Handeln liegt ein Feld. Dort werde ich dich treffen.
(Rumi)

Viele unserer alltäglichen Beziehungen zu anderen Menschen sind von Empathie geprägt, denn das entspricht dem Innersten unserer Natur. Empathie ist genau das Mittel, mit dem wir unser Zusammenleben organisieren und unsere Zivilisation weiterentwickeln.
(Jeremy Rifkin)

1.1 Jenseits des Schubladendenkens

Um mitfühlend kommunizieren zu können, müssen wir unser Denken ändern. Wir müssen eine Grundannahme, die seit Jahrtausenden einen großen Einfluss auf unsere Kultur hat, infrage stellen: nämlich die, dass es nützlich ist, Menschen und Dinge zu klassifizieren. Dinge sind entweder richtig oder falsch. Menschen sind entweder gut oder schlecht, klug oder dumm, einfühlsam oder unsensibel. Dieses Schwarz-Weiß-Denken ist auf allen Ebenen unserer Gesellschaft anzutreffen. Comic-Helden kämpfen gegen Erzschurken. In Fernseh- oder Kinofilmen jagt die Polizei „die bösen Jungs". Der amerikanische Präsident George W. Bush sprach wiederholt von einer „Achse des Bösen", als er den Irakkrieg begann. Auf einem Autoaufkleber, der in den USA recht beliebt ist, steht: „Mean People Suck!" („Fiese Leute sind zum Kotzen!") Dieser Spruch impliziert, dass es fiese Leute und nette Leute gibt, und dass fiese Leute die ganze Zeit fies sind. Sie *sind* eben einfach fies. Wenn das stimmt, warum sollte man sich dann mit ihnen abgeben? Nach dieser Denkweise sollte man fiese Leute meiden – vielleicht sogar überwachen oder bestrafen.

> Die Wirklichkeit ist viel komplexer, als jedes Urteil, was richtig und was falsch ist, uns zu glauben verleitet. Wenn man die Menschen prägenden ethischen, spirituellen, gesellschaftlichen, wirtschaftlichen und psychologischen Einflüsse wirklich versteht, erkennt man: Sie treffen keine Entscheidungen, um zu verletzen. Sie treffen sie vielmehr auf Grundlage dessen, was sie wissen, und der ihnen vertrauten Weltbilder. Die meisten Menschen tun das Beste, was sie in Anbetracht der Informationen, die sie erhalten haben, und der Probleme, mit denen sie konfrontiert sind, tun können.
>
> (Michael Lerner)

Wer ist im Recht und wer im Unrecht? Wer verdient Sympathie, Verständnis und Unterstützung? Und wer sollte ausgeschlossen, verurteilt, bestraft, gefeuert, hingerichtet oder (im Fall von Ländern) angegriffen werden? In meiner College-Zeit diskutierte ich mit meiner Clique stundenlang über solche Fragen. Wir redeten über Beziehungen, die Familie und die Politik. Wir wollten die Welt verstehen und die Entscheidungen, die Leute trafen. Solche Fragen können mich selbst heute noch fesseln. Ich will verstehen, warum eine Situation so ist, wie sie ist, und wissen, wer dafür verantwortlich ist. Ich will stets gut informiert sein. Ich will mich in der Welt sicher fühlen und zuversichtlich sein können, dass es Verantwortlichkeit, Gerechtigkeit, Hoffnung und Veränderungen gibt. Ich weiß, dass ich damit nicht allein bin. Die Beliebtheit von „Bekenntnis"-Talkshows und Gerichtssendungen zeigt, dass wir das Richtig-oder-falsch-Denken nach wie vor für ein geeignetes Mittel halten, um Probleme zu lösen und die Welt, uns selbst und unsere Mitmenschen zu verstehen. Dieses Denken hat eine lange Tradition (zumindest im Westen) und liegt den in unserer Kultur herrschenden Normen und Überzeugungen zugrunde.

Nach dem Alten Testament beginnt damit die Geschichte der Menschheit: Adam und Eva wurden zur Strafe für ihr Fehlverhalten aus dem Paradies vertrieben. Nach Walter Wink geht der Mythos der erlösenden Gewalt, wie er dieses Denkmodell nennt, sogar auf eine noch ältere babylonische Schöpfungsgeschichte von etwa 1250 v. Chr. zurück (Wink 1999, S. 44), auf der alle späteren Mythen basieren, in denen es um strafende Gewalt geht. Dieser Mythos prägt bis heute fast unsere gesamte Kultur und beeinflusst fast alle Institutionen, Überzeugungen und Bräuche in unserer Gesellschaft. Er wird als eine selbstverständliche, offenkundige „Wahrheit" betrachtet. Wie Walter Wink schreibt: „Eine Geschichte, die oft genug erzählt und oft genug im täglichen Leben bestätigt wird, hört irgendwann auf, nur eine Geschichte zu sein, und wird als Realität akzeptiert" (Wink 1999, S. 42).

Also wenn das Richtig-oder-falsch-Denken so beliebt und so verbreitet ist und schon seit Jahrtausenden existiert, warum sollten wir es dann ändern? Zweifellos erfüllt es einige Bedürfnisse. Es kann uns ein Gefühl von Sicherheit, Sinn, Fairness und Ordnung vermitteln. Es scheint uns dabei zu helfen, Entscheidungen zu treffen und Werte zu unterscheiden. Und es ist uns vertraut, weshalb wir es als bequem und einfach empfinden – sogar als der menschlichen Natur entsprechend.

> Ich hasse es, wenn ich Partei ergreifen muss. Letztes Jahr ließ sich ein Ehepaar scheiden, mit dem ich befreundet war. Die beiden waren völlig zerstritten. Jeder schien von mir zu erwarten, dass ich mich mit ihm soli- darisierte und dem anderen die Schuld am Scheitern der Ehe gab. Ich wollte mit beiden befreundet bleiben, aber damals wusste ich nicht, wie ich das anstellen sollte, und so verlor ich am Ende einen Freund. Ich würde solche Dinge wirklich gern anders angehen. (Paula)

Doch das Richtig-oder-falsch-Denken untergräbt die menschliche Ver- bundenheit. Es trennt uns voneinander und von uns selbst. Es grenzt uns von anderen ab: Eine Person oder Gruppe ist entweder für uns oder gegen uns. Unschuldig oder schuldig. Gerettet oder verdammt. Sie verdient entweder eine Belohnung oder eine Strafe. Das Richtig- oder-falsch-Denken verneint die Komplexität des Lebens und der menschlichen Erfahrung. Es führt zu einer statischen Sicht der Men- schen und ihres Verhaltens. Nach diesem Denkmodell werden „böse Leute" immer „Böses" tun, und „gute" oder „gerechte" Menschen müssen sie aufhalten oder kontrollieren. Es verwechselt das *Verhalten* eines Menschen – also das, was er *tut* – mit dem Menschen selbst – also mit dem, was er *ist*. Und wenn jemand von Natur aus böse ist, welche Hoffnung besteht dann auf Einsicht, Verbundenheit, Mitgefühl oder Veränderung? Es ist diese Denkweise, die zu Konflikten und Gewalt in all ihren Formen führt.

Die empirische Forschung zeichnet ein ganz anderes Bild. Sie zeigt, dass das menschliche Verhalten veränderlich ist und vor allem davon bestimmt wird, was wir über unsere jeweilige Situation *denken*. Unter den herrschenden Verhältnissen und aufgrund unserer kulturellen Konditionierung sind wir alle fähig, „Böses" zu tun. In wiederholten Umfragen unter College-Studenten gaben zum Beispiel stets über 90 Prozent der Befragten Verhaltensweisen zu, die als kriminell bezeich- net werden können (z.B. beschädigten sie fremdes Eigentum, gaben Drogen an Jugendliche unter 18 Jahren weiter oder betraten ein frem- des Grundstück und entwendeten einen Gegenstand). Als sie gefragt wurden, ob sie die eine oder andere Straftat begehen würden, wenn man ihnen hundertprozentig garantieren würde, dass sie nicht geschnappt wurden, sagten sehr viele, dass sie in diesem Fall stehlen, betrügen oder eine Person, die sie auf irgendeine Art verletzt hatte, körperlich verletzen würden. Die meisten Menschen könnte man zu einem Betrug anstiften, wenn nur der Gewinn groß genug und das Risiko, erwischt zu werden, klein genug wäre.

Jorge Luis Borges schrieb: „Niemand kann ohne Rechtfertigung auch nur von einem Glas Wasser nippen … Bei jedem Menschen ist diese Rechtfertigung anders." Damit meint er, dass jeder von uns Gründe für sein Handeln hat. Was wir tun, wird von unserer jeweiligen Situation und unseren Bedürfnissen bestimmt – nicht davon, wie wir sind. Zum Beispiel hätten wohl die meisten eine tiefe Abscheu davor, Menschenfleisch zu essen. Doch wenn sie durch einen Unfall in eine Extremsituation gerieten, in der sie nur die Wahl hätten, entweder zu sterben oder das Fleisch toter Schicksalsgenossen zu essen, würden sie es vielleicht tun. Es gibt gut dokumentierte Fälle, in denen Überlebende eines Flugzeugabsturzes oder eines Bergunglücks sich dazu entschlossen. Wenn Sie über etwas nachdenken, das Sie getan haben und inzwischen bereuen, werden Sie wahrscheinlich erkennen, dass ein bestimmtes Bedürfnis oder ein wichtiger Wert Sie so handeln ließ – auch wenn Sie über Ihre damalige Entscheidung oder deren Konsequenzen nicht glücklich sind.

In unserer heutigen Gesellschaft ist das Richtig-oder-falsch-Denken die Norm, doch es ist inzwischen wissenschaftlich belegt, dass die frühen Menschen ganz anders lebten, dass ihre Gesellschaft auf Mitgefühl und Verbundenheit basierte. Riane Eisler stützt sich in ihrem Buch *Kelch und Schwert. Von der Herrschaft zur Partnerschaft* auf neueres historisches, anthropologisches und archäologisches Beweismaterial, das ein ganz anderes Bild von der menschlichen Frühgeschichte vermittelt als das beliebte Klischee vom Höhlenmenschen mit Holzkeule. „Ebenso, wie sich mittlerweile erwiesen hat, dass einige der primitivsten gegenwärtig existierenden Gesellschaften – wie die der Bambuti und der !Kung – alles andere als Zusammenrottungen kriegerischer Höhlenmenschen sind, die ihre Frauen an den Haaren durch die Gegend schleifen, so hat sich nunmehr auch herausgestellt, dass das Paläolithikum eine bemerkenswert friedvolle Zeit gewesen sein dürfte." Tatsächlich spiegeln die beliebten Vorstellungen von einer aggressiven und brutalen frühmenschlichen Gesellschaft eher unsere gegenwärtige Weltsicht wider als die tatsächliche Lebensweise der frühen Menschen:

> „Nach der alten Sichtweise gingen die frühesten Gruppenbindungen und die sich später entwickelnden Wirtschaftsbeziehungen von jagenden und tötenden Männern aus. Aus heutiger Sicht stammten die Grundlagen der sozialen Organisation von Müttern und Kindern, die miteinander teilten. Das alte Bild präsentierte uns die Prähistorie als Geschichte von ‚Jägern und Kriegern', das neue zeigt, dass Frauen wie Männer ihre einzigartigen menschlichen Fähigkeiten nutzten, um das Leben zu fördern und zu bereichern" (Eisler 1989, S. 141).

Biologen und Kognitionswissenschaftler bestätigen diese Sichtweise. Alle Säugetiere, insbesondere die Menschen (mit ihrem höher entwickelten Neokortex), sind „für empathisches Verhalten prädisponiert … Die Fähigkeit, mit eigenen Gefühlen auf die Verzweiflung oder die Notlage einer anderen Person zu reagieren, ist in unserem Wesen angelegt". Zum Beispiel sind Säuglinge in der Lage, „das Schreien anderer Neugeborener zu erkennen, und beginnen dann ebenfalls zu schreien". Und „in Studien wurde beobachtet, dass Kleinkinder oft zusammenzucken, wenn sie den Kummer oder den Schmerz eines anderen Kindes mit ansehen, und dass sie dann zu diesem Kind hingehen, um ihm ein Spielzeug zu geben, es zu umarmen oder es zur eigenen Mutter zu bringen, damit sie es tröstet" (Rifkin 2010, S. 19).

Der gravierende Nachteil des Richtig-oder-falsch-Denkens besteht darin, dass es unsere angeborene Fähigkeit zu Mitgefühl mit uns selbst und anderen untergräbt. Es nimmt uns aus dem Augenblick heraus, lenkt uns von bestimmten Bedürfnissen und Umständen ab und trübt unseren Blick für unsere Möglichkeiten, in völliger Übereinstimmung mit unseren Werten zu handeln. Es verringert auch die Chancen für die Art von Welt, die wir gemeinsam entwerfen und schaffen können. In diesem Buch erforschen wir, wie eine andere Art von Analyse, die sich auf Gefühle und Bedürfnisse konzentriert, unser Verständnis des menschlichen Verhaltens bereichern und unser Mitgefühl und unsere Verbundenheit mit unseren Mitmenschen und allem Leben auf dem Planeten fördern kann. Eine solche Denkweise, die auf Empathie und Mitgefühl beruht, kann unser Verhältnis zu anderen und zu uns selbst verändern und uns dem näher bringen, was Eisler eine „partnerschaftlich orientierte" Kultur nennt. Wenn wir lernen, „die bisher stets destruktiven Konflikte in produktive umzuwandeln", können wir „unsere Welt von gewalttätigen Auseinandersetzungen befreien" und in friedlicher Koexistenz leben (Eisler 1989, S. 323).

ÜBUNG

Übung 1: Gewalt und Gefühl

A. Nehmen Sie sich einen Augenblick Zeit, um über einen Akt physischer Gewalt nachzudenken, den Sie in Erwägung gezogen, über den Sie fantasiert oder den Sie tatsächlich verübt haben. Ein Akt physischer Gewalt wäre zum Beispiel, einen Gegenstand kaputt zu machen oder jemanden körperlich zu verletzen oder auch nur Bücher auf einen Tisch zu knallen. Wie kam es dazu, dass Sie körperliche Gewalt anwandten oder anwenden wollten? Was war der Auslöser? Was empfanden oder dachten Sie damals? Welcher Zusammenhang bestand zwischen Ihren Gedanken und Ihrer Gewaltanwendung oder Ihrer Gewaltfantasie?

B. Auf welchen Prinzipien basieren öffentliche Einrichtungen bzw. welchen Prinzipien sind maßgeblich für ihr Handeln? Erstellen Sie eine Liste und denken Sie dabei z.B. an Schulen und andere Bildungseinrichtungen oder die Strafjustiz, die Polizei, kirchliche Einrichtungen, das Gesundheitssystem. Wie beeinflusst das Richtig-oder-falsch-Denken ihre Prinzipien und ihr Handeln? In Schulen ist es zum Beispiel üblich, Noten zu vergeben, was als eine Form der Belohnung betrachtet werden kann.

C. Denken Sie an aktuelle oder historische Ereignisse wie Kriege oder von den Medien viel kommentierte Gerichtsverfahren. Wie manifestiert sich das Richtig-oder-falsch-Denken in der Sprache (Rechtfertigung) und in dem, was geschah? Wie wurde eine Seite als „Feind" dargestellt oder als „moralisch im Unrecht" oder als „weniger schuldig" als die andere?

1.2 Empathie statt Härte

Wie können wir kommunizieren, ohne zu urteilen und zu beschuldigen, wenn wir anderen mitteilen wollen, wie wir ihre Äußerungen und Handlungen empfinden? Oder wenn wir ausdrücken wollen, was wir in der Welt wahrnehmen? Eine Grundvoraussetzung für empathische Verbundenheit ist, dass wir uns unserer eigenen Gefühle und der Gefühle anderer bewusst sind. Empathie ist die Fähigkeit, sich in andere hineinzuversetzen und ihre Gefühle zu verstehen. Die Wurzel des Wortes ist *pathos*, das griechische Wort für „Gefühl". Empathische Verbundenheit bedeutet, dass wir mit einem anderen Menschen „mitfühlen" und seine Sichtweise verstehen, dass wir – zumindest für kurze Zeit – in seine Haut schlüpfen.

Dass wir Gefühle empfinden können, verleiht uns wichtige soziale Fähigkeiten, aber die meisten von uns sind es nicht gewöhnt, auf ihre Gefühle zu achten (es sei denn, wir haben es bereits gelernt, beispielsweise durch ein Training der emotionalen Intelligenz). Wir haben keine Übung darin. Wie oft am Tag werden Sie zum Beispiel gefragt: „Wie geht's?" Wenn Sie Nachbarn, Kollegen oder Freunde treffen, hören Sie diese Frage wahrscheinlich häufig. Und wahrscheinlich erwidern Sie wie die meisten Leute: „Gut", „Nicht schlecht" oder „Bestens". Doch solche kurzen stereotypen Antworten bringen keine Gefühle zum Ausdruck und sagen wenig über unser momentanes Befinden aus. Vielleicht beantworten wir diese Frage nur dann ausführlich und genau, wenn ein Arzt, ein Anwalt oder jemand, den wir lieben, sie uns stellt. Selbst in Unterhaltungen mit den Menschen, die uns am nächsten stehen, behalten wir oft für uns, was wir gerade empfinden, wie es uns wirklich geht. In unserer Kultur ist es nicht üblich, über die eigenen Gefühle zu sprechen. Wir werden dazu erzogen, „höflich" zu sein, nicht „zu viel" zu sagen und nicht zu glauben, dass andere sich für uns und unsere Angelegenheiten interessieren.

Wir lernen, zurückhaltend zu sein und zu verbergen, was in uns vorgeht. Wir assoziieren Gefühle mit Schwäche und Verwundbarkeit statt mit Stärke, Bewusstheit und innerem Reichtum.

Das liegt teilweise daran, dass im Westen, zumindest seit der Aufklärung und der Entwicklung der empirischen Wissenschaft, Gefühle als subjektiv und unzuverlässig gelten. Wir werden ermahnt, unseren Verstand zu benutzen und nicht emotional zu werden. Für den Philosophen René Descartes war es die Fähigkeit zu denken, was den Menschen ausmacht: „Ich denke, also bin ich." Und man erklärt uns, dass wir „beweisen" müssen, was wir glauben, besonders wenn es so subjektiv ist wie eine Meinung oder ein Gefühl. Logische Überlegungen können tatsächlich wie mathematische Gleichungen niedergeschrieben und Schritt für Schritt überprüft werden. Doch wie

„überprüft" man menschliche Emotionen und Gefühle? Aus wissenschaftlicher Sicht und nach unserem rationalen Weltbild sind Gefühle wenig wert.

Besonders für viele Männer sind Gefühle ein größtenteils unbekanntes und gefährliches Terrain. Jungen hören, während sie heranwachsen, immer wieder: „Nimm's wie ein Mann" oder: „Nur Weichlinge weinen". Gefühle sind bei Männern verpönt, besonders Traurigkeit, Angst oder Verletzlichkeit. Das einzige Gefühl, das Männer empfinden dürfen oder sogar zum Ausdruck bringen sollen, ist Wut. Ike Lasater, ein GFK-Trainer aus Texas, erzählte, dass *gut*, *schlecht* und *wütend* jahrelang die einzigen Gefühle waren, die er kannte. Immer wenn jemand ihn fragte, wie er etwas fand, lautete seine Antwort entweder „gut" oder „schlecht". Man könnte viele unterschiedliche Erfahrungen als „gut" oder „schlecht" bezeichnen. Tatsächlich drücken diese Adjektive eigentlich gar keine Gefühle aus, sondern Zustimmung oder Ablehnung.

Wenn Frauen Gefühle zeigen, wird das zwar eher akzeptiert, doch es wird nach wie vor nicht geschätzt, wenn sie sie artikulieren. Frauen werden von jeher wegen genau der Eigenschaften diskriminiert, die man von ihnen erwartet. Der Begriff „Hysterie", mit dem wir unkontrollierte Gefühlsausbrüche beschreiben, kommt von *hystera*, dem griechischen Wort für Gebärmutter, und bringt die Vorstellung zum Ausdruck, dass Frauen zu hysterischem Verhalten neigen. Das sogenannte schwächere Geschlecht galt jahrhundertelang als zu emotional, irrational und labil. Deshalb sprach man Frauen die Eignung für viele Tätigkeiten ab. Sie sollten zum Beispiel nicht Auto fahren, durften nicht wählen und konnten nicht Ärztinnen, Wissenschaftlerinnen oder Soldatinnen werden. Natürlich haben Frauen sich inzwischen auf all diesen Gebieten bewiesen. Statistisch gesehen ist die Unfallrate bei weiblichen Autofahrern sogar niedriger als bei männlichen. Doch „die eiserne Lady" Margaret Thatcher, Großbritanniens erste Premierministerin, war ein typisches Beispiel dafür, dass von Frauen, die erfolgreich sein wollen, oft immer noch erwartet wird, dass sie keine Emotionen, sondern Härte zeigen und stets einen „kühlen Kopf" bewahren.

Diese Geringschätzung von Gefühlen ist vor allem in der anglo-amerikanischen Kultur verbreitet. Das französische Wort für Gefühl – *sentiment* – ist nicht pejorativ. Gefühle zum Ausdruck zu bringen, ist im französischen Sprachraum gesellschaftlich akzeptiert und sogar erwünscht. Im Englischen findet sich das Wort „sentiment" im Adjektiv „sentimental", wo es jedoch pejorative Konnotationen wie unecht, gekünstelt, oberflächlich, klischeehaft hat. Wir sollen nicht „überempfindlich" sein und nicht „überreagieren". Statt „sensibel" zu sein (also bewusst wahrzunehmen, was wir empfinden und erleben), sollen wir

Ich hielt es immer für besser, meine Gefühle zu ignorieren. Ich glaubte, dass Gefühle irrational sind und mich dazu verleiten könnten, Dinge zu tun, die ich später bereuen würde.
(Arthur)

Mein Vater, der in der Armee war, sagte immer: Wenn etwas schlecht für dich läuft, musst du das einfach tapfer durchstehen.
(Jessica)

dickfellig werden und uns nicht anmerken lassen, was in uns vorgeht. Die historischen Helden, die wie verehren, sind Pilgerväter, Pioniere und Cowboys – lauter starke, schweigsame, harte Männer, die sich nicht unterkriegen ließen. Unsere modernen Helden sind ebenfalls stark und hart. Spitzensportler und Leute, die „Überlebenstrainings" absolvieren, werden für ihr Durchhaltevermögen und ihre Willenskraft bewundert. In der urbanen „Gangsta-Kultur" geht es darum, möglichst „cool" und „tough" zu sein.

In unserer Fast-Food-Kultur muss alles flott gehen. Bei Problemen ergreifen wir die Initiative und handeln ergebnisorientiert. Wir schätzen Effektivität und schnelle Lösungen. Wenn etwas unangenehm, anstrengend oder schmerzhaft ist, wollen wir sofort etwas dagegen unternehmen. So, wie wir auf einen anderen Fernsehkanal umschalten oder eine Schmerztablette einwerfen, versuchen wir Gefühle entweder „in den Griff zu bekommen", indem wir anderen oder uns selbst sagen, was sie oder wir zu empfinden haben; oder wir versuchen, sie zu unterdrücken: „Du kommst schon drüber weg." „Lass dich davon nicht unterkriegen." „Reiß dich zusammen." So können wir jedoch nicht wirklich verstehen, was wir empfinden und warum.

> Das letzte Mal habe ich geweint, als ich sechs Jahre alt war.
> (Roberta)

> Wenn ich mich schlecht fühle, versuche ich mir das einfach auszureden und mir nichts anmerken zu lassen.
> (Harold)

1.3 Gefühle – so real wie Leib und Leben

Wir tun unsere Gefühle als irrational und irreal ab, doch tatsächlich sind sie eng mit unserem sehr realen Körper verbunden. Wenn unser Körper etwas braucht, dann sagt er es uns. Wenn wir hungrig oder müde sind, frieren oder schwitzen, haben wir körperliche Empfindungen. Vielleicht ist unser Körper verspannt, oder unsere Haare sträuben sich, oder unser Magen rumort. Unser Körper reagiert nicht nur, wenn wir bestimmte körperliche Bedürfnisse haben, sondern auch, wenn wir Gefühle wie Wut, Freude, Traurigkeit oder Zufriedenheit empfinden. Wenn wir wütend sind, spüren wir vielleicht eine innere Anspannung oder Hitze. Wenn wir traurig sind, fühlen wir uns vielleicht schwer oder matt. Wenn wir glücklich oder zufrieden sind, fühlen wir uns vielleicht leicht, offen und entspannt. Jeder von uns spürt seine Gefühle anders, über andere körperliche Empfindungen, doch es besteht kein Zweifel, dass zwischen unseren Gefühlen und unseren körperlichen Empfindungen ein direkter Zusammenhang besteht. Wenn wir ein Gefühl empfinden, läuft in jeder Zelle unseres Körpers eine chemische Reaktion ab. Die Tatsache, dass wir die Verben „fühlen" und „empfinden" sowohl für Emotionen (wie Freude, Angst oder Traurigkeit) als auch für

> Lass dich von deinen Gefühlen leiten, Luke …
> (Obi-Wan Kenobi)

körperliche Wahrnehmungen (wie Anspannung, Hitze oder Kälte) verwenden, lässt ebenfalls darauf schließen, dass diese beiden Arten von Erfahrungen eng zusammenhängen.

Wir sind so sehr daran gewöhnt, unseren Kopf zu benutzen und unseren Gefühlen keine Beachtung zu schenken, dass wir in mancherlei Hinsicht vom Rest unseres Körpers abgeschnitten sind. Möglicherweise sind wir uns unserer körperlichen Bedürfnisse kaum noch bewusst, geschweige denn unserer Gefühle. Ich weiß, dass ich jahrelang so gelebt habe. Bestenfalls ignorierte ich meine Gefühle, oder ich versuchte sie zu beherrschen oder zu unterdrücken. Ich verstand sie nicht und empfand sie als störend und lästig. Als Akademikerin mit einem Doktortitel schätzte ich das rationale Denken über alles. Mein damaliges Verhältnis zu meinem Körper und meinen Gefühlen illustriert die folgende Figur – mein „Maskottchen" für jene Lebensphase.

Ein Kopf ohne Körper – was passiert, wenn wir unsere Gefühle ignorieren

Mein Leben spielte sich in jener Zeit hauptsächlich in meinem Kopf ab. Heute ist mir klar, dass ich damals keine Verbindung zu mir selbst hatte. Gefühle fand ich unangenehm, lästig und verwirrend. Manchmal war mir klar, durch was sie ausgelöst wurden, manchmal nicht. Oft verstand ich nicht, warum sie sich von einem Augenblick auf den anderen änderten, als würden plötzlich Wolken einen gerade noch sonnigen Tag verdunkeln. Manche Gefühle empfand ich als quälend (zum Beispiel Traurigkeit oder Angst), und ich dachte, ich könnte mich durch Willenskraft von ihnen befreien: „Warum bist du denn so nervös? Alles wird gut werden, das weißt du doch. Sei optimistischer!" Ich versuchte, mir die quälenden Gefühle auszureden, doch es gelang mir eigentlich nie, sie auf diese Weise loszuwerden. Ich wollte verstehen, was in mir vorging, und meine Gefühle in den Griff bekommen, um nicht mehr unter ihnen zu leiden. Doch der Versuch, meine Gefühle meinem Willen zu unterwerfen, vergrößerte nur mein Leid und meine Verwirrung – und meine Entfremdung von mir selbst.

Ich weiß, dass ich nicht die Einzige bin, die ihre Gefühle verleugnete, denn inzwischen habe ich mit vielen anderen Menschen darüber gesprochen, wie sie mit ihren Gefühlen umgehen und welche körperlichen Reaktionen sie bei sich beobachten. Wenn man

Menschen fragt, wie sie etwas empfinden, äußern viele keine Gefühle, sondern eine Meinung oder Einschätzung. Was sie sagen, kommt aus ihrem Kopf, nicht aus ihrem Herzen oder ihrem Bauch. Wenn ich in meinen Kursen die Teilnehmerinnen und Teilnehmer bitte, auf ihre Gefühle und ihre körperlichen Empfindungen zu achten, tun sie sich oft schwer. Die meisten sind es schlicht nicht gewöhnt, bewusst wahrzunehmen – und zu schätzen –, was emotional und körperlich in ihnen vorgeht, es sei denn, sie haben bereits Erfahrung auf diesem Gebiet oder praktizieren Methoden der Körperarbeit wie Yoga oder Massage.

Doch unsere Gefühle und körperlichen Empfindungen sind wichtige Indikatoren dafür, wie es uns geht. Weil wir fähig sind, Hitze zu spüren, können wir von einem heißen Ofen weggehen, bevor wir uns an ihm verbrennen. Weil wir Durst und Hunger empfinden, wissen wir, wann wir unserem Körper Nahrung und Flüssigkeit zuführen müssen. Gefühlszustände wie Glück oder Furcht liefern uns ebenso wichtige Informationen. Unsere Gefühle sagen etwas darüber aus, welche Erfahrungen wir in unserem Umfeld machen, was wir mögen (wovon wir mehr haben wollen) oder was wir brauchen (was wir ändern wollen). Im nächsten Kapitel werden wir uns näher anschauen, wie unsere Gefühle mit unseren Bedürfnissen zusammenhängen.

Vorerst geht es jedoch um den Wert unserer Gefühle. Da sie eng mit unseren Sinnen verbunden sind, helfen sie uns, ganz und gar lebendig zu sein. Sie machen uns zu „empfindungsfähigen" Wesen, die sich ihrer Umgebung und ihrer Erfahrungen in der Welt bewusst sind. Unsere Gefühle bewegen uns (das besagt das Wort „Emotion", das auf das lateinische Verb ēmovēre – „herausbewegen" – zurückgeht). Sie können uns auch zum Handeln bewegen. Und sie fördern Selbstbewusstheit. Wenn wir lediglich unseren Gedanken Aufmerksamkeit schenken und unsere Gefühle ignorieren, spielen wir nur mit einem halben Kartenspiel. Und warum sollten wir das tun, insbesondere wenn die andere Hälfte einige der wertvollsten Karten enthält, die es im Spiel des Lebens gibt?

Marshall Rosenberg, der das Modell der Gewaltfreien Kommunikation entwickelte, reiste in zahlreiche Länder, um mit seinem Wissen andere in ihrem Bemühen um Frieden zu unterstützen. Er erzählte, dass der Begrüßungssatz in jedem Land, das er besuchte, derselbe war: „Wie geht's?" Anscheinend ist das für uns Menschen die entscheidende Information – wie es uns und anderen geht – und ein erster Schritt, um menschliche Verbundenheit und Vertrauen zu schaffen.

ÜBUNG

Übung 2: Emotometer

Unsere Körper sind sozusagen „Emotometer", hoch entwickelte und hochsensible Mess-instrumente für Emotionen. Sie können uns helfen, uns in jedem Augenblick unserer Gefühle und Bedürfnisse bewusst zu sein. Wenn wir erkennen, wie unsere Emotionen und unsere körperlichen Empfindungen zusammenhängen, können wir sie bewusster wahrnehmen und präziser benennen.

A. Nehmen Sie sich ein paar Minuten Zeit und notieren Sie sich Worte, die körperliche Empfindungen beschreiben. Seien Sie so konkret wie möglich. Solche Empfindungen wären beispielsweise: kribbelig, taub, Druck, jucken, pulsierend oder heiß. (Diese Empfindungen können an unterschiedlichen Körperstellen auftreten – zum Beispiel an oder in Ihren Füßen, Ihrer Brust, Ihren Fingern oder Ihrem Kopf – und mehr oder weniger intensiv sein. Manche sind gleichzeitig Emotionen. „Kühl" kann zum Bei-spiel eine emotionale Reaktion oder ein Gefühlszustand sein, aber auch eine kör-perliche Empfindung.) Schreiben Sie alle körperlichen Empfindungen auf, die Ihnen einfallen, bis Sie mindestens 20 Wörter auf Ihrer Liste stehen haben. Wenn Sie fertig sind, möchten Sie vielleicht einen Blick auf die Liste im Anhang (Seite 321 f.) werfen.

B. Achten Sie auf Ihre körperlichen Empfindungen. Was spüren Sie im Moment? Welche Gefühle (Emotionen) sind mit diesen körperlichen Empfindungen verbunden? Zum Beispiel: „Ich bin glücklich (Gefühl), mein Körper ist entspannt, und ich habe ein Gefühl der Leichtigkeit und Weite im Brustbereich (körperliche Empfindung)." Oder: „Ich fühle mich müde. Meine Augen brennen, und meine Lider sind schwer." Viel-leicht hilft Ihnen die „Gefühls"-Wörter-Liste auf Seite 321 f. dabei, zu benennen, was Sie empfinden.

C. Wenn wir lernen, unsere Gefühle und körperlichen Empfindungen zu erkennen, kann es hilfreich sein, mit „starken" emotionalen Reaktionen wie Angst, Niedergeschla-genheit, Wut, Überraschung, Freude, Schock, Seelenruhe oder Aufregung zu begin-nen, bei denen die Signale, die wir von unserem Körper erhalten, am deutlichsten spürbar sind. Welche Empfindungen haben Sie in bestimmten Körperteilen – in Ihrer Brust, Ihrem Kopf, Ihren Händen oder Beinen? Wie intensiv ist jede dieser Empfin-dungen im Vergleich zum letzten Mal, als Sie sie hatten? Erstellen Sie eine Tabelle in Ihrem Tagebuch. Hier ist ein Beispiel:

Gefühl	Körperempfindung	Körperteil / Intensität
Angst	Zittern	Hände / leicht
	Beklemmung, Anspannung	Brust / stark
	Atemnot	

Um diese Übung etwas amüsanter und anschaulicher zu gestalten, möchten Sie vielleicht eine grobe Skizze des menschlichen Körpers zeichnen und dann die Wörter für Ihre Empfindungen an die Stellen schreiben, wo Sie sie haben. Wenn Sie zum Beispiel spüren, dass Ihre Kopfhaut kribbelt, schreiben Sie das Wort Kribbeln in den Kopfbereich der Körperskizze. Diese Übung hilft Ihnen, ein sensorisches Bewusstsein zu entwickeln und mit sich selbst in Verbindung zu kommen.

ÜBUNG

Übung 3: Der Gefühlskick

Warum schauen Leute sich gerne bestimmte Arten von Filmen an? Filme sind natürlich eine Form der Unterhaltung, und sie befriedigen unter anderem Bedürfnisse nach Vergnügen, Entspannung, Gesellschaft und / oder Bildung. Jedes Filmgenre kann bestimmte Gefühle hervorrufen, zum Beispiel Beklommenheit, Aufregung und Angst (Horrorfilme) oder Zärtlichkeit, Behagen und Hoffnung (Liebesfilme). Vergnügungsparkattraktionen können ebenfalls bestimmte körperliche und emotionale Reaktionen auslösen: Achterbahnenfahrten und andere Mutproben versprechen Nervenkitzel, sogenannte Liebestunnel begünstigen ähnliche Gefühle wie ein Liebesfilm. Auch Sport kann starke Gefühle hervorrufen. Der Reiz von Fußballspielen oder anderen sportlichen Wettkämpfen besteht zum Teil in der Spannung, Aufregung, Freude, Erleichterung oder Enttäuschung, die wir empfinden, wenn „unsere" Mannschaft das Tor trifft oder verfehlt, das Turnier gewinnt oder verliert.

Warum lieben wir Aktivitäten, die emotionale Reaktionen hervorrufen? Warum genießen wir es, ängstlich, gespannt oder begeistert zu sein? Gefühle sind unser Lebenselixier. Werden sie geweckt – wenn wir Herzklopfen, einen höheren Blutdruck, einen flauen Magen oder eine Gänsehaut bekommen –, spüren wir, dass wir quicklebendig sind. Erleben wir diese intensiven aufgewühlten Gefühle in „sicheren" Umgebungen (wo kein oder nur ein sehr geringes Risiko besteht, Schaden zu nehmen, zum Beispiel wenn wir in einem Film ein furchterregendes Monster sehen, statt auf der Straße überfallen zu werden), spüren wir unsere Lebendigkeit und haben gleichzeitig die Kontrolle über die Situation; wir haben Entscheidungsfreiheit und ein Gefühl der Sicherheit.

Listen Sie Ihre Lieblingsbeschäftigungen auf. Das können Hobbys, Sportarten, Formen der Unterhaltung oder andere Zeitvertreibe sein, die Ihnen Spaß machen, wie Spaziergänge oder Treffen mit Freunden. Welche Gefühle kommen in Ihnen hoch, wenn Sie daran zurückdenken, wie es war, als Sie das letzte Mal diesen Beschäftigungen nachgingen? Welche körperlichen Empfindungen haben Sie? Erstellen Sie eine Tabelle wie die folgende:

Beschäftigung:	Gefühl(e):	Körperempfindungen:
Radfahren	zufrieden, vergnügt, beschwingt	leicht, offen, entspannt, energiegeladen

1.4 Mit dem kompletten Kartenspiel spielen: Die ganze Bandbreite der Gefühle ausdrücken lernen

Es gibt Hunderte von Wörtern für alle möglichen Gefühle. Wie Farben auf einer großen Palette haben sie viele Nuancen und sind unterschiedlich intensiv. Die meisten von uns benutzen nur rund zehn Prozent des Wortschatzes unserer Sprache. Obwohl wir eine riesige Auswahl an Farben haben, malen wir nur mit Weiß und Grau.

Das Wort „glücklich" kann zum Beispiel Gefühlszustände von „zufrieden" oder „erfreut" bis „entzückt" oder „total begeistert" beschreiben. Die Bedeutungsnuancen des Wortes „traurig" reichen von „todunglücklich" über „untröstlich" und „deprimiert" bis „melancholisch".

Anfangs fällt es Ihnen vielleicht schwer, zu erkennen, was sie empfinden, und Nuancen zu unterscheiden. Als ich GFK zu lernen begann, hatte ich oft keine Ahnung, was ich empfand. Ich weiß noch, dass ich damals dachte: *Ich werde nie lernen, mir bewusst zu machen, was ich genau empfinde. Jedenfalls werde ich immer länger als zehn Minuten brauchen, um es herauszufinden!* Doch durch Übung kann jeder Mensch diese Fähigkeit entwickeln.

Entdecken Sie auf der Liste auf Seite 321 f. Gefühle, die Ihnen vertraut sind? Welche Gefühle sind ähnlich und bilden eine Gruppe oder „Familie"? Wenn Sie eine Gruppe erkannt haben, möchten Sie die dazugehörigen Gefühle vielleicht nach ihrer Intensität ordnen. Vielleicht möchten Sie sich auch Gefühle notieren, die Sie immer wieder haben, oder eine eigene Liste von Gefühlswörtern erstellen, auf die Sie jederzeit zurückgreifen können. Oder Sie möchten sich überlegen: „Welche Gefühlswörter würde ich bevorzugen und am ehesten zu Hause benutzen bzw. im Freundeskreis, bei der Arbeit oder in der Schule?" Wenn Sie das nächste Mal auf die Frage „Wie geht's?" mit „gut" oder „schlecht" antworten, möchten Sie vielleicht innehalten und sich fragen: „Was empfinde ich momentan *wirklich*?"

ÜBUNG

Übung 4: Das Auf und Ab der Gefühle

Ist Ihnen schon aufgefallen, wie schnell Gefühle bei Kleinkindern umschlagen können? Ein Kind, das gerade noch gelächelt oder gelacht hat, kann im nächsten Augenblick in Tränen ausbrechen. Es gibt keinen Anhaltspunkt dafür, dass Kinder mehr Gefühle haben als Erwachsene. Wahrscheinlich ist die Bandbreite der Gefühle bei allen Menschen ähnlich, egal, wie alt sie sind. Der Unterschied ist vielleicht, dass Kinder eine direktere Verbindung zu ihren Gefühlen haben, diese eher zum Ausdruck bringen und weniger Erfahrung darin haben, sie zu verbergen.

Die Gefühle von Erwachsenen können sich auch schnell ändern. Sie können schwächer oder stärker werden und sich steigern – zum Beispiel von Besorgnis zu Furcht oder Panik oder von Zufriedenheit zu Freude oder Begeisterung. Unsere Gefühle sind Reaktionen auf das, was wir gerade erleben und was wir darüber denken. Wir können rundum glücklich und zufrieden und voller Vorfreude sein, wenn wir an einem sonnigen Urlaubstag in Richtung Strand aufbrechen, um uns dort einen schönen Tag zu machen. Doch wenn wir zuerst eine Stunde lang im Verkehr feststecken und dann von einem großen Geländewagen geschnitten werden, fühlen wir uns vielleicht ganz anders – frustriert, verschwitzt und verärgert! Gefühle sind weder unberechenbar noch irrational. Sie sind Indikatoren dafür, wie wir im jeweiligen Augenblick auf Reize reagieren. Dass Gefühle leicht und schnell veränderlich sind, zeigt einfach, wie schnell sich die Umstände und unsere Gedanken über sie ändern können. Wenn wir uns unserer Gefühle bewusst sind, hilft uns das, effektiv auf Geschehnisse im Hier und Jetzt zu reagieren.

Denken Sie an den heutigen Tag zurück oder auch nur an die letzten drei Stunden. Welche Gefühle kamen und gingen in dieser Zeit? Überlegen Sie, ob Sie einen Zusammenhang zwischen diesen Gefühlen und Ihren Gedanken über bestimmte Reize in Ihrer Umgebung ausmachen können. Versuchen Sie, in dieser Woche einen Tag lang, oder auch nur einen halben, ein „Empfindungstagebuch" zu führen. Vermerken Sie darin die Uhrzeit, was Sie empfinden und was Sie wo in Ihrem Körper spüren. Vielleicht möchten Sie auch notieren, ob Sie einen Reiz (etwas in Ihrer Umgebung und / oder etwas, das Sie gerade erleben) ausmachen können, der Ihre Reaktion ausgelöst haben könnte. Nachfolgend ein Beispiel:

Zeit	Körperempfindung	Gefühl(e)	Gedanke / Reiz
19 Uhr	Beklemmung in der Brust	nervös	Abgabetermin für Steuererklärung in zwei Tagen – habe noch nicht mal damit angefangen!

1.5 Die Komplexität von Gefühlen

Wahrscheinlich fanden Sie nicht nur heraus, welche Gefühle Sie hatten und wie diese sich im Laufe des Tages verändert haben, sondern auch, dass Sie oft mehrere Emotionen auf einmal hatten – und manchmal ganz verschiedene. Waren Sie je aufgeregt und erwartungsvoll (voller Vorfreude) und gleichzeitig nervös oder ängstlich? (All diese Gefühle hätte ich vermutlich, wenn ich zum ersten Mal Skifahren gehen würde!) Als ein geliebter Mensch, der schwer krank war und litt, schließlich starb, war ich traurig, ruhig und erleichtert zugleich: Traurig, weil er mir fehlte, aber auch ruhig und froh, dass er jetzt von seinen Schmerzen erlöst war. Wenn Sie über diese Beispiele und über die Komplexität des Lebens und der menschlichen Erfahrung nachdenken, fallen Ihnen wahrscheinlich sehr viele ähnliche Beispiele aus Ihrem eigenen Leben ein. Oft haben wir selbst bei ganz alltäglichen Geschehnissen mehrere Gefühle auf einmal. Wenn ich morgens aufstehe, kann ich mich müde fühlen und gleichzeitig auf Dinge freuen, die ich an diesem Tag vorhabe.

Wir können nicht nur in jedem Augenblick eine Mischung aus ganz unterschiedlichen Gefühlen empfinden. Ebenso oft verbergen sich hinter oder unter einem Gefühl noch weitere. Wenn wir uns zum Beispiel verletzt fühlen, könnte dieses Gefühl eine Mischung aus Traurigkeit, Enttäuschung und vielleicht sogar Angst einschließen. Wenn wir Eifersucht empfinden, können Frustration, Angst und Traurigkeit mit hineinspielen. Und Aufgeregtheit kann manchmal auch mit Hoffnung verbunden sein.

ÜBUNG

Übung 5, Teil 1: Reiz und Reaktion

A. Lesen Sie die folgenden Äußerungen und schreiben Sie jeweils auf, was Sie empfinden und in Ihrem Körper spüren. Bringen Sie die Komplexität Ihrer Gefühle zum Ausdruck, zum Beispiel ob Sie gleichzeitig begeistert und besorgt sind.
   1. Sie werden zu einem Vorstellungsgespräch für Ihren Traumjob gebeten.
   2. Beim Einkaufen laufen Sie einer Freundin über den Weg, die Sie seit Monaten nicht mehr gesehen haben.
   3. Sie finden einen 50-Euro-Schein auf der Straße.
   4. Sie laufen 15 Minuten zur U-Bahn und stellen dann fest, dass Sie Ihre Brieftasche (mit Ihrem Geld und Ihrer Monatskarte) zu Hause vergessen haben.

B. Suchen Sie sich aus der Gefühle-Liste (auf Seite 321 f.) ein Gefühl aus und erinnern Sie sich, wann Sie es das letzte Mal empfunden haben. Mischten sich noch andere Emotionen in dieses Gefühl?

C. Was wir sehen, hören, berühren oder schmecken, woran wir uns erinnern, was wir uns vorstellen oder worüber wir nachdenken – all das kann Gefühle in uns hervorrufen. Auslöser dieser Reaktionen sind oft Assoziationen mit früheren Erfahrungen oder mit Erwartungen, die auf früheren Erfahrungen beruhen, selbst wenn uns diese Erfahrungen nicht völlig bewusst sind oder wir in dem Moment gar nicht an sie denken. Wir meinen vielleicht, dass das, was gerade geschieht – was wir sehen oder hören –, unsere Gefühle und körperlichen Empfindungen (Reaktionen) hervorruft, doch die tatsächlichen Auslöser sind unsere *Gedanken* über das, was wir gerade erleben.

Betrachten Sie eines der Fotos auf den nächsten Seiten.

   1. Was empfinden Sie, wenn Sie das Bild anschauen? Was spüren Sie in Ihrem Körper? Vielleicht möchten Sie wieder die Gefühle-Liste zu Hilfe nehmen.

2. Nehmen Sie sich nun einen Augenblick Zeit, um sich zu überlegen, welche Gedanken oder Assoziationen Sie zu dem Bild haben. Besteht eine Verbindung zwischen Ihren Gedanken und Assoziationen und den Gefühlen, die Sie beim Betrachten des Bildes haben? Werden Ihre Gefühle von dem, was Sie auf dem Bild sehen, hervorgerufen – oder eher von Ihren Gedanken über das, was Sie sehen?

Beispiel: Wenn ich das Bild betrachte, auf dem Kinder in einem Dorf lächelnd beieinanderstehen, verspüre ich in meinem Brustraum ein Gefühl der Weite und Entspannung. Ich empfinde Freude und Zuversicht. Ich denke daran, wie gerne ich verreise und wie gerne ich Afrika besuchen würde. Wenn ich die Kinder lächeln sehe, empfinde ich auch Wehmut, denn ich hätte gern mehr Spaß und Spiel in meinem Leben, und es sieht so aus, als hätten diese Kinder Spaß miteinander. Beim Anblick des Gebäudes hinter ihnen empfinde ich zudem eine gewisse Traurigkeit darüber, dass so viele Menschen auf der Welt mit sehr begrenzten Mitteln auskommen müssen.

Quelle: bigfoto.com

Quelle: bigfoto.com

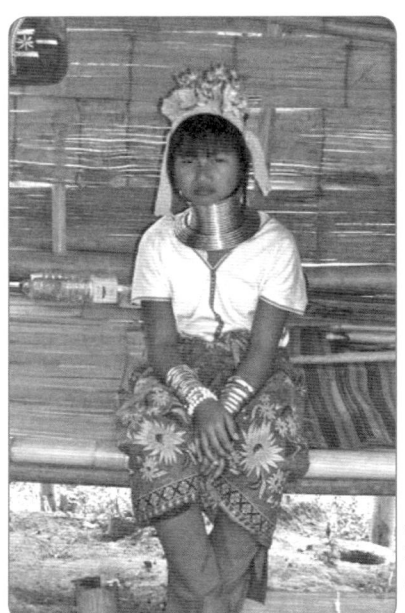

Quelle: bigfoto.com

Quelle: bigfoto.com

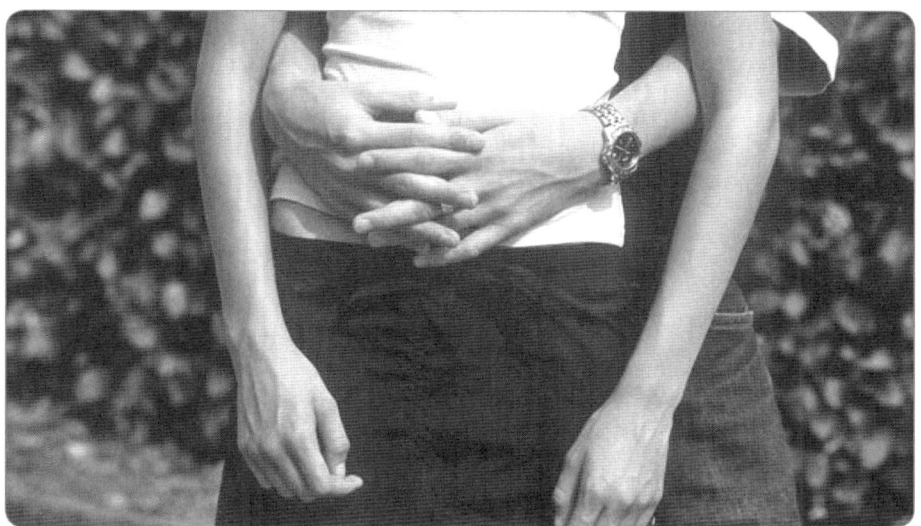

Quelle: bigfoto.com

Quelle: bigfoto.com

ÜBUNG

Übung 5, Teil 2: Reiz und Reaktion

Schauen Sie in eine Tageszeitung und suchen Sie sich ein paar Fotos heraus, die Sie interessant finden. Machen Sie sich bewusst, was Sie jeweils auf den Bildern sehen, was Sie beim Betrachten empfinden und welche Gedanken und Assoziationen Sie haben.

ÜBUNG

Übung 5, Teil 3: Reiz und Reaktion

Besuchen Sie ein Kunstmuseum und / oder schauen Sie sich Kunstwerke in einem Bildband an. Wählen Sie ein Kunstwerk aus, das Sie bewegend finden. Was empfinden Sie, wenn Sie es betrachten? Was an dem Kunstwerk löst bei Ihnen Gefühle aus? Welche Assoziationen haben Sie dazu?

1.6 Gedanken und Gefühle auseinanderhalten

Anfangs kann es schwierig sein zu erkennen, was genau wir empfinden. Außerdem sind Gefühle leicht mit Gedanken zu verwechseln. Wie bereits erwähnt, benutzen wir die Verben „fühlen" und „empfinden" sowohl für Emotionen als auch für körperliche Wahrnehmungen. Doch Sätze, die die Verben „fühlen" oder „empfinden" oder die Wendung „das Gefühl haben" enthalten, können auch Gedanken, Meinungen oder Urteile ausdrücken. Wenn wir zum Beispiel sagen: „Ich empfinde die Todesstrafe als falsch", bringen wir damit zum Ausdruck, was wir über die Todesstrafe *denken*, und nicht, was wir *empfinden*, wenn wir über sie nachdenken. Allerdings können hinter dieser Äußerung Zorn, Traurigkeit oder Angst stecken.

Hinter unseren Meinungen stehen oft leidenschaftliche Gefühle. Wir benennen sie nur nicht. Wenn wir die Wendung „das Gefühl haben" benutzen, um eine Meinung zu äußern, kann das ein Versuch sein, diese Gefühle auszudrücken. Der Satz „Ich habe das Gefühl, dass das ständig passiert" bringt vielleicht nicht nur die Meinung zum Ausdruck, dass das gerade Erlebte häufiger geschieht, sondern auch Frustration und Überdruss. Wenn jemand sagt „Das ist rassistisch!", benennt er damit, wie er bestimmte Äußerungen, Darstellungen oder Handlungen findet. In dem Satz kann Zorn und / oder Furcht mitschwingen, doch er ist an sich keine Gefühlsäußerung. Grundsätzlich gilt: Wird die Wendung „das Gefühl haben" mit „dass" kombiniert, wird damit eine Meinung, eine Bewertung oder ein Urteil zum Ausdruck gebracht. Sobald wir erkennen, dass andere eigentlich keine Gefühle, sondern Gedanken äußern, können wir das Verständnis und die Verbundenheit zwischen ihnen und uns fördern, indem wir durch aufmerksames Zuhören herausfinden, was sie *empfinden*.

Manchmal sagen wir „Ich habe das Gefühl, dass …", wenn wir eine Meinung etwas milder oder vorsichtiger zum Ausdruck bringen wollen (um deutlich zu machen, dass das, was wir sagen, subjektiv ist). Zum Beispiel: „Ich habe das Gefühl, dass sie wirklich helfen will." Stattdessen könnten wir ebenso gut sagen: „Ich persönlich glaube (oder denke), dass sie wirklich helfen will." Jedenfalls kann es hilfreich sein, sich daran zu erinnern, dass ein Satz, der mit „Ich habe das Gefühl, dass …" beginnt, nach dem Verständnis der GFK keine Gefühlsäußerung ist. Vielmehr drückt er einen Gedanken oder eine Meinung aus. Er verleitet uns dazu, in unseren Kopf (das Reich der Analyse und Bewertung) zurückzukehren, statt uns auf unsere Gefühle und körperlichen Empfindungen zu konzentrieren.

Wie erkennen wir, wann mit der Wendung „das Gefühl haben" oder dem Verb „fühlen" oder „empfinden" kein Gefühl ausgedrückt wird, sondern ein Gedanke? Der einfachste Weg ist, darauf zu achten, ob darauf Wörter wie „dass", „wie" oder „als / als ob" folgen. Ist das der Fall, werden keine Gefühle geäußert, sondern Gedanken und Meinungen. Zum Beispiel: „Sie empfindet ihn als herzlos, weil er sie verlassen hat", „Tom fühlte sich wie ein Idiot", „Ich habe das Gefühl, als ob diese Verpackung sicherer wäre als die andere". Wir können auch schauen, ob nach „das Gefühl haben" ein Personalpronomen wie „ich", „du", „er", „sie", „es" oder irgendein anderes Wort kommt, das als Subjekt fungiert. Und wir können uns fragen, ob das Wort nach den Verben „fühlen" oder „empfinden" tatsächlich ein Gefühl oder eine körperliche Empfindung beschreibt – wie zum Beispiel „heiß", „genervt", „Freude", „erregt" oder „aufgewühlt". Die nachfolgende Tabelle fasst zusammen, wie die Verben „fühlen" oder „empfinden" oder die Wendung „das Gefühl haben" benutzt werden, um Gedanken auszudrücken.

Beispielsätze, in denen die Wendung „das Gefühl haben" oder die Verben „fühlen" oder „empfinden" zum Ausdruck von Gedanken benutzt werden:

Ich habe das Gefühl, *du* siehst in dem blauen Mantel besser aus.
Oder: Ich habe das Gefühl, *der blaue Mantel* steht dir besser.
= Meiner Meinung nach siehst du in dem blauen Mantel besser aus.
Oder: Ich persönlich glaube, dass der blaue Mantel dir besser steht.

Personalpronomen (z.B. du) oder ein anderes Subjekt (z.B. der blaue Mantel) nach „das Gefühl haben" weisen auf einen Gedanken hin.

Ich habe das Gefühl, wertlos (oder „zu fett") zu sein.
= Ich bin davon überzeugt, wertlos (oder „zu fett") zu sein.
(Oder: Ich halte mich für wertlos / zu fett.)

„Wertlos" oder „zu fett" sind keine Gefühle, sondern Bewertungen.

Ich habe das Gefühl, *dass* Max traurig ist = Ich glaube, Max ist traurig.
Ich fühle mich *wie* ein Verlierer = Ich denke, dass ich ein Verlierer bin.
Ich fühle mich, *als ob* du mich hassen würdest = Ich glaube, dass du mich hasst.
Ich empfinde mich *als* Niete = Ich halte mich für eine Niete.

„Dass", „wie" und „als / als ob" weisen auf einen Gedanken hin.

> **ÜBUNG**
>
> ### Übung 6: Echte Gefühle
>
> Vervollständigen Sie die nachfolgenden Sätze mit einem Urteil oder einer Meinung und notieren Sie dann die Gefühle, die Sie empfinden, wenn Sie über die einzelnen Aussagen nachdenken.
>
> *Beispiel:* „Ich habe das Gefühl, dass ich ihm nicht wichtig bin, weil er mich nicht angerufen hat." Gefühle: traurig, enttäuscht, einsam
>
> Meinung: _____
>
> Gefühl(e): _____
>
> A. Ich fühle mich, als ob ... _____
>
> B: Ich fühle mich wie ... _____
>
> C. Ich habe das Gefühl, du ... _____
>
> D. Ich habe das Gefühl, dass ... _____
>
> E. Ich empfinde mich als ... _____

1.7 Wölfe im Schafspelz

Es gibt noch eine andere Verwechslungsmöglichkeit. Wir benutzen oft Wörter, die Gefühle zu beschreiben scheinen, aber in Wirklichkeit eine Mischung aus Gefühlen und Gedanken, Bewertungen oder Urteilen ausdrücken. Diese Wörter stehen an derselben Stelle wie Gefühlswörter, und wir halten sie gewöhnlich auch für solche. Doch bei genauerer Betrachtung erkennen wir, dass sie eine Meinung oder ein Urteil enthalten. Wenn jemand sich zum Beispiel „missverstanden" fühlt, glaubt er, dass ein Verhalten oder eine Äußerung von ihm nicht richtig verstanden wurde. Wo ist hier das Gefühl? Wir wissen es nicht genau. Wahrscheinlich ist der Mensch frustriert, enttäuscht oder gekränkt. Aber eigentlich wissen wir nur, dass er glaubt, dass es ein Missverständnis gab.

Ein weiteres Beispiel: „Ich fühle mich missachtet." Was ist hier das Gefühl? Wir können es nicht genau sagen. Wir wissen nur, dass die Person, die das sagt, nicht die Aufmerksamkeit oder Anerkennung erhält, die sie sich wünscht. Das ist eine Bewertung.

Woran können wir Gefühle erkennen? Gefühle sind das, was *in* uns oder in anderen vorgeht. (Was empfinde ich? Was empfindest du?) Sie sind innere Erfahrungen. Deshalb können wir nicht über sie streiten oder ihnen widersprechen. Wenn Sie zum Beispiel traurig, verletzt, ruhig oder aufgeregt sind, ist das ein Gefühl. Wenn Sie dagegen sagen: „Du hast mich missverstanden" oder auch (passivisch ausgedrückt) „Ich fühle mich missverstanden", könnte die andere Person leicht widersprechen: „Ich habe dich nicht missverstanden! Im Gegensatz zu dir höre ich anderen nämlich zu!" Grammatikalisch gesehen haben reine Gefühlswörter kein Objekt. Wir können zwar sagen: „Du hast mich missverstanden" oder (passivisch) „Ich fühle mich von dir missverstanden" – denn beide Varianten sind *keine* Gefühlsäußerungen, sondern bringen die Meinung zum Ausdruck, dass jemand uns etwas getan hat –, aber wir können nicht sagen: „Du hast mich traurig" oder „Ich fühle mich von dir traurig", denn „traurig" ist ein reines Gefühlswort, das ausdrückt, was *in* uns vorgeht.

Betrachten wir ein anderes Beispiel. Wenn wir sagen „Ich fühle mich verlassen", ist durchaus ein Gefühl mit im Spiel. Wir fühlen uns wahrscheinlich einsam und traurig. Doch „verlassen" drückt nicht nur ein Gefühl aus, sondern gleichzeitig ein Urteil darüber, was jemand (oder eine Situation) mit uns gemacht hat. Der Satz „Ich fühle mich verlassen" kann bedeuten: „Ich bin einsam. Und das ist deine Schuld, weil du mich verlassen hast." Oder auch: „Ich bin verunsichert und fürchte, dass nie jemand für mich da sein wird." Tatsächlich machen wir mit dem Wort „verlassen" indirekt eine Person oder eine Situation für das verantwortlich, was wir empfinden. Eine innere Erfahrung (ein Gefühl) wird mit einer Vorstellung, Meinung oder Sichtweise (Wahrnehmung der Welt) vermischt.

Es gibt viele Wörter, die gleichzeitig Gefühle und Urteile ausdrücken, also sowohl emotionale Informationen als auch Bewertungen oder Interpretationen enthalten. Zu diesen Wörtern gehören:

missbraucht	gestört	bedrängt
angegriffen	eingeschüchtert	provoziert
betrogen	übergangen	gedemütigt
getäuscht	geliebt	zurückgewiesen
geschätzt	manipuliert	abgezockt
besiegt	missverstanden	bedroht
herabgesetzt	vernachlässigt	nicht gewürdigt
diskriminiert	umsorgt	ignoriert
gezwungen	überarbeitet	unerwünscht
belästigt	bevormundet	ausgenutzt

In jedem dieser Wörter stecken sowohl ein Gefühl als auch ein Urteil. Der Satz „Ich fühle mich nicht gewürdigt" könnte beispielsweise bedeuten: „Ich bin traurig und enttäuscht, weil ich von dir kein Wort des Dankes gehört habe." Und „Ich fühle mich überarbeitet" könnte bedeuten: „Ich bin frustriert und verärgert, weil du mich gebeten hast, die ganze Woche abends länger zu arbeiten." Sie können Wörter, die gleichzeitig Gefühle und Urteile ausdrücken, leicht erkennen, indem Sie sich fragen: „Hat in dieser Situation jemand etwas mit mir gemacht?", „Ist jemand dafür verantwortlich, dass ich mich so fühle?", „Wessen Schuld ist das?" Wenn Sie eine andere Person für Ihre Gefühle (und Ihre Situation) verantwortlich machen, ist es sehr wahrscheinlich, dass Sie solche Wörter benutzen.

Da Wörter, die gleichzeitig Gefühle und Urteile ausdrücken, Schuld implizieren (jemand hat etwas mit uns gemacht), führen sie leicht zum Scheitern der Kommunikation. Genau dann, wenn wir verstanden werden wollen, können solche Wörter Abwehrreaktionen provozieren. Das ist nicht verwunderlich. Niemand wird gerne verurteilt. Gegenseitiges Verständnis erreichen wir viel eher, wenn in unseren Gefühlsäußerungen ausschließlich unsere Gefühle und nicht unsere Urteile zum Ausdruck kommen.

Der Gebrauch von Wörtern, die eher Urteile als Gefühle ausdrücken, kann auch die Tatsache verschleiern, dass wir autonome Individuen sind, die Wahlmöglichkeiten haben. Selbst wenn wir oft sagen: „Das gibt mir das Gefühl …", kann das Verhalten anderer uns kein Gefühl verursachen. Indem wir ein Gefühl klar zum Ausdruck bringen, ohne zu kritisieren oder zu beschuldigen, übernehmen wir die volle Verantwortung für unsere Reaktion. Dadurch erlangen wir eine größere Bewusstheit und Entscheidungsfreiheit und erfahren mehr Unterstützung und Verständnis sowie eine tiefere Verbundenheit mit anderen.

ÜBUNG

Übung 7: Wie Öl und Wasser

Nehmen Sie sich noch einmal die Liste von Wörtern vor, die gleichzeitig Gefühle und Urteile ausdrücken (siehe Seite 39). Suchen Sie sich fünf Wörter aus und übersetzen Sie sie in die Gefühle und Urteile, die sie ausdrücken könnten. Zum Beispiel wäre eine mögliche Übersetzung für „belästigt": Gefühl(e): verärgert und / oder gestresst, Urteil: „Du bedrängst mich."

Urteilendes Gefühlswort	Gefühl	Urteil
1.		
2.		
3.		
4.		
5.		

ÜBUNG

Übung 8: Verantwortung für die eigenen Gefühle übernehmen

Um Ihr Bewusstsein dafür zu schärfen, welche Vorurteile Sie möglicherweise haben, was Gefühle auslösen kann und wie Sie diese Gefühle in Ihrem Körper spüren, möchten Sie vielleicht in dieser Woche ein oder zwei Tage lange ein Gefühlstagebuch führen. Schreiben Sie alles auf, was Sie empfinden. Achten Sie darauf, ob Ihnen ein Wort in den Sinn kommt, das gleichzeitig ein Gefühl und ein Urteil ausdrückt. Wenn ja, welchen Reiz (welchen Gedanken, welches Urteil oder welche Bewertung) enthält es: Wen oder was machen Sie für Ihre Erfahrung verantwortlich? Vielleicht möchten Sie auch darauf achten, ob Sie sich sagen: „X gibt mir das Gefühl …", und diesen Gedanken dann folgendermaßen übersetzen: „Wenn ich X sehe oder höre, fühle ich mich … (Gefühlswort).

1.8 Der erste Schritt

In diesem Kapitel ging es darum, wie eine Überwindung des Richtig-oder-falsch-Denkens zu einer größeren Verbundenheit mit uns selbst und anderen beitragen kann. Um von einem solchen Denken wegzukommen, ist es hilfreich, wenn wir uns mit dem verbinden, was wir empfinden und was unser Körper uns sagt, denn beides fördert – auf einer sehr persönlichen Ebene – unser Bewusstsein für das, was wir tatsächlich erleben. Im nächsten Kapitel werden wir untersuchen, wie Gefühle uns mit unseren Bedürfnissen verbinden können und wie wir, indem wir uns auf Bedürfnisse konzentrieren, statt Urteile oder Bewertungen abzugeben, Lösungen finden können, die effektiver und befriedigender sind und im Einklang mit unseren Werten stehen.

Fragen und Übungen, um Kapitel 1 zu vertiefen

Lesen Sie die nachfolgenden Äußerungen und entscheiden Sie, welche davon Gefühle ausdrücken und welche Gedanken / Meinungen. Überlegen Sie sich bei jeder Aussage, die Sie für eine Meinungsäußerung halten, was die Person, die sie gemacht hat, empfinden könnte, und schreiben Sie es auf.

(Meine Meinung zu jeder Äußerung folgt nach der Übung.)

A. _____ „Ich habe das Gefühl, ich bin ihm egal."

B. _____ „Ich bin froh, dass du mich begleitest."

C. _____ „Ich werde ganz nervös, wenn du das machst."

D. _____ „Wenn er ohne mich weggeht, fühle ich mich verlassen."

E. _____ „Du bist lächerlich."

F. _____ „Ich bin mit meinen Noten zufrieden."

G. _____ „Ich habe das Gefühl, ich würde dich gerne küssen."

H. _____ „Ich fühle mich manipuliert."

I. _____ „Ich habe ein gutes Gefühl, was meine Leistung in dem Spiel betrifft."

J. _____ „Ich fühle mich fett."

Meine Antworten zu dieser Übung:

A. Wenn Sie diesen Satz für eine Meinungsäußerung halten, bin ich mit Ihnen einig. „Ich bin ihm egal" ist eine Einschätzung der Gefühle einer anderen Person und bringt keine eigenen Gefühle zum Ausdruck. Eine Gefühlsäußerung wäre hier zum Beispiel: „Ich fühle mich einsam" oder: „Ich bin traurig und möchte deine Gesellschaft."

B. Dieser Satz drückt meiner Auffassung nach ein Gefühl aus.

C. Auch dieser Satz ist für mich eine Gefühlsäußerung.

D. Diesen Satz betrachte ich als eine Meinungsäußerung. „Verlassen" ist ein urteilendes Gefühlswort, das ausdrückt, was eine andere Person der eigenen Meinung nach mit einem macht. Ein echtes Gefühlswort wäre hier zum Beispiel „traurig".

E. Auch dieser Satz ist für mich eine Meinungsäußerung. Er drückt aus, was die Person, die ihn sagt, über eine andere denkt, und nicht, was sie selbst empfindet. Eine Gefühlsäußerung wäre hier zum Beispiel: „Ich bin verärgert."

F. Dieser Satz drückt meiner Auffassung nach ein Gefühl aus.

G. Dieser Satz drückt meiner Meinung nach einen Gedanken aus. Er drückt aus, was die Person sich vorstellt oder möchte, und nicht, was sie empfindet. Eine Gefühlsäußerung wäre hier zum Beispiel: „Ich fühle mich zu dir hingezogen."

H. Dieses Satz ist für mich eine Meinungsäußerung. Die Person, die ihn sagt, bringt damit zum Ausdruck, was jemand ihrer Meinung nach mit ihr macht und wie sie dessen Absichten beurteilt. Eine Gefühlsäußerung wäre hier zum Beispiel: „Ich bin misstrauisch."

I. Ich betrachte diesen Satz als eine Meinungsäußerung. Wir benutzen zwar oft das Wort „gut", wenn wir über Gefühle reden, aber eigentlich drückt es einfach nur Zustimmung aus – dass wir es „okay" finden, wie es uns gerade geht. Eine echte Gefühlsäußerung wäre in diesem Fall: „Ich bin zufrieden (froh, glücklich …)".

J. Auch dieser Satz ist eine Meinungsäußerung. „Fett" drückt aus, was die Person von sich denkt, und nicht, was sie empfindet. Beispiele für eine Gefühlsäußerung wären: „Ich fühle mich nicht wohl mit meinem Gewicht" oder: „Wenn ich an mein Gewicht denke, fühle ich mich unbehaglich."

2 | Die treibende Kraft im Leben: Bedürfnisse

Wie in Kapitel 1 erläutert, beginnen wir uns selbst und andere bewusster wahrzunehmen, wenn wir auf unsere Gefühle – unsere Emotionen und unsere körperlichen Empfindungen – achten. Dadurch erkennen wir, was im Hier und Jetzt in uns vorgeht und wie diese inneren Erfahrungen mit unseren Gedanken und unseren äußeren Erfahrungen zusammenhängen. Doch zu erkennen, was wir empfinden und was diese Gefühle auslöst, ist nur der erste Schritt. Wie eine rote Fahne uns auf eine Gefahr hinweist, machen unsere Gefühle uns auf die Urerfahrungen des Lebens aufmerksam: unsere Bedürfnisse. Sind wir uns unserer Gefühle bewusst, können wir erkennen, ob unsere Bedürfnisse befriedigt sind oder nicht. Wir können unser Leben sehr bereichern, wenn wir uns auf Bedürfnisse konzentrieren – unsere eigenen und die anderer – und verstehen, dass die Bedürfnisse eines jeden Menschen zählen und dass sie berücksichtigt werden können.

Alle Menschen haben dieselben Grundbedürfnisse. Für unser körperliches Wohlbefinden brauchen wir Luft, Nahrung, Körperkontakt und Wasser. Wir haben jedoch nicht nur materielle Bedürfnisse, sondern auch seelische und spirituelle wie die nach Ehrlichkeit, Verbundenheit, Autonomie und Sinn. Unser Körper braucht Luft und Schutz, um zu überleben. Doch wir brauchen auch Würde, Wahlmöglichkeiten, Ziele, Gemeinschaft und Kreativität – um nur einige nichtmaterielle Bedürfnisse zu nennen –, um als Individuen und als Spezies zu überleben und zu gedeihen. Eine Liste dieser „universellen" Bedürfnisse finden Sie auf Seite 323.

Natürlich können wir unterschiedliche Vorlieben und Interessen haben und unzählige Strategien anwenden, um unsere Bedürfnisse zu befriedigen. Doch bei ganz verschiedenen Menschen und in ganz verschiedenen Kulturen können wir hinter ganz verschiedenen Verhaltensweisen dieselben Bedürfnisse erkennen. Nehmen wir zum Beispiel das Bedürfnis nach Nahrung. Viele Amerikaner essen gerne Meeresfrüchte, während viele Südafrikaner sie als ungenießbar betrachten und widerlich finden. Amerikaner europäischer Abstammung würde es vielleicht Überwindung kosten, Hühnerfüße zu essen, doch in China und anderen asiatischen Kulturen gelten sie als Delikatesse. Ähnliches gilt für das Bedürfnis nach Respekt. Menschen aus allen Kulturen schätzen Respekt, doch er wird auf sehr unterschiedliche Weise erfahren und zum Ausdruck gebracht. In einigen Kulturen zeigt man Respekt, indem man Augenkontakt herstellt, einen gewissen Abstand wahrt oder schweigt. In anderen Kulturen erweist man anderen Respekt, indem man den Blick senkt oder abwendet, den

Abstand zu ihnen verringert oder laut und deutlich spricht. Auf welche Weise universelle Bedürfnisse wie die nach Nahrung und Respekt auch zum Ausdruck gebracht werden, alle Menschen auf der Welt schätzen Nahrung und Respekt (und die anderen Dinge, die auf Seite 323 aufgelistet sind) und handeln entsprechend.

Essen, Sex und Schlaf – nicht unbedingt in dieser Reihenfolge! Ein Student

Bedürfnisse sind allgemein und unspezifisch und können auf unterschiedliche Weise – durch unterschiedliche Strategien – befriedigt werden. Wenn Sie zum Beispiel Durst haben, können Sie Ihr Bedürfnis nach Flüssigkeit stillen, indem Sie Wasser, Milch oder irgendein anderes Getränk zu sich nehmen oder eine saftige Frucht essen. Wenn Sie sich für Wasser entscheiden, könnten Sie eine Flasche Mineralwasser kaufen oder einfach zum nächsten Wasserhahn gehen oder aus einer Quelle trinken. Für welche Art der Bedürfnisbefriedigung wir uns entscheiden, kann von vielen Variablen abhängen – unter anderem davon, welche anderen Bedürfnisse wir in dem Moment noch haben, was uns vertraut und was gesellschaftlich akzeptiert ist und wie einfach oder schwierig es ist, dieses bestimmte Bedürfnis in diesem Augenblick zu erfüllen. Ich vermeide es zum Beispiel aus ökologischen und gesundheitlichen Gründen, in Flaschen abgefülltes Wasser zu kaufen. Doch wenn ich sehr durstig bin und die Wahl zwischen Limonade und Wasser aus der Flasche habe, nehme ich gewöhnlich das Wasser aus der Flasche. So reagieren wir alle in jedem Augenblick auf unsere verschiedenen Bedürfnisse: Wir schauen, durch welche Strategien sie am besten zu befriedigen sind.

Wie wir auch auf unsere Bedürfnisse reagieren, alle sind lebensnotwendig. An sich ist keines wichtiger oder nützlicher als ein anderes. Nahrung und Schlaf sind für unser physisches Überleben von entscheidender Bedeutung. Wir hätten ein Problem, wenn wir uns zwischen Schlaf und Nahrung entscheiden müssten, denn wir brauchen beides, um zu überleben. Man könnte meinen, dass körperliche Bedürfnisse wichtiger sind als nichtmaterielle. Doch das menschliche Verhalten legt das Gegenteil nahe. Wir alle waren in unserem Leben schon das eine oder andere Mal bereit, auf Schlaf zu verzichten, um ein Projekt zu Ende zu bringen, für eine Prüfung zu lernen, mit einem Freund oder einer Freundin zu reden oder eine Party zu feiern. Wir tun das, um unsere Bedürfnisse nach Effektivität und Kompetenz zu befriedigen, oder, im Fall einer Party, weil wir Leute treffen, Spaß haben und uns entspannen wollen. Das körperliche Bedürfnis nach Nahrung ist unwiderstehlich, doch manchmal entscheiden sich Menschen, auf Essen zu verzichten, um nichtmaterielle Bedürfnisse zu befriedigen. In vielen Kulturen fasten Menschen freiwillig im Rahmen eines Rituals. Das trägt dazu bei, Bedürfnisse nach einem Sinn und Ziel, nach Gemeinschaft, Verbundenheit, Selbstverwirklichung oder Zugehörigkeit zu einer größeren Gruppe zu befriedigen. In einigen Fällen traten Leute in Hungerstreik, weil sie Autonomie, Würde, Entscheidungsfreiheit und Respekt wollten. In den 1980er-Jahren wollte der irische

Republikaner Bobby Sands zum Beispiel von der britischen Regierung als politischer Gefangener anerkannt werden. Das war ihm so wichtig, dass er bereit war, sich zu Tode zu hungern. Andere, die dasselbe erreichen wollten, entschieden sich, seinem Beispiel zu folgen.

Manchmal ist es schwierig, die Universalität von Bedürfnissen zu erkennen, denn unsere Strategien, sie zu befriedigen, können sehr unterschiedlich sein oder sogar als nicht miteinander vereinbar erscheinen; zudem rücken zu unterschiedlichen Zeiten unterschiedliche Bedürfnisse in den Vordergrund. Vielleicht haben wir ein bestimmtes Bedürfnis schon so oft mit einer bestimmten Strategie befriedigt, dass wir es mit ihr assoziieren und verwechseln. Wir alle brauchen Bewegung, Schlaf, Nahrung und Wasser. In einem Augenblick sind wir durstig und in einem anderen hungrig oder müde. In einer bestimmten Situation wünschen wir uns vielleicht Zuwendung und Rücksicht, während eine andere Person ein Verlangen nach Raum, Spiel und Entspannung hat. Doch obwohl wir in derselben Situation ganz andere Bedürfnisse haben können als andere Leute, sind wir alle fähig, die universellen menschlichen Grundbedürfnisse zu erkennen und zu verstehen. Auch wenn wir in dem Moment vielleicht keine Bedürfnisse nach „Spiel" oder „Raum" haben, können wir sie als wertvoll und lebensbereichernd verstehen und schätzen.

Da alle Bedürfnisse dem Leben dienen, können sie als „positiv" und wünschenswert betrachtet werden. Das Bedürfnis nach Nahrung ist zum Beispiel eine „positive" Energie, denn es motiviert uns, Nahrung zu finden und zu uns zu nehmen. Ähnliches gilt für feierliche Rituale. Sie werden in allen Kulturen geschätzt, um die Bedeutung besonderer Ereignisse für den einzelnen Menschen und die Gemeinschaft hervorzuheben. Besondere Ereignisse im Leben – wie Geburt, Tod oder Heirat – feierlich zu begehen entspricht grundlegenden menschlichen Bedürfnissen nach Leben, Hoffnung, Gemeinschaft und Verbundenheit (um nur einige zu nennen). Wenn Sie die Liste der Bedürfnisse auf Seite 323 durchgehen, stellen Sie wahrscheinlich fest, dass alle dort aufgeführten Begriffe einen Wert darstellen. Alle Menschen auf der Welt möchten beispielsweise einen Sinn im Leben sehen und schätzen Integrität, Liebe, Frieden, Sicherheit und Spaß. Bedürfnisse sind die Triebkräfte hinter jedem Verhalten und sie erhalten und steigern die Qualität unseres Lebens.

Alle lebenden Organismen, wir Menschen eingeschlossen, reagieren fortwährend auf ihre Bedürfnisse. Pflanzen und Bäume saugen Wasser auf und wachsen in Richtung Sonne, um ihre Bedürfnisse nach Nahrung und Energie zu befriedigen. Bekommt eine Pflanze genug Wasser und Licht, dann überlebt sie. Wird sie gehegt und gepflegt – von Unkraut befreit, gedüngt und zurückgeschnitten, um ihre Bedürfnisse nach Energie und Nahrung optimal zu befriedigen –, dann gedeiht sie prächtig. Bei Menschen ist es im Grunde genauso. Wenn unsere körperlichen und nichtmateriellen Bedürfnisse völlig befriedigt werden, empfinden wir Gefühle der „Erfülltheit" wie Glück, Zufriedenheit und inneren Frieden. Ähnlich wie eine Pflanze, die die optimale Menge Nahrung und Licht erhält, haben wir alles, was wir brauchen, und fühlen uns rundum wohl und lebendig. Wenn unsere Bedürfnisse nicht befriedigt werden, empfinden wir Gefühle der „Unerfülltheit" wie Frustration, Angst, Ungeduld oder Wut.

Wenn es darum geht, wie unsere Bedürfnisse – und die anderer – berücksichtigt werden können, ist es sehr wichtig, dass wir alle Bedürfnisse als positiv, lebensbereichernd und gleichermaßen wertvoll begreifen. Und wenn wir Bedürfnisse von Strategien unterscheiden lernen und uns zuerst darauf konzentrieren, mit welchen Bedürfnissen wir es zu tun haben (statt sofort zu Strategien überzugehen), können wir Verbundenheit und gegenseitiges Verständnis schaffen. Mit einem Fokus auf die Bedürfnisse erhöhen wir zudem die Chancen, dass jedes einzelne berücksichtigt wird und dass die Strategie, für die wir uns am Ende entscheiden, alle Beteiligten zufriedenstellt. Vielleicht mögen Sie keine klassische Musik und ich mag keinen Heavy Metal. Doch grundsätzlich verstehen wir beide, dass Musik in unserem Leben eine wichtige Rolle spielt und bestimmte Bedürfnisse befriedigt, zum Beispiel Bedürfnisse nach individuellem Ausdruck, ästhetischem Vergnügen, Gemeinschaft, Entspannung oder Lebendigkeit. Und wahrscheinlich verstehen wir auch alle, dass jeder Mensch selbst entscheiden will, welche Musik er hört oder macht.

Halten wir dagegen ein Bedürfnis für wichtiger oder nützlicher als ein anderes, fällen wir damit ein moralisches Urteil. So ein Urteil (eine Fixierung auf eine bestimmte Strategie) kann zu Missverständnissen und trennenden Konflikten führen. Im Grunde wollen wir alle, dass andere uns zuhören und unsere Bedürfnisse ernst nehmen. Und wir wollen uns sicher sein, dass all unsere Bedürfnisse zählen. Befriedigen wir jedoch einige Bedürfnisse auf Kosten anderer und / oder denken wir, einige seien „besser", „richtig" oder „falsch", können äußere und innere Konflikte entstehen, die uns von anderen und uns selbst trennen. Alle Bedürfnisse als wertvoll zu begreifen und ernst zu nehmen ist der erste Schritt, um schließlich in jeder Situation jedes einzelne Bedürfnis berücksichtigen zu können. Es ist der erste Schritt hin zu Win-win-Lösungen, auch für uns selbst, wenn wir persönliche Entscheidungen zu treffen haben.

Das folgende Beispiel zeigt, dass es einen großen Unterschied machen kann, ob wir uns unserer gemeinsamen Bedürfnisse bewusst sind oder nicht: An einer Highschool, deren anglo-, afro- und hispano-amerikanische Schülerinnen und Schüler jeweils eine andere Tanzmusik bevorzugten, beschloss das Komitee, das den Abschlussball organisierte, Musik aller drei Stilrichtungen zu spielen. Den Komiteemitgliedern war bewusst, dass es allen Schülern wichtig war, dass ihre musikalischen Vorlieben respektiert und ihre Bedürfnisse ernst genommen würden. An anderen Schulen, wo den Organisatoren des Abschlussballs dieses Verständnis fehlte, wurde durch Mehrheitsbeschluss bestimmt, welche Songs gespielt wurden. Schülerinnen und Schüler, die mit ihrem Musikgeschmack in der Minderheit waren, konnten so nicht zu ihrer Lieblingsmusik tanzen. An diesen Schulen stellte ich auch Defizite fest, was die Zusammenarbeit, das Gemeinschaftsgefühl, das Voneinander-Lernen und das Feiern von Unterschieden betraf.

ÜBUNG

Übung 1: Die Energie von Gefühlen mit lebensbereichernden Bedürfnissen verbinden

A. Lesen Sie die Liste der universellen Bedürfnisse (auf Seite 323) durch. Wie würde Ihr Leben aussehen, wenn all diese Bedürfnisse zumindest eine Zeit lang unbefriedigt blieben?

B. Wählen Sie aus der Liste irgendein Bedürfnis aus, das Ihnen ins Auge fällt. Auf welche Arten wurde dieses Bedürfnis bislang in Ihrem Leben befriedigt?

C. Suchen Sie ein anderes Bedürfnis aus der Liste aus. Auf welche Arten befriedigen Menschen aus Ihrem privaten Umfeld und / oder Leute aus verschiedenen Kulturen, mit denen Sie vertraut sind, dieses Bedürfnis? Zum Beispiel haben mein Bruder und ich ein Bedürfnis nach Bewegung. Er spielt gerne Tennis und Racketball, ich fahre gern Fahrrad und schwimme gern. In manchen Kulturen bringt man Respekt und Ehrerbietung zum Ausdruck, indem man den Kopf bedeckt hält. In anderen Kulturen bringt man dieselben Bedürfnisse zum Ausdruck, indem man den Hut abnimmt.

D. Sehen Sie auf der Liste irgendein Bedürfnis, das Sie in Ihrem Leben gerne regelmäßiger befriedigen würden? Auf welche Arten könnte das geschehen? Wenn wir zum Beispiel Bedürfnisse nach Entspannung und Spaß haben, könnten wir diese befriedigen, indem wir einen Film anschauen, mit Freunden plaudern, Musik hören, gärtnern, kochen, eine Reise machen oder ein Konzert besuchen. Oder wenn wir das Bedürfnis haben, etwas für das eigene Wohl zu tun, könnten wir beschließen, in dieser Woche häufiger mal früher ins Bett zu gehen, um mehr Schlaf zu bekommen, oder das eine oder andere an unserer Ernährung zu ändern.

E. Denken Sie an eine Situation aus der letzten Zeit, in der Sie eines der „positiven" Gefühle aus dem oberen Teil der Gefühle-Liste von Seite 321 f. empfanden.
   1. Was empfanden Sie?
   2. Was genau war es, das dieses Gefühl in Ihnen ausgelöst hat?
   3. Welches Bedürfnis oder welche Bedürfnisse (aus der Liste von Seite 323) erlebten Sie im Zusammenhang mit diesem Gefühl als erfüllt?

2.1 Form und Essenz: Strategien und Bedürfnisse

Wie bereits erörtert, sind alle Bedürfnisse „positiv" und lebensdienlich. Doch möglicherweise sind wir uns nicht alle einig, welche *Strategien* lebensdienlich sind. Eine bestimmte Strategie befriedigt vielleicht einige meiner Bedürfnisse, doch andere bleiben unerfüllt. Oder sie befriedigt zwar eigene Bedürfnisse, aber nicht die einer anderen Person oder Gruppe. In einem Fast-Food-Restaurant zu essen, befriedigt für manche Leute außer dem Bedürfnis nach Nahrung vielleicht auch Bedürfnisse nach Vergnügen, Sorglosigkeit und Wahlmöglichkeiten. Für andere erfüllt die Entscheidung für ein veganes Essen aus regionalen Bioprodukten vielleicht Bedürfnisse nach gesunder Ernährung, Umweltschutz, Nachhaltigkeit und Integrität. Wir könnten stundenlang über Strategien diskutieren oder streiten – essen wir bei McDonald's oder in einem veganen Rohkost-Restaurant? Essen wir an einigen Tagen Fast-Food und an anderen Biokost? Ist doch egal, wo Sie gerne essen und wann: Um welche Bedürfnisse es geht, erkennen und verstehen Sie wahrscheinlich auch dann, wenn Sie sie auf ganz andere Art befriedigen als jemand anders.

ÜBUNG

Übung 2: Die Punkte verbinden – Strategien und Bedürfnisse

Denken Sie über fünf Entscheidungen in der letzten Woche nach, als es darum ging, zwischen verschiedenen Handlungsmöglichkeiten (Strategien) zu wählen. Welche Bedürfnisse wollten Sie befriedigen? Wurden diese Bedürfnisse befriedigt?

Denken Sie an eine Situation, in der Sie mit jemandem in Konflikt gerieten. Hielt jede/r von Ihnen an einer bestimmten Strategie oder Einschätzung fest? Wenn ja, welche Bedürfnisse steckten dahinter?

Denken Sie über eine Entscheidung nach, die Sie momentan zu treffen versuchen. Listen Sie auf, welche Bedürfnisse durch jede mögliche Option (Strategie) befriedigt würden. Wie könnte eine Lösung aussehen, die all Ihre Bedürfnisse berücksichtigt?

2.2 Erkennen, was wir brauchen

In unserer Kultur werden Strategien oft mit Bedürfnissen verwechselt. Was nur allzu verständlich ist, denn wenn wir keine Strategien anwenden, um unsere Bedürfnisse zu befriedigen, fühlen wir uns früher oder später unzufrieden, frustriert, enttäuscht oder unvollständig. Je nach Beschaffenheit des unerfüllten Bedürfnisses und je nachdem, wie dringend seine Befriedigung für uns ist, empfinden wir möglicherweise auch Nervosität, Wut oder Angst. Bedürfnisse nach körperlicher Sicherheit können beispielsweise leicht solche „intensiven" Gefühle auslösen. Und weil wir die Art, wie wir ein Bedürfnis befriedigen (die Strategie), mit dem Bedürfnis assoziieren, kann es uns schwerfallen, beides auseinanderzuhalten. Doch nicht Strategien, sondern Bedürfnisse sind die elementare Kraft, die uns im Leben antreibt. Strategien sind schlicht die verschiedenen Arten, auf die wir unsere Bedürfnisse zu erfüllen versuchen. Die klare Unterscheidung von Strategien und Bedürfnissen kann uns helfen, unsere Bedürfnisse zu verstehen, mehr Entscheidungsfreiheit und Verbundenheit zu erleben und bei der Entscheidungsfindung effektiver zu sein.

> „Als ich anfing, über Bedürfnisse nachzudenken, war ich verwirrt. Ich musste mich erst an den Gedanken gewöhnen, dass ich Bedürfnisse hatte. Ich hatte kein Problem damit, in Sätzen wie ‚Ich brauche einen Kaffee'[2] oder ‚Ich brauche Schlaf' das Verb ‚brauchen' zu benutzen. Ich dachte, dass ich diese Dinge brauchte. Dann erkannte ich, dass hinter dem Satz ‚Ich brauche einen Kaffee' je nach Situation ganz unterschiedliche universelle Bedürfnisse stehen können. Manchmal, wenn ich einen Kaffee will, will ich in Wirklichkeit eine Pause machen und ein paar Minuten rausgehen. Ich verwechselte Bedürfnisse mit Strategien. Mir war nicht immer klar, welche Bedürfnisse ich tatsächlich hatte."
>
> (Sarah)

Wir verwechseln auch deshalb Strategien leicht mit Bedürfnissen, weil wir oft das Verb „brauchen" (need) benutzen, wenn wir von Strategien reden. Wir sagen zum Beispiel: „Ich brauche ein neues Fahrrad … eine größere Wohnung … ein schnelleres Auto … einen besseren Job … einen langen Urlaub!" Diese Dinge ließen sich durch unzählige andere ersetzen, zum Beispiel durch „eine schicke Jacke, ein neues Buch oder eine CD". Das Verb „brauchen" kann sich auch auf ein angestrebtes Ergebnis oder ein Verhalten (eine andere Form von Strategie) beziehen: „Ich brauche bessere Noten." „Ich brauche ein sicheres Auftreten, um eine neue Arbeit zu finden." „Ich brauche mehr Disziplin, um abzunehmen."

Doch das sind keine Bedürfnisse im Sinne der GFK, sondern nur Dinge, mit denen wir bestimmte Bedürfnisse zu befriedigen suchen. Hinter jedem erstrebten Gegenstand oder jeder Zielsetzung stehen universelle Bedürfnisse, zum Beispiel nach Lebendigkeit, Spaß, Wissen (ein neues Buch) oder Wärme und Schönheit (eine schicke Jacke). Bedürfnisse sind innere Erfahrungen. Wie Werte und Qualitäten sind sie formlos und können auf unendlich viele Arten zum Ausdruck kommen (und erfahren werden).

---

2   Im Original „I need a coffee" und: need = Bedürfnis. [Anm. d. Verlags]

Strategien sind dagegen greifbar und konkret; sie existieren in der „äußeren" Welt. Eine Jacke oder eine CD kann man in die Hand nehmen. Ein neuer Job ist etwas, das man macht oder zu dem man geht. Doch Liebe, Verständnis, Mitgefühl, Autonomie, Entscheidungsfreiheit und alles andere, was auf der Liste der Bedürfnisse steht, kann man nicht in die Hand nehmen oder kaufen. Bedürfnisse sind keine „Dinge" oder Handlungen. Sie sind Qualitäten oder Energien, die sich auf unzählige Arten manifestieren können.

Das Verlangen nach einer bestimmten Strategie kann so stark sein, dass sie uns schließlich als dringende Notwendigkeit erscheint. Wie oft haben wir schon gehört: „Ich brauche unbedingt X!" oder „Ich sterbe, wenn ich X nicht bekomme!" Doch was dieses Verlangen so stark macht, ist die Energie der Bedürfnisse, die wir befriedigen wollen, nicht die Strategie selbst.

> „Wenn ich mit meinen Freunden rede, rede ich nicht über Gefühle und Bedürfnisse. Doch inzwischen merke ich, dass ich zu einem anderen und tieferen Verständnis meiner Freunde gelange, wenn ich ihnen wirklich aufmerksam zuhöre und herauszufinden versuche, welche Bedürfnisse sie haben könnten."
> (Gary)

Wollten Sie jemals unbedingt etwas haben oder tun, weil Sie davon überzeugt waren, dass es Ihr Leben einfacher und bequemer machen würde, und waren dann enttäuscht, als Sie es schließlich bekamen oder taten, weil es Ihre Bedürfnisse nach Einfachheit und Bequemlichkeit gar nicht befriedigte? Womöglich verkomplizierte diese Strategie Ihr Leben sogar! Vielleicht wäre das Leben leichter, wenn wir „Einfachheit" oder „Freundschaft" im Supermarkt kaufen oder als Tablette einnehmen könnten. Doch Bedürfnisse im wirklichen Leben zu befriedigen ist natürlich oft schwieriger. Es gibt eine Vielzahl verschiedener Strategien. Das Leben bietet uns eine große Fülle, Vielfalt und Auswahl. Das ist das Schöne daran, dass Bedürfnisse innere Erfahrungen und nicht greifbar sind. Wir können sie auf sehr viele verschiedene Arten befriedigen.

Manchmal befriedigen wir unsere Bedürfnisse durch eine bestimmte Handlung oder Strategie und verwechseln das Bedürfnis mit der Strategie. Vielleicht halten wir die Strategie für absolut oder für eine Art „Wahrheit", doch die wirklichen „Wahrheiten" sind der innere Wert der Bedürfnisse und unser Verlangen, sie zu erfüllen, um unser Leben befriedigender zu machen und zu bereichern. Mahatma Gandhi sagte: „Das, was die menschlichsten Bedürfnisse erfüllt, kommt der Wahrheit am nächsten."

2.3 Wir leben, was wir lernen

Vielleicht fällt es uns auch deshalb schwer, Bedürfnisse von Strategien zu unterscheiden, weil die meisten von uns es nicht gewöhnt sind, über universelle Bedürfnisse nachzudenken. Wir erfahren nichts über sie, weder zu Hause noch von unseren Freunden; nicht aus den Medien und nicht in der Schule. In unserer Kultur reden wir zwar viel über Strategien, aber nicht über die Bedürfnisse, die ihr innerer Anlass sind.

Wenn ich höre, wie viele Eltern mit ihren Kindern reden, habe ich den Eindruck, dass es in den meisten Botschaften an Kinder um Strategien geht: Entweder um Strategien, die die Kinder anwenden („Hör auf, deinen Bruder zu schlagen!"), oder um Strategien, von denen die Eltern wollen, dass die Kinder sie anwenden („Es ist Zeit, die Zähne zu putzen und ins Bett zu gehen!"), oder auch um Strategien als Strafe („Iss jetzt dein Abendbrot auf, sonst bekommst du keinen Nachtisch."). Nur von Eltern, die mit ihren Kindern GFK praktizieren, höre ich, dass sie die Bedürfnisse hinter der Strategie und eine entsprechende Bitte äußern. Zum Beispiel: „Es ist mir wichtig, dass du genug Schlaf bekommst, damit du morgen in der Schule fit bist. Deshalb möchte ich, dass du in zehn Minuten ins Bett gehst." Was wir als Kinder zu Hause lernen, hat einen tief greifenden Einfluss darauf, wie wir die Welt sehen und erfahren. Wenn man bedenkt, wie die meisten von uns erzogen wurden, ist es verständlich, dass wir dazu neigen, Bedürfnisse mit Strategien zu verwechseln.

Wenn Sie das Radio einschalten oder die Zeitung aufschlagen, erfahren Sie nur etwas über Strategien: bereits angewandte (Ereignisse, die schon stattfanden) und mögliche (über die gerade debattiert oder entschieden wird). Sie hören oder lesen auch Meinungen oder Urteile über Strategien und die Leute, die für sie verantwortlich gemacht werden, sowie Analysen der Auswirkungen von Ereignissen oder getroffenen Entscheidungen – und diese Analysen sind eine weitere Form der Bewertung. Gelegentlich wird auch ein Bedürfnis erwähnt, zum Beispiel: „Heute beschloss der Präsident, die Steuern und Basiszinssätze zu senken, um das Verbrauchervertrauen zu stärken." „Vertrauen" kann als ein grundlegendes menschliches Bedürfnis betrachtet werden, doch in diesem Fall sind wahrscheinlich noch andere Bedürfnisse im Spiel, zum Beispiel wirtschaftliche Sicherheit und Stabilität. Verbrauchervertrauen ist eine Strategie, um diese anderen Bedürfnisse zu befriedigen.

Irgendwann wurden Bedürfnisse zum Thema von Psychologiekursen, hauptsächlich dank der Arbeit von Abraham Maslow, der in den 1950er-Jahren über Bedürfnisse schrieb. Doch in der gegenwärtigen amerikanischen Psychologie ist das Konzept, dass Bedürfnisse die Motivation für das menschlichen Verhalten und Handeln sind, unterrepräsentiert. In sechs gängigen Psychologielehrbüchern, die in den letzten zehn Jahren erschienen und im Durchschnitt gut 600 Seiten umfassen, fand ich entweder gar keine oder höchstens eine Seite zum Thema Bedürfnisse. Dagegen enthielten sie durchschnittlich 25 Seiten zum Thema Kognition und Denken. Die Universität von Binghamton strich 1990 den Kurs über Motivationspsychologie, in dem es auch um Bedürfnisse ging, vom Lehrplan. Da den menschlichen Bedürfnissen so wenig Aufmerksamkeit geschenkt wird, ist es kein Wunder, dass sie uns kaum bewusst sind oder dass wir es nicht gewöhnt sind, über sie zu reden.

2.4 Die gezielte Vermischung von Bedürfnissen und Strategien

Doch nicht in allen Disziplinen ist das Interesse an menschlichen Bedürfnissen so gering. Als ich kürzlich eine örtliche Buchhandlung durchstöberte, entdeckte ich in einer Abteilung ein über zwei Meter hohes Regal voller Bücher zum Thema Bedürfnisse! Erraten Sie, in welchem Fachbereich dieses Thema so viel Platz einnahm? In der Betriebswirtschaft! Das Regal trug die Aufschrift: „Motivation im Geschäftsleben." Und in den Büchern ging es darum, wie man beim Marketing, in der Werbung sowie in der Personal- und Firmenpolitik menschliche Bedürfnisse anspricht. Alle Bedürfnisse waren jedoch mit Strategien verknüpft – wie man Mitarbeiter führt, Kunden beeinflusst und Waren verkauft.

Wie werden im Geschäftsleben Strategien und Bedürfnisse vermischt? Die Hauptaufgabe von Werbeagenturen besteht darin, uns davon zu überzeugen, dass der Kauf eines bestimmten Produkts eine ganze Reihe von Bedürfnissen befriedigen wird. Eigentlich verkaufen sie eine Strategie. Besteht tatsächlich eine Verbindung zwischen dem beworbenen Produkt (der Strategie) und den Bedürfnissen, die es angeblich befriedigt? Nehmen wir einmal an, das Produkt ist eine Limonade. Vielleicht meinen Sie, die wichtigste Information über eine Limonade sei, wie sie schmeckt. Doch oft haben die Slogans und Bilder, mit denen für eine Limonade geworben wird, gar nichts mit deren Geschmack zu tun. Die Werbung zeigt Leute in netter Gesellschaft, die reden, lachen, Sport treiben, sich küssen und / oder am Strand entspannen. Diese Bilder suggerieren einen Zusammenhang zwischen dem Produkt und grundlegenden menschlichen Bedürfnissen, zum Beispiel nach Spaß, Erholung, Sorglosigkeit, Vertrautheit, Verbundenheit, Zugehörigkeit und Bewegung. Wir assoziieren positive Gefühle wie Glück, Zufriedenheit und Unbeschwertheit mit diesen Bedürfnissen, und wir assoziieren sie mit dem beworbenen Produkt.

Viele Werbeanzeigen oder -spots suggerieren also, dass wir unsere Bedürfnisse nur durch den Kauf des beworbenen Produkts befriedigen können. Wenn wir Produkt X trinken oder unsere Haare mit Produkt Z waschen, macht uns das beliebt, „cool" und sexy; dann gehören wir zur „Schickeria" und werden respektiert. Wir müssen also nur die „richtige" Limonade trinken! Natürlich sagt uns unser Verstand, dass das nicht funktioniert. Wie soll eine Limonade Bedürfnisse nach Gemeinschaft, Zugehörigkeit, Respekt, Wertschätzung, Ausdruck der eigenen Sexualität, Spaß, Spiel, Inspiration und Abenteuer befriedigen? Viele Leute, die gar keine Limonade trinken, befriedigen diese Bedürfnisse auf andere Weise. Und viele andere sitzen jeden Abend allein vor dem Fernseher und trinken Cola.

Viele der Bedürfnisse, die die Werbung anspricht, können auf andere Arten befriedigt werden als durch den Kauf eines bestimmten oder auch eines beliebigen anderen Produkts. Zum Beispiel ist ein Mercedes als Transportmittel eine Strategie, um das Bedürfnis nach bequemer Fortbewegung zu erfüllen. Würde ein Mercedes nur dieses eine Bedürfnis befriedigen, warum sollte irgendwer dann 100.000 Dollar für ihn ausgeben, obwohl ein Honda für 25.000 Dollar dieses Bedürfnis ebenfalls erfüllen könnte? Wer einen Mercedes verkaufen will, muss andere davon überzeugen, dass dieses Auto nicht nur ein bequemes Transportmittel ist, sondern auch noch andere Bedürfnisse erfüllt. Ein Mercedes könnte eine Strategie sein, um Komfort und Schönheit (ästhetisches Vergnügen) zu genießen oder um Kontakt zu bestimmten Kreisen zu bekommen, die so ein Auto fahren, weil sie gern schnell und stilvoll unterwegs sind und zu denen man gerne gehören möchte. So ein Auto könnte auch ein Mittel sein, um Energie, Stärke und Identität zu erfahren und auszudrücken.

Natürlich gibt es andere Möglichkeiten, diese Bedürfnisse zu befriedigen, als den Kauf eines Mercedes. Und letztendlich kann das Auto vielleicht gar nicht all die Bedürfnisse erfüllen, die man hofft, mit seinem Kauf zu befriedigen. Ich las einmal eine Geschichte über einen Mann, der in einer Midlife-Crisis eine Hypothek auf sein Haus aufnahm, um sich einen Sportwagen zu kaufen. Er wollte den Enthusiasmus, die Spontaneität und die Vitalität seiner Jugend wieder spüren. Doch am Ende musste er so viele Überstunden machen, um das Auto abzubezahlen, dass er sich müder, gestresster und älter fühlte denn je. Der Sportwagen war eine Strategie, kein Bedürfnis, und diese Strategie war erfolglos.

Könnte der Kauf eines Mercedes – wie in der Geschichte vom Sportwagen – eine Möglichkeit sein, ein Bedürfnis nach Prestige oder Status zu befriedigen? Oder ein Bedürfnis, andere zu beeindrucken? Diesen Eindruck vermittelt jedenfalls die Werbung für Nobelautos. Alle Bedürfnisse sind positiv und universell. Nach dieser Definition ist der Wunsch, andere zu beeindrucken, meiner Meinung nach kein universelles Bedürfnis. Brauchen alle Menschen Prestige, um ein erfülltes Leben zu haben? Haben alle Menschen ein Verlangen nach sozialem Status? Oder ist eine hohe Lebensqualität auch ohne einen hohen sozialen Status möglich? Ich denke schon. Wenn sozialer Status also kein Bedürfnis ist, worum handelt es sich dann? Nach dem Verständnis der GFK ist ein Verlangen nach sozialem Status eine Strategie: eine Art, gewisse

Bedürfnisse zu befriedigen. Welches Bedürfnis sie befriedigt, hängt von der Person ab. Für manche ist sozialer Status vielleicht eine Strategie, um akzeptiert zu werden. Für andere ist er vielleicht eine Strategie, um Selbstachtung, Sicherheit, ein Gefühl der Zugehörigkeit oder mehr Entscheidungsfreiheit zu erlangen.

ÜBUNG

Übung 3: Der Versuch, Liebe zu kaufen

Schauen Sie sich Werbung in Zeitschriften an. Suchen Sie Anzeigen heraus, die wichtige Grundbedürfnisse anzusprechen scheinen. Zum Beispiel eine Werbeanzeige für ein Auto mit einer Frau auf dem Foto. Nehmen Sie sich jede Anzeige vor und tun Sie Folgendes:

A. Benennen Sie, was Sie empfinden, wenn Sie sie betrachten.
B. Überlegen Sie sich, welche Ihrer Bedürfnisse das beworbene Produkt befriedigen könnte, wenn Sie es kaufen würden, und welche unbefriedigt blieben?
C. Identifizieren Sie die Bedürfnisse, die die Anzeige mit ihrem Slogan und ihrer visuellen Botschaft anspricht.
D. Was an den Bildern und / oder Formulierungen der Anzeige spricht Ihre Gefühle und Bedürfnisse an?
E. Wie fühlen Sie sich, wenn Sie sich vorstellen, dass diese Bedürfnisse unerfüllt bleiben könnten?

Beispiel:

A. Ich betrachte eine Werbeanzeige für Bud-Light-Bier. Sie zeigt eine Gruppe lächelnder Menschen, die zusammen Spaß haben. Ich würde alle als attraktiv und sexy bezeichnen. Beim Betrachten dieser Anzeige werde ich traurig, neidisch, nervös, misstrauisch und unsicher.
B. Meiner Ansicht nach spricht die Anzeige Bedürfnisse nach Spaß, Selbstakzeptanz, sexuellem Ausdruck, Verbundenheit, Inspiration, Zugehörigkeit und Schönheit an.
C. Alle abgebildeten Personen wirken sehr selbstsicher und offen. Ihre Körper sind schlank, wohlgeformt und durchtrainiert. Die Gruppe besteht aus Frauen und Männern und ist ethnisch gemischt. Ihr Anblick vermittelt mir: Ich werde die Gesellschaft ganz unterschiedlicher Menschen genießen, wenn ich Bud-Light-Bier trinke. Ich werde sexy sein und andere attraktive Leute treffen, die sich in ihrem Körper wohlfühlen und kontaktfreudig sind.
D. Ich wäre tieftraurig, wenn meine Bedürfnisse nach Selbstakzeptanz, Spaß, sexuellem Ausdruck, Verbundenheit, Zugehörigkeit und Schönheit nicht erfüllt würden. Das sind grundlegende Bedürfnisse und Werte, die ich sehr schätze. Doch ich bin auch misstrauisch und glaube nicht, dass der Konsum von Bud-Light-Bier all diese Bedürfnisse befriedigen kann. Ich wünschte, es wäre so einfach!

2.5 Ein Bedürfnis nach Macht?

Nicht nur ein Verlangen nach sozialem Status kann mit einem Bedürfnis verwechselt werden. Ich hörte auch schon Leute über andere sagen: „Bob will immer der Chef sein. Er ist herrschsüchtig. Ein Kontrollfreak – und machthungrig!" Aber ist es ein Bedürfnis, Macht über andere zu haben? Brauchen alle Menschen diese Art von Macht? Ich denke nicht. Wie sozialer Status ist „Macht über andere" eigentlich eine Strategie. Für manche Leute kann sie ein Mittel sein, um Bedürfnisse nach Sicherheit, Respekt, Entscheidungsfreiheit oder Akzeptanz zu befriedigen. Andere versuchen vielleicht, Ruhe, Ordnung, Selbstvertrauen, Selbstakzeptanz oder Sicherheit zu erlangen, indem sie Macht über andere ausüben. Wir alle brauchen Macht und Unterstützung, ebenso wie Autonomie, Wahlmöglichkeiten, Bewegung und Unabhängigkeit. Macht[3] zu besitzen bedeutet, dass wir fähig sind, unsere Bedürfnisse zu befriedigen. Wenn wir in unserer Welt keine Macht hätten, wären wir unfähig, morgens aus dem Bett zu kommen! Oder wir würden unsere Bedürfnisse auf andere Weise zu befriedigen versuchen. Macht über andere auszuüben ist jedoch eine Strategie – etwas, was wir tun, um etwas anderes zu bekommen, zum Beispiel Akzeptanz oder Respekt. Doch wenn wir Macht über andere ausüben, können viele andere Bedürfnisse, zum Beispiel nach Zugehörigkeit, gegenseitiger Unterstützung und Transparenz, unbefriedigt bleiben.

Menschen üben Macht über andere aus, weil sie glauben, dass ein Mangel an Macht herrscht, dass nicht genug Macht für alle da ist – und sie wollen sicherstellen, dass ihre Bedürfnisse zuerst befriedigt werden. Machtausübung über andere ist typisch für hierarchisch organisierte Gesellschaften. Es wird davon ausgegangen, dass die Bedürfnisse oder Anliegen einiger wichtiger sind als die anderer, oder dass diejenigen, die an der Macht sind, wissen, was für die „unter" ihnen das Beste ist. Lehrer bestimmen über Schüler, Chefs über Angestellte und Bischöfe über Priester.

Dieses Konzept steht im Gegensatz zum Modell der *Macht mit anderen*, nach dem die Bedürfnisse aller Beteiligten wichtig sind und voneinander abhängen. Es geht davon aus, dass kein Mangel an Macht herrscht und es folglich auch keinen Konflikt zwischen Bedürfnissen gibt. Zum Beispiel wollen sowohl Lehrer als auch Schüler, dass ein Lernprozess und Wachstum stattfinden, und beide schätzen Ordnung, Frieden und Harmonie. Im Dialog werden alle Stimmen gebraucht, und wenn wir zusammenarbeiten, finden wir am ehesten Strategien, die die Bedürfnisse aller befriedigen. Es kann vorkommen, dass wir mangels Zeit oder Fantasie keine Strategie finden, die alle Bedürfnisse befriedigt. In diesem Fall trauern wir um die unerfüllten Bedürfnisse.

---

3   „Power" im Original. Dieses Wort kann im Deutschen Kraft bedeuten, aber auch Macht. Das deutsche Wort Macht ist wesentlich eindimensionaler als das Wort „power", das eben auch „Kraft" oder „Vermögen" bedeuten kann und daher positiver empfunden wird als das Wort „Macht" [Anm. d. Verl.].

Die Berücksichtigung und Würdigung aller Bedürfnisse ist eine Grundkonstante im Modell der Machtteilung mit anderen.

2.6 Zustimmung von anderen und von sich selbst[4] – wer braucht das?

Ein weiteres Pseudo-Bedürfniss, das nicht auf der Liste (Seite 323) steht und in alltäglichen Unterhaltungen oft zum Ausdruck gebracht wird, ist Zustimmung. Sie kann von anderen kommen, aber auch von einem selbst. Man könnte meinen, Zustimmung von anderen – ihre Bestätigung, dass man ein „guter" Mensch ist oder etwas „Gutes" getan hat – sei ein Bedürfnis, aber dem ist nicht so.

Alle Menschen wollen ihren individuellen Beitrag zum Leben leisten und respektiert, wertgeschätzt und gesehen werden. Das sind Bedürfnisse. Doch Zustimmung ist in Wirklichkeit ein mit Bedürfnissen vermischtes Urteil über eine Person und ihr Verhalten. Es ist zwar ein „positives" Urteil, aber nichtsdestotrotz ein Urteil. Wie befriedigend ist Zustimmung, wenn sie bedeutet, dass wir von anderen beurteilt werden? Wenn wir versuchen, unser Verhalten auf unsere Werte und Bedürfnisse auszurichten statt auf die Zustimmung anderer, haben wir viel bessere Chancen, diese Bedürfnisse zu befriedigen und unsere Lebensqualität zu erhöhen.

Ebenso findet sich „Selbst-Zustimmung" nicht in der Liste der universellen Bedürfnisse, weil auch sie mit einem Urteil verbunden ist – einem Urteil über die eigene Person. Wenn ich über mich selbst nachdenke und zu dem Schluss gelange: „Ich bin ein guter, liebenswerter und wichtiger Mensch", beschreibe ich keine Handlung, die zu meinem Wohl beigetragen hat, sondern konzentriere mich auf das, was ich von mir glaube und halte. Selbst wenn dieses Urteil über mich positiv ist, bleibt es ein Urteil, ein Punkt auf dem „Gut-schlecht-Kontinuum" und ein Beispiel für Richtig-oder-falsch-Denken. Wenn wir in manchen Augenblicken „gut" sein können, können wir in anderen Augenblicken auch „schlecht" sein. In der Gewaltfreien Kommunikation lassen wir jedoch moralische Urteile hinter uns und konzentrieren uns auf Bedürfnisse, die durch bestimmte Worte oder Handlungen befriedigt werden – oder auch nicht. Statt ein pauschales Urteil zu fällen, wie wir sind oder was wir „die ganze Zeit" tun, führen wir Verhaltensweisen auf bestimmte Bedürfnisse zurück, die in diesem Augenblick durch bestimmte Worte oder Handlungen befriedigt werden.

---

4 In der Originalausgabe steht „self-esteem", was normalerweise mit „Selbstwert" oder „Selbstachtung" übersetzt wird. Jane Connor versteht die Bedeutung des Wortes in diesem Kontext eher als „Selbstzustimmung" oder Selbst-Bestätigung, was im Sinne der GFK ein Urteil ist, denn man bewertet sich selbst [Anm. d. Verl.].

„Ich wollte Sex und sie nicht. Ich war vielleicht frustriert!"

(Matthew)

„Meine beste Freundin ist mit einem Mann zusammen, der sie meiner Meinung nach manipuliert und kontrolliert. Ich riet ihr eindringlich, Schluss zu machen, und drängte sie wirklich hartnäckig, ihn zu verlassen, weil ich finde, dass diese Beziehung ihr gar nicht guttut. Wir redeten kaum noch miteinander. Als ich darüber nachdachte, wurde mir bewusst, dass ich mit ihr dasselbe machte wie er: sie dazu zu bringen, das zu tun, was ich wollte. Wir setzten uns zusammen und redeten. Da sagte sie mir, wie sehr sie sich wünschte, dass ich für sie da sei, auch wenn ich mit ihrer Partnerwahl nicht einverstanden bin, und wie sehr sie sich wünschte, dass ich respektiere, dass sie solche Entscheidungen selbst treffen muss. Es ist ihr Leben – auch wenn ich anderer Meinung bin als sie und auch, wenn sie manchmal Fehler macht und verletzt wird. Das Tolle ist: Seit ich aufgehört habe, sie zu irgendetwas zu drängen, und akzeptiere, dass sie das Recht hat, selbst zu entscheiden, öffnet sie sich mehr und erzählt mir auch von ihren gemischten Gefühlen und ihren eigenen Zweifeln an der Beziehung."

(Sheila)

Manchmal handeln wir in Übereinstimmung mit unseren wichtigsten Werten und manchmal nicht – dann bleiben einige unserer Bedürfnisse unbefriedigt. Wenn wir darüber nachdenken, ob unsere Entscheidungen unseren Werten entsprechen, können wir aus unseren Entscheidungen lernen. Abzuschätzen, ob unser Handeln unsere Bedürfnisse befriedigt, ist etwas ganz anderes, als zu beurteilen, wie wir *sind*. Im letzteren Fall fällen wir ein *moralisches Urteil* über unseren Wert als Mensch. Das Selbstwertgefühl hängt mit dieser Art von Urteil zusammen. Auch positive moralische Urteile über uns selbst wie „Ich bin ein ehrlicher Mensch" führen zu einem statischen Selbstbild und einer statischen Sicht des menschlichen Verhaltens.

Mit dem Selbstwertbegriff verwandte Bedürfnisse sind Selbstakzeptanz und Selbstachtung. Selbstakzeptanz bedeutet, dass wir unsere Entscheidungen akzeptieren und unsere Bedürfnisse als wertvoll betrachten, selbst wenn wir Entscheidungen treffen, die unseren Werten oder Bedürfnissen nicht entsprechen. Dieses Thema wird in Kapitel 6 ausführlicher behandelt. Und Selbstachtung bedeutet, dass wir respektvoll und liebevoll mit uns umgehen, ohne uns zu beurteilen. Selbstakzeptanz und Selbstachtung können als universelle Bedürfnisse betrachtet werden, die wir unabhängig davon, wie andere unser Verhalten beurteilen, als erfüllt oder unerfüllt erfahren.

Wenn wir abschätzen, ob und in welchem Maße ein Verhalten oder eine Handlung unseren Bedürfnissen entspricht, fällen wir ein *bedürfnis-* oder *werteorientiertes* Urteil.

Anders als bei einem moralischen Urteil geht es bei einem werteorientierten Urteil darum, wie eine Handlung Bedürfnisse befriedigt, und es ist mit unseren Grundwerten vereinbar. Bedürfnisorientierte Urteile sind wichtig und notwendig, um Klarheit darüber zu gewinnen, was unsere Bedürfnisse befriedigt und was nicht. Sie sind also etwas anderes als moralische Richtig-oder-falsch-Urteile. Marshall Rosenberg veranschaulicht dieses Prinzip mit einer Geschichte über einen Hund, dem ein Apfel angeboten wird. Der Hund hat kein Interesse an dem Apfel. Ihn zu fressen würde seine Bedürfnisse nicht befriedigen. Doch der Hund denkt nicht: „Du Idiot hast mir gerade einen Apfel angeboten! Weißt du es nicht besser?!" Der Hund weiß: Nur weil deine Worte oder Handlungen meine Bedürfnisse nicht befriedigen, bedeutet das nicht, dass du dich „falsch" verhältst oder böse bist.

2.7 Die Bedürfnisse aller unter einen Hut bringen

Jedes Verhalten hat zum Ziel, universelle und lebensbereichernde Bedürfnisse zu befriedigen. Manchmal kann ein Verhalten unerwartete Folgen haben, durch die andere Bedürfnisse unerfüllt bleiben, sodass wir es am Ende vielleicht bereuen. Entscheidungen zu treffen kann daher schwierig sein – wir haben mehr als ein Bedürfnis zu berücksichtigen, und manchmal sind wir uns nicht sicher, ob wir alle befriedigen können. Vielleicht erfüllen wir einige Bedürfnisse und übersehen dabei, dass unsere Handlungen die Bedürfnisse einer anderen Person oder Gruppe nicht berücksichtigen oder eigene Bedürfnisse aus einem anderen Lebensbereich unerfüllt lassen. Dann können wir erneut überprüfen, welche Bedürfnisse befriedigt wurden und welche nicht. Das zu klären ist etwas anderes, als ein moralisches Urteil zu fällen, bei dem es um unseren eigenen Wert oder den einer anderen Person geht.

2.8 Nicht das Dynamit, sondern der Zünder

Ein wichtiges Prinzip in der Gewaltfreien Kommunikation ist, dass wir für unsere eigenen Gefühle und Bedürfnisse verantwortlich sind. Die Handlungen anderer können dazu beitragen, unsere Bedürfnisse zu befriedigen, und der Auslöser für unsere Gefühle sein. Doch letztendlich sind wir selbst verantwortlich für unsere emotionalen Reaktionen und dafür, ob unsere Bedürfnisse befriedigt werden oder nicht. Wir wollen nicht nur das Richtig-oder-falsch-Denken überwinden, sondern auch über das kausale Denken hinausgehen. Statt zwischen „Ursache und Wirkung" unterscheiden wir zwischen Auslöser und Ursache.

So aufbauend und befreiend das Konzept, den Auslöser von der Ursache zu trennen, letztlich auch ist, anfangs kann es schwer zu verstehen oder zu akzeptieren sein. Wenn Sie ein Gefühl in mir auslösen, sind Sie dann nicht die Person, die es verursachte? Es erscheint so klar – *Sie* sind die Person, die mich wütend gemacht hat! Es ging mir gut, bis Sie mir die Vorfahrt nahmen oder diese blöde Bemerkung machten! Und je mehr Bedürfnisse und Schmerz ausgelöst werden, desto größer wird die Versuchung, jemand anderen dafür verantwortlich zu machen. Weil unsere eigenen emotionalen Reaktionen so automatisch, prompt und heftig sind, meinen wir, dass jemand anderes die Lunte angezündet oder den Knopf gedrückt hat.

Wenn ein Auto vor Ihnen vorbeirast, kann das natürlich Frustration und Ärger auslösen (und Wünsche nach Rücksicht, Bewusstheit und Sicherheit), doch weder dieses Auto noch die Person am Steuer kann Ihnen Gefühle verursachen. Niemand kann in Ihren Kopf eindringen und Ihre Gefühle aktivieren. Ihre Gefühle sind Ihre Gefühle – und Ihre Bedürfnisse sind Ihre Bedürfnisse. Und es ist viel wahrscheinlicher, dass Ihre Sorgen gehört und Ihre Bedürfnisse erfüllt werden, wenn Sie die Verantwortung für sie übernehmen.

Wie bereits erläutert, sind unsere Gefühle Reaktionen auf erfüllte oder unerfüllte Bedürfnisse. Ich empfinde vielleicht Ärger oder Frustration, wenn ich sehe, wie jemand eine rote Ampel überfährt, doch das sind nicht die einzigen möglichen Reaktionen. Die stärksten Gefühle könnten Furcht, Traurigkeit oder Besorgnis sein. Jede/r von uns kann in jedem Augenblick ganz unterschiedliche emotionale Reaktionen zeigen. Wie wir auf bestimmte Umstände reagieren, hängt von unseren eigenen Gefühlen und Bedürfnissen, unseren bisherigen Erfahrungen und unserer Lebenssituation ab. Manche emotionalen Reaktionen können uns wohlvertraut und angenehm sein. Wir haben alle unsere eigene Geschichte von erfüllten und unerfüllten Bedürfnissen, die von Erlebnissen in der Gegenwart erneut ausgelöst werden können. Und die Umstände, die unsere Bedürfnisse und Gefühle auslösen, können sich natürlich schnell ändern.

Eine Möglichkeit, dieses Prinzip zu überprüfen, ist, sich zu überlegen, wie man zu unterschiedlichen Zeiten auf denselben Auslöser reagiert. Ich weiß zum Beispiel, dass meine Reaktion auf einen Auslöser ganz unterschiedlich ausfallen kann, je nachdem, was an diesem Tag sonst noch bei mir los ist. Wenn ich müde und gestresst bin und jemand etwas sagt, was mir nicht gefällt, reagiere ich wahrscheinlich gereizter, als ich es sonst getan hätte, besonders wenn die Bemerkung mich an das erinnert, was mich eh schon stresst. Wenn ich mich dagegen mit mir selbst verbunden, zufrieden und wohlfühle, stört mich die Bemerkung vielleicht, aber sie bringt mich nicht auf. Meine Reaktion hängt also nicht nur von dem ab, was ich momentan erlebe, sondern auch von dem, was in meinem Leben gerade los ist – und von meinen früheren Erfahrungen und Urteilen.

ÜBUNG

Übung 4: Die Biene vom Stachel trennen

Denken Sie an einen Typ von Auslöser, mit dem Sie immer wieder konfrontiert werden: Das können Äußerungen eines Menschen sein, der Ihnen etwas bedeutet, oder Verhaltensweisen, die Sie beim Autofahren auf der Straße beobachten, oder Vorkommnisse am Arbeitsplatz oder in der Schule oder auch Probleme mit Ihrem Computer oder einem anderen elektronischen Gerät. Denken Sie nun an die letzten drei Male zurück, als Sie mit diesem Auslöser konfrontiert wurden, und an Ihre Reaktion darauf. Wenn Sie jedes Mal ganz ähnlich reagiert haben, versuchen Sie, zumindest kleine Unterschiede auszumachen. Betrachten Sie dann die Umstände, die zur Art und Stärke Ihrer Reaktion beitrugen.

Auslöser	Reaktion	Umstände / Gedanken
Jemand öffnet eine Autotür, als ich gerade vorbeiradle.	leichte Irritation, mit etwas Akzeptanz	Das ist heute der erste Zwischenfall dieser Art. Ich bin eine Woche nicht mehr Fahrrad gefahren, freue mich, draußen zu sein, und genieße das schöne Wetter.
Ein Auto biegt direkt vor mir ab, ohne zu blinken. Ich mache eine Vollbremsung, um einen Zusammenstoß zu verhindern.	Frustration, Ärger, Bestürzung	Das ist heute schon der zweite Beinahe-Unfall! Diesmal war es knapp! Ich hätte ernsthaft verletzt werden können!
Ein LKW fährt an einer Baustelle vorbei, neben der sich Wasser auf der Straße gesammelt hat. Als er mich überholt, hält er nur etwa 30 Zentimeter Abstand von meinem Rad und spritzt mich mit Schlammwasser voll.	Wut und Verzweiflung	Ich will wirklich, dass Autofahrer auf Radler achten und Rücksicht nehmen! Warum konnte der LKW-Fahrer nicht langsamer fahren oder warten, bis ich an der Wasserlache vorbei war, bevor er hindurchfuhr?!

Nun sind Sie dran …

Auslöser	Reaktion	Umstände / Gedanken

2.9 Entscheidungsfreiheit, Autonomie und Verantwortung

Die Verantwortung für unsere Reaktionen auf Auslöser zu übernehmen bedeutet nicht, dass andere für ihre Handlungen nicht verantwortlich sind. Vielleicht empfinden wir eine bestimmte Handlung als nicht lebensdienlich und glauben, dass viele oder sogar die meisten Leute uns beipflichten würden. Doch wenn wir ein Verhalten beobachten, das uns nicht gefällt, bedeutet das nicht, dass wir ein moralisches „Richtig-oder-falsch-Urteil" fällen müssen. Wenn wir uns auf das konkrete Verhalten konzentrieren und uns überlegen, wie es unsere Bedürfnisse befriedigt oder nicht, ist es sehr viel wahrscheinlicher, dass unsere Bedürfnisse erfüllt werden und dass unsere Gefühle sich ändern. Niemand wird gerne verurteilt oder beschuldigt, selbst wenn er einsieht, dass eine von ihm getroffene Entscheidung zum Leid anderer beigetragen hat. Wir wollen Verständnis für unsere Absichten und in unserer Menschlichkeit gesehen werden.

Wir sind also alle für unsere Handlungen verantwortlich. Wir können anderen sagen, ob eine bestimmte Handlung unsere Bedürfnisse erfüllt oder nicht. Wir sind auch verantwortlich für unsere eigenen Gefühle und Bedürfnisse. Das bedeutet nicht, dass Sie Ihre Gefühle ändern oder ignorieren müssen. Es bedeutet, dass Sie frei und autonom entscheiden können, was Sie tun oder nicht tun, um Ihre Bedürfnisse zu befriedigen, und wie Sie auf Geschehnisse in Ihrem Leben reagieren. Es bedeutet, dass es bei Ihnen liegt, wie Sie die Welt sehen und das Verhalten anderer interpretieren. Alle Menschen versuchen, Bedürfnisse zu befriedigen, auch durch Verhaltensweisen, die Ihre Bedürfnisse nicht erfüllen.

ÜBUNG

Übung 5: Verantwortung, Handlung und Reaktion

Denken Sie an etwas, was Sie getan haben und inzwischen bedauern oder bereuen, an eine Handlung, die Ihre Bedürfnisse nicht völlig befriedigte und / oder nicht zum Wohl anderer beitrug. Beschreiben Sie die Handlung, deren Auswirkung oder Ergebnis, Ihre Gefühle, wenn Sie darüber nachdenken, und Bedürfnisse, die die Handlung befriedigte oder nicht.

Handlung	Auswirkung / Ergebnis	Gefühle	befriedigte Bedürfnisse	unbefriedigte Bedürfnisse
Ich ging essen und ins Kino.	Geschäftliche E-Mails über einen möglichen Arbeitsvertrag blieben unbeantwortet.	frustriert, enttäuscht, ärgerlich	Entspannung, Spaß, Kontakt	Effektivität, Seelenfrieden, Klarheit über meine berufliche Zukunft

2.10   Mehr über emotionale Befreiung

Für unsere eigenen Gefühle und Bedürfnisse verantwortlich zu sein bedeutet auch, dass wir nicht für die Gefühle und Bedürfnisse anderer verantwortlich sind. Für die sind sie selbst zuständig. Betrachten wir den folgenden Satz einer Mutter: „Meine Tochter hat mich letzte Woche nicht besucht, deshalb fühlte ich mich einsam und niedergeschlagen." Er impliziert: Weil die Tochter die Mutter nicht besuchte, ist sie dafür verantwortlich, dass die Mutter sich einsam und niedergeschlagen fühlte. Die Tochter ist herzlos – oder zumindest gedankenlos und egoistisch –, weil sie der Mutter „den Tag verdorben hat".

Nach dem Verständnis der GFK wäre die folgende Formulierung treffender: „Als meine Tochter mich letzte Woche nicht besuchte, fühlte ich mich einsam und niedergeschlagen, weil ich mich wirklich nach Gesellschaft sehnte." Dieser Satz macht den Zusammenhang zwischen den Gefühlen und dem Bedürfnis deutlich; gleichzeitig übernimmt die Mutter die Verantwortung für ihre Gefühle und ihr Bedürfnis – dass die Tochter sie nicht besuchte, war nur der Auslöser. Der Grund für die Niedergeschlagenheit der Mutter war ihr Wunsch nach Gesellschaft, also ein unerfülltes Bedürfnis. Hätte die Mutter dieses Bedürfnis nicht gehabt, hätte sie vielleicht gesagt: „Als meine Tochter mich letzte Woche nicht besuchte, war ich erleichtert, denn ich war letzte Woche so oft unter Leuten, dass ich wirklich eine Pause und Ruhe brauchte." Beachten Sie, dass in beiden Fällen dasselbe geschieht: Die Tochter kommt nicht vorbei. Die Mutter übernimmt die Verantwortung für ihre Gefühle und ist sich auch ihrer Bedürfnisse bewusst. Doch im zweiten Beispiel befriedigte das Nichterscheinen der Tochter die Bedürfnisse der Mutter.

Es ist sehr wichtig, die Bedürfnisse auszudrücken, die in einer bestimmten Situation befriedigt werden. Das Bedürfnis, das Leben anderer zu bereichern, durch den Dienst an anderen einen Sinn im Leben zu finden, ist eines der stärksten universellen Bedürfnisse (wenn nicht das stärkste). Doch es gibt immer mehr als einen Weg oder eine Strategie, ein Bedürfnis zu befriedigen. Wenn jemand sich zum Beispiel Kontakt und Gesellschaft wünscht, bedeutet das nicht, dass Sie die Person sind, die diese Bedürfnisse erfüllen muss, oder dass Sie sie in diesem Augenblick erfüllen müssen. Wenn jemand Ihnen gegenüber diese Bedürfnisse äußert, können Sie ihm anbieten, sich später am Tag oder am Wochenende mit ihm zu treffen. Vielleicht können Sie ihm auch jemand anderen aus Ihrem Freundeskreis vorschlagen, der jetzt bereit sein könnte, Zeit mit ihm zu verbringen. Vielleicht genügt sogar schon eine empathische Reaktion von Ihnen, um seine Bedürfnisse zu befriedigen. Wenn wir andere für unsere Gefühle und Bedürfnisse verantwortlich machen und nur eine Strategie (oder Person) im Kopf haben, die sie befriedigen könnte, ist das so, als würden wir uns freiwillig in eine Zwangsjacke stecken lassen. Durch unsere Fixierung auf eine bestimmte Option lähmen wir uns. Und wir können dadurch auch unnötige Unstimmigkeiten und Konflikte auslösen.

Fragen und Übungen, um Kapitel 2 zu vertiefen

A. Wie sieht es aus, wenn wir die Verantwortung für unsere Gefühle und Bedürfnisse übernehmen und sie klar äußern? Markieren Sie die folgenden Äußerungen mit einem „Ja", wenn Sie denken, dass die Person, die sie macht, Verantwortung übernimmt, oder mit einem „Nein", wenn Sie denken, dass sie das nicht tut.

_____ 1. „Du machst mich wütend, wenn du die Tür des Schlafzimmers nicht abschließt."

_____ 2. „Ich bin traurig, wenn du das sagst, weil ich mir Verständnis wünsche und deine Bemerkung als eine Beleidigung empfinde."

_____ 3. „Ich werde sauer, wenn du mich nicht ansiehst, während ich mit dir rede."

_____ 4. „Ich bin enttäuscht, dass du nicht mitspielen willst, weil ich gehofft hatte, wir könnten mit deiner Hilfe den Rückstand aufholen."

_____ 5. „Ich bin verärgert, weil du gesagt hast, du würdest mir in Physik helfen, und es dann doch nicht getan hast."

_____ 6. „Ich bin frustriert, weil ich heute gerne für die Rettungsschwimmerprüfung trainiert hätte."

_____ 7. „Manchmal verletzen mich die kritischen Bemerkungen meiner Mutter."

_____ 8. „Ich bin erleichtert, dass er die Wahl gewonnen hat."

_____ 9. „Ich bekomme Angst, wenn du laut wirst und Ausdrücke benutzt, die ich ordinär finde."

_____ 10. „Ich bin froh, dass du einen zweiten Regenschirm hattest, denn der Regen wird stärker."

Meine Antworten zu dieser Übung:

1. Wenn Sie diesen Satz mit einem „Nein" markiert haben, bin ich mit Ihnen einig. Für mich sagt er aus, dass das Verhalten von jemand anderem für die Gefühle der Person verantwortlich ist. Ihre eigenen Gedanken oder Bedürfnisse, die diese Gefühle auslösen, kommen nicht zum Ausdruck. Sie hätte stattdessen sagen können: „Ich werde wütend, wenn du die Tür des Zimmers nicht abschließt, weil ich befürchte, dass meine Sachen gestohlen werden, und weil ich möchte, dass auf meine Gefühle Rücksicht genommen wird."

2. Wenn Sie diese Äußerung mit einem „Ja" markiert haben, bin ich mit Ihnen einig. Darin erkennt die Person die Verantwortung für ihre Gefühle an. Sie bringt das Gefühl (Traurigkeit) und das Bedürfnis (Verständnis) zum Ausdruck und macht auch deutlich, dass der Auslöser ihres Bedürfnisses nach Verständnis ihre Interpretation oder ihr Urteil war, dass die Bemerkung der anderen Person eine Beleidigung war. Aber die Person „bekennt sich" zu diesem Urteil; sie sagt, dass sie die Bemerkung der anderen Person als eine Beleidigung empfand, behauptet aber nicht, dass diese Bemerkung tatsächlich eine Beleidigung war.

3. Wenn Sie diesen Satz mit einem „Nein" markierten, bin ich mit Ihnen einig. Um die ihm zugrunde liegenden Bedürfnisse oder Gedanken auszudrücken, hätte die Person sagen können: „Ich werde sauer, wenn du mich nicht ansiehst, während ich mit dir rede, weil ich gesehen und gehört werden möchte."

4. Wenn Sie diese Äußerung mit einem „Ja" versehen haben, sind wir uns einig, dass die Person darin die Verantwortung für ihre Gefühle übernimmt.

5. Wenn Sie diesen Satz mit einem „Nein" markiert haben, bin ich mit Ihnen einig. Um die Bedürfnisse oder Gedanken auszudrücken, die den geäußerten Gefühlen zugrunde liegen, hätte die Person sagen können: „Es ärgert mich, dass du gesagt hast, du würdest mir in Physik helfen, und es dann doch nicht getan hast, denn ich habe ein starkes Bedürfnis nach Verbindlichkeit und Verlässlichkeit."

6. Wenn Sie diesen Satz mit einem „Ja" versehen haben, sind wir uns einig, dass die Person darin die Verantwortung für ihre Gefühle übernimmt. Sie äußert den Wunsch hinter ihrer Frustration – dass sie trainieren möchte. Manche mögen anderer Auffassung sein, weil das Training als eine Strategie betrachtet werden kann, Bedürfnisse nach Kompetenz, Akzeptanz, Zugehörigkeit oder Respekt zu befriedigen. Doch meiner Meinung nach übernimmt die Person die Verantwortung.

7. Wenn Sie diese Äußerung mit einem „Nein" markiert haben, bin ich mit Ihnen einig. Um die Bedürfnisse oder Gedanken auszudrücken, die den geäußerten Gefühlen zugrunde liegen, hätte die Person sagen können: „Manchmal fühle ich mich verletzt, wenn meine Mutter kritische Bemerkungen macht, denn ich will geschätzt und akzeptiert werden."

8. Wenn Sie diesen Satz mit einem „Nein" markiert haben, bin ich mit Ihnen einig. Um die Bedürfnisse oder Gedanken auszudrücken, die den geäußerten Gefühlen zugrunde liegen, hätte die Person sagen können: „Ich bin erleichtert, zu hören, dass er die Wahl gewonnen hat, weil mir das Vertrauen fehlte, dass es der bisherigen Regierung um unser Wohl ging."

9. Wenn Sie diesen Satz mit einem „Nein" versehen haben, bin ich mit Ihnen einig. Um die Gefühle oder Gedanken auszudrücken, die den geäußerten Gefühlen zugrunde liegen, hätte die Person sagen können: „Ich bekomme Angst, wenn du laut wirst und Ausdrücke benutzt, die ich ordinär finde, weil ich dann denke, dass ich in Gefahr sein könnte, und ich will mich sicher fühlen."

10. Wenn Sie diese Äußerung mit einem „Nein" markiert haben, bin ich mit Ihnen einig. Um die Bedürfnisse oder Gedanken auszudrücken, die den geäußerten Gefühlen zugrunde liegen, hätte die Person zum Beispiel sagen können: „Ich bin froh, dass du einen zweiten Regenschirm hattest, denn der Regen wird stärker, und ich will trocken bleiben, damit ich mich nicht erkälte."

B. Strategien und Bedürfnisse können ähnlich wie die Schichten einer Zwiebel über-einanderliegen, um ein Kernbedürfnis herum. Diese Kernbedürfnisse sind manch-mal schwer zu erkennen, wenn sie mit Strategien vermischt sind. Denken Sie an einen Gegenstand, den Sie haben möchten, oder an ein Ziel, das Sie erreichen wollen. Sagen wir, Sie wählen einen Gegenstand, ein Auto. Vervollständigen Sie nun diese Gleichung: „Ich brauche ein Auto, weil ich X brauche." Gehen Sie dann zur nächsten Schicht: „Ich brauche X, weil ich Y brauche." Und dann zur über-nächsten: „Ich brauche Y, weil ich Z brauche." Fahren Sie nach diesem Schema fort, bis Sie das Kernbedürfnis erreichen. Wenn es um ein Auto geht, könnte diese Übung so klingen:

- Ich brauche ein Auto, um beliebt zu sein.
- Ich will beliebt sein, um Freunde zu haben.
- Ich brauche Freunde, um Gesellschaft zu haben.
- Ich brauche Gesellschaft, um mich nicht allein zu fühlen.

Mit anderen Worten, ich will Selbstvertrauen, Gesellschaft und das beruhigende Gefühl haben, dass ich nicht allein bin. An diesem Punkt möchten Sie sich viel-leicht auch fragen: „Was ist, wenn ich allein bin …? Was geschieht dann?" Wenn Sie allein sind, fühlen Sie sich vielleicht nicht mit anderen verbunden oder nicht sicher. An diesem Beispiel können Sie erkennen, dass das Auto, „beliebt sein" und „Freunde haben" Strategien sind. Die Kernbedürfnisse könnten Verbundenheit, Sicherheit und Gemeinschaft sein.

Die Schlüsselfrage lautet dann: Auf welche anderen Arten kann ich dieselben Bedürfnisse noch befriedigen?

Machen Sie nun diese Übung mit einem Gegenstand, den Sie haben möchten, oder mit einem Ziel, das Sie erreichen wollen:

Ich brauche (oder: will) _____ damit (oder: um … zu) _____

Ich brauche (oder: will) _____ damit (oder: um … zu) _____

Ich brauche (oder: will) _____ damit (oder: um … zu) _____

Oder auch:

Was ist, wenn ich X oder Y nicht bekomme / erreiche? _____

Was geschieht dann? _____

Und:
Auf welche drei anderen Arten kann ich diese Bedürfnisse noch befriedigen?

C. Unsere Gefühle und Bedürfnisse können durch den direkten Kontakt mit Menschen oder Umständen ausgelöst werden oder auch durch Ereignisse und Situationen irgendwo auf der Welt, von denen wir hören, die wir in den Medien sehen oder über die wir nachdenken.

Situation	Gefühle	Erfüllte / unerfüllte Bedürfnisse
US-Intervention im Irak	traurig, zornig, besorgt	Sicherheit, Rücksicht, Mitgefühl, Ehrlichkeit, Bewusstheit

D. Lesen Sie die nachfolgenden Zitate. Das erste stammt von Joseph Goebbels, der während des Zweiten Weltkriegs in der NSDAP aktiv war. Das zweite ist von Richard Perle, einem ehemaligen Mitglied der US-Regierung.

> „Der totale Krieg also ist das Gebot der Stunde … Die Gefahr, vor der wir stehen, ist riesengroß. Riesengroß müssen deshalb auch die Anstrengungen sein, mit denen wir ihr entgegentreten … Der übrige Teil Europas sollte hierfür wenigstens seine Arbeit zur Verfügung stellen. Wer diesen Kampf im übrigen Europa heute noch nicht versteht, wird uns morgen auf den Knien danken, dass wir ihn mutig und unbeirrt auf uns genommen haben." (Joseph Goebbels, 18. Februar 1943)

> „Wenn wir einfach unserer Vision von der Welt folgen, uns ihr völlig verschreiben und nicht versuchen, clevere Diplomatie zu betreiben, sondern stattdessen einen totalen Krieg führen, werden unsere Kinder in künftigen Jahren Loblieder auf uns singen." (Richard Perle, 31. Januar 2002)

Beantworten Sie nun die folgenden Fragen:

1. Welche Strategie (Handlungsweise) propagiert jeder der beiden Redner?
2. Welche Gefühle löst jede Strategie bei Ihnen aus? Welche (erfüllten oder unerfüllten) Bedürfnisse verspüren Sie, wenn Sie über die Zitate und die darin geäußerten Absichten nachdenken?
3. Welche Gefühle versuchten die Redner Ihrer Meinung nach beim Publikum auszulösen? Unterscheiden sich diese Gefühle von Ihrer eigenen emotionalen Reaktion auf die Äußerungen? Wenn ja, warum?
4. Was glauben Sie, welche Gefühle Goebbels und Perle empfanden, als sie diese Äußerungen machten?
5. Welche Bedürfnisse versuchten sie Ihrer Meinung nach zu befriedigen?
6. Inwiefern wird in den beiden Zitaten, zwischen denen fast 60 Jahre liegen, auf ähnliche Strategien verwiesen oder zurückgegriffen – sowohl was die beabsichtigte Wirkung auf das Publikum (eine Strategie für sich) angeht als auch, was die propagierte Strategie selbst (die vorgeschlagene Handlungsweise) betrifft?

3 | Wirklich zuhören

„Sei bestrebt, zuerst zu verstehen und dann verstanden zu werden."

(Stephen Covey)

3.1 Wie konnte die Frau, die ich zu kennen glaubte, so anders sein?

Susan ist eine junge Frau, die noch bei ihrer Mutter wohnt, einen Teilzeitjob in einem Büro hat und das örtliche Community College besucht. In einem Interview erzählte sie mir Folgendes:

> Meine Mutter ist ein sehr kritischer Mensch. Egal, was ich tue, es ist ihr nicht gut genug. Es gefällt ihr nicht, wie ich mich anziehe. Sie mag meine Freundinnen und Freunde nicht. Es passt ihr nicht, mit wem ich ausgehe, was ich in meiner Freizeit mache und wie ich Auto fahre. Ich bin kurz davor, zu explodieren. Ich will einfach nicht mehr heimgehen. Es ist so unangenehm. Ständig denkt sie, dass ich schwanger werde. Die ganze Zeit nörgelt sie an mir herum, beobachtet mich und kontrolliert mich. Ich wünschte, sie würde sich um ihr eigenes Leben kümmern und mich in Ruhe lassen!

Nachdem Susan die Grundprinzipien der GFK gelernt hatte, beschloss sie zu versuchen, diese neuen Fertigkeiten im Gespräch mit ihrer Mutter anzuwenden. Nun, da sie sich ihrer Gefühle und Bedürfnisse bewusst war, war sie fähig, sich die Sorgen ihrer Mutter anzuhören, wie sie es noch nie getan hatte. Was sie herausfand, erstaunte sie:

> Ich redete eine halbe Stunde lang mit meiner Mutter und hörte ihr wirklich zu, so aufmerksam, wie ich konnte. Ich kann kaum glauben, was ich über sie erfuhr. Ich hatte keine Ahnung, wie viel Angst sie um mich hat. Sie meint, dass ihr Leben nicht so verlaufen ist, wie es hätte verlaufen können, weil sie jung schwanger wurde und nie eine Chance hatte, aufs College zu gehen. Sie will wirklich das Beste für mich. Sie macht sich viele Sorgen, weil sie mich liebt und um meine Sicherheit fürchtet. Sie sagt, dass sie immer für mich da sein wird, aber sie will nicht, dass ich mein Leben so „verpfusche" wie sie das ihre.

Seit Susan sich nach jahrelangen Konflikten und Missverständnissen auf eine neue Art mit ihrer Mutter verbinden konnte, denkt sie anders über sie und ihr Verhalten. Über das gemeinsame Gespräch sagt sie: „Es öffnete mir die Augen! Davor sagte ich ihr immer nur meine Meinung und wie ich mich fühlte. Ich hörte ihr nie wirklich zu. Nun sehe ich sie ganz anders. Und ich bin dankbar dafür. Und für sie."

Woran lag es, dass Susan ihre Mutter und deren Verhalten plötzlich anders wahrnahm und nicht mehr Wut und Unzufriedenheit empfand, sondern Mitgefühl und Dankbarkeit? Wenn wir uns in jeder Situation bewusst sind, was wir empfinden und brauchen, macht das, wie wir in den letzten beiden Kapiteln sehen konnten, einen großen Unterschied. Das kann uns helfen, uns mit dem zu verbinden, was uns am wichtigsten ist. Da Susan beim Zuhören auf Gefühle und Bedürfnisse achtete, erkannte sie, dass ihre Mutter Angst um sie hatte. Sie begriff auch, welches Bedürfnis diesen Gefühlen zugrunde lag: Ihre Mutter wollte unbesorgt sein, was die Zukunft ihrer Tochter betraf. Sie wollte, dass ihre Tochter Chancen und Wahlmöglichkeiten hatte, die sie selbst als junge Frau nie gehabt hatte.

Als Susan fähig war, die Hoffnungen und Ängste ihrer Mutter voll zu verstehen, konnte sie endlich die Motivation für das Verhalten ihrer Mutter über all die Jahre schätzen. Sie erkannte auch, dass kein Konflikt zwischen ihren eigenen Bedürfnissen und denen ihrer Mutter bestand. Beide wollen, dass Susan in ihrem Leben Wahlmöglichkeiten hat und einen Sinn sieht. Auch wenn die Bedürfnisse nach Sicherheit und Wahlmöglichkeiten bei der Mutter zurzeit lebendiger sind oder mehr im Vordergrund stehen als bei der Tochter, bedeutet das nicht, dass diese Werte Susan nicht wichtig sind. Auch sie will Sicherheit und Wahlmöglichkeiten. Und jede der beiden will, dass die andere sie vollständig hört und ihre Anliegen ernst nimmt. Sie mögen sich uneinig sein, welche Optionen oder Strategien ihre Bedürfnisse am ehesten befriedigen (z.B. ein College-Abschluss oder Arbeitserfahrung oder Reisen), doch der Konflikt besteht in der unterschiedlichen Bewertung möglicher Strategien, nicht auf der Ebene der Bedürfnisse.

3.2 Tu nicht irgendetwas. Sei einfach da

Susan erzählte, dass sie „eine halbe Stunde lang" mit ihrer Mutter geredet und ihr „wirklich zugehört" habe, so aufmerksam, wie sie konnte. Wie hört man wirklich zu? Welches Organ benutzen Sie, um zuzuhören? Die meisten Leute würden spontan antworten, dass sie mit den Ohren zuhören. Natürlich spielen die Ohren eine entscheidende Rolle, wenn es darum geht, Wörter zu erkennen und den Sinn von Äußerungen zu verstehen. Doch wenn man über die Frage nachdenkt, wird einem klar, dass beim Zuhören auch die Augen beteiligt sind, ja, der ganze Körper. Wir reagieren auch „aus dem Bauch heraus" auf das, was wir hören. Unsere Haut, ob sie kribbelt oder spannt, kalt oder heiß ist, kann uns etwas darüber sagen, was wir empfinden. Und wenn wir in unserem Körper Anspannung, Schmerz oder ein Gefühl der Enge spüren (meistens im Schulterbereich, im Kopf oder in der Brust), oder wenn wir im Gegenteil spüren, dass wir uns entspannen, dass der Schmerz nachlässt oder wir uns innerlich öffnen, können diese Empfindungen anzeigen, ob unsere Bedürfnisse erfüllt sind oder nicht.

Wie wissen wir, wann wir für andere völlig präsent sind und aufnahmefähig für das, was sie uns mitteilen und verständlich machen wollen? Völlig präsent zu sein bedeutet mehr als Augenkontakt und körperliche Signale – obwohl wir dadurch unsere Absicht deutlich machen können. Völlig präsent zu sein bedeutet mehr, als den Worten zu lauschen, die wir hören. Wir müssen die Energie und die Absicht hinter den Worten verstehen. Bei dieser Art des Zuhörens ist nicht nur der Kopf beteiligt, sondern der ganze Körper und vor allem das Herz.

Eine Kollegin beschrieb eine Erfahrung, die sie einmal im Ausland gemacht hatte. Weil sie mit den Aussprachemustern der Einheimischen nicht vertraut war, konnte sie eine Frau, die offenbar ein Erlebnis von großer persönlicher Bedeutung schilderte, nicht verstehen. Nichtsdestotrotz hörte sie empathisch zu. Sie achtete auf alles, was die Empfindungen der Frau ausdrückte: ihre Körperhaltung, ihre Bewegungen, ihren Gesichtsausdruck und die nonverbalen Aspekte ihres Vortrags. Obwohl unsere Kollegin kein Wort verstand, betonte die Frau hinterher, wie sehr sie ihre empathische Unterstützung geschätzt habe.

Die meisten von uns sind es gewöhnt, nur mit dem Kopf zuzuhören. Wir tauschen Meinungen, Gedanken und Urteile aus. Das Zuhören mit dem Kopf trennt uns jedoch eher voneinander, als dass es Verbundenheit, Gemeinschaft und Präsenz fördert. Zu den Symptomen dieser Getrenntheit gehören zahlreiche nichtempathische Reaktionen: Zum Beispiel werden Informationen geliefert, Analysen vorgenommen oder Ratschläge erteilt. Meistens sind wir uns entweder einig („Ja, das ist schrecklich! Was können wir da machen?") oder uneinig (Uneinigkeit kann Verurteilung, Ablehnung, Herabsetzung oder Zurückweisung bedeuten). Wenn wir auf diese Art voneinander getrennt sind, sind wir uns unserer eigenen Bedürfnisse nicht voll bewusst und sind auch nicht völlig präsent für die Erfahrung der Person, auf die wir eingehen wollen.

Um mit unserem ganzen Körper zuzuhören und das Denken in Kategorien von Gut und Böse oder Richtig und Falsch zu überwinden, müssen wir durch empathisches Zuhören herausfinden, was hinter dem Urteil oder der Geschichte der anderen Person steht. Das bedeutet, dass wir nicht nur auf die Inhalte oder Ideen reagieren, die die Person zum Ausdruck bringt, sondern auch auf die ihnen zugrunde liegenden Gefühle, Werte und Bedürfnisse. Das Ziel des empathischen Zuhörens ist nicht, ein Problem zu lösen oder die andere Person dazu zu bringen, ihr Verhalten zu ändern. Das Ziel ist, sich mit der anderen Person zu verbinden und mit dem Herzen zu verstehen, was gerade in ihr vorgeht. Oft trägt bereits diese Art von Verbindung dazu bei, dass wir und andere Klarheit gewinnen und eine Situation oder Erfahrung mit anderen Augen zu sehen.

3.3 Helfen durch Nicht-Helfen

Wie oft fühlen Sie sich vollständig gehört und unterstützt? Wie oft erleben Sie, dass jemand ganz für Sie und Ihre Probleme da ist? Eine von mir durchgeführte Umfrage unter 300 Erwachsenen ergab, dass die meisten diese Erfahrung, wenn überhaupt, nur selten gemacht hatten. Ich bat die Leute, sich vorzustellen, dass eine Freundin oder ein Freund zu ihnen sagte: „Ich habe morgen eine wichtige Klausur und befürchte, dass ich dabei nicht gut abschneiden werde." Die Tabellen auf den Seiten 75 und 76 zeigen verschiedene Reaktionen auf diese Äußerung. Wie Sie sehen, reagierten die meisten Leute mit „Ratschlägen". Manche machten Vorschläge, wie die Person sich vorbereiten, etwas Schlaf finden oder sich entspannen könnte oder was sie tun könnte, falls die Klausur nicht gut lief. Niemand versuchte herauszufinden, was die Person empfand oder brauchte. Stattdessen versuchten sie, die Situation „in Ordnung zu bringen".

3.4 Beschwichtigung ist nicht Empathie

> „Weil ich bisher in der Schule meistens Einser bekommen habe, nimmt niemand mich ernst, wenn ich mir wegen einer Klausur oder einer Hausarbeit Sorgen mache. Alle sagen: ‚Ach, du kriegst das schon hin, Davita.' Sie verstehen mich nicht, und am Ende bin ich nervöser als vorher."
> (Davita)

Die meisten Reaktionen waren beschwichtigend. Die Leute sagten der Person, dass ihre Gefühle „unbegründet" seien, dass das, was sie befürchtete, nicht eintreffen würde, dass sie sich irrte. Wenn wir jemanden beruhigen, wollen wir ihn gewöhnlich trösten und unterstützen. Leider hat es oft die gegenteilige Wirkung und würgt das Gespräch ab. Wenn Davita (siehe nebenstehendes Zitat) sich Sorgen wegen einer Klausur macht und ich zu ihr sage „Du kriegst das schon hin", dann verstehe ich nicht, warum sie sich Sorgen macht und was es für sie bedeuten würde, eine schlechtere Note zu bekommen als die, die sie sich wünscht. Wenn ich sie beruhige, erreiche ich sie nicht dort, wo sie gerade ist, und begreife nicht, was sie momentan durchlebt. Deshalb wird es mir wahrscheinlich nicht gelingen, mich auf eine authentische Art mit ihr zu verbinden.

3.5 Mitleid ist nicht Empathie

Andere Leute reagieren nicht beschwichtigend, sondern mit Mitleid. „Wie furchtbar. Es betrübt mich sehr, das zu hören." Wenn wir erleben, dass ein anderer Mensch – besonders jemand, an dem uns etwas liegt – starke Gefühle ausdrückt, kann das Gefühle in uns auslösen, von denen wir vielleicht *glauben*, dass sie denen ähneln, die der andere Mensch gerade empfindet. Wenn wir zum Beispiel hören, dass jemand traurig ist, werden wir vielleicht auch traurig. Das ist eine „mitleidende" Reaktion (wir empfinden dasselbe oder „fühlen miteinander"). Dann kann es uns so vorkommen, als wären wir aus tiefstem Herzen mit der anderen Person verbunden, und tatsächlich werden in solchen Augenblicken Gefühle in uns geweckt. Wenn wir mit einer anderen Person „mitleiden", erzeugen wir zwar eine gewisse emotionale Nähe zwischen uns und ihr, doch wir verbinden uns eher mit *unseren* Bedürfnissen und *unserer* Erfahrung als mit *ihren* Gefühlen und Bedürfnissen. Deshalb sind wir nicht völlig für sie präsent. Haben Sie je erlebt, dass jemand, dem Sie eine schmerzliche Erfahrung schilderten, so stark reagierte, dass Sie Ihre Aufmerksamkeit auf *ihn* richteten und *ihn* trösteten? Dieses extreme Beispiel verdeutlicht: Wenn wir empathisch zuhören, richten wir unsere ganze Aufmerksamkeit auf die Gefühle und Bedürfnisse der anderen Person; wir bleiben für sie präsent und bereit, uns mit *ihren* Gefühlen und Bedürfnissen zu verbinden statt mit unseren eigenen.

Eine Freundin oder ein Freund sagt: „Ich habe morgen eine wichtige Klausur und befürchte, dass ich dabei nicht gut abschneiden werde." Was würden Sie erwidern?
Wir haben die Antworten von Studentinnen und Studenten kategorisiert und erhielten folgendes Ergebnis:

A.	„Lerne einfach, so viel du kannst, und dann denk nicht mehr dran."	Ratschläge – die häufigste Reaktion
B.	„Ach, du bist klug. Du wirst sicher gut abschneiden."	Beschwichtigung – die zweithäufigste Reaktion

---

Die folgenden Reaktionen waren weniger häufig:

C.	„Mach dich nicht verrückt. Das bringt nichts."	Verleugnung von Gefühlen
D.	„Bei den vielen Klausuren zählt die eine doch nicht viel."	Bagatellisierung
E.	„Wenn du meinst, du hättest es schwer, dann sollte ich dir mal aufzählen, wie viele Klausuren ich diese Woche habe."	Ich kann deine Geschichte toppen.
F.	„Wie schrecklich. Das tut mir wirklich eid für dich."	Mitleid
G.	„Ja, im letzten Semester ging es mir ähnlich. Weißt du, was ich da gemacht habe ...?"	Erzählen oder Vergleichen von Geschichten

H. „Lass uns einen trinken gehen und das Ganze vergessen."	Vermeidung
I. „Ich helfe dir beim Lernen."	Hilfsangebot
J. „Dein Problem ist dein notorischer Pessimismus."	Diagnose
K. „Ich glaube, dass du dir so große Sorgen machst, weil du es deinen Eltern recht machen willst."	Analyse
L. „Du hättest früher anfangen sollen zu lernen."	Urteil

3.6 Es ist keine Empathie, Geschichten zu erzählen oder zu vergleichen

„Ich hasse es, einen Mann weinen zu sehen. Ich würde alles tun, um das zu vermeiden."
(Merri)

Eine weniger häufige Reaktion der Studentinnen und Studenten war, dass sie selbst eine Geschichte erzählten. Das kann eine Form der Beschwichtigung und des Ratgebens durch ein Beispiel sein oder auch ein Versuch, sich mit der anderen Person zu verbinden, indem wir ihr zeigen, dass wir verstehen und nachempfinden können, was sie durchmacht. Es kann auch, ob beabsichtigt oder nicht, unsere Aufmerksamkeit von der Person, die wir unterstützen wollen, auf unsere eigene Erfahrung zurücklenken. Besonders wenn die Person intensive Gefühle durchlebt, ist es unwahrscheinlich, dass das Erzählen einer Anekdote oder das Vergleichen ihrer Situation mit einer, in der wir uns einmal befanden, zu einem besseren Verständnis oder größerer Verbundenheit beiträgt. Weil eine solche Reaktion unsere Aufmerksamkeit von der anderen Person ablenkt, kann sie wie eine Bagatellisierung oder Verleugnung wirken.

ÜBUNG

Übung 1: Etwas anderes als Empathie

Lesen Sie die folgenden Äußerungen und ordnen Sie sie den verschiedenen Reaktionsweisen zu: die Situation „in Ordnung bringen" wollen, Ratschläge geben, vergleichen, übertrumpfen (Ich kann deine Geschichte toppen!), Analyse, Diagnose, Beschwichtigung, Bagatellisierung, Vermeidung, Verurteilung oder Mitleid. (Einige Äußerungen können mehr als eine Reaktionsweise illustrieren.)

A. „Soll ich dir helfen, reisefertig zu werden, damit du mehr Zeit hast?"

Art der Nicht-Empathie: _____

B. „Mensch, es tut mir wirklich leid, das zu hören. Das ist ja furchtbar."

Art der Nicht-Empathie: _____

C. „Das ist gar nichts! Du hättest die Klausur sehen sollen, die ich letztes Jahr in Chemie schreiben musste!"

Art der Nicht-Empathie: _____

D. „Vielleicht triffst du keine guten Entscheidungen, weil du nicht genug Schlaf bekommst?"

Art der Nicht-Empathie: _____

E. „Ich würde mit dem Professor reden. Er gewährt dir sicher eine Fristverlängerung."

Art der Nicht-Empathie: _____

F. „Aber es ist nicht so schlimm wie letztes Jahr. Wenigstens funktioniert die Heizung in diesem Zimmer!"

Art der Nicht-Empathie: _____

G. „So ein Idiot! Da wäre ich auch stocksauer!"

Art der Nicht-Empathie: _____

H. „Soll ich dir erzählen, was mir passierte, als ich in dem alten Laster nach Florida fuhr, mit diesem komischen Vogel aus unserem Englischkurs, der sich Shakespeare nannte? Du wirst die Geschichte kaum glauben!"

Art der Nicht-Empathie: _____

I. „Geh einfach ins Bett und denk nicht weiter drüber nach. Morgen früh wirst du dich besser fühlen."

Art der Nicht-Empathie: _____

3.7 Bewusst reagieren

Für welche Reaktion auf eine andere Person wir uns auch entscheiden, es ist nichts „falsch" an dieser Entscheidung. Wenn Sie eigene Erfahrungen beisteuern oder Ratschläge geben, wie ein Problem zu lösen wäre, ist das manchmal genau das, was die andere Person hören will. Solche Reaktionen können Bedürfnisse nach Gemeinschaft, Verständnis, Klarheit und Unterstützung befriedigen. Doch bevor Sie eine Kommunikationsstrategie anwenden, möchten Sie die Person, mit der Sie reden, vielleicht fragen, ob sie gerne Ratschläge oder eine Geschichte von Ihnen hören möchte, oder ob sie gerade einfach nur will, dass jemand bei ihr ist und ihr zuhört. Zuerst nachzufragen kann dazu beitragen, Bedürfnisse nach Autonomie, Bewusstheit und Entscheidungsfreiheit zu erfüllen, und das kann besonders wichtig sein, wenn die andere Person bereits aufgebracht ist, weil ihre Bedürfnisse nicht befriedigt werden. Zuerst nachzufragen kann Ihnen auch helfen, sich ganz auf die andere Person und ihre momentanen Bedürfnisse zu konzentrieren.

Es kann auch hilfreich sein, wenn Sie, bevor Sie reagieren, in sich hineinzuhorchen, um zu erkennen, welche Gefühle und Bedürfnisse Sie selbst gerade haben. Wenn Sie nervös oder erschöpft sind, sind Sie vielleicht nicht fähig oder bereit, sich anzuhören, was mit jemand anderem los ist. Vielleicht hat diese Person Ihnen früher schon etwas Ähnliches erzählt, und es frustriert oder ermüdet Sie, sich etwas anzuhören, was für Sie wie dieselbe Geschichte klingt. Wenn Ihnen nicht voll bewusst ist, warum Sie sich für eine bestimmte Reaktion entscheiden, reagieren Sie vielleicht beschwichtigend oder mit einem Ratschlag oder auf eine andere nicht-empathische Art. Das kann eine Strategie sein, um der anderen Person zu signalisieren, dass Sie jetzt kein Interesse oder keine Zeit haben und sich um andere Bedürfnisse kümmern wollen. Doch statt in solchen Augenblicken Nicht-Empathie als eine Strategie zu benutzen, können Sie authentisch sein und ehrlich sagen, wie es Ihnen gerade geht. „Ich höre, wie nervös du wegen deiner morgigen Klausur bist, Sue, und dass du bei der Vorbereitung gerne Hilfe hättest. Ich bin auch nervös, weil ich heute Abend um fünf ein Referat halten muss und befürchte, dass ich nicht rechtzeitig fertig werde. Deshalb will ich mich darauf konzentrieren." Indem Sie Ihre eigenen Gefühle und Wünsche äußern, kümmern Sie sich um Ihre Bedürfnisse nach Entscheidungsfreiheit und Selbstverantwortung sowie nach Sorgfalt, Ehrlichkeit und Integrität. Sie können sich auch Strategien überlegen, die Sie beide zufriedenstellen. Sie könnten zum Beispiel vorschlagen: „Kann ich zu dir kommen, nachdem ich mein Referat gehalten habe?" Oder: „Wie wäre es, Brenda um Hilfe zu bitten? Sie ist doch auch in unserem Kurs." (Mehr über das Äußern von Bitten in Kapitel 5.)

In diesem Zusammenhang möchte ich eine lehrreiche Erfahrung schildern, die ich neulich machte. Ich fühlte mich entmutigt, weil einige Entscheidungen, die ich getroffen hatte, dazu beitrugen, dass bestimmte Bedürfnisse in meinem Leben unerfüllt blieben. Ich war traurig und erzählte meiner Mutter von meinen Sorgen. Ihre sofortige Reaktion war, dass sie mir widersprach. Sie nannte mir Beispiele für von mir getroffene Entscheidungen, die sie konstruktiv fand, und betonte, dass die fragliche Entscheidung durchaus zu einigen „positiven" Ergebnissen in meinem Leben geführt hätten. Als würde sie meinen Lebenslauf lesen, zählte sie dann alles auf, was ich in meinem Leben getan hatte. Während ich ihr zuhörte, wurde ich noch mutloser und deprimierter – ganz zu schweigen davon, dass ich sehr frustriert war und mich überwältigt fühlte!

Was geschah in dieser Situation? Als ich meiner Mutter erzählte, wie es mir gerade ging, wollte ich Gemeinschaft und Unterstützung. Ich wollte Verständnis und mich gehört fühlen. Ich wollte, dass ein anderer Mensch einfach für mich da war. Vermutlich war es für sie sehr schwierig, meinen Schmerz zu hören. Als Mutter wünscht sie sich wahrscheinlich von ganzem Herzen, dass ich mit meinem Leben zufrieden bin. Um mein Wohl besorgt, wollte sie Sorglosigkeit und Akzeptanz fördern und wusste nicht, wie. Indem sie mich beruhigte, reagierte sie eigentlich auf ihre eigene Angst und ihr eigenes Unbehagen.

Nachdem ich zum Ausdruck gebracht hatte, dass ich frustriert war, weil ich nicht beruhigt werden wollte, sondern mir eigentlich Gemeinschaft wünschte – dass jemand „einfach für mich da" war –, hörte sie mir zu, und ihre Gegenwart war ein großes Geschenk. Ich bin mir sicher, dass es schwierig für sie war. Doch während sie mir zuhörte, spürte ich Fürsorge und Verständnis. Nachdem ich mich völlig ausgesprochen hatte, hellte sich meine Stimmung auf.

Vielleicht erinnern Sie sich an eine Situation, in der Sie niedergeschlagen waren und jemand Ihre Gefühle „ändern" wollte. Vielleicht wollten Sie in dem Augenblick nur die Gesellschaft und Aufmerksamkeit der anderen Person. An solche Situationen zu denken kann Ihnen zu mehr Bewusstheit verhelfen und zu mehr Entscheidungsfreiheit, was Ihre Reaktionen auf andere betrifft. Wollen Sie empathisch – mit dem Herzen – zuhören? Oder entscheiden Sie sich für eine Strategie, die Ihnen vielleicht einfacher erscheint oder vertrauter ist – beispielsweise dafür, einen Rat zu geben oder zu versuchen, die Situation in Ordnung zu bringen –, aber durch die Sie Bedürfnisse der anderen Person nach Verständnis und Unterstützung vielleicht nicht erfüllen, obwohl Sie das eigentlich wollen?

ÜBUNG

Übung 2: Da sein

Denken Sie an eine Situation zurück, in der Sie nicht-empathisch reagiert haben, als jemand, den Sie kennen, emotional aufgewühlt (vielleicht wütend, traurig oder frustriert) war und Ihnen erzählte, wie es ihm ging. Was empfanden und brauchten Sie in jenem Augenblick? Welche Gefühle und Bedürfnisse könnte die andere Person gehabt haben?

Situation (was ich die Person sagen hörte):	Meine Gefühle, als ich das hörte:	Meine Bedürfnisse, als ich das hörte:	Ihre / seine Gefühle:	Ihre / seine Bedürfnisse:

3.8 Für Anfänger

Viele von uns sind es natürlich gewohnt, nicht-empathische Antworten zu geben und zu erhalten. Anfangs kann es sehr schwierig sein, nicht auf die gewohnte Art zu reagieren. Besonders wenn wir etwas hören, was Gefühle in uns auslöst, beginnen wir schnell wieder zu analysieren, zu widersprechen oder in andere gedankenbasierte Reaktionsmuster zu verfallen. Aus diesem Grund können die folgenden Modellsätze uns helfen, auf Gefühle und Bedürfnisse fokussiert zu bleiben. Das fördert empathische Verbundenheit.

Modellsätze für empathische Vermutungen

1. Fühlst du dich / bist du gerade … (Gefühlswort einfügen), weil du …(Bedürfnis einfügen) brauchst / willst?

2. Ich frage mich, ob Sie sich gerade … (Gefühlswort einfügen) fühlen, weil Sie … (Bedürfnis einfügen) brauchen / wollen?

3. Das klingt, als wärst du momentan … (Gefühlswort einfügen), weil du … (Bedürfnis einfügen) brauchst / willst.

4. Ich vermute, du bist / fühlst dich gerade … (Gefühlswort einfügen), weil du … (Bedürfnis einfügen) brauchst / willst?

5. Sie sind / fühlen sich also gerade … (Gefühlswort einfügen), weil Sie … (Bedürfnis einfügen) brauchen / wollen?

6. Ist es so, dass du gerade … (Gefühlswort einfügen) empfindest / bist, weil du … (Bedürfnis einfügen) brauchst / willst?

Anmerkung: In einigen dieser Beispiele lässt eine Veränderung des Tonfalls erkennen, dass eine Frage gestellt wird.

Zu diesen Modellsätzen sind drei wichtige Dinge zu sagen: Erstens beziehen sie sich auf die Gegenwart. Was empfindest und brauchst du *jetzt*? Wir wollen die Erfahrung der anderen Person in der Gegenwart verstehen, denn diese Erfahrung ist für sie in diesem Augenblick „lebendig" und beherrschend: Es ist das, was die Person momentan erlebt. Manchmal stehen die Gefühle der anderen Person in Zusammenhang mit Gedanken an Erfahrungen aus der Vergangenheit. Doch wenn jemand über ein vergangenes Geschehnis nachdenkt oder spricht, dann deshalb, weil dieses Geschehnis immer noch in ihm nachwirkt. Deshalb kann auch eine Aussage über die Vergangenheit im Präsens formuliert werden. Der Modellsatz für „die Vergangenheit als Gegenwart" sieht folgendermaßen aus:

Die Vergangenheit als Gegenwart

Wenn du darüber nachdenkst (Präsens), was vor … (Jahren, Monaten, Tagen) geschah, fühlst du dich …, weil du … brauchst?

Wenn jemand auf die Vergangenheit zu sprechen kommt, lässt das oft Rückschlüsse auf die Intensität seiner Gefühle und seines Schmerzes in der gegenwärtigen Situation zu. Wenn er bis heute an etwas denkt, was in der Vergangenheit geschah, muss es ihm immer noch zu schaffen machen – und da es das schon eine ganze Weile tut, haben seine Gefühle sich mit der Zeit vielleicht verstärkt. Es gibt eine Vorgeschichte von Unverbundenheit und unerfüllten Bedürfnissen. Das zu wissen kann hilfreich sein, wenn wir ihn unterstützen wollen, und es kann bedeuten, dass wir mit intensiven und tiefen Gefühlen konfrontiert werden, wenn wir ihm empathisch zuhören.

Wir können unsere Wortwahl, unseren Ton und unsere Körpersprache auf die Intensität der ausgedrückten Gefühle abstimmen. Wenn jemand schreit, während er ein Urteil äußert, wird er sich wahrscheinlich nicht gehört fühlen, wenn wir unsere empathische Vermutung flüstern, selbst wenn unsere Worte seine Erfahrung zutreffend beschreiben. Er wird sich nur dann wirklich gehört fühlen, wenn wir dorthin gelangen, wo er in seiner Erfahrung ist, auch was die Intensität der Gefühle betrifft. Und wenn die Person von vergangenen Erfahrungen spricht, ohne auf deren Bezug zur Gegenwart einzugehen, kann es hilfreich sein, sie danach zu fragen, wenn wir Vermutungen über ihre Gefühle und Bedürfnisse äußern. Eine vergangene Erfahrung in die Gegenwart zu bringen fördert Verbundenheit.

ÜBUNG

Übung 3: Die Vergangenheit in die Gegenwart bringen

Geben Sie zu jeder der nachfolgenden Äußerungen über die Vergangenheit eine empathische Vermutung im Präsens ab.

Beispiel:
Vergangenheit: „Letztes Jahr bin ich durch eine Klausur gefallen."
Gegenwart: „Bist du, wenn du daran denkst, besonders nervös wegen deiner morgigen Klausur? Willst du, dass gesehen wird, wie hart du in diesem Semester gearbeitet hast?"

A. Vergangenheit: „Letztes Jahr war der Professor während der Sprechzeiten nie da, und als ich in einer Übungsgruppe Hilfe suchte, hieß es, es seien keine Termine frei."

Gegenwart: _____

B. Vergangenheit: „Er ließ auch all seine anderen Freundinnen ohne Vorwarnung fallen. Er nannte ihnen nie einen Grund. Er sagte nur: ‚Du brauchst mich nicht mehr anzurufen.' Mit mir hat er es genauso gemacht, dieser Mistkerl!"

Gegenwart: _____

C. Vergangenheit: „In der Highschool schaffte ich es auch nicht ins Team."

Gegenwart: _____

D. Vergangenheit: „Er ist halt ein Verlierer. Schon vor zwei Jahren hat er eine Menge Geld verspielt."

Gegenwart: _____

E. Vergangenheit: „Ich fühlte mich wirklich wohl in meinem alten Job. Es war ein großer Fehler, ihn aufzugeben – obwohl ich jetzt mehr verdiene."

Gegenwart: _____

3.9 Eine Vermutung ist nur eine Vermutung

Der zweite wichtige und beachtenswerte Punkt ist: Wenn wir uns empathisch mit einer anderen Person verbinden, tasten wir uns behutsam heran. Wir analysieren sie nicht und versuchen auch nicht, sie zu „durchschauen". Nur sie selbst weiß, was gerade in ihr vorgeht. Wir versuchen, ihre Gefühle und Bedürfnisse zu erraten, und zu erfahren, ob unsere Vermutungen stimmen oder nicht. Deshalb formulieren wir unsere empathischen Vermutungen gewöhnlich als Fragen: „Fühlst du dich …, weil du … brauchst?" Statt die Frageform zu benutzen, können wir auch am Ende des Satzes die Stimme heben: „Du fühlst dich also …, weil du … willst?" Wir können solchen Aussagesätzen auch Bestätigungsfragen hinzufügen, zum Beispiel: „Trifft das zu?" Oder: „Entspricht das deiner Erfahrung?" Wenn wir eine Frage stellen, brauchen wir uns keine Sorgen zu machen, ob es die „richtige" ist. Die Person, der wir empathisch zuhören, wird uns sagen, ob unsere Vermutung ihrer Erfahrung entspricht. Selbst wenn dem nicht so ist, genügt bereits unsere Absicht – unser Versuch, uns in die andere Person einzufühlen –, um eine Verbindung mit ihr herzustellen. Was zählt, ist unsere Bereitschaft, ganz für sie da zu sein.

Wenn wir jemandem Empathie geben und ihm dabei helfen wollen, sich über seine Bedürfnisse klar zu werden, ist es auch hilfreich, konkrete Fragen zu stellen, zum Beispiel: „Bist du traurig, weil du deine Familie vermisst und Gemeinschaft und Unterstützung willst?" Durch solche Fragen gelingt es uns eher, eine Verbindung herzustellen und Klarheit zu gewinnen, als durch allgemeine Fragen wie: „Was empfindest du?" Oder: „Was willst du?" Auf solche Fragen geben die meisten Leute Antworten wie: „Ich weiß nicht" oder „Ich bin mir nicht sicher", sodass kein Gespräch und keine Verbindung zustande kommen.

Tunlichst vermeiden sollten wir die Frage: „Warum empfindest du so?" Wenn wir nach einem Grund oder einer Erklärung fragen, bekommen wir wahrscheinlich Gedanken oder Erkenntnisse zu hören, statt mit Gefühlen und Bedürfnissen in Verbindung zu kommen. Und manche Leute verstehen diese Art von Frage so, als müssten sie ihre Gefühle rechtfertigen. Wenn wir jemandem Empathie anbieten, wollen wir Akzeptanz und Verbundenheit fördern. Wir empfinden, was wir empfinden. Es besteht keine Notwendigkeit, unsere Gefühle zu rechtfertigen oder zu erklären.

ÜBUNG

Übung 4: Konkrete empathische Vermutungen äußern

Schauen Sie sich zunächst die Auflistung der nicht-empathischen Reaktionen in Übung 1 (siehe Seite 76) an. Überlegen Sie sich eine Situation, die die Reaktion ausgelöst haben könnte, und notieren Sie die Gefühle und Bedürfnisse, die Ihrer Meinung nach in der Person ausgelöst wurden. Stellen Sie dann zu jeder Situation eine konkrete empathische Vermutung an. Vielleicht möchten Sie die Gefühle-Liste und die Liste der universellen Bedürfnisse zu Hilfe nehmen. Nachfolgend (unter A.) ein Beispiel:

A. Situation: Jemand hat vor einer Reise noch viel zu erledigen.
    Gefühle: gestresst, überfordert
    Bedürfnisse: Zeit, Unterstützung
    Empathische Vermutung: „Fühlst du dich gestresst, weil du noch viele Dinge erledigen willst, bevor du zum Flughafen aufbrichst? Brauchst du Unterstützung?"

B. Situation: _____

    Gefühle: _____

    Bedürfnisse: _____

    Empathische Vermutung: _____

C. Situation: _____

    Gefühle: _____

    Bedürfnisse: _____

    Empathische Vermutung: _____

D. Situation: _____

    Gefühle: _____

    Bedürfnisse: _____

    Empathische Vermutung: _____

E. Situation: _____

   Gefühle: _____

   Bedürfnisse: _____

   Empathische Vermutung: _____

F. Situation: _____

   Gefühle: _____

   Bedürfnisse: _____

   Empathische Vermutung: _____

G. Situation: _____

   Gefühle: _____

   Bedürfnisse: _____

   Empathische Vermutung: _____

H. Situation: _____

   Gefühle: _____

   Bedürfnisse: _____

   Empathische Vermutung: _____

. Situation: _____

   Gefühle: _____

   Bedürfnisse: _____

   Empathische Vermutung: _____

3.10 Auf der Sonnenseite gehen

Ein dritter wichtiger Punkt, wenn wir empathisch auf eine andere Person eingehen, ist, dass wir herausfinden möchten, was sie *will*, und nicht, was sie *nicht* will. So, als würden wir „auf der Sonnenseite gehen", konzentrieren wir uns auf das Positive und bewegen uns vorwärts. Das trägt zu größerer Klarheit bei, so, wie die Sonne unsere

Umgebung erleuchtet. Es stärkt auch die Verbindung und vergrößert die Chancen, dass Bedürfnisse befriedigt werden, weil wir uns auf das konzentrieren, was wir erfahren wollen. Beachten Sie den Unterschied, ob wir beispielsweise zu jemandem sagen: „Sie wollen bei der Arbeit hier also keinen Lärm" oder ob wir ihn fragen: „Sie sehnen sich also nach Ruhe, damit Sie sich konzentrieren können?" Statt uns auf das Problem – den Lärm – zu konzentrieren, können wir uns auf die Lösung oder den Wunsch konzentrieren: in diesem Fall Ruhe. Auch wenn wir empathische Vermutungen anstellen, ist es ideal, das Bedürfnis in einem positiv formulierten Satz zu benennen. Es ist verbindender, zu sagen „Du bist wütend, weil du dir Rücksicht wünschst", als den Fokus auf das unbefriedigte Bedürfnis zu richten und zu sagen: „Du bist wütend, weil dein Bedürfnis nach Rücksicht nicht befriedigt wird." Wenn wir eine empathische Vermutung negativ formulieren, kehren wir gewissermaßen zur ursprünglichen Geschichte oder zum anfänglichen Urteil zurück – dass etwas „falsch" ist –, statt uns auf das lebensdienliche Bedürfnis zu konzentrieren, das dahinter steht, wenn etwas Erinnerungen und / oder Gefühle in uns auslöst und wenn wir uns etwas wünschen. Dann können wir eine konkrete Bitte äußern, um dieses positive Bedürfnis zu befriedigen (zu Bitten siehe Kapitel 5).

ÜBUNG

Übung 5: Auf die Sonnenseite wechseln

Überlegen Sie sich bei jeder der folgenden Äußerungen, was die Person empfinden und brauchen könnte:

A. „Das war die unverschämteste Verkäuferin, der ich je begegnet bin. Ich kann nicht glauben, dass jemand, der die Kundschaft beleidigt, weiterhin dort arbeiten darf!"

Gefühl(e): _____

Bedürfnisse: _____

B. „Es ist aussichtslos. Ich werde diesen Kurs nie bestehen. Es war wirklich dumm von mir, zu glauben, ich könnte in einem Semester 20 Scheine machen und in der Band mitspielen."

Gefühl(e): _____

Bedürfnisse: _____

C. „Mein sogenannter Freund geht mir aus dem Weg, seit ich ihm 20 Euro geliehen habe. Ich werde ihm nie wieder vertrauen. Ich wünschte, er würde mich wegen des Geldes nicht anlügen, selbst wenn er es nicht zurückzahlen kann oder will."

Gefühl(e): _____

Bedürfnisse: _____

D. „Der Stress macht mir wirklich zu schaffen. Ich fühle mich so unter Druck gesetzt – von meinen Eltern, meinen Lehrern, meinem Job und meiner Freundin. Ich kann mich nicht erinnern, wann ich das letzte Mal fähig war, einfach zu entspannen und abzuschalten."

Gefühl(e): _____

Bedürfnisse: _____

3.11 Einfühlsam, aber kurz

Wenn Sie jemandem Empathie anbieten, ist es auch hilfreich, wenn Sie sich kurz fassen. Versuchen Sie nicht, Ihre Vermutungen zu erklären oder zu rechtfertigen. Das Ziel ist, der anderen Person zu helfen, ihre Gefühle und Bedürfnisse zu verstehen. Wenn Sie sich auf die Einzelheiten einer Geschichte konzentrieren, kann es leicht passieren, dass Sie „in den Kopf gehen" und zu analysieren beginnen. In der Regel brauchen Sie nicht alle Einzelheiten zu kennen oder zu verstehen, um eine empathische Verbindung herzustellen. Und wenn Sie mehr Worte machen als nötig, kann die andere Person sich überwältigt fühlen und Mühe haben, alles nachzuvollziehen, was Sie sagen. Eine Daumenregel lautet, dass eine empathische Vermutung nicht länger sein sollte als 20 Worte. Schauen wir uns ein Beispiel an:

Ihre Freundin: „Ich kann nicht glauben, dass Luke beschlossen hat, unsere Beziehung zu beenden, und nicht darüber reden will. Ich wusste irgendwie, dass sie früher oder später enden musste, aber der Zeitpunkt ist sehr schwierig, wegen der Krankheit meiner Mutter und allem. Er hat mir so lange so viel bedeutet – ich weiß nicht, wie ich ohne ihn klarkommen soll. Es bricht einfach alles zusammen."

Ihre – nicht so hilfreiche – empathische Vermutung: „Also ich frage mich, ob du wegen dem, was er sagte, traurig bist, weil dir wirklich etwas an eurer Beziehung liegt, und weil du nicht willst, dass sie so endet? Vor allem wegen all der anderen Dinge, die bei dir gerade los sind, und weil ihr beide so lange zusammen wart."

Ihre – hilfreichere – empathische Vermutung: „Bist du deprimiert darüber, dass er dich verlassen hat, weil du gerade jetzt wirklich Unterstützung haben möchtest?“

ÜBUNG

Übung 6: Zum Wesentlichen kommen

Stellen Sie zu jeder der nachfolgenden Äußerungen eine empathische Vermutung von höchstens 20 Worten an.

A. „Ich komme gerade aus der Buchhandlung. Die Bücher für meine Kurse kosten über 500 Euro! Wie können die so viel Geld verlangen? Das ist der reinste Nepp!“

_____ ?

B. „Die Hose passt mir nicht mehr. Ich habe dieses Jahr 15 Pfund zugenommen. Ich fühle mich wie ein Fettkloß.“

_____ ?

C. „He, weißt du was? Jetzt hat es geklappt mit der Beförderung, die ich wollte!“

_____ ?

D. „Ich habe deinen Bericht gelesen, Sharon, und ich sehe, dass du dir Mühe gegeben hast, was die Gestaltung und den Stil betrifft. Doch der Text muss gründlich überarbeitet werden. Stellenweise verstehe ich gar nicht, was du sagen willst – manches ergibt einfach keinen Sinn!“

_____ ?

E. „Warum kannst du dieses Wochenende nicht heimkommen? Dein Vater hat Geburtstag, und es ist ihm wichtig.“

_____ ?

3.12 Dem „sprechenden Kopf“ lauschen

Wenn Sie anfangen, anderen Empathie anzubieten, fühlen Sie sich vielleicht etwas unsicher oder sogar überfordert, wenn Sie versuchen, ihre Gefühle und Bedürfnisse zu erraten. Zunächst kann es fast wie Magie erscheinen: Wie soll man die tiefsten Gefühle und Wünsche eines Menschen erkennen? Sie sind ihm nicht anzusehen. Und wenn er redet, äußert er meistens Gedanken, Meinungen, Urteile oder gar Beschimpfungen. Es kann wie die sprichwörtliche Suche nach der Nadel im Heuhaufen sein, in all den Informationen, die jemand von sich gibt, ein Gefühl zu finden.

Wie fangen Sie an? Um Gefühle und Bedürfnisse herauszuhören, ist es ironischerweise das Beste, sich zunächst auf Äußerungen der anderen Person zu konzentrieren, die aus dem Kopf kommen. Zur Erinnerung: Wenn jemand „aus dem Kopf spricht", äußert er Meinungen, Gedanken, Urteile und Erkenntnisse – er weist Schuld zu, kritisiert, kategorisiert, analysiert, diagnostiziert etc. Das ist zwar nicht die Ebene, auf der wir bleiben wollen, doch solche Äußerungen können uns wichtige erste Hinweise auf unbefriedigte Bedürfnisse liefern.

Oft finden wir in der Wurzel eines Wortes, das in einer „Äußerung aus dem Kopf" auftaucht, einen Anhaltspunkt. Wenn zum Beispiel jemand sagt: „Das ist die unehrlichste Person, der ich je begegnet bin", wünscht er sich wahrscheinlich Ehrlichkeit. „Unehrlich" ist ein Urteil, doch Ehrlichkeit ist ein universelles Bedürfnis. Oder wenn jemand die Worte „abhängig" und „respektlos" benutzt, könnte er Bedürfnisse nach Unabhängigkeit und Respekt haben.

Wörter mit gemeinsamen Wurzeln bilden Wortfamilien. Sich bewusst zu sein, dass es solche Wortfamilien sowie bedeutungsähnliche Wörter (mit unterschiedlichen Konnotationen) gibt, kann beim empathischen Zuhören hilfreich sein, denn nicht nur Wortwurzeln, sondern auch Strategiewörter, die Gefühls- und Bedürfniswörtern ähneln, können bestehende Bedürfnisse verraten. Wenn zum Beispiel jemand sagt „Ich habe diesen Job satt! Ich bekomme nicht die geringste Hilfe!", dann will er wahrscheinlich Unterstützung. Die Wörter „Hilfe", „Beistand", „Anleitung" und „Unterweisung" weisen alle auf bestimmte und ähnliche Strategien hin. In ihrer Bedeutung kommen sie alle dem Bedürfniswort „Unterstützung" sehr nahe.

Außer auf Wortwurzeln und mit Bedürfniswörtern bedeutungsverwandte Wörter zu achten kann es auch hilfreich sein, nach Wörtern mit entgegengesetzter Bedeutung (Antonymen) zu suchen und / oder zu raten, welches universelle Bedürfnis hinter einem geäußerten Gefühl oder Urteil stehen könnte. Wenn zum Beispiel jemand schreit: „Ich kann den Lärm nicht mehr ertragen! Ich brauche einfach eine Pause", liegt die Vermutung nahe, dass er sich nach Ruhe, Bewegung und Erholung sehnt. Das Gegenteil von Lärm ist Ruhe, und wer eine „Pause" braucht, will wahrscheinlich eine Veränderung der Situation (Bewegung), um seine Erfahrung zu ändern (in diesem Fall sich erholen). Oder wenn jemand eine andere Person „stur" und „dickköpfig" nennt, will er vielleicht Gegenseitigkeit, Offenheit und Rücksicht. Wenn jemand Hunger hat, was braucht er dann? Nahrung. Wenn jemand müde ist, sehnt er sich wahrscheinlich nach Schlaf. Wenn jemand sich langweilt, wünscht er sich vielleicht Unterhaltung oder eine Herausforderung.

Wie gesagt, wir können nicht sicher wissen, was in der anderen Person vorgeht, wir können nur empathische Vermutungen anstellen. Wenn wir uns die Bewertungen, Meinungen und Urteile anhören, die sie äußert – alles, was sie aus dem Kopf heraus sagt –, kann uns das helfen, uns mit den Gefühlen und Bedürfnissen zu verbinden, die ihren Äußerungen zugrunde liegen.

ÜBUNG

Übung 7: In Wortwurzeln und mithilfe von Antonymen Bedürfnisse erkennen

Teil eins:

Betrachten Sie die nachfolgenden Urteile und erraten Sie aus der Wurzel jedes aufgeführten Wortes, welches Bedürfnis die Person, die ein solches Urteil äußert, haben könnte. Vielleicht möchten Sie dabei die Liste universeller Bedürfnisse (auf Seite 323) zu Hilfe nehmen.

Urteil	Bedürfnis
lieblos	
vertrauenswürdig	
rücksichtslos	
freundlich	
unnahbar	
unverbindlich	
ungesellig	
sinnlos	
unklar	
ineffektiv	

Teil zwei:

Schauen Sie sich die nachfolgenden Urteile an und erraten Sie die möglichen Bedürfnisse einer Person, die solche Urteile äußert. Überlegen Sie sich, was das Gegenteil jedes Wortes oder jeder Wortgruppe ist. Vielleicht finden Sie es hilfreich, dabei einen Blick auf Liste universeller Bedürfnisse zu werfen. Notieren Sie neben jeder Wortgruppe zwei oder drei mögliche Bedürfnisse.

Urteile	Bedürfnisse
grausam, gemein, bösartig	
müde, erschöpft, ausgelaugt	
ängstlich, besorgt, angespannt	
egoistisch, egozentrisch, selbstsüchtig	
eingeengt, bedrängt, überwältigt	
kritisch, voreingenommen, fordernd	
widerlich, hässlich, abscheulich	
bedeutungslos, sinnlos, irrational	
kurzsichtig, gedankenlos, ignorant	
vollendet, perfekt, vollkommen	

3.13 In die Haut eines anderen Menschen schlüpfen

Es gibt ein Sprichwort, das lautet: Bevor man jemanden verurteilt, sollte man eine Meile in seinen Schuhen laufen. Mit anderen Worten, man sollte für eine Weile in die Haut eines anderen Menschen schlüpfen, sich in ihn hineinversetzen, bevor man ein Urteil über ihn fällt. Dieses Konzept ist auch beim empathischen Zuhören hilfreich. Ausgehend von dem, was die andere Person zum Ausdruck bringt, versuchen wir zu erraten, was sie empfindet oder braucht. Stellen Sie sich zum Beispiel vor, jemand soll am nächsten Tag einen wichtigen Vortrag halten und hat sich seiner Meinung nach nicht ausreichend darauf vorbereitet. Was würden Sie an seiner Stelle empfinden? Stellen Sie sich kurz vor, Sie wären in seiner Situation. Was spüren Sie in Ihrem Körper? Vielleicht Hitze, Druck oder Enge? Wie fühlen Sie sich? Vielleicht ängstlich, besorgt, angespannt? Welche Bedürfnisse werden in Ihnen „lebendig"? Wünschen Sie sich vielleicht Effektivität, Sorglosigkeit, Vertrauen und Entspannung? Wenn Sie sich im Geiste in eine ähnliche Lage versetzen, entsteht gedanklich eine „Brücke" zwischen Ihrer eigenen Erfahrung und der der anderen Person. Selbst wenn Ihre Erfahrung nicht derjenigen der anderen Person entspricht: Mithilfe Ihrer Fantasie können Sie leichter erraten, was in der anderen Person vorgeht – und ihr Empathie anbieten.

3.14 Über kulturelle Unterschiede hinweg Empathie geben

In jeder Sprache gibt es zahlreiche Dialekte und in jeder Kultur viele Subkulturen, in denen ganz anders über Gefühle und Bedürfnisse gesprochen wird und wo es auch ganz andere Erwartungen und Traditionen im Hinblick auf Gefühle und Bedürfnisse gibt. In der jüdischen Kultur wird es beispielsweise als akzeptabel angesehen, persönliche Gefühle recht frei und detailliert zu äußern. In asiatischen oder indianischen Kulturen ist das dagegen eher unüblich. Mit Kollegen reden wir in der Regel weniger über Gefühle als mit Angehörigen und Freunden. Es macht vielleicht auch einen Unterschied, ob wir mit jüngeren oder älteren Menschen kommunizieren. Wenn wir mit Leuten reden, denen es eher unangenehm ist, über ihre Gefühle und Bedürfnisse zu sprechen, sind empathische Vermutungen besonders hilfreich. Selbst wenn Ihre Vermutung, was in dem anderen Menschen vorgeht, nicht stimmt, gibt sie ihm etwas, womit er sich auseinandersetzen kann – einen Anstoß, über seine Erfahrung nachzudenken.

In manchen Umgebungen, zum Beispiel am Arbeitsplatz, möchten Sie Ihre Vermutungen vielleicht auf Bedürfnisse beschränken. Wie bereits dargelegt, sind unsere Bedürfnisse die treibende Kraft in unserem Leben. Unsere Gefühle verbinden uns lediglich mit dieser Kraft. Unter Gewaltfreie Kommunikation Praktizierenden herrscht die Auffassung, die Macht der Empathie beruhe zu 90 Prozent darauf, dass wir uns mit Bedürfnissen verbinden, und nur zu 10 Prozent darauf, dass wir uns mit Gefühlen verbinden.

Egal, mit wem Sie reden, Sie werden Ihre Sprache und Ausdrucksweise auf die der anderen Person abstimmen wollen. Gefühle sind zum Beispiel unterschiedlich stark und haben viele Nuancen. „Nervös" ist viel schwächer als „verängstigt", obwohl beide Wörter ein Gefühl der Unruhe oder Furcht beschreiben. Es kann Ihnen die Wortwahl erleichtern, wenn Sie sich zwei Fragen stellen: Welches Wort entspricht am ehesten der momentanen Erfahrung der anderen Person? Ist ihr nur bange oder ist sie völlig verängstigt? Und welches Wort klingt angenehmer und ist daher eher geeignet, Vertrauen und Verbundenheit zu fördern? Wenn jemand sich verletzlich oder unsicher fühlt oder wenn ihm einfach unwohl dabei ist, über Gefühle zu reden, wählen Sie bei Ihren empathischen Vermutungen vielleicht lieber „schwächere" Worte. Auch die Verwendung von Attributen (wie „wenig", „ein bisschen", „sehr", „äußerst", „wirklich") kann hilfreich sein, um die passende Ausdrucksweise zu finden, wenn Sie eine Vermutung äußern – „ein bisschen nervös" ist natürlich schwächer als „sehr nervös".

Entsprechend können Sie beim Beschreiben von Bedürfnissen Worte wählen, die mehr oder weniger tief gehen. Vielleicht wollen Sie am Arbeitsplatz nicht die Vermutung äußern, dass eine Person Sicherheit braucht – selbst wenn Sie spüren, dass sie genau dieses Bedürfnis hat –, weil Sie glauben, dass es der Person unangenehm sein könnte, am Arbeitsplatz über ein so tief gehendes Bedürfnis zu sprechen. Um Vertrauen und Verbundenheit zu fördern, könnten Sie stattdessen die Vermutung äußern, dass die Person sich Rücksicht und gegenseitige Wertschätzung wünscht. Selbst wenn Sie den tiefsten Grund der Angst oder des Kummers der anderen Person nicht ansprechen, sondern sich auf einer weniger tiefen Ebene mit ihr verbinden, kann das Vertrauen und Verständnis schaffen. Das Wichtigste ist nicht das Vokabular, das Sie benutzen, sondern Ihre Absicht.

Und wenn Sie einmal nicht so recht wissen, was Sie sagen sollen, um Verbundenheit zu fördern, können Sie sich auch für stille Empathie entscheiden. Hier konzentrieren Sie sich darauf, die Gefühle und Bedürfnisse der anderen Person zu verstehen, und Ihre Absicht, sich mit ihr zu verbinden, bringen Sie zum Ausdruck, indem Sie präsent und aufmerksam sind und ihr mit dem ganzen Körper zuhören. Es braucht keine Worte, wenn Sie wirklich für einen anderen Menschen da sind. Können Sie sich an eine Situation erinnern, in der Ihnen jemand aufmerksam und verständnisvoll zuhörte? Das war stille Empathie.

ÜBUNG

Übung 8: Die Intensität ändern

Teil eins:

Fügen Sie den nachfolgenden Wortpaaren, die „stärkere" und „schwächere" Gefühle ausdrücken, weitere Gefühlswörter hinzu, die die Skala ergänzen. Sie können auch Attribute verwenden, um die Intensität zu erhöhen oder zu verringern. Einige Wörter können eine sehr ähnliche Bedeutung haben.

Beispiel: bange, nervös, ängstlich, eingeschüchtert, verschreckt, entsetzt, panisch

A. zufrieden   begeistert

B. traurig   schwer depressiv

C. irritiert   rasend

Teil zwei:

Schauen Sie auf die Gefühle-Liste auf Seite 321 f. Wählen Sie eine Gruppe von Wörtern aus, die in *Teil eins* dieser Übung nicht aufgeführt sind, und ordnen Sie sie nach der Stärke der Gefühle. Vielleicht möchten Sie auch aufschreiben, welche Wörter Sie als Synonyme betrachten. Zum Beispiel könnte man sagen, dass die Wörter „froh" und „erfreut" ähnlich starke Gefühle ausdrücken und eine ähnliche Bedeutung haben. Dagegen ist „überglücklich" viel stärker als „froh".

Tiefer gehen

Nehmen Sie sich Zeit, wenn Sie jemandem empathisch zuhören. Während Sie Vermutungen über seine Gefühle und Bedürfnisse äußern, werden Sie schon bald Antworten wie „Ja, schon" oder „Stimmt" oder „Ja, genau" hören. Diese Reaktionen zeigen, dass die Person sich wirklich mit den Bedürfnissen verbindet, die ihren Gefühlen zugrunde liegen. Anfangs werden Sie wahrscheinlich beobachten, dass die andere Person aufgeregt Worte hervorsprudelt, weil sie darauf brennt zu beschreiben und für sich selbst zu klären, was in ihr vorgeht. Machen Sie weiter. Vielleicht sind Sie erstaunt, was Sie erfahren und wie unterschiedlich die Gefühle und Bedürfnisse sind, die hochkommen. Nehmen Sie sich Zeit und hören Sie weiter empathisch zu, bis Sie spüren, dass die andere Person das Gefühl hat, sich ausgesprochen zu haben und „fertig" zu sein.

Warum weiter Vermutungen äußern, bis die andere Person das Gefühl hat, alles geklärt zu haben? Oft fühlen sich andere erst dann vollständig gehört, wenn sie das „Kernbedürfnis" erreicht haben. Und es kann sein, dass ihnen das Kernbedürfnis erst bewusst wird, wenn sie die darüberliegenden Bedürfnisse und deren Zusammenhang erkannt und zur Sprache gebracht haben. Kennen Sie Matroschkas, diese russischen Schachtelpuppen aus Holz? Wenn man eine Puppe öffnet, kommt darunter eine kleinere zum Vorschein, und so geht das weiter, bis man das letzte Püppchen in der Mitte erreicht. Das ist eine Art, sich vorzustellen, wie das Kernbedürfnis freigelegt wird. Manchmal können wir ein Bedürfnis als Strategie für ein anderes benutzen (Gemeinschaft kann zum Beispiel eine Strategie für Sicherheit sein). Erst wenn wir uns empathisch mit dem ersten Bedürfnis verbinden, kann uns ein Bedürfnis bewusst werden, das darunterliegt und / oder mit ihm zusammenhängt.

Wenn Menschen sich über irgendetwas aufregen, kommen sie oft ohne Pause von einem Punkt zum nächsten. In solchen Fällen kann es sehr hilfreich sein, sie zu unterbrechen und zu bitten, kurz innezuhalten, um eine Chance zu bekommen, sich mit ihnen zu verbinden und eine empathische Vermutung zu äußern. Sonst kann es leicht passieren, dass Sie, während Sie zuhören, vor lauter Details den Überblick und die Verbindung verlieren. Wenn Sie eine andere Person um des besseren Verständnisses willen unterbrechen, ist es hilfreich, zu sagen, was Sie empfinden und brauchen. „Könntest du bitte eine kurze Pause machen? Ich fühle mich überwältigt von all dem, was ich höre, und ich möchte wirklich verstehen, was du sagst." Wenn beide Parteien eine Atempause einlegen, kann das wirklich helfen, etwas Ruhe hineinzubringen, Klarheit zu gewinnen und zum Wesentlichen zu kommen.

Wann höre ich auf?

Nach einer Weile wird sich das anfängliche Redetempo der anderen Person verlang-samen, und Sie werden wahrscheinlich beobachten, dass sie sich beruhigt und ent-spannt. Vielleicht bemerken Sie eine Veränderung ihres Gesichtsausdrucks oder ihrer Körperhaltung oder hören einen tiefen Seufzer. Nun möchten Sie die andere Person vielleicht fragen: „Gibt es noch etwas, was du gerne loswerden würdest?" Sie können ihr auch die Frage stellen: „Was geht jetzt in dir vor?" Das erinnert sie daran, ihre momentanen Gefühle bewusst wahrzunehmen, und sie erkennt so vielleicht besser, ob sie sich völlig ausgesprochen hat. Auch wenn Sie sich dafür entschieden haben, einfach nur dazusitzen und ihr stille Empathie zu geben, wird sie Ihnen sagen, wann sie fertig ist.

Selbst bevor Sie spüren, dass der Empathieprozess abgeschlossen ist, ist es hilfreich, das Gespräch zu entschleunigen und sich Zeit zu lassen. Ruhige Aufmerksamkeit kann den Verständnisprozess beschleunigen.

Wann bin ich dran?

Wenn die andere Person sich vollständig gehört fühlt – sie hat mitgeteilt, was in ihr gerade am stärksten lebendig ist –, will sie oft hören, was gerade in Ihnen vorgeht. Vielleicht hat sie ein Bedürfnis nach Erfahrungsaustausch oder will sich vergewissern, dass Sie sie und ihre Gefühle akzeptieren. Besonders wenn zwischen Ihnen und der Person, der Sie empathisch zugehört haben, ein Konflikt bestand, interessiert sie ver-mutlich jetzt, was Sie empfinden und brauchen. Nachdem sie von Ihnen das Geschenk der Empathie erhalten hat, brennt Sie wahrscheinlich darauf, zu hören, wie es Ihnen geht.

Wenn die andere Person nicht fähig oder bereit ist, sich anzuhören, was Sie auf dem Herzen haben, ist das ein sicheres Zeichen dafür, dass ihr Bedürfnis nach Empathie noch nicht voll erfüllt ist. Wenn Sie können, wiederholen Sie die oben beschriebenen Schritte und konzentrieren sich auf das, was gerade in der Person lebendig ist. Wenn Sie sich dazu zu aufgewühlt oder zu müde fühlen, machen Sie vielleicht eine Pause, um selbst etwas Empathie zu bekommen oder Selbst-Empathie zu praktizieren (siehe Kapitel 6), bevor Sie fortfahren. Wenn Ihre eigenen Bedürfnisse nicht erfüllt werden, kann es Ihnen schwerfallen oder sogar unmöglich sein, jemand anderem Empathie zu geben. Das ist ein Grundprinzip – „Empathie vor Erklärung" –, das wir im nächsten Abschnitt erörtern werden.

3.15 Empathie vor Erklärung: Ein bereits voller Becher kann nichts mehr aufnehmen

Wenn Sie einen vollen Becher Wasser haben und versuchen, den Inhalt eines anderen hineinzugießen, läuft er über. Es gibt einfach nicht genug Raum für den Inhalt beider Becher. Ähnlich verhält es sich, wenn zwei Personen erregt – wütend, frustriert oder gekränkt – sind und jede der anderen „gründlich die Meinung sagen" will. Jeder wird es schwerfallen, wenn nicht unmöglich sein, der anderen zuzuhören. Wie die vollen Becher Wasser sind beide voll mit ihren eigenen Gefühlen und Bedürfnissen und haben keinen Raum, um die Erfahrung von jemand anderem aufzunehmen. In der Gewaltfreien Kommunikation heißt dieses Prinzip „Empathie vor Erklärung". Wir können einer anderen Person unsere eigene Erfahrung (unsere Gefühle und Bedürfnisse) erst „erklären", wenn wir zuvor dafür gesorgt haben, dass ihr Bedürfnis, gehört zu werden, und ihr Bedürfnis nach Empathie erfüllt sind.

Was dieses Prinzip in der Praxis bedeutet, erlebte ein Mann namens Barry, der Gewaltfreie Kommunikation lernte und sich gerade einer neuen Glaubensgemeinschaft angeschlossen hatte. Er fand sich in einer Gruppe von Gemeindemitgliedern wieder, die im Gegensatz zu ihm alle dagegen waren, dass Frauen sich für eine Abtreibung entscheiden konnten. Es entstand eine angespannte Situation:

> Die Gruppe begann darüber zu streiten, ob Abtreibung Mord ist oder nicht. Ich war entschieden dafür, dass jede Frau sich frei entscheiden konnte. „Es ist ihr Körper und ihre Entscheidung", sagte ich. Eine Frau, für die jede Abtreibung eine „Kindstötung" war, entgegnete: „Gott trifft diese Entscheidung, nicht Sie." Es fiel mir schwer, Zugang zu ihr zu finden oder ihr auch nur zuzuhören. Wir lieferten uns, gelinde gesagt, eine hitzige Debatte, bis ich schließlich erkannte, dass sie zu nichts führte. Ich beschloss, nichts mehr zu sagen, sondern nur noch zuzuhören, aber *wirklich* zuzuhören – nicht so wie vorher. Vorher hörte ich zwar zu, aber nur mit meinen eigenen Vorstellungen im Hinterkopf. Eigentlich wartete ich nur darauf, dass sie aufhörte zu reden, damit ich meinen Standpunkt darlegen konnte. Nun bekam ich meinen Kopf frei und hörte ihr aufmerksam zu, bis sie fertig war. Ich erkannte, dass sie felsenfest von ihrer Meinung überzeugt war, die auch manches für sich hatte, was ich vorher nicht hatte sehen können. Und obwohl ich anderer Meinung war als sie, musste ich ihre Meinung anerkennen und ihr zugestehen, so zu denken, wie sie wollte.

Barry erkannte im Verlauf der Debatte, dass die Emotionen der Frau so stark waren, dass sie nicht fähig war, sich seine Meinung und seine Anliegen anzuhören. Als er sich entschieden hatte, seine eigene Meinung eine Weile zurückzustellen, war er fähig, der Frau empathisch zuzuhören. Mit dem Ergebnis, dass eine Veränderung stattfand:

Nachdem ich ihr eine Zeit lang schweigend zugehört hatte, schien sie bestürzt, dass ich verstummt war. Ich glaube, sie schätzte es, dass ich ihr zuhörte und sie ausreden ließ. Danach war sie bereit, mir zuzuhören, also sprach ich und legte ihr meine Ansichten dar. Ich sagte „Ich verstehe und respektiere Ihre Meinung", was sie freute und es ihr erleichterte, sich für meine Vorstellungen zu öffnen. Am Ende des Gesprächs räumte sie ein, dass ihre Denkweise vielleicht altmodisch war, aber dass sie so erzogen wurde, und fügte hinzu, dass sie über andere Meinungen nachdenken wolle. Ich war wirklich beeindruckt, wie gut die Gewaltfreie Kommunikation in dieser Situation funktionierte. Ich war fähig, mich geistig zu öffnen und bei jemand anderem dasselbe zu bewirken.

Indem Barry der anderen Person zuerst empathisch zuhörte und sie ausreden ließ, versetzte er sie in die Lage, ihm ebenfalls zuzuhören. Das meinen wir mit „Empathie vor Erklärung". Bevor Barry seine eigenen Ansichten „erklären" konnte, musste die Person, mit der er redete, zuerst das Gefühl bekommen, gehört zu werden.

Natürlich kommen manchmal auch in uns selbst so starke Gefühle und Bedürfnisse hoch, dass es uns schwerfällt, uns anzuhören, wie es einer anderen Person gerade geht. In diesem Fall brauchen auch wir vorher etwas Empathie, entweder von anderen oder von uns selbst. Wir müssen erst unseren eigenen Becher leeren, um mehr von einer anderen Person aufnehmen zu können.

3.16   Aber ich will helfen!

Wenn wir einer anderen Person Empathie geben, verbinden wir uns mit ihrer inneren Erfahrung. Wir unternehmen keinen Versuch, diese innere Erfahrung oder die äußere Welt zu verändern. Das kann anfangs frustrierend sein, denn in unserer Kultur sind wir es gewöhnt, die Initiative zu ergreifen und etwas zu unternehmen, um die Situation zu ändern und in Ordnung zu bringen. Wenn jemand leidet, kann es uns schwerfallen, einfach nur für das, was er empfindet und braucht, präsent zu sein. Wir wollen Linderung und Bewegung, und Empathie erscheint dann leicht als Umweghandlung oder „Befriedigungsaufschub".

Doch wenn Sie Erfahrung im Praktizieren von Empathie gewinnen, werden Sie erkennen, dass sie auch eine effektive Strategie ist, um Veränderungen herbeizuführen. Sie kann schnell verändern, was Sie über eine Situation denken, wie Sie sie empfinden und wie Sie zu anderen Verbindung aufnehmen. Und aus dieser Verbindung können andere Strategien hervorgehen, die Bedürfnisse viel effektiver befriedigen als diejenigen, die ohne vorhergehende Empathie gewählt worden wären. Natürlich können Sie einer anderen Person jederzeit beruhigend zureden oder Ratschläge geben. Doch Sie werden wahrscheinlich feststellen, dass es den Erfahrungsaustausch und die Suche nach geeigneten Strategien wesentlich erleichtert, wenn Sie vorher empathisch zuhören.

Warum ist das so? Wenn Sie einer Freundin oder einem Freund zuerst Empathie geben, erhalten Sie mehr Informationen darüber, wie es ihr oder ihm tatsächlich geht, als wenn Sie sich nur auf Ihren Eindruck verlassen. Wir meinen leicht, dass wir genau sehen, wie es einem anderen Menschen in einer Situation geht. Manchmal haben wir aufgrund dessen, was wir über ihn wissen, und / oder aufgrund unserer eigenen Erfahrung vielleicht tatsächlich eine klare Vorstellung. Doch Menschen können auf denselben Reiz ganz unterschiedlich reagieren. Wir können nicht sicher wissen, wie jemand eine Situation erlebt, solange wir ihm nicht empathisch zuhören. Einen anderen Menschen unterstützen wir am besten, wenn wir uns in ihn hineinversetzen und die Situation aus seiner Perspektive betrachten.

Wenn Ihnen Lösungsvorschläge einfallen oder ähnliche Erfahrungen, von denen Sie der anderen Person gerne erzählen würden, warten Sie damit, bis Sie ihr empathisch zugehört haben. Danach können Sie sie zum Beispiel fragen: „Soll ich dir von einer ähnlichen Erfahrung erzählen, die ich einmal gemacht habe?" Oder: „Möchtest du ein paar Vorschläge hören, wie du mit der Situation umgehen könntest?" Wenn die andere Person sich völlig ausgesprochen hat und vollständig gehört wurde, wird sie sich mit größerem Interesse und wahrscheinlich dankbar alle Ideen anhören, die Sie äußern möchten.

3.17 Werden andere Leute denken, dass meine Art zu reden seltsam und komisch ist?

Wenn Sie GFK praktizieren, reagieren die Leute anfangs vielleicht misstrauisch auf Ihre neue Art zu kommunizieren. „Worum geht es bei dieser anderen Art zu reden? Ist das irgendeine Methode, die du da an mir ausprobierst?" Wenn Sie solche Fragen oder Beschwerden hören, möchten Sie vielleicht offen und ehrlich erwidern: „Ja, ich möchte unsere Beziehung verbessern, mich dir näher fühlen und mit unseren Konflikten effektiver umgehen. Diese andere Art zu kommunizieren mag ungewohnt klingen, doch ich will durch sie lernen, wirklich zuzuhören und besser zu verstehen, wie es dir und mir geht." So bringen Sie die Bedürfnisse, die Sie durch GFK zu befriedigen hoffen (Effektivität, Verständnis, Nähe, Verbundenheit), klar zum Ausdruck, und machen damit bereits den ersten Schritt hin zu Empathie und Verbundenheit. Und wenn die Person, mit der Sie reden, hört, welche Bedürfnisse Sie zu befriedigen hoffen, wird sie wahrscheinlich verstehen und schätzen, dass Sie es mit einer neuen Art zu kommunizieren versuchen.

Während Sie GFK lernen und in die Praxis umsetzen, werden die Menschen in Ihrem Umfeld feststellen, dass Sie nun fähig sind, zuzuhören und sich klarer auszudrücken. Wahrscheinlich werden sie auch bemerken, dass Sie besser in der Lage sind, ein Gespräch weiterzuführen, das früher zu Missverständnissen geführt und mit Streit geendet hätte. Wenn Sie erst etwas Übung in GFK haben, können Sie auch anfangen, eine „umgangssprachliche" Variante zu benutzen, die dem Modell nicht so strikt folgt, sich aber ebenfalls auf Gefühle und Bedürfnisse konzentriert (siehe Kapitel 10). Doch beim Empathie-Geben geht es eigentlich nicht um Worte, sondern um die Absicht, der anderen Person zuzuhören und ihre Erfahrung auf einer möglichst tiefen Ebene zu verstehen. Und manchmal besteht die beste empathische Reaktion darin, gar nichts zu sagen. Wenn wir reden, sind es oft nicht die Worte, die wir benutzen, sondern unser Ton und unsere Körperhaltung, die der anderen Person unser Interesse, unser Mitgefühl und unsere Absicht vermitteln.

3.18 Eine vorbeugende Warnung!

Rom wurde nicht an einem Tag erbaut. Wenn Sie mit Gewaltfreier Kommunikation beginnen, möchten Sie vielleicht mit den Menschen, die Ihnen am nächsten stehen, oder mit Leuten, zu denen Sie ein besonders schwieriges Verhältnis haben, weiterhin so reden wie bisher. Vielleicht möchten Sie in dieser Phase nur über Gefühle und Bedürfnisse in Ihren Interaktionen *nachdenken*. Üben Sie eine Zeit lang mit Leuten, mit denen Sie keine enge oder problematische Beziehung haben – oder üben Sie, indem Sie Selbst-Empathie praktizieren (siehe Kapitel 6). Da die Menschen, die Ihnen am nächsten stehen, Sie am besten kennen, wird ihnen mit Sicherheit auffallen, dass Sie anders reden als bisher. Und wenn Sie mit ihnen schon viele Konflikte hatten, könnten sie mit Misstrauen reagieren und denken, dass Sie versuchen wollen, sie zu manipulieren, um einen Vorteil zu erlangen. Sich dann mit ihnen zu verbinden kann so schwierig sein, als würden Sie versuchen, ohne vorheriges Training einen Marathon zu laufen. Geben Sie sich eine Chance, zu trainieren und fit zu werden, bevor Sie eine Olympiateilnahme anstreben!

Das soll nicht heißen, dass Sie Ihre neuen Fertigkeiten nicht sofort einsetzen können. Marshall Rosenberg sagt gern: „Wenn es sich lohnt, etwas zu tun, dann lohnt es sich auch, es schlecht zu tun." Mit anderen Worten, wenn wir warten, bis wir etwas perfekt beherrschen, warten wir vielleicht bis zum Sankt-Nimmerleins-Tag! Während Sie GFK üben und praktizieren, werden Sie immer sicherer und redegewandter werden. Wie beim Erlernen einer Fremdsprache sind rudimentäre Kenntnisse besser als gar keine. Selbst bei flüchtigen Kontakten können GFK-Techniken und das ihnen zugrunde liegende Bewusstsein manches erleichtern. Ich fand GFK auf Reisen sehr hilfreich, um meine Bedürfnisse klarzumachen und in Unterredungen mit Leuten in „offiziellen" Funktionen – zum Beispiel in Banken, Schulen und anderen Einrichtungen – um Unterstützung zu bitten. Auch in alltäglichen Unterhaltungen, die frei von Spannungen oder Differenzen sind, finde ich GFK hilfreich. Immer wenn wir über etwas reden, was uns wichtig ist, fördert empathisches Zuhören Klarheit, Verbundenheit und ein tieferes Verständnis.

Wichtig ist schließlich noch, daran zu denken, dass die Modellsätze (auf Seite 81) nur Wegweiser sind, wie Sie eine empathische Verbindung herstellen können. Die vier Stationen auf dem Weg sind Beobachtungen, Gefühle, Bedürfnisse und Bitten. (Beobachtungen und Bitten werden in späteren Kapiteln behandelt.) Diese Schritte können, wenn sie Ihnen bewusst sind, maßgeblich zu einer empathischen Verbindung beitragen, selbst wenn Sie nicht reden, sondern der anderen Person stille Empathie geben. Welche Worte oder Modellsätze Sie auch benutzen, bleiben Sie auf die Gefühle und Bedürfnisse der anderen Person fokussiert. Wenn Sie nicht bereit oder fähig sind, durch empathische Vermutungen sowohl ihre Gefühle als auch ihre Bedürfnisse zu ermitteln, ist es in der Regel wichtiger, sich auf ihre Bedürfnisse zu konzentrieren.

Weitere Übungen, um Kapitel 3 zu vertiefen

Versehen Sie die nachfolgenden Dialogbeispiele entweder mit einem „E", wenn Sie denken, dass Person zwei empathisch auf Person eins reagiert, oder mit einem „U", wenn die Antwort von Person zwei Ihrer Meinung nach ein Urteil oder eine Bewertung ist. Formulieren Sie dann zu den mit „U" markierten Beispielen eine Antwort, die Sie als empathisch ansehen (konzentrieren Sie sich dabei – gemäß der Definition von Empathie in diesem Kapitel – auf Gefühle und Bedürfnisse).

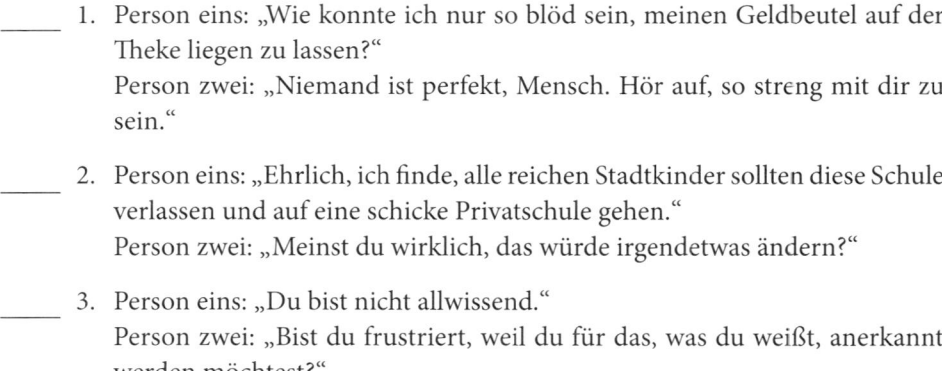

_____ 1. Person eins: „Wie konnte ich nur so blöd sein, meinen Geldbeutel auf der Theke liegen zu lassen?"
Person zwei: „Niemand ist perfekt, Mensch. Hör auf, so streng mit dir zu sein."

_____ 2. Person eins: „Ehrlich, ich finde, alle reichen Stadtkinder sollten diese Schule verlassen und auf eine schicke Privatschule gehen."
Person zwei: „Meinst du wirklich, das würde irgendetwas ändern?"

_____ 3. Person eins: „Du bist nicht allwissend."
Person zwei: „Bist du frustriert, weil du für das, was du weißt, anerkannt werden möchtest?"

Die Macht von Empathie

Das ist unmöglich, Meister Yoda! Das können wir nicht schaffen! Es ist zwecklos!

Hmmm ... Was du siehst vor deinem geistigen Auge, das dich bringt auf diesen Gedanken?

Ich sehe, wie stark das Imperium, Darth Vader und seine Flotte sind! Das Imperium hat die Macht, die ganze Galaxie zu zerstören! Was können wir dagegen schon ausrichten?

Du dir Sorgen machst und du Angst hast? Du Hoffnung willst haben und Selbstvertrauen? Und beitragen zum Leben und seinem Fortbestand du willst?

Ja, Meister Yoda.
Doch es erscheint mir unmöglich ... ich fühle mich überfordert!
Ich weiß nicht, ob ich das schaffe ...

Ah, nach Ruhe und Entspannung du dich sehnst? Nach Sicherheit und Bewegung?

Ja ... ja, nach all dem.

Aber ich weiß auch nicht, was ich empfinde und brauche, wenn ich auf die Macht vertraue. Sie wird mich leiten und unterstützen. Dann fühle ich mich mit mir selbst verbunden, **zuversichtlich, entschlossen und voll einsatzbereit.**

Hmm, es mich freut sehr, zu hören das. Ja, verbinden tun dich deine Gefühle und Bedürfnisse mit der Urkraft des Lebens – der Energie, die dient dem Leben und allen Lebewesen. Zuversicht und Freundschaft auch ich empfinde, wenn höre ich das.

Ja, das empfinde ich auch.
Danke, Meister Yoda!
Danke fürs Zuhörenm und möge die Macht mit Euch sein!

_____ 4. Person eins: „Ich glaube, du weißt gar nicht, was du an mir hast. Wenn ich mich an eine andere Schule versetzen lassen und wegziehen würde, wie zum Teufel würdest du dann ohne mich leben?"
Person zwei: „Das stimmt nicht. Ich weiß durchaus, was ich an dir habe."

_____ 5. Person eins: „Wie konntest du so etwas Gemeines sagen?"
Person zwei: „Bist du verärgert, weil du willst, dass man auf eine rücksichtsvollere Art mit dir spricht?"

_____ 6. Person eins: „Mein Freund macht mich rasend. Immer wenn ich weine, nennt er mich eine Heulsuse und läuft weg."
Person zwei: „Findest du, er sollte bleiben und dich trösten?"

_____ 7. Person eins: „Ich bin total deprimiert. Ich habe seit einem halben Jahr keine Beziehung mehr gehabt. Ich sehe so fett aus."
Person zwei: „Bist du entmutigt, weil du jemanden willst, mit dem du Nähe erleben kannst?"

_____ 8. Person eins: „Ich mache mir Sorgen, wie dieses Semester wohl werden wird. Ich habe vier Aufbaukurse belegt, und die scheinen sehr schwer zu sein. Ich habe das Gefühl, ich sollte die Hauptfächer wechseln."
Person zwei: „Bist du nervös, weil du es in diesem Semester gerne etwas leichter hättest?"

_____ 9. Person eins: „Ich werde stocksauer, wenn Mitglieder meiner Familie mich unangemeldet besuchen kommt. Meinen die denn, ich hätte kein eigenes Leben?"
Person zwei: „Ich weiß, was du meinst. Meine Eltern machen das auch, und ich könnte sie dafür umbringen."

_____ 10. Person eins: „Deine Rudertechnik beim heutigen Rennen gefiel mir gar nicht. Ich wollte mehr Ruderschläge sehen. Unser ganzes gemeinsames Training scheint nichts genützt zu haben."
Person zwei: „Ich weiß, dass du aufgebracht bist. Ich fühlte mich einfach nicht in Form."

Meine Antworten zu dieser Übung:

1. Wenn Sie dieses Beispiel mit einem „U" versehen haben, bin ich mit Ihnen einig. Person zwei sagt meiner Meinung nach Person eins, wie sie über sich selbst denken sollte, und versucht zu beschwichtigen. Eine Antwort, die ich als empathisch betrachte, wäre zum Beispiel: „Ärgerst du dich, weil du auf Dinge, die dir wich-

tig sind, Acht geben willst?" Das vermutete Gefühl ist Ärger, und die vermuteten Bedürfnisse sind Bewusstheit und Achtsamkeit: Person eins will daran denken, auf wichtige Dinge zu achten.

2. Wenn Sie dieses Beispiel mit einem „U" versehen haben, bin ich mit Ihnen einig. Meiner Meinung nach fragt Person zwei Person eins nicht nach ihren Gefühlen und Bedürfnissen, sondern nach ihren Gedanken. Eine Antwort, die ich für empathisch halte, wäre: „Bist du wütend, weil du möchtest, dass jeder Mensch respektiert wird, ungeachtet seiner finanziellen Situation?" Das vermutete Gefühl ist Wut und das vermutete Bedürfnis Respekt.

3. Wenn Sie dieses Beispiel mit einem „E" versehen haben, bin ich mit Ihnen einig. In der Vermutung wird das Gefühl Frustration und das Bedürfnis nach Anerkennung angesprochen: Person eins will anerkannt und als der Mensch gesehen werden, der sie ist.

4. Wenn Sie dieses Beispiel mit einem „U" versehen haben, bin ich mit Ihnen einig. Meiner Meinung nach widerspricht Person zwei den Urteilen von Person eins, statt empathisch auf sie zu reagieren. Eine Antwort, die ich als empathisch betrachte, wäre: „Bist du gekränkt und willst du wissen, dass du geschätzt wirst und einen wichtigen Beitrag leistest?" Das vermutete Gefühl ist Gekränktheit, und die vermuteten Bedürfnisse sind Wertschätzung und Sinn: Person eins will wertgeschätzt werden und einen Sinn in ihrem Engagement sehen.

5. Wenn Sie dieses Beispiel mit einem „E" versehen haben, bin ich mit Ihnen einig. Das vermutete Gefühl ist Ärger und das vermutete Bedürfnis Rücksicht.

6. Wenn Sie dieses Beispiel mit einem „U" versehen haben, bin ich mit Ihnen einig. Meiner Meinung nach fragt Person zwei Person eins nach ihren Gedanken und Urteilen darüber, was ihr Freund tun sollte. Eine Antwort, die ich für empathisch halte, wäre: „Du bist also wütend und willst, dass deine Art, dich auszudrücken, akzeptiert wird?" Das vermutete Gefühl ist Wut und das vermutete Bedürfnis ist Akzeptanz.

7. Wenn Sie dieses Beispiel mit einem „E" versehen haben, bin ich mit Ihnen einig. Das vermutete Gefühl ist Entmutigung und das vermutete Bedürfnis ist Nähe oder Intimität.

8. Wenn Sie dieses Beispiel mit einem „E" versehen haben, bin ich mit Ihnen einig. Das vermutete Gefühl ist Nervosität, und das vermutete Bedürfnis ist Sorglosigkeit.

9. Wenn Sie dieses Beispiel mit einem „U" versehen haben, bin ich mit Ihnen einig. Person zwei sagt, dass sie die Gefühle von Person eins aus eigener Erfahrung kennt, doch das ist keine Empathie. Eine Antwort, die ich als empathisch betrachte, wäre: „Ärgert dich das, weil du selbst entscheiden möchtest, wie du deine Zeit verbringst?" Das vermutete Gefühl ist Ärger, und die vermuteten Bedürfnisse sind Entscheidungsfreiheit und Autonomie.

10. Wenn Sie dieses Beispiel mit einem „U" versehen haben, bin ich mit Ihnen einig. Person zwei äußert ihre eigene einschätzung und fragt nicht nach den Gefühlen und Bedürfnissen von Person eins. Eine Antwort, die ich für empathisch halte, wäre: „Bist du enttäuscht, weil du wissen möchtest, dass deine Bemühungen dem Team nutzen?" Das vermutete Gefühl ist Enttäuschung, und die vermuteten Bedürfnisse sind, einen Beitrag zu leisten und gesehen zu werden.

4 | Durch Beobachtungen eine gemeinsame Realität schaffen

„Keine Kunst ist schwerer zu erlernen als die Kunst der Beobachtung, und manchen Menschen fällt es recht schwer, eine Beobachtung mit knappen und klaren Worten zu äußern."

(William Osler, kanadischer Mediziner, 1849–1919)

Mario: „Wir müssen reden. Du erledigst deinen Teil der Hausarbeit nicht. Es ist nicht fair, dass ich alles alleine mache!"

Jake: „Wovon redest du? Ich erledige meinen Teil sehr wohl. Ich glaube, du merkst gar nicht, was ich alles mache."

Im obigen Dialog streiten Mario und Jake über die Hausarbeit, und sie sehen die Situation ganz unterschiedlich. Der eine denkt, dass er alles macht, und der andere denkt, dass er seinen Teil erledigt. Solange keine Klarheit herrscht, wie es tatsächlich ist, werden die beiden wahrscheinlich nicht weiterkommen und sich nicht einig werden. Was genau sieht jeder von ihnen, das ihn zu seiner Einschätzung gelangen lässt? Was sind ihre *Beobachtungen*?

Eine Beobachtung ist eine Aussage darüber, was Sie oder eine andere Person gesehen oder gehört haben, frei von jeder Bewertung, Beurteilung oder Anschuldigung. Stellen Sie sich vor, Sie sprechen mit der Polizei über das, was geschehen ist. Alles, was die Polizei von Ihnen wissen will, ist das „Wer, Was, Wann und Wo", nicht Ihre Version oder Interpretation von Geschehnissen oder Handlungen. Oder stellen Sie sich eine Fliege an der Wand vor oder jemanden mit einer Videokamera, der die Szene festhält. Was genau sieht die Fliege, oder was nimmt die Kamera auf? Noch besser, stellen Sie sich vor, Sie sind eine Fliege an der Wand *mit* einer Kamera – Sie sind so unvoreingenommen oder unparteiisch wie eine Fliege, die fähig ist, alles aufzunehmen, was sie sieht und hört.

Klare Beobachtungen sind eine wichtige Voraussetzung, um Klarheit und gegenseitiges Verständnis zu schaffen und einen Konflikt zu lösen. Hatten Sie je einen Streit, in dessen Verlauf Sie erkannten, dass Sie und die andere Person eigentlich einer Meinung waren? Das Problem lag nicht in den Prinzipien – Ihren Werten – oder in der bevorzugten Strategie zur Förderung dieser Werte. Vielmehr stritten Sie sich über Begriffe oder darüber, wie Sie eine Situation beschrieben hatten, nicht über die Situation selbst. „Ah, das hast du gemeint" sagen Sie, wenn die Sachlage klar wird. „Ich dachte, du hättest etwas anderes gemeint!" Vielleicht fiel es Ihnen deshalb so schwer, einander zu hören, weil sich in Ihre Beobachtungen Urteile oder Interpretationen gemischt hatten, die es Ihnen erschwerten, die Situation klar zu sehen.

Sie mögen denken: „Was soll so schwierig daran sein, Beobachtungen zu machen? Ich bin ein aufrichtiger und akkurater Mensch. Ich übertreibe nicht. Ich sage nur, wie es ist!" Doch selbst wenn wir die besten Absichten haben, können sich in unsere Sicht und Beschreibung von Dingen Urteile einschleichen. Wir glauben, dass unsere Version dessen, was geschah, die „Wahrheit" ist – das erscheint uns völlig klar und offensichtlich! Das, was auf einer objektiven, „rein faktischen" Ebene tatsächlich geschah, wird undeutlich und verzerrt.

Schauen wir uns ein Beispiel an. Sagen wir, Sie sind mit einem Freund um 14.00 Uhr vor dem Kino verabredet. Er erscheint erst um 14.15 Uhr. Sie sind gereizt, weil das schon öfter vorgekommen ist – eigentlich fast jedes Mal, wenn Sie mit ihm verabredet waren. In so einer Situation sagen Sie vielleicht: „Du bist wieder spät dran – wie meistens!" Auf den ersten Blick scheint das eine Beobachtung zu sein. Es ist wahr, dass er sich schon mehr als einmal verspätet hat. Doch „spät" ist eine Bewertung. Die Beobachtung steckt in den Details *hinter* der Bewertung. Warum sagten Sie, dass er spät dran war? Weil er eine Viertelstunde nach der vereinbarten Zeit kam. Genau! Das ist die Beobachtung: Genau das würden Sie beide sehen, wenn eine Kamera es aufgenommen hätte. Enthält die Äußerung „Du bist wieder spät dran – wie meistens!" noch irgendein Urteil? Wie würde eine Kamera „wieder" und „meistens" festhalten? Hätten Sie jede Ihrer Verabredungen gefilmt, hätten Sie dokumentieren können, dass Ihr Freund vor zehn Tagen zu einer Verabredung in einem Café 20 Minuten nach der vereinbarten Zeit erschienen ist und vor einem Monat zu einer Verabredung zum Mittagessen 25 Minuten nach der vereinbarten Zeit. Wenn Sie das heutige Treffen dazuzählen, könnte Ihre Beobachtung lauten: „Zu unseren letzten drei Verabredungen bist du zwischen 15 und 25 Minuten nach der vereinbarten Zeit gekommen." Diese Beobachtung gibt genau wieder, was geschehen ist.

Warum wollen wir Wörter wie „immer", „meistens" und „spät" in klare Beobachtungen übersetzen? Tatsächlich sind „wieder" und „meistens" Kürzel für unsere Erfahrung. Sie fassen sie zusammen und sind von unserer Meinung gefärbt. Sie beschreiben nicht, was in diesem Fall wirklich geschah. Grammatikalisch sind Adverbien wie „immer", „meistens", „nie", „manchmal" und „spät" und Adjektive wie „gut", „falsch" und „spät" Attribute und Formen einer Bewertung oder eines Urteils (weitere Beispiele finden Sie in der folgenden Tabelle). Wenn sie benutzt werden, um eine Erfahrung zusammenzufassen, fehlt es ihnen an Genauigkeit und Konkretheit. Meinen Sie, wenn Sie „immer" sagen, dass Ihr Freund nie, also kein einziges Mal, zur vereinbarten Zeit erschienen ist? Oder reichen drei Mal in zwei Wochen, um „immer" zu sagen? Hätten Sie auch „wieder" gesagt, wenn er sich vor zwei Monaten das letzte Mal verspätet hatte? Oder vor einem Jahr? Oder vor einem Jahrzehnt? Hätten Sie es als „spät" betrachtet, wenn er innerhalb der nächsten fünf Minuten eingetroffen wäre? Oder nach zwei Minuten? Oder nach zwei Sekunden? Vermutlich würden Sie eine Verspätung von zwei Sekunden als nicht erwähnenswert betrachten. Würden fünf oder zehn Minuten Ihnen etwas ausmachen, wenn die Situation ein Vorstellungsgespräch wäre? Oder Ihre Hochzeit? Oder wenn Sie sich mit mehreren Freunden verabredet hätten, um gemeinsam auszugehen? Sie mögen denken, dass das Haarspalterei ist, doch „spät" wird nicht nur von Menschen aus verschiedenen Kulturen ganz unterschiedlich definiert, sondern auch von einzelnen Menschen aus demselben Kulturkreis und sogar vom selben Menschen in unterschiedlichen Situationen. Der Punkt ist: Wenn wir im Zusammenhang mit jemandem oder etwas das Wort „spät" benutzen, bringen wir in Wirklichkeit zum Ausdruck, dass der Zeitpunkt seines Eintreffens einige unserer Bedürfnisse unbefriedigt ließ.

Erinnern Sie sich an unsere Diskussion über das Richtig-oder-falsch-Denken. Nach dieser begrenzten Weltsicht sind das Leben und das menschliche Verhalten statisch. Was Sie sind, sind Sie die ganze Zeit. Nicht das, was Sie *tun*, sondern das, was Sie *sind*, verursacht das Problem. Wenn Sie verallgemeinernde und bewertende Wörter benutzen, verbannen Sie andere (auch sich selbst und die Menschen, die Ihnen etwas bedeuten) in eine Art gefrorene Ewigkeit. Keinem Menschen gefällt es, an so einem kalten, trostlosen Ort festzusitzen. In einem Universum von „immer" und „nie" ist kein Raum für Veränderung.

Einige Wörter, die ein Urteil enthalten			
alle (alles)	immer	ständig	je(mals)
äußerst	nie	keine, keiner, keins	oft
selten	wiederholt	(all)zu	sehr

ÜBUNG

Übung 1: Beobachtungen von Bewertungen unterscheiden

Versehen Sie jede der nachfolgenden Äußerungen entweder mit einem „B", wenn Sie sie für eine Beobachtung halten, oder mit einem „U", wenn Sie sie für ein Urteil, eine Bewertung, eine Interpretation oder eine Schlussfolgerung halten. Übersetzen Sie dann jede mit einem „U" markierte Äußerung in eine Beobachtung.

_____ A. „Tina blieb zwei Tage in ihrem Haus."

_____ B. „Bob hat gestern Abend meinen Computer repariert."

_____ C. „John fragte nicht, warum ich ihn anrief."

_____ D. „Meine Mutter ist ein gebender Mensch."

Meine Antworten zu dieser Übung:

A. Wenn Sie diese Äußerung mit einem „B" versehen haben, dann stimmen wir überein, dass hier eine Beobachtung geäußert wird, die nicht mit einer Bewertung vermischt ist.

B. Diese Äußerung halte ich für eine Bewertung. Meiner Auffassung nach ist „repariert" eine Ansichtssache. Ich erinnere mich an einen Disput mit einer Autowerkstatt, die behauptete, sie habe meinen Wagen repariert. Ich war anderer Ansicht. Ich stimmte jedoch zu, dass sie einige Teile ersetzt hatte. Äußerung B ließe sich zum Beispiel in folgende Beobachtung übersetzen: „Bob ist es gestern Abend gelungen, meinen Computer zu reparieren."

C. Wenn Sie diese Äußerung mit einem „B" versehen haben, dann stimmen wir überein, dass sie eine Beobachtung ausdrückt, die nicht mit einer Bewertung vermischt ist.

D. Ich halte „ein gebender Mensch" für eine Bewertung. Eine Beobachtung ohne Bewertung wäre zum Beispiel: „In den letzten drei Jahren hat meine Mutter einen Tag pro Woche ehrenamtlich in einem Obdachlosenheim gearbeitet."

ÜBUNG

Übung 2: Urteile aufspüren

Tragen Sie in dieser Woche für ein paar Stunden oder einen Tag lang ein kleines Notizbuch oder einige Karteikarten bei sich. Immer wenn Sie in dieser Zeit merken, dass Sie ein Urteil fällen – sei es über Sie selbst, über andere oder über die Welt –, schreiben Sie es auf.

A. Was fällt Ihnen an Ihren Urteilen auf? Gibt es ein Muster?
B. Fällten Sie mehr Urteile über sich selbst oder über andere?
C. Waren es überwiegend „positive" oder „negative" Urteile? (Über erfüllte oder unerfüllte Bedürfnisse?)
D. Wie verallgemeinern Ihre Urteile eine Situation oder inwiefern machen sie sie statisch?
E. Übersetzen Sie alle Urteile in Beobachtungen, Gefühle und Bedürfnisse. Denken Sie daran, sich bei Ihren Beobachtungen vorzustellen, Sie hätten eine Kamera. Sie sollen nur das enthalten, was die Kamera in Bild und Ton festhalten würde. Achten Sie auch darauf, dass Ihre Beobachtungen frei von Adjektiven und Adverbien sind.

4.1 Die volle Verantwortung für das übernehmen, was wir sehen und hören

Beobachtungen haben noch einen dritten Aspekt, der vielleicht der wichtigste und dramatischste ist. Wenn wir ein Urteil über eine andere Person äußern, reden wir über *sie* – unser Fokus liegt *bei ihr*. „Du kommst immer zu spät!" Wenn wir auf eine andere Person fokussiert sind statt auf das, was in uns selbst vorgeht (auf unsere eigenen Beobachtungen, Gefühle und Bedürfnisse), ist es sehr wahrscheinlich, dass wir ein Urteil fällen. Bei einer reinen Beobachtung geht es dagegen um *unsere* Erfahrung. Im klassischen GFK-Modell beginnt sie mit einem Ichsatz wie: „Wenn ich sehe …", „Wenn ich höre …" oder: „Wenn ich darüber nachdenke …" Auch wenn das, was Sie sehen und hören oder über das Sie nachdenken, die Handlung einer anderen Person ist, übernehmen Sie, wenn Sie mit einem Ichsatz beginnen, die Verantwortung für das Gesehene und Gehörte.

> „Als ich auf die Urteile zu achten begann, die ich fällte, konnte ich es kaum fassen. Immer wenn ich jemanden sehe, denke ich darüber nach, wie er angezogen ist, was er macht, ob ich ihm vertraue oder ob ich ihn mag. Und ansonsten denke ich über mich nach und frage mich, ob ich etwas falsch mache."
> (Mary Beth)

Meiner Erfahrung nach ist mindestens die Hälfte aller Konflikte das Ergebnis von Fehlinformationen oder einem Mangel an Informationen. In neun von zehn Fällen klären oder bestätigen Menschen nicht, was sie sehen oder hören. Infolgedessen gelangen sie zu Schlussfolgerungen über etwas, was faktisch vielleicht gar nicht geschehen ist (oder was faktisch geschehen ist, ihrer Meinung nach jedoch *nicht*). Deshalb kann es hilfreich sein, die volle Verantwortung für das zu übernehmen, was wir sehen und hören. Zum Beispiel nahm ich unlängst an einer GFK-Veranstaltung teil, in deren Verlauf ich mich ein paar Mal äußerte. Später sagte ein Teilnehmer zu mir, er sei enttäuscht gewesen, dass ich nicht stärker in das Gespräch einbezogen wurde. Das überraschte mich. Ich antwortete ihm, dass ich mich voll einbezogen fühlte, besonders in Anbetracht dessen, dass die Moderatorin nicht gewusst hatte, dass ich teilnehmen würde, und dass wir uns noch nie begegnet waren. Als ich ihm das mitteilte, veränderte sich für ihn die ganze Situation. Er hatte angenommen, dass die Moderatorin und ich uns schon seit Jahren kannten und dass wir die Veranstaltung gemeinsam leiten würden! Nun fand er es großartig, wie ich in das Gespräch einbezogen wurde. Was hatte sich verändert? Die Information und wie er die Situation sah. Indem wir unsere Beobachtungen mit einer Ich-Aussage einleiten (auch Beobachtungen über das, was wir denken), können wir die volle Verantwortung für unsere Erfahrung übernehmen.

> **ÜBUNG**
>
> **Übung 3: Die Verantwortung für unsere Erfahrung übernehmen**
>
> A. Denken Sie an ein Urteil, eine Bewertung oder eine Meinung, das / die Sie äußerten. Inwiefern basierte diese Äußerung auf einer bestimmten Interpretation oder Deutung von Geschehnissen? Bekamen Sie zu irgendeinem Zeitpunkt neue oder veränderte Informationen? Wie beeinflusste das in der Folge Ihr Urteil?
>
> B. Schauen Sie sich in Ihrem Notizbuch (siehe Übung 2) eines Ihrer Urteile über eine andere Person an. Inwiefern machten Sie die andere Person für etwas verantwortlich? Übersetzen Sie das Urteil in eine Beobachtung, indem Sie einen Satz verwenden wie: „Wenn ich sehe ..." oder „Wenn ich höre ..." oder „Wenn ich darüber nachdenke ..." Wie verändert es die Qualität dessen, was Sie sagen, wenn Sie mit einer Ich-Aussage beginnen, und inwiefern übernehmen Sie dadurch mehr Verantwortung für Ihre Erfahrung?

4.2 Erste Hilfe für Beobachtungen: Die „innere Videokamera" und die „fünf Angaben" (PLATO)[5]

Eine Frau, die an einer von mir geleiteten GFK-Übungsgruppe teilnahm, sagte jahrelang jede Woche: „Mein Chef ist ein Idiot – und das ist eine Beobachtung!" Ist es wirklich eine Beobachtung, zu sagen, dass jemand ein „Idiot" ist? Was denken Sie, welche Erfahrungen mit ihrem Chef, welche seiner Handlungen oder Verhaltensweisen sie zu dieser Meinung gelangen ließen? Was wäre die Beobachtung? Was würde eine Kamera aufzeichnen?

Ein anderes Mal erklärte ich einer Gruppe, was Beobachtungen sind, und bat um ein Beispiel. Eine Teilnehmerin, die Veganerin war (also weder Fleisch noch Milchprodukte aß), schlug enthusiastisch vor: „Die Vegetarier in meiner WG verunreinigen mein Buttermesser!" Ich wollte ihr helfen, ein Beispiel zu nennen, bei dem es sich meines Erachtens um eine Beobachtung handelte, und fragte sie: „Wie sieht das aus? Was würde eine Kamera über ein Buttermesser festhalten?" Darauf erwiderte sie bestimmt: „Die Vegetarier, wie sie mein Buttermesser kontaminieren!" Wenn Sie sich vorstellen, Sie hätten eine Kamera: Was, glauben Sie, würden Sie *sehen*, wenn Sie aufnehmen würden, wie die Vegetarier und die Veganerin zusammen essen? Was würde mit dem Buttermesser geschehen?

---

5 Meines Wissens entwickelte Miki Kashtan von Bay NVC das Konzept der „fünf Angaben" (auf Englisch PLATO – eine Abkürzung für „person, location, action, time, object"), um die Formulierung klarer, positiver und erfüllbarer Bitten zu erleichtern. Ich finde es auch sehr nützlich, um Beobachtungen klarer zu machen.

Die Idee mit der Kamera ist mehr als bloße Theorie: Sie funktioniert wirklich! Machen wir den Praxistest. Stellen Sie sich vor, Sie halten wirklich eine Kamera in der Hand und „hören" und „sehen" vor Ihrem geistigen Auge, was sie aufnimmt. Als ich diese Technik auf das Buttermesser anwandte, wurde mir sofort alles klar: Die Vegetarier hatten ein Messer, dass die Veganerin aus meiner Gruppe für Soja-Margarine benutzte, für Molkereibutter benutzt. Für die Veganerin war das eine Form der „Verunreinigung". Als ich die Szene durch die Kameralinse betrachtete, sah ich lediglich, dass ein Buttermesser benutzt wurde.

Was den „idiotischen" Chef betraf, so war klar, dass der Frau die Art missfiel, wie ihr Chef Dinge handhabe. Als wir die Kamera-Technik anwandten, erhielten wir konkrete Details. Der Chef hatte mehrmals um schriftliche Informationen über einen Kunden der Firma gebeten, und jedes Mal, wenn er sie erhalten hatte, konnte er sie später nicht mehr finden und verlangte sie erneut. In einem anderen Fall wurde eine Frau namens Pema eingestellt, und nach vier Monaten hörte man den Chef ihren Namen mehrmals „Pammy" aussprechen. Würden wir unsere Kamera einsetzen, könnten wir viele weitere Beobachtungen machen, die die Frau zu ihrer Meinung über ihren Chef gelangen ließen. Das Urteil „Idiot" ist jedoch so unkonkret wie die Wörter „gut", „schlecht", „bestens" und „kontaminiert". Wir haben keine Ahnung, was mit diesen Wörtern beschrieben wird, bis wir Beobachtungen erhalten. Urteilswörter sagen uns nur, wie stark die Person, die sie äußert, auf einen emotionalen Auslöser reagiert.

Um unsere Beobachtungen möglichst konkret zu formulieren, ist es hilfreich, wenn wir die Kamera-Technik dadurch ergänzen, dass wir in jeder Beobachtung fünf Angaben machen: Person, Ort, Handlung, Zeit und Gegenstand. Wenn wir sagen, dass die Vegetarier aus der Wohngemeinschaft in dieser Woche drei Mal ein Messer, das auf dem Tisch lag, für Molkereibutter benutzten, enthält diese Beobachtung alle fünf Angaben: Person (die Vegetarier), Ort (auf dem Tisch), Handlung (benutzt), Zeit (in dieser Woche drei Mal) und Gegenstände (Messer und Molkereibutter). Durch diese Details erhalten wir eine klare und konkrete Beobachtung, die alles enthält, was eine Kamera aufzeichnen würde.

Kommen wir noch einmal auf das Beispiel zurück, in dem jemand verspätet zu einer Verabredung vor dem Kino erscheint. Die Beobachtung: „Zu unseren letzten drei Verabredungen bist du zwischen 15 und 25 Minuten nach der vereinbarten Zeit gekommen" enthält folgende Informationen: Person (du), Ort (vor dem Kino bzw. die Orte der früheren Verabredungen), Handlung (Verabredung) und Zeit (15 bis 25 Minuten später). In diesem Fall gibt es (anders als im Beispiel mit dem Buttermesser) keinen Gegenstand. Auch wenn die eine oder andere der fünf Angaben entfällt, ist es hilfreich, möglichst viele von ihnen in die Beobachtung aufzunehmen, um sie klarzumachen.

ÜBUNG

Übung 4: Die „fünf Angaben" machen

A. Suchen Sie in den Beobachtungen über den Chef, der von der Frau als „Idiot" bezeichnet wurde, nach den fünf Angaben.

B. Nehmen Sie sich noch einmal das Notizbuch vor, in dem Sie Ihre Urteile notiert haben, und übersetzen Sie ein oder zwei davon in Beobachtungen, die die fünf Angaben enthalten.

C. Inwiefern sind die „fünf Angaben" und die „innere Kamera" ähnliche Techniken, um klare Beobachtungen zu erhalten?

4.3 Verantwortung für die eigenen Urteile übernehmen

Shazam: „Du fährst zu schnell!"
Terri: „Nein, tue ich nicht."
Shazam: „Hör auf zu schreien!"
Terri: „Wie kommst du darauf, dass ich schreie?!"

Manchmal ist es schwierig, ein Urteil in eine Beobachtung umzuwandeln. Man bräuchte beispielsweise Instrumente, um die Lautstärke, die Geschwindigkeit und die Zeit genau zu messen. Wenn jemand Ihnen „zu schnell" läuft oder radelt und Sie keinen Tachometer haben, wie sollen Sie dann in Ihrer Beobachtung einen Wert angeben? Und wie sollen Sie wissen, wie schnell „zu schnell" ist? Wenn die Straßen vereist oder nass sind, kann selbst die zulässige Höchstgeschwindigkeit als „zu schnell" erscheinen. Oder was ist, wenn Sie sagen, dass jemand „zu leise" redet? Sie haben schließlich kein Messgerät, um die genaue Lautstärke zu ermitteln. Wir mögen ein Gedicht oder ein anderes Kunstwerk wehmütig, traurig und ergreifend finden, doch wie übersetzen wir die Komplexität dieser Erfahrung in beobachtbare Fakten?

Auch in solchen Fällen können wir unsere Beobachtungen oft durch die fünf Angaben konkretisieren. Zum Beispiel könnten wir zu jemandem sagen: „Mir wäre wohler, wenn du bei den momentanen Straßenverhältnissen nur etwa halb so schnell fahren würdest." Oder: „Wenn du ungefähr drei Mal so laut reden würdest, könnte ich dich mühelos verstehen." Es kann auch hilfreich sein, die Verantwortung für das Urteil zu übernehmen, indem Sie zum Ausdruck bringen, dass ein Geschehnis oder Verhalten nicht dem entspricht, was Sie schätzen oder als angenehm betrachten. So verwandeln Sie ein moralisches Urteil in eine Äußerung, die deutlich macht, was Ihre Sichtweise eigentlich ist: eine Vorliebe oder ein Wert. Sie können die Verantwortung für Ihr Urteil zum Beispiel übernehmen, indem Sie Ihre Äußerung durch „meiner Meinung nach" oder „meines Erachtens" oder „Ich würde das als (X) betrachten" ergänzen.

Shazam hätte zum Beispiel sagen können: „Meiner Meinung nach fahren wir viel zu schnell, um auf dieser kurvenreichen Straße sicher unterwegs zu sein." Und wenn Sie ein Kunstwerk beschreiben, könnte Ihr Kommentar lauten: „Für mich ist das das eindrucksvollste und schönste Werk dieser Ausstellung – schau dir diese Farben an!" Es macht einen Unterschied, ob wir auf diese Art die Verantwortung für unser Urteil übernehmen oder ob wir sagen: „Das ist das beste Werk dieser Ausstellung."

Wenn Sie von jemandem ein Urteil oder eine Bewertung zu hören bekommen, können Sie die Situation auch klären, indem Sie eine Beobachtung äußern oder zumindest die Verantwortung für Ihre eigene Einschätzung übernehmen. Als Shazam sagte „Hör auf zu schreien!", hätte Terri zum Beispiel erwidern können: „Es überrascht mich, dass du das sagst. Ich würde das nicht ‚schreien' nennen. Aber ich bin bereit, meine Stimme zu senken, wenn dir das hilft, dich wohler zu fühlen." Eine kürzere Möglichkeit, die Verantwortung für unsere Urteile zu übernehmen, ist die Verwendung eines Gefühlswortes, um zu beschreiben, wie wir die Situation erleben. Statt zu sagen „Das ist ein boshafter Kommentar", könnten wir sagen „Ich ärgere mich, wenn ich das höre …" und uns dann gegenseitig mitteilen, welche unserer Bedürfnisse unbefriedigt geblieben sind.

ÜBUNG

Übung 5: Die Verantwortung für unsere Urteile übernehmen

Wandeln Sie jedes der nachfolgenden Urteile in eine Meinungsäußerung um, indem Sie es so formulieren, dass die Person, die es äußert, die Verantwortung dafür übernimmt. Versuchen Sie dabei, Gefühlswörter zu verwenden.

Beispiel:
Urteil: „Das ist eine blöde Bemerkung."
Meinung: „Ich bin genervt, weil ich diese Bemerkung blöd finde."

A. Urteil: „Beethovens Neunte Sinfonie ist inspirierend und erhebend."

   Meinung: _____

B. Urteil: „Es gibt keinen besseren Sport als Frauen-Basketball."

   Meinung: _____

C. Urteil: „Hör auf, mich zu nerven!"

   Meinung: _____

D. Urteil: „Kannst du nicht schneller fahren?"

   Meinung: _____

4.4 Nur mit Beobachtungen arbeiten

Das GFK-Modell umfasst zwar vier Schritte – Beobachtungen, Gefühle, Bedürfnisse und Bitten –, doch ich stelle oft fest, dass Beobachtungen allein schon hilfreich sein können. Wenn ein Geschehnis Ärger in mir auslöst, richte ich meine Aufmerksamkeit einfach immer wieder auf die Beobachtung, bis ich klar sehe, was eigentlich geschehen ist, und mich beruhige. Sagen wir zum Beispiel, auf der Straße stößt jemand im Vorbeigehen mit mir zusammen. Vielleicht schießen mir sofort Urteile und Interpretationen durch den Kopf: „Wie kann diese Person so rücksichtslos sein? Warum hat sie mich angerempelt? Hat sie mich denn nicht gesehen? Bin ich etwa Luft? Warum hat sie nicht ‚Entschuldigung' gesagt?" In solchen Augenblicken erinnere ich mich daran, was genau geschehen ist: Jemand prallte mit mir zusammen. Auf der Beobachtungsebene ist das alles, was passierte. Alles andere, auch die Wörter „anrempeln" und „rücksichtslos", sind Interpretationen und Urteile. Je mehr ich mich in meine Urteile und Interpretationen hineinsteigere und das, was geschah, hochspiele und verallgemeinere, desto aufgebrachter kann ich werden. Wenn ich das Geschehnis dagegen immer wieder auf die Beobachtungsebene zurückhole, kann ich es von meinen Interpretationen trennen, die mit dem, was geschah, eigentlich gar nichts zu tun haben.

Auch wenn ich mit jemandem rede, der auf ein Geschehnis aufgebracht und mit Urteilen reagiert, ist es hilfreich, das, was er sagt, in eine Beobachtung zu übersetzen, um auf den Boden der Tatsachen zurückzukommen. Nehmen wir an, jemand sagt zu Ihnen: „Du hörst mir nie zu!" Statt zu widersprechen oder Ihre Sichtweise darzulegen, könnten Sie einfach eine Vermutung anstellen, was die Beobachtung ist. „Du hast mich mehrmals gebeten, dieses Thema nicht anzuschneiden, wenn wir zusammen sind, nicht wahr?" Sobald die andere Person Ihnen bestätigt, dass die Beobachtung stimmt, können Sie Vermutungen über ihre Gefühle und Bedürfnisse anstellen. „Vermutlich bist du frustriert, weil du mich mehrmals darum gebeten hast, oder?" Und: „Du willst darauf vertrauen können, dass ich solche Dinge verstehe?" Selbst wenn Sie nicht zu diesen beiden Schritten – den Gefühlen und den Bedürfnissen – kommen, kann die Klärung der Beobachtung dazu beitragen, dass die andere Person sich gehört und verstanden fühlt. Es gibt noch andere Möglichkeiten, in dieser Situation auf die Beobachtungsebene zurückzukehren. Sie könnten die andere Person um ein Beispiel bitten: „Ich hörte dich gerade sagen, dass ich dir nie zuhöre. Kannst du mir ein Beispiel nennen, damit ich verstehe, was du meinst?" Sie könnten auch Ihre eigenen Bedürfnisse zum Ausdruck bringen: „Ich frage mich, ob dir eine Situation einfällt, in der ich dir zugehört habe? Ich wünsche mir etwas Fairness und Klarheit – und gemeinsames Verständnis –, was die Anzahl der Situationen betrifft, in denen ich dir zugehört und verstanden habe, worum es dir ging."

4.5 Das Grundschema erweitern

Im letzten Kapitel haben wir Sie mit Modellsätzen der „klassischen GFK" vertraut gemacht, an denen Sie sich orientieren können, wenn Sie anfangen, GFK zu praktizieren. Das GFK-Modell umfasst vier Grundschritte: Beobachtungen, Gefühle, Bedürfnisse und Bitten (BGBB). Im nächsten Kapitel werden wir uns ausführlich mit Bitten beschäftigen. Doch im Moment sieht unser Grundschema folgendermaßen aus:

Das GFK-Modell – die ersten drei Schritte

Wenn ich sehe / höre / darüber nachdenke _____ (Beobachtung/en),

fühle ich mich / empfinde ich _____ (Gefühl/e),

weil ich _____ brauche (Bedürfnis/se).

Noch ein Beispiel

Wie klingt das GFK-Modell, wenn die einzelnen Elemente zusammengefügt werden? Nehmen wir an, Ihre Chefin kommt zu Ihnen und sagt: „Ich kann nicht glauben, wie verantwortungslos Sie sind! Ist es zu viel verlangt, jemanden zurückzurufen?" Stellen Sie sich vor, Ihre Chefin hätte, statt ein Urteil zu fällen, eine klare Beobachtung, ein Gefühl, ein Bedürfnis und eine Bitte geäußert:

> Ich hörte gerade von Herrn Schmidt, dass er letzte Woche zwei telefonische Nachrichten hinterlassen hat und nicht zurückgerufen wurde (Beobachtung). Darüber bin ich wirklich beunruhigt (Gefühle), besonders, weil dieser Kunde für uns sehr wichtig ist. Ich will, dass diese Firma eine Zukunft hat – und ich lege Wert auf Zuverlässigkeit und Zuvorkommenheit im Umgang mit unseren Geschäftspartnern (Bedürfnisse). Ich würde gerne wissen, was bei Ihnen los war: Haben Sie diese Nachrichten erhalten? (Bitte)

Welchen Unterschied macht es für Sie, wenn Sie eine klare Beobachtung sowie Gefühle, Bedürfnisse und eine Bitte hören? Wahrscheinlich wird die Situation und was tatsächlich vorgefallen ist für Sie klarer und verständlicher, zumindest aus der Perspektive Ihrer Chefin. Wenn Sie hören, was Ihre Chefin empfindet und braucht, verstehen Sie vielleicht auch besser, warum sie so erregt und besorgt ist.

Wohin das Gespräch auch führt, wenn es mit einer klaren Beobachtung beginnt, wissen wir zumindest, worum es geht. Wir können Äpfel von Birnen unterscheiden. Eine klare Beobachtung schafft eine solide Ausgangsbasis für verbindendes Verständnis. Im obigen Beispiel macht die Beobachtung klar, was die Reaktion Ihrer Chefin auslöste. Vielleicht haben Sie Informationen, die Ihre Chefin nicht hat, zum Beispiel die, dass Sie in der Vorwoche krank gemeldet waren. Oder vielleicht haben Sie bei Herrn Schmidt angerufen und fragen sich verwundert, warum er Ihre Nachricht nicht erhalten hat. Was auch geschehen ist, indem Sie Beobachtungen austauschen, können Sie schwierige Gespräche „entschärfen".

Man könnte sagen, dass Urteile und Bewertungen die vier Schritte des GFK-Modells zusammendrängen und vermischen. Wenn wir von einer Meinung überzeugt sind, ist die Energie hinter dem Urteil unser Gefühl. Der Auslöser unseres Gefühls ist die Bobachtung. Und was wir in diesem Augenblick eigentlich erfahren möchten, ist die Erfüllung des Bedürfnisses. Wenn wir unsere Erfahrung zum Ausdruck bringen, indem wir Beobachtungen, Gefühle und Bedürfnisse äußern – und dann eine Bitte, um unsere Bedürfnisse zu befriedigen –, beschreiben wir unsere Erfahrung schlicht auf eine Art, die leicht zu hören und zu verstehen ist.

Im nächsten Kapitel, in dem wir uns auf Bitten konzentrieren, beginnen wir damit, alle vier Schritte des Modells zusammen anzuwenden. Doch zuerst sollen zwei weitere Übungen dieses Kapitel vertiefen helfen.

Weitere Fragen und Übungen, um Kapitel 4 zu vertiefen

A. Versehen Sie jeden der folgenden Sätze, den Sie für eine Beobachtung halten, mit einem „B", und jeden, den Sie für ein Urteil, eine Bewertung, eine Interpretation oder eine Schlussfolgerung halten, mit einem „U". Formulieren Sie dann zu jedem Satz, den Sie mit einem „U" markiert haben, eine Beobachtung.

_____ 1. „Amber schläft sich oft durch die Betten."

_____ 2. „Dan ist konfus."

_____ 3. „Meine Freundin kam zu spät zu unserer Verabredung zum Mittagessen."

_____ 4. „Mein Sohn duscht gewöhnlich nicht."

_____ 5. „Denise findet, dass sie in Schwarz besser aussieht."

_____ 6. „Meine Stiefmutter beklagt sich ohne Grund."

Meine Antworten zu dieser Übung:

1. Ich betrachte „schläft sich durch die Betten" als eine Bewertung. Eine Beobachtung, die keine Bewertung enthält, wäre zum Beispiel: „Amber ist diese Woche mit drei verschiedenen Jungs nach Hause gegangen."

2. Ich betrachte „konfus" als eine Bewertung. Eine Beobachtung ohne Bewertung könnte sein: „Letzte Woche sagte Dan, dass er die Firma verlassen und sich selbstständig machen will, und diese Woche sagt er, dass er hart arbeiten will, um befördert zu werden."

3. Ich halte „zu spät" für eine Bewertung. Eine Beobachtung wäre zum Beispiel: „Meine Freundin kam um 12.20 Uhr. In der E-Mail stand, wir würden uns um Mittag treffen."

4. Ich betrachte „gewöhnlich" als eine Bewertung. Eine Beobachtung ohne Bewertung könnte sein: „Mein Sohn hat diesen Monat vier Mal geduscht."

5. Eine reine Beobachtung wäre in diesem Fall: „Denise sagte: ‚Ich finde, dass ich in Schwarz besser aussehe'." Oder: „Ich hörte Denise sagen, sie findet, dass sie in Schwarz besser aussieht."

6. Ich halte „ohne Grund" und „beklagt sich" für Bewertungen. Eine Beobachtung ohne Bewertung wäre zum Beispiel: „Gestern Abend im Restaurant sagte meine Stiefmutter bei jedem Gang, der serviert wurde, was sie daran nicht mochte, und aß trotzdem alles auf, was auf ihrem Teller war."

B. Betrachten Sie die Fotos auf den nächsten Seiten. Geben Sie zu jedem ein Urteil ab und äußern Sie dann eine Beobachtung. Achten Sie beim Formulieren der Beobachtungen darauf, dass sie möglichst konkret sind und die „fünf Angaben" enthalten.

C. Denken Sie an eine Situation, die Sie schwierig fanden. Nehmen Sie ein großes Blatt Papier und schreiben Sie oben Ihr Urteil hin über das, was geschah. Stellen Sie sich vor, Sie hätten alles mit einer Kamera aufgezeichnet und würden nun die Aufnahme abspielen und zwischendurch mehrmals stoppen, um Standbilder von der Szene zu erhalten. Zeichnen Sie von jedem Standbild eine einfache Skizze. Betrachten Sie die Skizzen und schreiben Sie dann unten auf Ihr Blatt Papier eine Beobachtung, die keine Bewertung enthält.

D. Hören Sie die Nachrichten oder lesen Sie in der Zeitung oder online einen Artikel. Finden Sie ein Urteil, das jemand abgab – vielleicht über die Politik, die Wirtschaft oder ein gesellschaftliches oder kulturelles Thema. Übersetzen Sie das Urteil unter Berücksichtigung seines Kontexts in eine Beobachtung, die keine Bewertung enthält.

E. Denken Sie an einen Menschen in Ihrem Leben, von dem Sie Urteile und Bewertungen hören. Verfassen Sie einen Dialog, in dem dieser Mensch ein Urteil äußert, woraufhin Sie ihn um eine Beobachtung bitten, zum Beispiel folgendermaßen: „Ich höre dich X sagen … Kannst du mir ein Beispiel nennen, wann du mich das sagen hörtest?"

F. Denken Sie an eine Situation zurück, in der Sie eigene Ansichten äußerten, ohne das deutlich zu machen. Formulieren Sie Versionen Ihrer Meinungsäußerungen, in denen Sie die Verantwortung für sie übernehmen, zum Beispiel durch Zusätze wie „meiner Ansicht nach" oder „Ich finde, dass …"

Quelle: bigfoto.com

Quelle: bigfoto.com

Quelle: bigfoto.com

Quelle: bigfoto.com

5 | Vertrauen und Zusammenarbeit fördern: Die Macht von Bitten

„Katzen scheinen nach dem Prinzip zu handeln, dass es nie schadet, um das zu bitten, was man will."

(Joseph Wood Krutch)

Wie wir in Kapitel 4 gesehen haben, können wir durch Beobachtungen ein gemeinsames Verständnis für die Erfahrung jeder Person fördern. Sie schaffen eine Grundlage, um die Gefühle und Bedürfnisse aller Beteiligten zu hören und eine empathische Verbindung herzustellen. Beim letzten Schritt des Modells geht es um Bitten, die diese Verbindung und das gemeinsame Verständnis vertiefen, und um die Frage, wie die Bedürfnisse aller Beteiligten berücksichtigt werden können. Wenn wir Bitten äußern – und dabei für die Bedürfnisse und Strategien anderer offen sind und auch unsere eigenen Bedürfnisse als wichtig betrachten –, trägt das entscheidend zu einem konstruktiven Miteinander bei.

Es bestehen viele Ähnlichkeiten zwischen Beobachtungen und Bitten. Sie sind wie Buchstützen am Anfang und am Ende des GFK-Prozesses. Beobachtungen beschreiben objektiv und konkret, was Sie erlebt haben. Bitten bringen klar und positiv zum Ausdruck, was Sie gerne erleben würden, welchen erfüllbaren Wunsch Sie gerne erfüllt sehen würden. Beobachtungen und Bitten betreffen die äußere Welt – die Arten, auf die Bedürfnisse befriedigt werden können. Gefühle und Bedürfnisse sind dagegen innere Erfahrungen.

Sie können sich das Zusammenspiel dieser äußeren und inneren Erfahrungen veranschaulichen, indem Sie sich das Symbol für Unendlichkeit (eine liegende Acht) vorstellen. Eine Schleife repräsentiert Ihre innere Welt der Gefühle und Bedürfnisse und die andere Ihre Beobachtungen und Bitten in der äußeren Welt. Und zwischen den beiden ist alles ständig im Fluss.

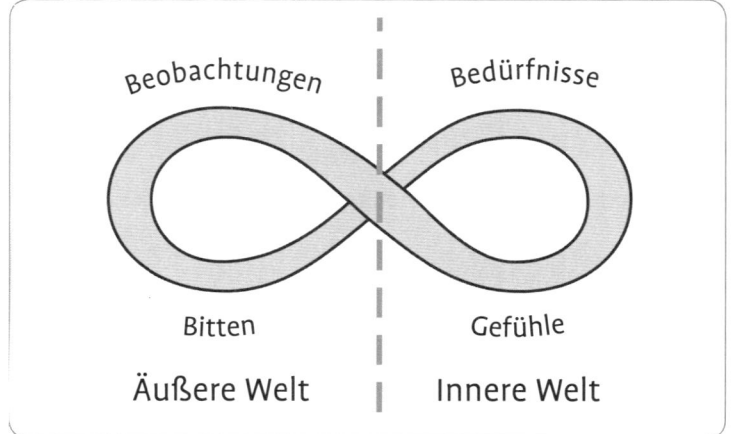

Illustration von Hadassah Hill

Ohne eine klare Bitte kann keine Partei sicher wissen, was die Bedürfnisse der anderen befriedigen und zu ihrem Wohl beitragen würde: Die Schleife bzw. der Zyklus bleibt unvollständig. Wir haben alle ein Bedürfnis, zum Leben beizutragen. Indem wir Bitten äußern und hören, klären wir, was unsere Bedürfnisse und die anderer Menschen am besten befriedigen kann.

In diesem Kapitel konzentrieren wir uns auf die Absichten hinter Bitten und kommen dann zu den Typen von Bitten, die das GFK-Modell unterscheidet: Beziehungsbitten, Handlungsbitten (klar, positiv und erfüllbar / machbar) und Bitten an eine Gruppe. Bei jedem Typ von Bitte geht es darum, zu klären, wie wir Bedürfnisse befriedigen und die Bedürfnisse aller Beteiligten berücksichtigen können.

Letztendlich geht es bei Bitten, wie bei jedem Schritt des GFK-Modells, darum, Verbundenheit zu fördern.

5.1 Worauf kommt es bei einer Bitte an?

Die Hauptsache bei einer Bitte, dem vierten Schritt des GFK-Modells, ist weder ihre Form noch ihr Inhalt, sondern die Absicht dahinter, das Bewusstsein, dass die Anliegen und Bedürfnisse der anderen Partei ebenso wichtig sind wie die eigenen. Wenn wir eine Bitte äußern, deren Erfüllung einige unserer Bedürfnisse befriedigen würde, ist es entscheidend, dass wir offen und flexibel für die Art und Weise sind, wie diese Bedürfnisse befriedigt werden. Wenn wir eine starke Vorliebe für eine ganz bestimmte Strategie haben, steigt das Risiko von Missverständnissen, Konflikten und sogar Gewalt. Wenn wir der irrigen Meinung sind, dass nur *diese* Strategie unsere Bedürfnisse befriedigen kann, kann es uns zur Verzweiflung treiben, wenn andere unsere Meinung nicht teilen oder nicht nach dieser Strategie handeln. Letztendlich sind wir selbst dafür verantwortlich, dass unsere Bedürfnisse befriedigt werden.

Eine echte Bitte enthält daher keine Forderung. In der GFK erkennen wir die Entscheidungsfreiheit der anderen Person an, indem wir Bitten mit „Wärst du / wären Sie bereit …?" einleiten. Durch diesen Zusatz bringen wir unsere Offenheit und Neugier zum Ausdruck und verleihen unserer Bitte den Charakter einer Einladung. Wie wir in diesem Kapitel noch näher ausführen werden, können wir auch feststellen, ob wir eine echte Bitte äußern, indem wir uns fragen, ob wir offen dafür sind, als Antwort darauf ein Nein zu hören. Wenn wir kein Nein hören wollen, äußern wir in Wirklichkeit keine Bitte, sondern eine Forderung. Und wer hört schon gerne Forderungen oder Ultimaten?

5.2 Uns selbst und andere von Forderungen befreien

Forderungen können unterschiedliche Formen annehmen: Sie können durch die Worte, die wir benutzen, durch unsere Körpersprache und durch unseren Ton zum Ausdruck kommen. Forderungen enthalten sehr oft die Verben „müssen" und „sollen", manchmal auch direkte oder indirekte Hinweise auf drohende Strafen oder andere Konsequenzen (negative oder positive): „Wenn Du X nicht machst, dann werde ich …" Oder: „… müssen Sie …" Die Wahrscheinlichkeit, dass statt einer Bitte eine Forderung geäußert wird, ist besonders groß, wenn ein Gesprächspartner in einer Position ist, die ihm Autorität oder Macht verleiht, also wenn ein Machtgefälle besteht. Das ist zum Beispiel der Fall, wenn ein Elternteil zu einem Kind sagt: „Iss erst das Gemüse, dann bekommst du den Nachtisch." Oder: „Hör mir zu, sonst setzt's was!" Auch am Arbeitsplatz können Machtgefälle zum Ausdruck kommen: „Wenn Sie diesen Monat alle auch an den Wochenenden arbeiten und das Projekt zu Ende bringen, erhält jeder einen Bonus." Oder: „Wenn Sie das noch einmal machen, werden Sie gefeuert!" Forderungen können sich selbst in unsere engsten Beziehungen einschleichen, also dort, wo wir uns am meisten wünschen, dass unsere Bedürfnisse zählen. Wenn wir den Eindruck haben, dass das nicht der Fall ist, können wir besonders verunsichert, enttäuscht und heftig reagieren: „Wenn du mir nicht zuhörst (oder X tust), warum sollte ich dann …?" Oder: „Wenn du mich wirklich lieben würdest, würdest du …"

Manchmal finden wir unsere Forderungen vernünftig, „fair" und notwendig. In gewissen Fällen mag es gerechtfertigt erscheinen, jemanden zu etwas zu drängen: „Du musst aufhören zu rauchen – du ruinierst deine Gesundheit!" Oder: „Nimm diesen Job lieber nicht an – er schadet deiner Karriere!" Doch wie oft besteht tatsächlich eine dringende Notwendigkeit für eine Forderung? Würde ich Flammen sehen und Rauch riechen, würde ich sicher nicht sagen: „Das Haus brennt. Wärst du bereit, das Gebäude zu verlassen?" Ich würde wahrscheinlich mit großer Eindringlichkeit schreien: „Feuer! Raus aus dem Haus!" Und wenn jemand die Straße überqueren will, obwohl ein Auto sich nähert, würde ich auch die Befehlsform benutzen: „Halt, warten Sie!" Oder: „Achtung, bleiben Sie stehen!" Aber solche Situationen sind recht selten. Eine GFK-Trainerin, die ich kenne, arbeitet in einem Krankenhaus, in dem die Pflegekräfte GFK in ihre Arbeit integrieren. Doch selbst das Personal der Notaufnahme, das oft Situationen erlebt, in denen es um Leben oder Tod geht, stellte fest, dass imperativische Forderungen – um möglichen Gesundheitsschäden vorzubeugen – nur relativ selten nötig sind (vielleicht in zehn Prozent der Fälle).

Denken Sie kurz darüber nach, wie Sie Forderungen erleben. Gefällt es Ihnen, wenn Ihnen jemand sagt, was Sie tun sollen, besonders wenn er es auf eine energische Art, in einem eindringlichen Ton oder unter Androhung von Konsequenzen tut? Wenn Sie eine Forderung hören, die mit einer Meinung verknüpft ist, sind Sie dann eher mehr oder weniger offen dafür? Da wir Autonomie und Entscheidungsfreiheit schätzen, neigen wir dazu, auf Forderungen (jeder Art) ablehnend, trotzig und – besonders, wenn wir sie immer wieder hören – rebellisch zu reagieren.

Das beobachte ich regelmäßig im Berufsleben, in Familien und bei Paaren. Oft kann der wahrgenommene Mangel an Entscheidungsfreiheit zu dem führen, was ich als passiven Widerstand und mangelnde Kommunikationsbereitschaft bezeichnen würde. In einem beruflichen Umfeld kann das zum Beispiel bedeuten, dass eine Person eine Aufgabe nicht zu Ende führt oder kommentarlos jemand anderem überlässt. Eine Mitarbeiterin sagt etwas, tut aber vielleicht etwas ganz anders, wechselt die Abteilung oder kündigt. Bei Paaren oder in Familien kann das zu dem führen, was ich „Schutzmauern" nenne. Kleine Kinder bekommen Wutanfälle, Teenager tun das Gegenteil von dem, was ihre Eltern von ihnen wollen (selbst wenn dieses Verhalten gefährlich ist). Und Paare reagieren mit Äußerungen wie: „Mir reicht's jetzt! Ich höre dir nicht mehr zu!" Eine Forderung zu stellen erscheint zunächst vielleicht als effektive Strategie, um Bedürfnisse zu befriedigen, doch am Ende werden niemandes Bedürfnisse erfüllt, wenn Forderungen im Spiel sind. Wenn wir bewusst an der Absicht festhalten, zusammenzuarbeiten und die Bedürfnisse aller Beteiligten zu berücksichtigen, hat das erstaunliche Auswirkungen auf die Qualität und das Ergebnis von Entscheidungen, die wir treffen.

Letztlich erweisen Forderungen sich oft als Bumerang, weil sie das Gegenteil dessen bewirken, was wir erreichen wollen (sofort und / oder auf lange Sicht). Wenn jemand eine Bitte oder Handlung von uns als Forderung versteht – wenn er weiß oder meint, dass ihm eine Strafe droht (so milde diese auch sein mag), wenn er nicht tut, was wir wollen –, besteht eine größere Wahrscheinlichkeit, dass er unsere Bitte ablehnt oder nur widerwillig erfüllt. Wollen wir wirklich, dass die Menschen in unserem Leben Dinge tun, zu denen sie nicht von sich aus bereit sind? Wenn sie unserer Forderung nachkommen, sind wir im ersten Augenblick vielleicht zufrieden, doch langfristig bleiben dadurch wahrscheinlich Bedürfnisse unerfüllt, auch unsere eigenen.

Als GFK-Trainerin stelle ich in diesem Zusammenhang oft zwei Fragen, die helfen, „einladende" und wirklich verbindende Bitten zu formulieren: *Was wollen wir jemanden tun sehen? Und warum wollen wir, dass er das tut?* Wenn wir diese beiden Fragen nicht klären, ist das Endergebnis oft unbefriedigend. Stellen Sie sich zum Beispiel vor, Sie sind eine Mutter oder ein Vater und wollen, dass Ihr Kind seine Hausaufgaben macht. Wollen Sie, dass es seine Hausausgaben erledigt, um sein Taschengeld zu bekommen oder um mit Freunden losziehen zu können? Oder möchten Sie, dass es sie macht, weil es etwas lernen will? Oder nehmen wir ein ganz ähnliches Beispiel aus dem Arbeitsleben: Wollen Sie, dass jemand eine Arbeit macht, weil er denkt, dass er das „muss", oder weil er sieht, dass seine Arbeit sinnvoll ist und zum Wohl des Unternehmens beiträgt?

5.3 Ein Rezept für Bitten

Zum Thema Bitten schrieb Marshall Rosenberg die folgende Anleitung – die Sie vielleicht irgendwo in Ihrem Zuhause oder an Ihrem Arbeitsplatz aufhängen möchten. Sie ist sehr nützlich und erinnert an die Prinzipien, mit denen wir uns beschäftigen:

Bitte erfülle meine Bitte nicht:
    aus Schuldgefühlen, Scham, Furcht oder Verpflichtung;
    weil du meinst, dass du es „solltest";
    um meine Zuneigung zu gewinnen oder von mir akzeptiert zu werden;
    weil du Angst davor hast, wie ich reagiere, wenn du es nicht tust.

Bitte erfülle meine Bitte nur:
    wenn du es von Herzen tust … mit Freude;
    aus dem Bedürfnis, einen Beitrag zu leisten;
    oder wenn es einem deiner anderen Bedürfnisse oder Werte entspricht.

Von diesem Konzept inspiriert, entwarf Conal Elliott eine kurze Formel für Bitten, die den Charakter einer Einladung oder Anfrage haben und echte Offenheit zum Ausdruck bringen. Wenn Sie das nächste Mal eine Bitte äußern möchten, überlegen Sie sich, ob Sie sich vorstellen können, den folgenden Satz zu sagen:

Es würde mein Bedürfnis nach … (Bedürfnis einfügen) wirklich befriedigen, wenn du bereit wärst … (Bitte einfügen). Und ich bin völlig offen dafür, mein Bedürfnis auf eine andere Art zu befriedigen, falls dir das nicht zusagt.

Selbst ohne diesen Satz auszusprechen können Sie, bevor Sie eine Bitte äußern, mit dieser Formel überprüfen, ob es sich um eine echte Bitte handelt und ob Sie wirklich offen dafür sind, ein Nein zu hören.

ÜBUNG

Übung 1: Frei von Forderungen leben

A. Denken Sie an eine Situation, in der Sie eine Forderung stellten. Was kam dabei heraus? Wie beeinflusste die Forderung die Qualität Ihrer Verbindung mit der anderen Person und/oder das Ergebnis?

B. Denken Sie nun an eine Situation, in der Sie eine Forderung hörten. Wie beeinflusste das Ihre Bereitschaft, zu handeln?

C. Denken Sie an eine von Ihnen gestellte Forderung, die „sollen" oder „müssen" enthielt. Übersetzen Sie dieses „Sollen" oder „Müssen" in Beobachtungen, Gefühle und Bedürfnisse und formulieren Sie dann eine Bitte, die die Worte „Wärst du bereit …?" enthält. Wenn es beispielsweise ums Rauchen geht, könnte Ihre Äußerung so lauten: „Wenn ich sehe, wie viel du rauchst, mache ich mir wirklich Sorgen um deine Gesundheit – du bist mir wichtig. Wärst du vielleicht bereit, mit mir darüber zu reden?"

D. Denken Sie an etwas, das Sie gerne sehen würden, zum Beispiel, dass ein Kind aus Ihrer Familie sich einem Geschwister gegenüber anders verhält, oder dass jemand aus Ihrem Kollegenkreis eine Arbeit anders angeht. Stellen Sie sich die beiden Fragen, die das Formulieren „einladender" Bitten erleichtern: *Was will ich die Person tun sehen? Und warum will ich, dass sie das tut?* Beim Beantworten der zweiten Frage möchten Sie vielleicht die Liste der Bedürfnisse (auf Seite 323) zu Hilfe nehmen und sich auf die Bedürfnisse konzentrieren, die für Sie erfüllt würden.

E. Lesen Sie noch einmal Marshall Rosenbergs Anleitung für Bitten. Stellen Sie sich vor, jede Handlung in Ihrem Zuhause, an Ihrem Arbeitsplatz und in Ihrer Gemeinde oder Glaubensgemeinschaft würde in diesem Geist vollzogen. Welche Auswirkungen hätte das auf die Arbeitsqualität, die zwischenmenschlichen Beziehungen, das Vertrauen und die Zusammenarbeit in diesen Bereichen Ihres Lebens?

F. Bei manchen Forderungen können Sie hinter der Eindringlichkeit, mit der sie geäußert werden, Fürsorge spüren – wie in dem Beispiel, in dem es ums Rauchen ging. In einem solchen Fall ist die Forderung in Wirklichkeit ein Hilferuf, ein Schrei nach Aufmerksamkeit und Veränderung. Denken Sie an eine solche Forderung, die Sie von einem Menschen, der in Ihrem Leben eine Rolle spielt, gehört haben. Welche Gefühle und Bedürfnisse stehen hinter dieser Forderung?

G. Nehmen Sie sich kurz Zeit und stellen Sie sich vor, Sie hören in jemandes Stimme ein eindringliches „Müssen" oder „Sollen". Was empfinden Sie, wenn Sie das hören, auch körperlich? Nehmen Sie sich dann erneut einen Augenblick Zeit und stellen Sie sich vor, Sie hören eine Bitte von jemandem, der Ihnen zuerst seine Gefühle und Bedürfnisse mitteilte und Sie dann fragte: „Wärst du bereit ...?" Was empfinden Sie jetzt, auch körperlich?

5.4 Sich durch Bitten verbinden

Wenn wir vom Geist echter Bitten, vom Geist der Offenheit und des Miteinanders, inspiriert sind, können wir uns auf das Hauptziel konzentrieren: Verbundenheit. Um das zu erreichen, beginnen wir meistens mit einer sogenannten Verbindungsbitte. Mit einer Verbindungsbitte fragen wir die andere Person nach einem bestimmten Aspekt ihrer gegenwärtigen Erfahrung: was sie denkt, fühlt, braucht oder versteht. Diese Informationen bringen Diskussionen voran und schaffen Klarheit über die nächsten Schritte, zu denen auch Handlungsschritte gehören. Verbindungsbitten sind besonders bei Konflikten nützlich oder wenn bei den Beteiligten starke Gefühle ausgelöst wurden.

Es gibt zwei Grundtypen von Verbindungsbitten. Bei der ersten, der Verständnisbitte, wird der Inhalt einer Äußerung der anderen Person in zusammengefasster Form wiederholt, auch Spiegeln genannt. Wir können uns so vergewissern, ob wir uns klar und verständlich ausgedrückt haben oder ob wir klar gehört haben, was die andere Person gesagt hat. Bei der anderen Art von Verbindungsbitte, der Beziehungsbitte, geht es um die Gefühle oder die Reaktion der anderen Person: um das, was in ihr vorgeht, wenn sie hört, was in uns gerade „lebendig" ist. Wir werden die verschiedenen Typen von Verbindungsbitten der Reihe nach näher erläutern.

Verständnisbitten

Manchmal, besonders wenn eine Situation emotionsgeladen ist oder wenn wir uns nicht sicher sind, ob wir jemanden klar gehört haben, kann es hilfreich sein, seine Gedanken oder Urteile zu spiegeln, bevor wir ihm empathisch zuhören. So vermeiden wir Missverständnisse – eine der häufigsten Formen von Fehlkommunikation. Wenn wir jemanden missverstehen oder nicht klar hören, kann das leicht zu trennenden Konflikten führen. Was können Sie tun, wenn jemand eine Äußerung von Ihnen ganz anders spiegelt, als sie gemeint war? Nehmen wir zum Beispiel das folgende Gespräch zwischen Jill und ihrem Ehemann Ryan:

> *Jill*: Als du gestern Abend die meiste Zeit mit dieser Frau geredet und nicht mehr als zehn Minuten mit mir verbracht hast, war ich ziemlich aufgebracht. Ich wollte mit dir zusammen Spaß haben. Ich wollte weder die Party verlassen noch eine Szene machen. Aber ich habe mich nicht amüsiert. Ich war verletzt. Deshalb beschloss ich, nach Hause zu laufen, und ging. Im Moment bin ich nervös – unsere Beziehung ist mir sehr wichtig, und ich möchte wirklich sichergehen, dass ich mich klar ausdrücke. Könntest du mir bitte sagen, was du mich gerade sagen gehört hast?
>
> *Ryan*: Na ja, du hast gesagt, dass ich dich dazu gebracht habe zu gehen, oder?

Ryan erfüllte Jills Bitte. Er sagte ihr, was er gehört hat, und dafür ist sie dankbar. Nun ist klar, dass zwischen dem, was sie ihm mitteilen wollte, und dem, was er hörte, eine Diskrepanz besteht. Und sie kann dieses Missverständnis klären, ohne ihm vorzuwerfen, dass er sie „falsch verstanden hat", oder sich selbst vorzuwerfen, dass sie sich „unklar ausgedrückt hat". Sie hat auch die Möglichkeit, nochmals zu erklären, was sie meinte, und ihn dann nochmals zu bitten, ihr zu sagen, was er hörte, um zu sehen, ob das Gesagte und das Gehörte nun übereinstimmen. Das Gespräch könnte zum Beispiel so weitergehen:

> *Jill*: Danke, dass du mir gesagt hast, was du gehört hast. Ich möchte klarstellen, dass es meine Entscheidung war zu gehen. Und ich will wirklich, dass du verstehst, was in mir vorging und warum ich diese Entscheidung getroffen habe.

Statt zu sagen „Ach, du hörst einfach nicht zu" oder „Aber das habe ich gar nicht gesagt", kann Jill Ryan einfach mitteilen, dass das, was er spiegelte, nicht dem entspricht, was sie zum Ausdruck bringen wollte.

Beim Spiegeln ist es hilfreich, Ich-Aussagen zu benutzen und für das, was Sie hören, die Verantwortung zu übernehmen. Schließlich können Sie sich nicht sicher sein, ob Sie wirklich das gehört haben, was jemand ausdrücken wollte, solange Sie es nicht von ihm bestätigt bekommen. Statt mit „Du hast gesagt …" zu beginnen, können Sie sagen „Was ich höre, ist …" oder „Was ich dich sagen hörte …" und dann den Inhalt der Äußerung spiegeln. Dabei fassen Sie kurz zusammen, was Sie die andere Person sagen hörten (damit das Gespräch weitergehen kann). Es kann auch hilfreich sein, Ihrer Verständnisbitte hinzuzufügen, was Sie empfinden und brauchen, wenn Sie der anderen Person anbieten, eine Äußerung von ihr zu spiegeln, oder wenn Sie die andere Person bitten, eine Äußerung von Ihnen zu spiegeln: „Ich bin nervös, weil meine Erklärung ziemlich lang war, und ich sicher sein möchte, dass ich mich klar ausgedrückt habe. Könntest du mir sagen, was du mich hast sagen hören?"

Verständnisbitten können unsere Gespräche auf viele Arten unterstützen. Nachfolgend werden einige davon aufgezählt und mit Beispielen veranschaulicht (In jedem *Beispiel 1* wird um die Spiegelung einer eigenen Äußerung gebeten. Und in jedem *Beispiel 2* wird einer anderen Person angeboten, eine ihrer Äußerungen zu spiegeln):

Verschiedene Anwendungsbereiche von Verständnisbitten

Klarheit – Wir wollen klären, was andere uns sagen hörten oder was wir selbst hörten.

Beispiel 1: „Mir wird gerade bewusst, dass ich ziemlich lange geredet habe, und ich bin mir nicht sicher, ob ich mich klar ausgedrückt habe. Könntest du mir sagen, was du mich hast sagen hören?"

Beispiel 2: „Ich fühle mich ein wenig überwältigt von dem, was ich gerade gehört habe. Kann ich dir sagen, was ich bisher gehört habe, um sicherzugehen, dass ich es verstanden habe?"

Genauigkeit – Wir wollen klären, was zuvor gesagt wurde.

Beispiel 1: „Ich höre von dir eine Antwort auf etwas anderes als das, was ich meiner Erinnerung nach gesagt habe. Könnten wir vielleicht kurz innehalten und klären, was du mich vorhin hast sagen hören?"

Beispiel 2: „Weißt du, ich höre dich jetzt etwas sagen, das anders klingt als das, was ich vorhin hörte. Könnten wir das klären, damit ich es verstehe?"

Entschleunigen / gehört werden – Wir wollen mehr Ruhe in das Gespräch bringen / Verbundenheit fördern.

Beispiel 1: „Wärst du bereit, mir zu sagen, was du mich bisher hast sagen hören? Mir ist bewusst, dass ich dir eine Menge erzähle, und ich würde gerne wissen, was ich rüberbringe ... und wie es gehört wird."

Beispiel 2: „Ich merke, dass wir ziemlich schnell reden, und bin besorgt, denn ich will wirklich, dass wir einander hören und verbunden bleiben. Könnten wir vielleicht einfach mal Luft holen? Und kann ich dir danach sagen, was ich bisher gehört habe?"

Neues Wissen verarbeiten (auch durch Empathie gewonnene Erkenntnisse)

Beispiel 1: „Wow! Das ist ziemlich schwierig für mich. Ich will sichergehen, dass ich es wirklich begreife. Könntest du mir sagen, was du mich hast sagen hören, um mir zu helfen, es zu verdauen?"

Beispiel 2: „Ich halte diesen Beitrag für sehr wichtig. Deshalb möchte ich zum besseren Verständnis seinen Inhalt kurz wiederholen ..."

Oft wird das Spiegeln mit anderen GFK-Techniken wie Selbst-Empathie, Unterbrechen und Luftholen kombiniert, die ebenfalls mehr Ruhe in Gespräche bringen können und Verbundenheit fördern. Die Technik, die wir hier Spiegeln nennen, können Sie auch mit anderen Worten beschreiben, je nachdem, mit wem Sie reden. Am Arbeitsplatz könnte ich zum Beispiel sagen: „Könnten Sie das für mich zusammenfassen?" Oder wenn ich mich umgangssprachlich ausdrücken will (zum Beispiel wenn ich mit Jugendlichen rede), könnte ich sagen: „Kann jemand mir sagen, wie das, was ich gerade gesagt habe, rüberkam?" Egal, wie Sie das Spiegeln umschreiben, es kann helfen, Klarheit, Verbundenheit und Verständnis zu schaffen.

ÜBUNG

Übung 2: Reflexionen über das Spiegeln

A. Denken Sie an ein Gespräch zurück, in dem es zu einem Missverständnis oder einem trennenden Konflikt kam. Inwiefern hätte es hilfreich sein können, die Äußerungen einer Partei oder beider Parteien zu spiegeln, um Klarheit und gegenseitiges Verständnis zu fördern und / oder mehr Ruhe in das Gespräch zu bringen?

B. Denken Sie an ein Gespräch, das Sie heute geführt haben. Schreiben Sie drei Verständnisbitten auf, die Sie in diesem Gespräch hätten äußern können sowie die Gefühle und Bedürfnisse, die Sie zu diesen Bitten veranlasst hätten.

C. Wir können sowohl um eine Spiegelung bitten als auch eine anbieten. Nehmen Sie die drei Verständnisbitten, die Sie gerade aufgeschrieben haben, und ändern Sie die Richtung: Wenn Sie um eine Spiegelung gebeten haben, formulieren Sie die Verständnisbitte so um, dass Sie eine Spiegelung anbieten. Zum Beispiel so:
Originalbitte: „Wärst du bereit, mir zu sagen, was du mich gerade hast sagen hören? Ich fürchte, dass ich alles verkompliziert habe, und weiß nicht, ob es nun klar ist."
Umgekehrte Version: „Ich bin mir nach den vielen Einzelheiten, die ich gehört habe, nicht sicher, ob mir alles klar ist, was du gesagt hast. Kann ich es kurz wiederholen, um sicherzugehen, dass ich dich verstehe?"

Beziehungsbitten

Verständnisbitten sind nur eine Möglichkeit, gegenseitiges Verständnis und Verbundenheit zu fördern. Wir können uns auch erkundigen, was eine andere Person empfindet: ob sie sich gehört fühlt und bereit ist, unsere Ansichten zu hören oder zu einem anderen Thema überzugehen – um nur einige Beispiele zu nennen. Durch Verbindungsbitten dieser Art wollen wir erfahren, was in der anderen Person vorgeht. Die klassische Art, das herauszufinden, ist, sie einfach zu fragen: „Was empfindest du, wenn du mich das sagen hörst?" Nachfolgend werden noch ein paar Gründe genannt, Beziehungsbitten zu äußern, mit Beispielen, wie Sie diese formulieren können:

Verschiedene Anwendungsbereiche von Beziehungsbitten

A. *Mehr Informationen anbieten*: Bist du offen dafür, eine Idee zu hören? Kann ich dir etwas mehr darüber erzählen?

B. *Zum Abschluss kommen*: Hast du alles gesagt, was du sagen wolltest? Möchtest du noch irgendetwas hinzufügen?

C. *Um Meinungsäußerungen bitten*: Ich frage mich, was du darüber denkst. Würdest du mir deine Gedanken mitteilen?

D. *Auf den Punkt kommen*: Bist du gegen diesen Plan? Ist dir nicht wohl dabei? Könntest du dir vorstellen, das zu tun?

E. *Um ein Feedback bitten*: Wie klingt das für dich? Wie kommt das bei dir an? Was geht in dir vor, wenn du das hörst? Bist du mit diesem Plan einverstanden?

Verbindungsbitten jeder Form spielen eine entscheidende Rolle in der GFK, in der es darum geht, Miteinander und Win-win-Lösungen zu fördern. Durch Verbindungsbitten wird uns klar, wie andere Menschen unsere Erfahrungen und Ansichten hören. Und es wird uns auch bewusst, welche Gefühle und Bedürfnisse andere haben und wie sie die Dinge sehen. Aus diesem gegenseitigen Verständnis heraus können wir gemeinsam Strategien prüfen, um diejenigen zu ermitteln, die beide Parteien zufriedenstellen. Dabei äußern beide Parteien immer wieder Bitten, bis sie solche hören, auf die sie bereitwillig mit „Ja!" antworten können. Selbst wenn wir die besten Absichten haben, scheitern Gespräche oft, weil eine Person sich vorschnell auf eine Strategie konzentriert. Oder eine Person gibt ihre Zustimmung zu etwas, mit dem sie eigentlich nicht ganz einig ist, was Auswirkungen auf die Weiterentwicklung der Beziehung und die Umsetzung der Strategie hat. Wenn beide Parteien Verbindungsbitten äußern, haben sie die besten Chancen, gemeinsam vorwärtszukommen und eine einvernehmliche Lösung zu finden.

ÜBUNG

Übung 3: Sich durch Verbindungsbitten verbinden

A. Denken Sie an eine Situation, mit der Sie unzufrieden sind. Schreiben Sie eine Beobachtung sowie Ihre Gefühle und Bedürfnisse auf. Formulieren Sie dann drei mögliche Verbindungsbitten, die Sie äußern könnten, nachdem Sie eine Beobachtung, ein Gefühl und ein Bedürfnis mitgeteilt haben.

B. Denken Sie an einen Konflikt oder an ein Gespräch, das nicht so lief, wie Sie es sich gewünscht hätten. Würden Sie im Rückblick sagen, dass eine oder alle beteiligten Partei/en vorschnell zu einer Strategie überging/en? Inwiefern hätte eine Verbindungsbitte zu einem besseren Ergebnis beitragen können?

Der Sinn und Zweck von Verbindungsbitten ist, das Vertrauen und das Verständnis zwischen den Parteien zu vergrößern und den Dialog offen zu halten, bis eine Lösung gefunden wird, die beide zufriedenstellt. Wenn Sie sich der Qualität der Verbindung sicher sind, möchten Sie vielleicht lieber direkt zu einer Strategie kommen und eine Lösungs- oder Handlungsbitte äußern, zum Beispiel: „Wärst du bereit, heute dieses Buch für mich in die Bücherei zurückzubringen?" Wenn die vorgeschlagene Lösung nicht beide Parteien völlig zufriedenstellt, ist es Zeit, zu Verbindungsbitten zurück-zukehren, also die andere Person um Spiegelung zu bitten oder nachzufragen, was in ihr vorgeht, um sicherzustellen, dass jede Partei die andere hört und jeweils deren Bedürfnisse berücksichtigen kann.

5.5 Effektive Bitten äußern

Sobald zwischen den Parteien Vertrauen herrscht und jede die Gefühle und Bedürf-nisse der anderen versteht, ist es völlig natürlich, zu Strategien oder Handlungsbitten überzugehen. An diesem Punkt *nicht* mit Handlungsschritten fortzufahren kann fru-strierend sein und trennend wirken. Marshall Rosenberg sagte einmal, dass eine Form von Hölle entsteht, wenn wir unsere Bedürfnisse mitteilen, ohne eine Bitte zu äußern, weil wir alle das tiefe Verlangen haben, zum Leben und zum Wohl anderer Menschen beizutragen. Wenn jemand uns seine Bedürfnisse mitteilt – besonders wenn er mit unerfüllten Bedürfnissen verbundene Gefühle ausdrückt –, können wir uns schnell überwältigt fühlen und seine Mitteilung am Ende als ein Urteil oder eine Forderung hören oder als unvollständig und halbherzig empfinden, wenn sie keine Bitte enthält.

Lassen Sie mich das an einem Beispiel veranschaulichen. Ich arbeitete einmal mit einem Ehepaar, das zu mir gekommen war, um seine Beziehung zu verbessern. Der Mann wiederholte mehrmals, dass er Zuwendung wollte: „Zuwendung! Zuwendung! Ist das zu viel verlangt? Ich will nur Zuwendung!" Ich konnte nur ahnen, wie oft seine Frau das schon gehört hatte. Er hatte schon ein wenig über GFK gelernt und kannte den Teil des Modells, in dem es um Bedürfnisse geht. Doch er hatte weder eine Beob-achtung noch eine Bitte geäußert. Da er über das Äußern dieses Bedürfnisses nicht hinauskam, wurde es weder vollständig gehört noch befriedigt.

Als ich ihn fragte: „Wie würde das *aussehen*?", kamen wir schnell auf eine Bitte. Er war es leid, seiner Frau etwas zu erzählen, weil sie ihn immer wieder unterbrach, um etwas von sich zu erzählen. Er betrachtete diese Unterbrechungen als einen Beweis für ihr Desinteresse. Seine Bitte war einfach: Wenn er das nächste Mal eine Geschichte erzählte, wollte er, dass sie ihn ausreden ließ, bevor sie ihm etwas erzählte, was sie an diesem Tag erlebt hatte. Das allein konnte sein Bedürfnis nach Zuwendung in der

Beziehung vielleicht nicht völlig befriedigen, doch es war erstaunlich befreiend und hilfreich, besonders in Anbetracht dessen, wie oft er dieses Bedürfnis schon geäußert hatte, ohne seiner Frau einen klaren Weg aufzuzeigen, wie sie dazu beitragen konnte, es zu befriedigen.

5.6 Effektive Bitten sind klar, positiv, erfüllbar und gegenwartsbezogen

Es ist wichtig, dass Handlungsbitten *klar, positiv, erfüllbar und gegenwartsbezogen* sind. Wenn sie diese Eigenschaften besitzen, sind sie leichter zu hören und auch leichter zu erfüllen. Wir werden diese Eigenschaften der Reihe nach betrachten.

Konkretheit fördert Klarheit

Klarheit, die erste Eigenschaft, bedeutet: Unterschiedliche Leute, die dieselbe Bitte hören, verstehen gleichermaßen, was die Person, die die Bitte äußert, sich wünscht, dass es geschieht. Wenn eine Bitte vage oder allgemein statt klar oder konkret ist, ist nicht immer ganz sicher, ob sie erfüllt wurde oder nicht. Angenommen, eine Mutter sagt zu ihrem Sohn: „Ich will, dass du höflich zu deinen Großeltern bist, wenn wir sie besuchen." Was heißt das? Der Sohn denkt vielleicht, dass er höflich ist, während die Mutter das nicht findet. Wie soll der Sohn wissen, was genau seine Mutter mit „höflich sein" meint? Wie würde das aussehen? Möchte die Mutter, dass ihr Sohn seiner Oma in der Küche beim Einräumen der Geschirrspülmaschine hilft? Möchte sie, dass er um Erlaubnis fragt, bevor er vom Esstisch aufsteht? Will sie, dass er schweigt, wenn seine Großeltern reden, und „Entschuldigung" sagt, bevor er spricht? Eine klare und konkrete Bitte hilft Ihnen, unmissverständlich zu vermitteln, was Sie wollen. Und sie hilft der anderen Person, Ihre Bitte zu erfüllen.

Wenn eine Bitte vage oder missverständlich ist, kann schon der Versuch, sie zu erfüllen, unmöglich erscheinen. Sagen wir zum Beispiel, Juanita ist sauer auf Mark, weil er zu ihren Verabredungen später erscheint, als sie akzeptabel findet. Deshalb fragt sie ihn: „Kannst du bitte rechtzeitig kommen?" Was versteht sie unter „rechtzeitig"? Stimmt ihre Definition mit seiner überein? Wie bereits erläutert, werden Wörter wie „spät" und „rechtzeitig" von Kultur zu Kultur und von Mensch zu Mensch ganz unterschiedlich definiert. Um ihre Bitte klar und konkret zu machen, hätte Juanita sie so formulieren können: „Kannst du zu unserer nächsten Verabredung höchstens zehn Minuten nach der Zeit kommen, die wir vereinbart haben?" Oder sie hätte sagen können: „Es stört mich wirklich, dass du zu unseren Verabredungen oft zehn bis fünfzehn Minuten nach der Zeit erscheinst, die wir ausgemacht haben. Wärst du bereit, darüber zu reden?"

Betrachten wir ein anderes Beispiel. Teds Vater ist aufgebracht, weil Ted seine Kreditkarten bis zum Limit ausgeschöpft hat und für die Lehrbücher, die er im Sommersemester braucht, nun kein Geld mehr hat. Er sagt zu Ted: „Ich will, dass du *verantwortungsbewusst* bist." Was bedeutet das? Könnte es zwischen Sohn und Vater Meinungsverschiedenheiten darüber geben, ob Ted diese Bitte erfüllt hat? Würde der Vater stattdessen eine konkrete Bitte äußern, die kein Urteil enthält, wäre der Sohn viel eher bereit und fähig, die Wünsche seines Vaters zu erfüllen.

Ähnliche „Nichtbitten" hörte ich auch schon in Arbeitssituationen. Während ich für eine größere Organisation arbeitete, hörte ich einen Abteilungsleiter in einer Besprechung zu einem Angestellten sagen: „Ich möchte, dass Sie *mehr Teamgeist zeigen.*" Der Angestellte war verwirrt, besonders weil er dachte, dass er eigentlich schon ein „Teamplayer" war. Er fragte seinen Chef: „Was verstehen Sie unter Teamgeist?" Der Abteilungsleiter erwiderte: „Sie wissen doch, was Teamgeist ist!" Hier hätte eine klare Beobachtung (über das Geschehen, das ihn zu dieser vagen Bitte veranlasste) für mehr Klarheit gesorgt oder auch eine klare Bitte, da der Abteilungsleiter eine Verhaltensänderung wünschte. Er hätte zum Beispiel sagen können: „Wenn Sie das nächste Mal an einem Projekt arbeiten, würde ich es sehr begrüßen, wenn Sie Ihre Pläne mit zwei Kollegen, die davon betroffen sind, absprechen würden."

Um Bitten zu konkretisieren, ist es hilfreich, darin dieselben fünf Angaben zu machen wie in Beobachtungen, also *Person, Ort, Handlung, Zeit und Gegenstand* zu nennen. Kommen wir nochmals auf das Beispiel mit Ted zurück. Als sein Vater sagt „Ich will, dass du *verantwortungsbewusst* bist", nennt er zwar eine Person (du = Ted), aber keine Handlung („sein" drückt keine Handlung aus) und auch keine Zeit, keinen Ort und keinen Gegenstand. Eine Bitte, die klar und konkret ist und alle fünf Angaben enthält, könnte zum Beispiel sein, dass Ted vor dem Beginn des nächsten Semesters einen Haushaltsplan aufstellt oder dass er sich bereiterklärt, während des nächsten Semesters mit einem Teilzeit-Job das Geld für die benötigten Lehrbücher zu verdienen. Die Bitte könnte auch einfach lauten, dass Ted sich in der nächsten Woche die Zeit nimmt, sich die Sorgen seines Vaters anzuhören und über ein paar Strategien nachzudenken, die beide zufriedenstellen könnten. Jede dieser Bitten enthält die fünf Angaben.

Positiv denken

Eine Bitte ist positiv, wenn wir um etwas bitten, das wir *wollen*, statt um etwas, das wir *nicht wollen*. Warum ist das wichtig? Positive Bitten sind sehr viel klarer. Angenommen, ich bitte Sie, uns ein Eis zu holen, und sage Ihnen, dass ich kein Vanilleeis will. Dann könnte es gut sein, dass Sie mit einer Eissorte zurückkommen, die ich auch nicht mag, weil es wahrscheinlich noch viele andere Geschmacksrichtungen gibt. Wenn ich Sie dagegen bitte, mir ein Schokoladen-, Walnuss- oder Pfefferminzeis zu bringen, haben Sie eine klare Vorstellung, was ich will. Deshalb fällt es Ihnen leicht, meine Bitte zu erfüllen, es sei denn, keine der drei Sorten ist erhältlich.

Nehmen wir ein komplizierteres Beispiel. Sagen wir, Sie wollen etwas Ordnung in Ihrer Wohnung, weil Sie befürchten, über herumliegende Sachen zu stolpern. Sie bitten Ihre Mitbewohnerin, ihre Klamotten vom Boden aufzulesen. Wenn Sie sie bitten, ihre Klamotten nicht auf dem Boden liegen zu lassen, könnte es gut sein, dass sie nächste Woche ihre Bücher auf dem Boden liegen lässt. Ihre Bedürfnisse würden höchstwahrscheinlich eher erfüllt, wenn Sie sie einfach bitten würden, den Boden von Gegenständen frei zu halten, damit Sie sich vor Stolperfallen sicher fühlen können.

Wenn wir unsere Bitten positiv formulieren, machen wir sie nicht nur klarer und konkreter, sondern konzentrieren uns gleichzeitig auf das, was wir wollen. Deshalb hilft es uns auch, uns darüber klar zu werden, was wir wirklich wollen. Vielleicht erfordert es etwas mehr Mühe und Fantasie, als wenn wir uns einfach auf das konzentrieren, was wir *nicht* wollen. Doch es vervielfacht unsere Chancen, das, was wir uns im Leben wirklich wünschen, zu erfahren und zu erhalten.

ÜBUNG

Übung 4, Teil 1: Bitten glasklar machen

Um zu lernen, klare Bitte zu erkennen und zu formulieren, versehen Sie jede der nachfolgenden Äußerungen, in denen Ihrer Meinung nach um eine positive konkrete Handlung gebeten wird, mit einem Häkchen. Machen Sie dann aus jeder Äußerung, die Sie nicht markiert haben, eine klare und konkrete Bitte.

A. „Ich will, dass du mir Aufmerksamkeit schenkst."

B. „Ich hätte gern, dass du mir sagst, was für dich der Höhepunkt dieses Tages war."

C. „Ich möchte, dass Sie selbstsicherer sind, wenn Sie reden."

D. „Ich will, dass du mir erklärst, warum du Drogen nimmst."

Meine Antworten zu dieser Übung:

A. Diese Äußerung ist meiner Meinung nach unkonkret und unklar. Die Person hätte stattdessen beispielsweise sagen können: „Wärst du bereit, mir in die Augen zu sehen, wenn ich rede, und dann zusammenzufassen, was du mich hast sagen hören?"

B. Wenn Sie diese Äußerung mit einem Häkchen versehen haben, sind wir uns einig, dass sie klar ausdrückt, worum die Person bittet. Auch wenn sie selbst vielleicht etwas anderes für den Höhepunkt des Tages hält als die andere Person, bittet sie diese ausdrücklich, ihr zu beschreiben, was sie als den Höhepunkt empfand.

C. Diese Bitte ist unklar, weil sie keine konkrete Handlung benennt. Die Person hätte stattdessen sagen können: „Ich möchte Ihnen vorschlagen, ein Rhetorikseminar zu belegen, denn das würde Ihnen, glaube ich, zu mehr Selbstsicherheit verhelfen."

D. Ich bin mir nicht sicher, ob die Person, an die diese Bitte sich richtet, wissen würde, wann sie hinreichend erklärt hat, warum sie Drogen nimmt. Eine konkretere Bitte wäre: „Ich möchte, dass du mir zwei Dinge nennst, die dich an Drogen reizen."

ÜBUNG

Übung 4, Teil 2: Bitten glasklar machen

Übersetzen Sie jede negative Äußerung in eine positive erfüllbare Bitte.

Beispiel:
„Hör auf, Krach zu machen!"
Bitte: „Wärst du bereit, das Radio auf die Hälfte der jetzigen Lautstärke herunterzustellen und die Tür zuzumachen?"

Nun können Sie es versuchen:

A. „Kannst du das Rauchen nicht aufgeben?"

   Bitte: _____

B. „Ich will nicht, dass du noch mehr Teller zerbrichst. Die sind teuer!"

   Bitte: _____

C. „Würdest du bitte aufhören, diesen Baum hinaufzuklettern, Jimmy? Er ist zu klein – du wirst einen Ast abbrechen!"

   Bitte: _____

> **ÜBUNG**
>
> **Übung 4, Teil 3: Bitten glasklar machen**
>
> A. Denken Sie an ein paar Bitten, die Sie zu Hause oder bei der Arbeit oft äußern. Sind sie klar/konkret und positiv? Wenn nicht, formulieren Sie sie entsprechend um, entweder schriftlich oder nur im Kopf. Wie könnte sich das Ihrer Meinung nach auf das Ergebnis auswirken?
>
> B. Denken Sie an eine negativ formulierte Bitte, die Sie in der letzten Zeit geäußert haben. Was geschah daraufhin? Inwiefern hätte eine positive Bitte vielleicht zu einem anderen Ergebnis führen können?

Erfüllbarkeit: Weil wir eine wirkliche Veränderung wollen

Oft bitten wir andere, implizit oder explizit, etwas bis in alle Ewigkeit zu tun (oder nicht zu tun). „Ich will das nie wieder von dir hören!", „Wirst du von jetzt an den Müll rausbringen?", „Ich will wissen, ob du mich immer lieben wirst." Das macht unsere Bitten praktisch unerfüllbar, weil kein Mensch ernsthaft versprechen kann, etwas immer oder nie zu tun. Wenn wir unter Angabe von Person, Ort, Handlung, Zeit und Gegenstand klare, positive, erfüllbare und gegenwartsbezogene Bitten formulieren, dann ist es das Element Zeit, das sie erfüllbar macht – also eine Zeitangabe wie „diese Woche", „diesen Monat", „dieses Jahr" oder auch „das nächste Mal".

Kommen wir noch einmal auf das Beispiel zurück, in dem es um „Rechtzeitigkeit" ging. Sagen wir, Juanitas Bitte hätte gelautet: „Ich will, dass du in Zukunft rechtzeitig kommst." Abgesehen davon, dass Mark „rechtzeitig" vielleicht anders definieren würde als Juanita, wie soll er „in Zukunft rechtzeitig" verstehen? Bedeutet das, sein ganzes Leben lang und in jeder Situation? Vielleicht hätte Juanita das gern, aber es ist unwahrscheinlich, dass Mark so eine Bitte erfüllen kann. Selbst wenn er die feste Absicht hat, kann es ab und zu vorkommen, dass er nach der vereinbarten Zeit eintrifft, weil er zum Beispiel im Verkehr stecken bleibt oder bei der Arbeit aufgehalten wird. Wenn ein unrealistisches Ziel gesetzt wird, führt das mit großer Wahrscheinlichkeit zu Frustration auf beiden Seiten und zu weiteren Urteilen und trennenden Differenzen. „Du hast mir versprochen, in Zukunft rechtzeitig zu erscheinen, und jetzt kommst du schon wieder zu spät!" Wenn wir uns über ein Verhalten einer anderen Person ärgern und sie bitten, es zu ändern, wollen wir natürlich, dass sie sich dauerhaft anders verhält. Der Wunsch nach einer „lebenslangen Garantie" ist verständlich, doch was am ehesten eine dauerhafte Veränderung einleitet, ist ein machbarer nächster Schritt, der eine größere Bewusstheit schafft. Wenn wir eine klare und erfüllbare Bitte äußern, kann die andere Person auch viel eher aus ganzem Herzen „Ja" sagen und die Zusagen, die sie macht, einhalten.

Also wie würde eine klare und konkrete Bitte in diesem Fall klingen? Juanita könnte Mark fragen: „Wärst du bereit, mir jetzt zu versprechen, zu unserer nächsten Verabredung spätestens zehn Minuten nach der ausgemachten Zeit zu kommen oder mich ansonsten anzurufen?" Oder: „Vielleicht könntest du das nächste Mal über deinen Arbeitstag nachdenken und zwei oder drei Ideen entwickeln, wie du früh genug aus dem Büro kommst, um zur vereinbarten Zeit bei mir zu sein?" Oder: „Könntest du vielleicht eine zusätzliche Viertelstunde Fahrzeit einplanen, wenn wir das nächste Mal während der Hauptverkehrszeit miteinander verabredet sind?" In diesen Bitten verlangt Juanita nicht von Mark, dass er sein Leben lang „rechtzeitig" erscheint. Sie verlangt auch nicht, dass er sie immer anruft. Vielmehr bittet sie ihn, ihr zu „versprechen", dass er sie anrufen wird, falls er mehr als zehn Minuten nach der vereinbarten Zeit kommt. Wenn Juanita ihn nur gefragt hätte: „Wärst du bereit, mich anzurufen, wenn du später kommst?", wären wir wieder am Ausgangspunkt, weil wir nicht wüssten, was Juanita unter „später" versteht. Vielleicht würde Mark einen Anruf erst ab einer Verspätung von 20 Minuten für nötig halten.

Erfüllbarkeit bedeutet, dass das, worum gebeten wird, im Bereich des Möglichen liegt. Es hat zum Beispiel keinen Sinn, jemanden zu bitten, zum Mond zu fliegen, es sei denn, er arbeitet bei der NASA und ist für einen Mondflug eingeplant. Manchmal sind auch profanere und einfachere Bitten nicht erfüllbar, weil sie unklar oder unkonkret sind. „Ich will, dass du mich so liebst wie ich dich!" wäre keine erfüllbare Bitte. Keine der beiden Personen könnte sagen, ob dieses Ziel erreicht wurde. Wie sehr liebt die eine Person die andere? Letztlich geht es darum, um etwas zu bitten, was eine Person jetzt tun kann und was zum Wohl einer anderen Person beiträgt. Wir wollen Bitten formulieren, die erfüllt werden können und lebensbereichernd sind. Im letzten Fall könnte eine erfüllbare Bitte so klingen: „Wärst du bereit, mir zu sagen, was du für mich empfindest?" Oder: „Ich habe schon mehrmals erwähnt, dass ich deine Gesellschaft heute wirklich genieße … Ich frage mich, ob du unsere gemeinsame Zeit auch genossen hast?"

Es geht ums JETZT

Effektive Bitten betreffen Handlungen in der Gegenwart, Dinge, die die andere Person *jetzt, in diesem Augenblick*, tun kann und die Bedürfnisse befriedigen würden. Teds Vater könnte zum Beispiel fragen: „Wärst du damit einverstanden, dass wir jetzt über dein Budget für das kommende Semester reden und darüber, wie du damit auszukommen gedenkst?" Oder einfacher: „Wärst du bereit, mir fest zu versprechen, dass du im nächsten Semester innerhalb deines Budgets bleibst?" Es geht zwar um das Budget für das nächste Semester (das erst in dreieinhalb Monaten beginnt), doch Teds Vater äußert Bitten zu diesem Budget, die jetzt erfüllt werden können: Er wünscht ein klärendes Gespräch und / oder eine Abmachung über das Budget. Eine solche Abmachung könnte auch beinhalten, dass die beiden erneut miteinander reden, wenn es so aussieht, als würde das, was sie vereinbart haben, nicht klappen.

ÜBUNG

Übung 5: Erfüllbare Bitten formulieren

Verwandeln Sie jede der nachfolgenden Bitten in eine klare, positive, erfüllbare und gegenwartsbezogene Bitte:

A. „Wir brauchen hier mehr Teamarbeit."
B. „Wirst du von jetzt an den Abwasch machen?"
C. „In Zukunft müssen Sie mit diesen Berichten anders umgehen."
D. „Ich will nicht, dass du so mit mir redest!"
E. „Könntest du dich ein wenig entspannen? Lass einfach los."

5.7 Das „Ja" hinter dem „Nein" hören

Selbst wenn Sie eine sehr konkrete, positive und gegenwartsbezogene Bitte äußern, wissen Sie nie genau, ob die andere Partei bereit sein wird, sie zu erfüllen. Das macht sie zu einer Bitte.

Was den Geist einer Bitte ausmacht, ist das Verständnis, dass es uns Menschen Freude bereitet, zum Wohl anderer beizutragen – kaum etwas im Leben ist befriedigender. Es ist nur dann *un*befriedigend, wenn wir einen Strategiekonflikt erkennen, also wenn eine bestimmte Strategie zur Befriedigung der Bedürfnisse der anderen Person mit Strategien zur Befriedigung unserer eigenen Bedürfnisse (oder einiger davon) in Konflikt steht. Bleiben wir uns dessen bewusst, können wir, wenn jemand auf eine Bitte mit einem „Nein" antwortet, dieses „Nein" auf eine neue Art hören. Es ist kein „Nein" zu unseren Bedürfnissen oder zu uns persönlich, sondern ein „Ja" zu Bedürfnissen, die die andere Person zu befriedigen sucht. Um zu verstehen, welche das sind – denn wir nehmen ihre Bedürfnisse ebenso wichtig wie unsere –, können wir ihr Empathie geben. Da Bedürfnisse nie in Konflikt stehen, sondern nur die gewählten Strategien, können wir gemeinsam nach Strategien suchen, die alle Beteiligten zufriedenstellen oder die zumindest die Bedürfnisse aller berücksichtigen.

ÜBUNG

Übung 6: Das „Ja" im „Nein" finden

Lesen Sie die nachfolgenden Bitten und „Nein"-Antworten. Stellen Sie zu jedem „Nein" eine empathische Vermutung an (Fühlst du dich ..., weil du ... brauchst?) und formulieren Sie dann eine andere Bitte.

Beispiel:
„Hey, Tom, ich bin hundemüde, und ich habe morgen eine Prüfung. Wärst du bereit, heute Abend den Abwasch zu machen?"
„Nein, ich schreibe auch eine Klausur!"

Eine empathische Vermutung und eine neue Bitte könnten so lauten: „Hm, das klingt, als wärst du auch total gestresst. Wie wär's, wenn wir das schmutzige Geschirr heute Abend stehen lassen und ich es morgen Nachmittag nach meiner Klausur spüle? Falls du das eklig findest, könntest du vielleicht das Geschirr heute Abend nur vorspülen oder einweichen, und ich wasche und trockne es dann morgen ab und räume es ein?"

Nun sind Sie dran:

A. „Ich habe hier eine Petition, in der die Schließung des Atomkraftwerks Indian Point gefordert wird. Dieses AKW ist nur 40 Kilometer von New York City entfernt und nach einer neuen Studie der Columbia-Universität möglicherweise nicht erdbebensicher."
„Ich unterzeichne ungern Petitionen, wenn ich nicht wirklich weiß, worum es geht."
Empathische Vermutung und neue Bitte:

B. „Du, Schatz, ich bin gerade so liebeshungrig. Warum lassen wir das Konzert nicht ausfallen und bleiben heute Abend einfach zu Hause?"
„Eigentlich habe ich mich schon auf das Konzert gefreut."
Empathische Vermutung und neue Bitte:

C. „Können Sie diese fünf Briefe noch tippen, bevor Sie heute das Büro verlassen?"
„Es ist jetzt vier Uhr. Bis fünf schaffe ich es auf keinen Fall, fünf Briefe zu tippen. Und heute Abend darf ich nicht später heimkommen, weil ich meinen Sohn zu seinem Hockeyspiel fahren muss. Deshalb kann ich heute keine Überstunden machen."
Empathische Vermutung und neue Bitte:

5.8 Etwas anderes als ein Kompromiss

Viele von uns haben gelernt, dass Kompromisse nötig sind, um mit anderen Menschen auszukommen. „Man muss etwas geben, um etwas zu bekommen." „Man kann nicht alles haben." „Man kann nicht immer gewinnen." Hinter solchen Äußerungen steht der Glaube, dass zwei (oder mehr) Menschen nicht gleichzeitig bekommen können, was sie wirklich wollen, also dass im Grunde ein Mangel herrscht. Das ist meiner Meinung nach eine begrenzte Sicht der Welt und der menschlichen Bedürfnisse und Interaktionen.

In diesem Buch gehen wir von einem anderen Ansatz aus. Wir wollen Kompromisse und Opfer vermeiden. Allzu oft schreiben Menschen ihre Bedürfnisse schnell ab. Sie horchen nicht in sich hinein und fragen sich nicht: „Wie empfinde ich das eigentlich? Wird mich das zufriedenstellen? Gäbe es vielleicht andere Strategien, die die Bedürfnisse von uns beiden erfüllen könnten? Verstehe ich wirklich voll und ganz, welche Bedürfnisse die andere Person in dieser Situation hat?"

Wenn Menschen Übereinkünfte erzielen, indem sie Kompromisse machen oder echte Bedürfnisse opfern, sind sie vielleicht nicht fähig, sich an die Übereinkunft zu halten, zumindest nicht auf längere Sicht. Da sie unbefriedigte Bedürfnisse haben, entwickeln sie vielleicht einen Groll oder sogar Rachegelüste. Am Ende wird die scheinbare Übereinkunft unterlaufen, zum Schaden aller Beteiligten. Ein altes Sprichwort lautet, dass nach einem Kompromiss jede Partei den halben Groll hegt. Zu einer wirklichen Zusammenarbeit gehört, dass wir unsere Bedürfnisse zum Ausdruck bringen, Verbindungsbitten äußern, um die Bedürfnisse und Standpunkte anderer zu verstehen, und dann (klare, positive und durchführbare) Strategien entwickeln, die alle Beteiligten zufriedenstellen können.

ÜBUNG

Übung 7: Entscheidungsfreiheit oder nicht?

Teil eins

Diskutieren Sie mit jemandem über die nachfolgenden Fragen. Sie können sie auch in Ihrem Tagebuch schriftlich beantworten.

A. Denken Sie an eine Situation, in der Sie einwilligten, etwas zu tun, was Sie eigentlich nicht tun wollten. Um was ging es damals?

B. Taten Sie es? Wenn ja, taten Sie es aus ganzem Herzen, mit Elan und Enthusiasmus? Oder taten Sie es halbherzig und nachlässig, sodass am Ende niemand wirklich zufrieden war?

C. Verspürten Sie einen Groll gegen jemanden, der Ihnen Ihrer Meinung nach „keine Wahl ließ"? Oder fanden Sie einen Weg, die Bitte so zu erfüllen, dass die Erfahrung sich für Sie als positiv erwies?

D. Wie hätte es die Situation verändert, wenn Sie die Chance erhalten hätten, offen darüber zu sprechen, wie Sie die Situation empfanden und welche Ihrer Bedürfnisse nicht befriedigt wurden?

E. Wie genau verstanden Sie Ihrer Meinung nach die Bedürfnisse, die die andere Person in dieser Situation hatte, die lebensbereichernden Wünsche, die ihr so wichtig waren? Wenn Sie sie völlig verstanden hätten, wie hätten Sie es dann gefunden, den Dialog fortzusetzen, um für beide Seiten akzeptable Alternativen zu finden?

Teil zwei

Die Weltgeschichte liefert uns immer wieder Beispiele, was passiert, wenn die Bedürfnisse einer Gruppe befriedigt werden und die einer anderen nicht. Der Erste Weltkrieg sollte zum Beispiel der Krieg sein, der alle Kriege beendete. Doch nach diesem Krieg fehlten dem deutschen Volk die wirtschaftlichen Mittel, um seine Bedürfnisse zu befriedigen. Aufgrund der hohen Inflation genügte eine Schubkarre voller Papiermark nicht einmal, um einen Laib Brot zu kaufen. Historiker beschrieben, wie diese Verhältnisse dazu beitrugen, dass Deutschland den Zweiten Weltkrieg begann. Denken Sie an ein historisches oder jüngeres Ereignis, bei dem, soweit Sie wissen, die Bedürfnisse keiner Partei befriedigt wurden. Nennen Sie dann einige konkrete Beispiele, wie das zu Ressentiments und / oder Vergeltungsmaßnahmen geführt haben könnte.

Ereignis	beteiligte Parteien	unbefriedigte Bedürfnisse	Vergeltung / Ressentiments

5.9 Eine Alternative zu Kompromissen: Die Erfüllung der eigenen Bedürfnisse beharrlich verfolgen

Es geht also darum, offen für ein „Nein" zu sein, das „Ja" hinter dem „Nein" zu hören und Kompromisse zu vermeiden. Wir wollen Win-win-Lösungen finden. Das setzt voraus, dass wir hinsichtlich der akzeptierten Strategien so offen wie möglich sind. Und es bedeutet, dass wir nie aufhören, die Erfüllung unserer Bedürfnisse zu verfolgen, dass wir freundlich und aufmerksam bleiben, während wir unsere Bedürfnisse mitteilen, damit sie berücksichtigt werden können. Und dass wir uns in andere einfühlen, die ebenfalls ihre Bedürfnisse zu befriedigen suchen.

Wie verfolgt man die Erfüllung seiner Bedürfnisse? Niemand weiß das besser als meine Katze! Wenn sie Zuneigung und Aufmerksamkeit will, versucht sie, auf meinen Schoß zu klettern, selbst wenn dort mein Laptop liegt. Wenn das nicht klappt, reibt sie ihren Kopf an meinem Arm oder legt sich neben mich und schnurrt laut. Wenn sie Hunger hat oder sich langweilt und spielen will, drückt sie ihre Bedürfnisse auf ähnliche Weise aus. Anders als viele Menschen, die ich kenne, verfolgt sie die Erfüllung ihrer Bedürfnisse sehr beharrlich. Und wenn ihre Bedürfnisse nicht auf eine bestimmte Art befriedigt werden, scheint sie weder einen Groll zu entwickeln noch Urteile zu fällen. Sie ist offen für andere Strategien! Wenn eine Katze die Erfüllung ihrer Bedürfnisse so beharrlich und flexibel verfolgen kann, dann können wir Menschen das sicher auch!

Die Erfüllung der eigenen Bedürfnisse zu verfolgen und dabei die Bedürfnisse anderer empathisch zu berücksichtigen ist gewissermaßen so, als würden Sie sich gleichzeitig den Kopf tätscheln und den Bauch reiben. Sie wollen die Bedürfnisse anderer hören und befriedigen, ohne dabei die eigenen zu vernachlässigen. Das Ziel ist, die Bedürfnisse aller zu befriedigen. Anfangs kann Ihnen das wie ein schwieriger Balanceakt vorkommen, besonders wenn Ihre eigenen Gefühle und Bedürfnisse ziemlich stark sind. Im nächsten Kapitel beschäftigen wir uns mit einer besonderen Technik, der Selbst-Empathie, die Ihnen sehr dabei helfen kann, im Tanz der mitfühlenden Kommunikation im Gleichgewicht zu bleiben.

5.10 Der Enten-Index

In unserer Kultur sind wir es gewöhnt, Kompromisse zu machen und das Zweitbeste zu nehmen. Wie können wir uns sicher sein, dass alle Beteiligten *wirklich* zufrieden sind? Das können wir mithilfe des sogenannten „Enten-Tests" herausfinden. Wie funktioniert er?

> Erfüllen Sie eine Bitte erst, wenn Sie es mit der Freude tun können, die ein kleines Kind beim Füttern einer hungrigen Ente empfindet. (Marshall B. Rosenberg)

Wenn Sie jemanden fragen, wie er eine bestimmte Strategie findet, erwidert er vielleicht: „Okay, ich habe nichts dagegen." Doch stimmt er dieser Strategie mit der Begeisterung und Freude zu, die ein kleines Kind beim Füttern einer hungrigen Ente empfindet? Um sich dessen zu vergewissern, schlug die GFK-Autorin und Yoga-Lehrerin Judith Lasater vor, bei Verhandlungen den „Enten-Index" zu benutzen. Wenn eine Bitte geäußert wird, ordnen die Parteien auf einer Skala von eins bis zehn ein, wie groß oder gering ihre Bereitschaft wäre, sie zu erfüllen. „Zehn" bedeutet: Sie täten es mit der Freude, die ein kleines Kind beim Füttern einer hungrigen Ente empfindet. Und „eins" bedeutet: Sie täten es ohne jede Freude. Diese Bewertung, die im

Stillen vorgenommen oder mitgeteilt werden kann, schafft Klarheit über die bestehenden Bedürfnisse und zeigt, ob die Bedürfnisse beider Parteien berücksichtigt wurden.

Wenn Sie mit dem Entenvergleich nichts anfangen können, dann stellen Sie sich einen Augenblick in Ihrem Leben vor, in dem Sie etwas völlig freiwillig und aus purer Freude taten. In jenem Moment gab es nichts, was Sie lieber getan hätten. Vielleicht arbeiteten Sie an einem Kunstwerk für jemanden, den Sie lieben, oder halfen einem Kind bei einer Aufgabe oder gaben bei einem Mannschaftsspiel alles, um ein gemeinsames Ziel zu erreichen. In diesem Augenblick fühlten Sie sich rundum zufrieden und total lebendig – als hätten Sie gerade ein köstliches Festmahl genossen oder als würden Sie an einem schönen Tag draußen eine herrliche Aussicht betrachten. Es ist diese Art von Befriedigung und Energie, die wir uns wünschen, wenn wir eine Einigung erzielen. Wenn nicht alle Parteien sich erfüllt, zufrieden, enthusiastisch und energiegeladen fühlen, dann bestehen immer noch Bedürfnisse, die nicht berücksichtigt wurden.

Das Prinzip „Freude statt Kompromisse" und der „Enten-Index" können besonders bei Gesprächen zwischen Freunden oder Lebenspartnern hilfreich sein. In diesen engen Beziehungen sind wir es vielleicht gewöhnt – aus einem Bedürfnis nach Frieden, Harmonie und Rücksicht heraus –, zu vielem Ja zu sagen. Wünschen wir uns eine tiefe Verbundenheit mit den Menschen, die wir lieben, und möchten wir uns voll bewusst sein, wer wir sind und was wir im Moment wollen, kann der Enten-Index dazu beitragen. Sie können den Index „in beide Richtungen" benutzen – um abzuschätzen, wie bereit Sie sind, eine Bitte zu erfüllen, oder um sich zu vergewissern, dass die Menschen, die Sie um etwas bitten, wirklich gerne Ja sagen.

Mithilfe des Enten-Indexes kann auch jede Partei ausdrücken, wie sehr sie sich ein bestimmtes Ergebnis wünscht. Werfen wir einen Blick auf eine Interaktion zwischen Shelley und ihrem Partner Alan. Sie möchte am Abend zu einem Vortrag mit anschließender Diskussion ins örtliche Gemeindezentrum gehen und hofft, dass er sie begleiten wird.

> *Shelley*: „Du, Alan, neulich erzählte ich dir doch von einem Vortrag mit anschließender Diskussion über das Thema, wie wir über die Energiekosten, die wir zahlen, zum Umweltschutz beitragen können, erinnerst du dich? Diese Veranstaltung findet heute Abend im Gemeindezentrum statt. Hättest du Lust, mit mir hinzugehen?"
>
> *Alan*: „Ich weiß nicht. Ich wollte eigentlich ausspannen und fernsehen."
>
> *Shelley*: „Hm, kannst du mir etwas genauer sagen, wie du dich gerade fühlst? Ich würde gerne verstehen, wie es dir momentan geht, weil ich mich freuen würde, wenn du mitkämst."
>
> *Alan*: „Ich fühle mich angeschlagen und schläfrig. Ich habe leichte Kopfschmerzen und kann kaum die Augen offen halten."

Shelley: „Du klingst ziemlich müde. Wie groß ist deine Bereitschaft, Ja zu sagen, auf einer Skala von eins bis zehn, auf der zehn Ja bedeutet?"

Alan: „Etwa bei drei."

Shelley: „Okay, danke, dass du das weiter ausgeführt hast. Ich glaube, unsere Bedürfnisse decken sich zum Teil. Eigentlich würde ich mich heute Abend auch gerne entspannen. Deshalb gebe ich der Idee, aus dem Haus zu gehen, auch nur eine Drei. Andererseits finde ich es toll, dass wir etwas für die energiewirtschaftliche Unabhängigkeit und den Umweltschutz tun können. Das ist für mich eine Neun. Und ich fände es schön, wenn du mitkämst – ich genieße deine Gesellschaft sehr –, deshalb ist das eine Zehn! Außerdem würde mich interessieren, was du dazu zu sagen hast, weil wir die Energiekosten gemeinsam zahlen."

Alan: „Hm, weißt du, nun, da ich das gehört habe, empfinde ich anders. Ich finde es ebenfalls wichtig, das Energieproblem zu lösen. Und es freut mich besonders, zu hören, wie sehr du meine Gesellschaft schätzen würdest. Wir haben immer Spaß zusammen. Und vielleicht könnten wir auf dem Heimweg bei diesem Laden für Bürobedarf anhalten. Dort könnte ich ein paar Dinge besorgen, die ich morgen brauche. Das wäre ein weiterer Pluspunkt, denn ich wäre wirklich froh, wenn das erledigt wäre. Was hältst du davon?"

Shelley: „Das klingt großartig! Danke, dass du offen dafür bist. Ich glaube, morgen Abend haben wir beide frei. Dann können wir es uns zu Hause gemütlich machen und entspannen."

Als Alan hört, wie sehr Shelley es schätzen würde, wenn er mitkäme, verlagert sich sein Interesse. Er bekommt Lust, mit ihr zu der Veranstaltung zu gehen. Und er schlägt eine Strategie vor, die seine Bedürfnisse auch befriedigen würde (er möchte auf dem Heimweg ein paar Dinge einkaufen, die er am nächsten Tag benötigt). Das ist etwas anderes, als wenn er mitkäme, weil Shelley es von ihm verlangt oder weil er sie nicht enttäuschen will oder weil er ein schlechtes Gewissen hätte, Nein zu sagen. Er tut es weder, weil er sich gezwungen oder verpflichtet fühlt, noch aus Einsicht, Angst oder Kompromissbereitschaft. Vielmehr ändert Alan seine Haltung aus einem Geist der gegenseitigen Wertschätzung, des gemeinsamen Interesses und des beiderseitigen Gewinns heraus.

Nehmen wir einmal an, Alans Gefühle würden sich nicht ändern. Vielleicht erwidert er, dass er an diesem Abend wirklich lieber zu Hause bleiben will. Shelley könnte beschließen, empathisch auf Alans Gefühle und Bedürfnisse einzugehen, um herauszufinden, zu was er Ja sagt, wenn er nicht mitgeht. Möglicherweise erfährt sie dabei, dass er sich schon eine ganze Weile erschöpft fühlt und befürchtet, dass er zu viel arbeitet und krank wird. Wenn sie das hört, ändern sich vielleicht ihre Gefühle, weil sie sich ebenfalls Sorgen um seine Gesundheit macht. Sie könnte auch andere Strategien vorschlagen, zum Beispiel, dass sie allein zu dem Vortrag geht und ihn aufzeichnet oder sich Notizen macht, sodass sie die Informationen später an Alan weitergeben kann. Sie könnte recherchieren, ob der Vortrag an einem anderen Tag wiederholt wird, oder eine Freundin bitten, mit ihr hinzugehen. Zu unseren Bedürfnissen gehören Zuwendung, Unterstützung und Verbundenheit mit anderen. Der Reiz, den die eine oder andere Strategie für uns hat, kann sich erhöhen oder verringern, wenn uns klar wird, was wirklich zum Wohl und zur Zufriedenheit aller Beteiligten beitragen würde.

5.11   Die Faust und die offene Hand

„Kann ich als Mensch stark genug sein, um mich neben dem anderen zu behaupten? Kann ich meine eigenen Gefühle, meine eigenen Bedürfnisse genauso wie seine voll respektieren? Und kann ich unterscheiden: Das sind seine Gefühle, das meine – kann ich meine Gefühle richtig artikulieren? Bin ich stark genug in meinem eigenen Gesondert-Sein, um mich nicht von seiner Depression niederschlagen, von seiner Furcht beängstigen noch von seiner Abhängigkeit verschlingen zu lassen?" (Carl Rogers, Entwicklung der Persönlichkeit)

Nicht nur der Enten-Index kann hilfreich sein, wenn wir Bitten äußern, sondern auch die Vorstellung von der Faust und der offenen Hand. Wenn wir Forderungen stellen, ballen wir, bildlich gesprochen, die Hand zur Faust. Wir wollen die Erfüllung unserer Bedürfnisse mit Gewalt durchsetzen, statt sie mit freundlicher Beharrlichkeit zu verfolgen. Wenn wir aus einer Haltung der geballten Faust heraus handeln, sind wir nicht offen und flexibel, sondern im Kampfmodus. Mit geballten Fäusten können wir nicht annehmen, was jemand uns anbietet. Wir haben kein Vertrauen und fürchten, dass unsere Bedürfnisse nicht zählen oder nicht befriedigt werden; deshalb verschließen wir uns und versteifen uns auf eine bestimmte Strategie: „So wird es gemacht, sonst …!" Auf das „sonst" können alle möglichen Drohungen folgen. Immer wenn diese „fordernde Energie" herrscht (Ungeduld und Misstrauen, wenn es um die Befriedigung von Bedürfnissen geht), ist die Hand zur Faust geballt – auch wenn keine Fäuste, sondern nur Worte benutzt werden. Forderungen sind eine Art, Macht über andere auszuüben, statt sie mit ihnen zu teilen. Die geballte Faust steht für diese „einschüchternde" Angstenergie.

Eine Bitte ist dagegen eine offene Hand. Statt uns zu verschließen und die Faust dicht am Körper zu halten, um uns zu schützen und zu verteidigen, öffnen wir uns für andere Menschen und strecken ihnen die Hand entgegen. In unserer offenen Hand ist etwas, das wir ihnen anbieten möchten, und mit einer offenen Hand sind wir auch fähig, etwas zu empfangen. Wir teilen einander mit, welche Werte und Bedürfnisse wir haben, bieten anderen das, was uns am wichtigsten ist, als eine Art Geschenk an, und vertrauen darauf, dass sie unsere Bedürfnisse sehen, hören und berücksichtigen. Mit einer offenen Hand können wir am besten zum Dialog einladen und unserem Gesprächspartner Strategien anbieten sowie seine Strategien aufnehmen. Eine offene Hand steht für gegenseitiges Verständnis, Zusammenarbeit und Miteinander.

Achten Sie bei Ihrem nächsten Gespräch darauf, welche Haltung Sie dabei einnehmen. Führen Sie es, bildlich gesprochen, mit geballter Faust und trotzig verschränkten Armen? Wenn ja, dann ist es vielleicht Zeit, Selbst-Empathie zu praktizieren oder jemanden zu bitten, Ihnen empathisch zuhören, um Ihre Gefühle und Bedürfnisse zu klären. Oder führen Sie das Gespräch mit offener Hand, bereit, die Bedürfnisse anderer zu hören und nach Strategien zu suchen, die alle Beteiligten zufriedenstellen? Im Westen hielt man einst mit der rechten Hand den Griff des gegürteten Schwerts umfasst, zum Selbstschutz. Die Tradition, sich zur Begrüßung die Hände zu schütteln, war eine Demonstration von Freundschaft und Vertrauen, denn dazu musste man seine Waffe loslassen und in friedlicher Absicht aufeinander zugehen. Von dieser Vorstellung inspiriert, finde ich es hilfreich, sich selbst zu fragen: Reagiere ich auf diese Person und Situation mit der Energie und Haltung der geballten Faust, bereit, nach meinem Schwert zu greifen? Oder bin ich bereit, sie mit offener Hand zu begrüßen?

5.12 Der Tanz des Mitgefühls

Ein offener Dialog, zu dem mindestens eine Person mit ausgestreckter Hand erscheint, in dem Bewusstsein, dass die Gefühle und Bedürfnisse beider Parteien zählen, kann als eine Art Tanz betrachtet werden, bei dem die Beteiligten Erfahrungen (Beobachtungen) austauschen, ihre Gefühle und Bedürfnisse ehrlich zum Ausdruck bringen und einander empathisch zuhören. Sie verfolgen mit freundlicher Beharrlichkeit die Erfüllung ihrer Bedürfnisse, schlagen Strategien vor, setzen sich mit neuen Strategien auseinander und sind offen dafür, ein „Nein" zu hören. All diese Schritte und Techniken der GFK werden durch das Äußern von Verbindungsbitten unterstützt. Wir können durch das Spiegeln von Äußerungen mehr Ruhe und Klarheit in unsere Gespräche bringen. Wir können ein zu schnelles Gesprächstempo drosseln, indem wir zwischendurch kurz innehalten oder Luft holen. Wir können in uns hineinhorchen – wobei wir auch auf unsere körperlichen Empfindungen achten –, um unsere Verbundenheit mit uns selbst zu stärken und festzustellen, wie wir uns fühlen und ob unsere Bedürfnisse befriedigt werden. Die Hauptziele der GFK sind Verständnis und Verbundenheit. Die vier Grundschritte (Beobachtungen, Gefühle, Bedürfnisse, Bitten) und die bereits besprochenen Techniken, die sie ergänzen, fördern Verbundenheit und Zusammenarbeit.

Sich mit der Energie von (erfüllten) Bedürfnissen verbinden

(Die Energie der)
Bedürfnisse bewusst wahrnehmen

sich ausdrücken

unterbrechen

beiseitetreten/
eine Pause
machen

einen Moment
innehalten

Gefühle

Beobachtungen

Verbindung

Bitten

Luft holen

Selbst-Empathie

Spiegelung
anbieten oder
darum bitten

Bedürfnisse

Verbindungsbitte

auf körperliche Empfindungen
achten

Illustration von Hadassah Hill

Das ganze GFK-Modell und verschiedene Techniken, die es unterstützen, fördern Verständnis, Verbundenheit, Vertrauen und Zusammenarbeit

5.13 Eine Fülle von Strategien finden

Wenn wir an einer bestimmten Strategie hängen, können wir offener werden, indem wir möglichst viele Strategien zur Befriedigung unserer Bedürfnisse entwickeln. Die fünf Angaben (Person, Ort, Handlung, Zeit, Gegenstand) sind so variabel, dass wir jede Menge Möglichkeiten haben. Wenn wir es zum Beispiel gewöhnt sind, dass eine bestimmte Person unsere Bedürfnisse erfüllt, können wir uns überlegen, welche andere Person in unserem Leben uns helfen könnte, unsere Bedürfnisse zu befriedigen, oder ob wir das auch selbst könnten. Oder vielleicht sind wir an eine bestimmte Handlung gewöhnt. Dann können wir uns fragen, welche andere Handlung (oder welche andere Zeit, welcher andere Ort, welcher andere Gegenstand) unsere Bedürfnisse ebenfalls befriedigen würde.

Manchmal, wenn ich zum Beispiel über die Reaktion eines anderen Menschen enttäuscht bin oder frustriert, weil eine Situation einige meiner Bedürfnisse unbefriedigt ließ, richte ich meine Aufmerksamkeit auf erfüllte Bedürfnisse. Immer wenn ich das tue, ändern sich mein Blickwinkel und meine Stimmung. Wenn ich zum Beispiel enttäuscht bin, weil eine Freundin ein geplantes Treffen absagt, horche ich in mich hinein, welche Bedürfnisse durch diese Veränderung befriedigt werden. Vielleicht erfüllt sie meine Bedürfnisse nach Freiraum und Muße, um zu Hause ein paar Dinge zu erledigen, um die ich mich schon länger kümmern wollte. Und dabei hätte ich Gelegenheit, mir eine neue CD anzuhören. Wie schwierig eine Situation auch ist – und ich neige dazu, im Leben das Glas eher halb leer als halb voll zu sehen! –, ich finde stets ein paar Bedürfnisse, die befriedigt werden.

Die GFK-Expertin Gail Taylor sagt: „Es gibt 10.000 Strategien, ein Bedürfnis zu befriedigen." Anfangs mag es uns schwerfallen, so viele Möglichkeiten zu sehen, doch wenn wir uns auf nur ein oder zwei Strategien beschränken, handeln wir aus einem Mangel heraus, der dadurch entsteht, dass wir unsere Fantasie nicht nutzen. Wir Menschen sind eine höchst kreative und visionäre Spezies. Überlegen Sie doch mal, was wir schon alles geschaffen haben! Wenn wir einen Weg gefunden haben, Atome zu spalten, die DNS zu entschlüsseln und Raumschiffe zu bauen (ganz zu schweigen von anderen großen schöpferischen Leistungen wie der Entwicklung geschriebener Sprachen, der Herstellung von Schokolade oder der Erfindung vieler Hundert Musikinstrumente), können wir doch sicher in jeder Situation alternative Strategien finden. Unsere große Stärke ist unser Vorstellungsvermögen.

Wenn Sie von einer bestimmten Strategie nicht loskommen, könnten Sie vielleicht andere Menschen (einschließlich der Person, mit der Sie zusammenarbeiten möchten) um Unterstützung bei der Suche nach anderen Möglichkeiten bitten. Wir meinen oft, wir seien die Einzigen, die eine Lösung finden können, was uns einsam macht und unter Druck setzt. Ich werde immer wieder von Lösungen inspiriert, auf die Kinder kommen, wenn sie merken, dass ihre Bedürfnisse zählen, und verstehen, welche Bedürfnisse andere in einer bestimmten Situation haben. Eine Mutter, die an einem GFK-Kurs teilnahm, war zum Beispiel besorgt, als ihr dreijähriger Sohn auf einem Spielplatz mit Sand warf, weil sie befürchtete, andere Kinder könnten den Sand in die Augen bekommen. Sie äußerte eine empathische Vermutung – „Es macht dir Spaß, mit Sand zu werfen, was?" – und erklärte ihrem Söhnchen, dass und warum sie sich Sorgen um die anderen Kinder im Sandkasten machte. Da präsentierte der Kleine selbst eine Lösung: Er könne den Sand ja in einen Eimer werfen.

In Unternehmen und anderen Organisationen beobachte ich immer wieder ein ähnliches Phänomen. Führungskräfte, denen es missfällt, wie etwas läuft, treffen Entscheidungen, auch solche, die andere Leute betreffen, und sind dann unzufrieden mit den

Ergebnissen. Aufgrund ihrer Führungsposition sehen sie sich in der Verantwortung, eine Lösung zu finden. Wenn sie jedoch die Betroffenen um Lösungsvorschläge bitten, auch diejenigen, die aus ihrer Sicht maßgeblich zu der problematischen Situation beitragen, finden sie oft überraschende Lösungen. Auch wenn sie Teamarbeit schätzen, vergessen sie immer wieder diesen grundlegenden Schritt: „So sehe ich die Situation. Das sind die Bedürfnisse, die ich erkenne – bei mir, Ihnen und dem Team. Was sehen Sie? Gibt es Befürchtungen oder Bedürfnisse, die ich übersehe? Und welche Lösungsvorschläge hätten Sie angesichts der ganzen Situation zu machen – welche Lösung würde den Bedürfnissen aller Beteiligten gerecht werden?" So sehen eine wirkliche Zusammenarbeit und eine produktive Suche nach Lösungsmöglichkeiten aus. Die Überzeugung, dass wir jedes Problem selbst regeln oder lösen müssen, ist eine andere Form der Forderung – eine Forderung an uns selbst.

ÜBUNG

Übung 8: Den eigenen Horizont erweitern

A. Felice hat eine anstrengende Arbeitswoche hinter sich und möchte am Wochenende ausspannen und Leute treffen.
   1. Überlegen Sie sich 15 verschiedene Möglichkeiten, wie Felice ihre Bedürfnisse nach Entspannung und Verbindung befriedigen könnte.
   2. Fallen Ihnen weitere 50 Möglichkeiten ein, wie sie diese Bedürfnisse befriedigen könnte? Oder 100?
   3. Wie war es, sich so viele verschiedene Möglichkeiten vorzustellen? Wie beeinflusste das Ihre Meinung über die einzelnen Strategien?

B. Denken Sie an eine Situation, in der Sie mit jemandem in Konflikt gerieten. Beharrte eine Person (oder mehrere Personen) auf einer bestimmten Strategie (Lösung) oder Interpretation?

C. Denken Sie an etwas, was Ihnen wirklich gefallen würde. Welche Ihrer Bedürfnisse würde das befriedigen? Überlegen Sie sich mindestens drei andere Möglichkeiten, wie Sie diese Bedürfnisse befriedigen könnten.

D. Denken Sie an einen bestehenden Konflikt oder eine noch andauernde schwierige Situation. Benennen Sie alle Bedürfnisse, die dabei Ihrer Meinung nach eine Rolle spielen, sowohl Ihre eigenen als auch die der anderen Personen. Wen (die Beteiligten eingeschlossen) könnten Sie bitten, Sie bei der Suche nach verschiedenen Lösungsmöglichkeiten zu unterstützen?

5.14 Wieder alle Schritte zusammen

Im letzten Kapitel, in dem es um Beobachtungen ging, haben wir die ersten drei Schritte des GFK-Modells präsentiert: Beobachtungen, Gefühle und Bedürfnisse. In diesem Kapitel kam der vierte und letzte Schritt hinzu: Bitten.

Lassen Sie uns nun einen ganzen Dialog betrachten, der alle Schritte des Prozesses enthält. Die Situation ist folgende: Jane und Adam sind beide in den Sechzigern und geschieden. Jane lädt Adam zu einem Fest ein, und Adam spürt, dass Jane mehr für ihn empfindet als Freundschaft. Er möchte bei ihr keine falschen Hoffnungen wecken und befürchtet, dass er das täte, wenn er die Einladung annähme. In diesem Dialog wird eine umgangssprachliche Version des GFK-Modells benutzt. Sie finden darin nicht die klassische Formulierung – „Fühlst du dich …, weil du … brauchst" –, doch bestimmt ein Bewusstsein für Gefühle und Bedürfnisse das Gespräch. Es werden häufig Beobachtungen und Bitten geäußert. Und wenn Urteile geäußert werden, wird die Verantwortung für sie übernommen. Versuchen Sie beim Lesen des Dialogs zu erkennen, wann welcher Schritt des Modells praktiziert wird.

Das GFK-Modell – vier Schritte

Beobachtung(en): Wenn ich sehe / höre / darüber nachdenke

_____ (Beobachtung),

Gefühl(e): fühle ich mich _____ (Gefühl),

Bedürfnis(se): weil ich brauche _____ (Bedürfnis).

Bitte(n): Wärst du bereit, _____ (Bitte)?

> *Jane*: „Hallo, Adam. Am Samstagabend gibt Doug in seinem Haus ein Fest. Das wird sicher nett. Hättest du Lust, mitzukommen?"
>
> *Adam*: „Hmm. Danke für die Einladung. Es freut mich, dass du gerne mit mir hingehen würdest. Lass mich kurz darüber nachdenken. (Pause). Ich bin mir unschlüssig. Möchtest du wissen, warum?"
>
> *Jane*: „Ja. Ich bin neugierig."
>
> *Adam*: „Okay. Ich schätze unsere Freundschaft sehr und genieße es, Dinge mit dir zu unternehmen. Es fällt mir nicht leicht, dir das zu sagen, weil mir viel an dir und deinen Gefühlen liegt. Also, ich habe den Eindruck, dass du an einer Beziehung interessiert bist, die über eine Freundschaft hinausgeht. Oder täusche ich mich da?"
>
> *Jane*: „Nein, das stimmt schon."

Adam: „Ich schätze deine Aufrichtigkeit. Und ich fühle mich auch sehr geschmeichelt, denn ich finde, du bist attraktiv – und ein toller Mensch. Ich will ebenfalls ehrlich zu dir sein, denn ich habe dich wirklich gern. Ich genieße deine Gesellschaft sehr, doch aus irgendeinem Grund empfinde ich für dich nicht die Art von Zuneigung, die du vermutlich suchst. Vielleicht brauche ich einfach mehr Zeit, um die Scheidung und alles, was für mich damit verbunden war, zu verarbeiten. Es fällt mir wirklich schwer, dir das zu sagen, und ich mache mir Sorgen, wie du es auffasst. Könntest du mir sagen, was du mich hast sagen hören?"

Jane: „Ja, du findest mich nicht begehrenswert genug für eine intime Beziehung! Du willst eine Frau mit mehr Sexappeal."

Adam: „Hmm. Vielen Dank, dass du mir gesagt hast, was du gehört hast. Mir liegt wirklich viel an dir als Freundin, und deine Gefühle sind mir wichtig. Ich glaube, ich habe mich nicht klar ausgedrückt. Wäre es für dich okay, wenn ich es noch mal versuche?"

Jane (Blickt stirnrunzelnd zu Boden und nickt.)

Adam: „Unsere Freundschaft bedeutet mir viel, und ich schätze dich sehr. Es macht Spaß, mit dir zusammen zu sein, und ich fühle mich von dir unterstützt und verstanden, doch ich bin nicht in dich verliebt. Das bedeutet nicht, dass mit dir – oder mit mir – etwas nicht stimmt. Du bist ein großartiger Mensch. Es bedeutet nur, dass ich keine romantischen Gefühle empfinde, zumindest im Moment nicht. Wie fühlst du dich, wenn du das hörst?"

Jane: „Ich bin enttäuscht. Doch ich schätze deine Ehrlichkeit."

Adam: „Bist du enttäuscht, weil du dir in deinem Leben jemanden wünschst, mit dem dich etwas Besonderes verbindet?"

Jane: „Natürlich! Das fehlt mir wirklich. Ich finde es schön, Gesellschaft zu haben und mit jemandem diese Art von Intimität zu erleben."

Adam: „Ich weiß, was du meinst. Auch ich habe ein großes Bedürfnis nach Intimität und Nähe."

Jane: „Hm. Ich finde es schade, dass es dazu zwischen uns nicht kommen wird. Gleichzeitig bin ich froh, dass wir darüber geredet haben. Ich schätze deine Ehrlichkeit, und es stärkt mein Vertrauen in unsere Freundschaft, dass wir so offen miteinander reden können."

Adam: „Ich bin erleichtert, das zu hören. Mir liegt viel an dir und unserer Freundschaft. Ich will wirklich, dass sie weiter besteht. Ich bin dir dankbar für die Offenheit, mit der du mir zugehört hast, und für dein Verständnis. Und eigentlich würde ich dich gerne auf diese Party begleiten – falls du offen dafür bist, dass wir als Freunde hingehen?"

June (lächelnd): „Klar. Solange du weißt, dass ich nach anderen romantischen Möglichkeiten Ausschau halten könnte …"

Adam: „Natürlich!"

Wie man es auch dreht und wendet, das ist eine schwierige Situation: Die eine Person wünscht sich eine Liebesbeziehung und die andere nicht. Gegen Ende des Dialogs geht Adam empathisch auf Janes Sehnsucht nach Intimität ein. Er kann sie gut verstehen, weil er dasselbe Bedürfnis hat. Doch es würde seine Bedürfnisse nach Integrität oder Ehrlichkeit nicht befriedigen, wenn er die Erfüllung seines Bedürfnisses nach Intimität in seiner Freundschaft mit Jane verfolgen würde. Jane ist enttäuscht, weil sie sich nach einer intimen Beziehung sehnt. Doch da sie sich von Adam vollständig gehört fühlt, empfindet sie ein neue Verbundenheit mit ihrem Freund und sogar Dankbarkeit für die Art von Beziehung, die sie haben.

5.15 Ein grafischer Überblick

Auf den nächsten beiden Seiten präsentieren wir Ihnen eine übersichtliche Zusammenfassung des Modells der Gewaltfreien Kommunikation, die wir Mitfühlende Kommunikation nennen. Wie das Modell zeigt, nehmen unsere Sinne sowohl Geschehnisse in der äußeren Welt als auch innere Reize wahr. Wie wir diese Geschehnisse interpretieren, hängt von unserer Erfahrung, Bildung, Vorgeschichte und Kultur ab. Für manche Interpretationen entscheiden wir uns bewusst, andere laufen automatisch ab, ohne dass wir uns dessen bewusst sind. Zum Beispiel können Menschen, die traumatische Erfahrungen gemacht haben, auf bestimmte Reize mit unkontrollierbaren Flashbacks reagieren. Aufgrund dieser Verarbeitung von Geschehnissen und Reizen erfahren wir unsere Bedürfnisse in der jeweiligen Situation als erfüllt oder unerfüllt und unsere Werte als verwirklicht oder nicht. Das löst bei uns bestimmte Gefühle aus. Wir wägen mögliche Strategien zur Befriedigung von Bedürfnissen gegeneinander ab und wählen eine aus. Dieser Prozess verläuft folgendermaßen:

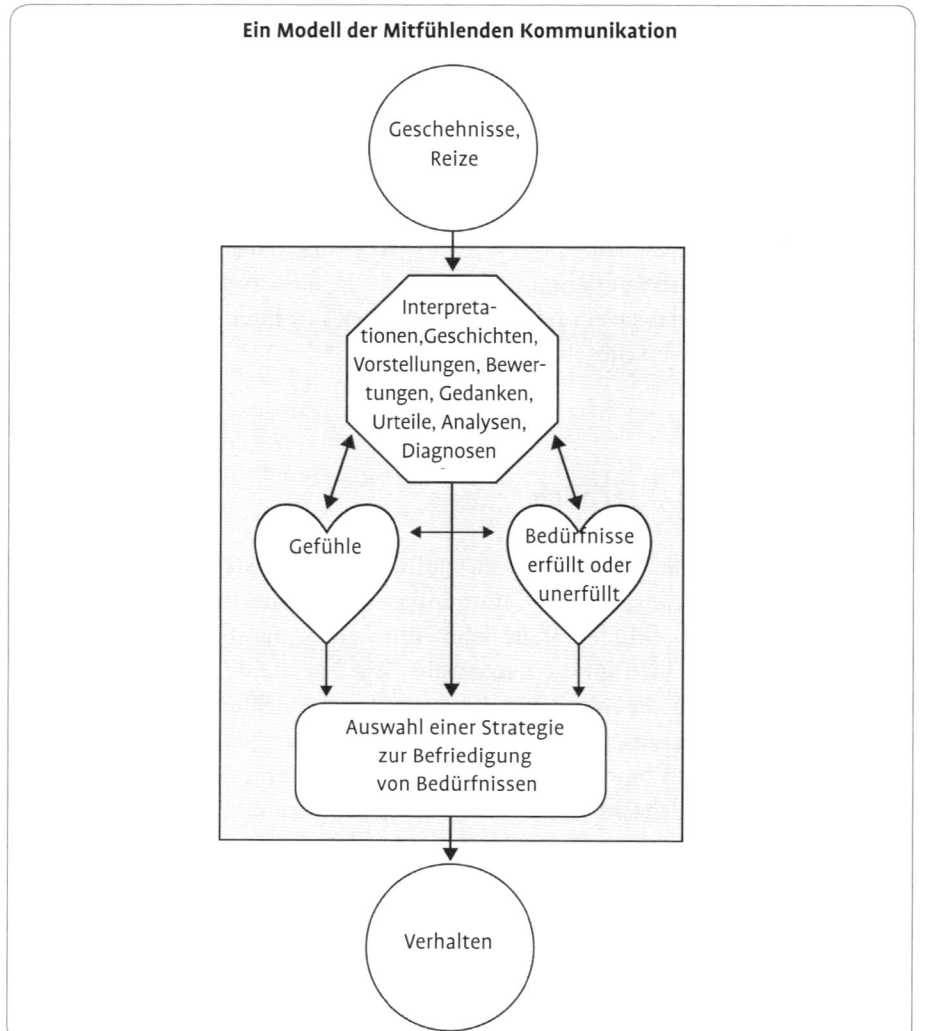

Ein Modell der Mitfühlenden Kommunikation

Anmerkungen zum Modell

Um eine Verbindung „von Herz zu Herz" herzustellen, ist es am besten, nur über Gefühle und Bedürfnisse zu reden.

Geschehnisse und Reize:

1. Geschehnisse und Reize sind oft äußerlich und sichtbar, können aber auch innerlich sein (z.B. Hunger).

2. Die Interpretation von Geschehnissen und Reizen hängt ab von
   - Erfahrungen
   - Bildung
   - Kultur
   - Vorgeschichte

Bedürfnisse:

1. Bedürfnisse können als erfüllt oder unerfüllt erfahren werden, je nachdem, wie Geschehnisse interpretiert werden.
2. Wenn Bedürfnisse als erfüllt erfahren werden, werden positive Gefühle ausgelöst.
3. Wenn Bedürfnisse als unerfüllt erfahren werden, werden negative Gefühle ausgelöst.

Gefühle:

1. Zu den positiven Gefühlen, die von befriedigten Bedürfnissen ausgelöst werden, gehören:
   - Freude
   - Zufriedenheit
   - Begeisterung
2. Zu den negativen Gefühlen, die von unbefriedigten Bedürfnissen ausgelöst werden, gehören:
   - Frustration
   - Traurigkeit
   - Angst

Entscheider:

1. Der „Entscheider" wählt die Strategie aus, die die Bedürfnisse am besten erfüllt, doch welche das ist, hängt von unseren Interpretationen und Gefühlen ab.
2. Die vom „Entscheider" ausgewählte Strategie wird beeinflusst von:
   - Erfahrungen
   - Bildung
   - Vorgeschichte
   - Kultur usw.

Die Interpretation von Geschehnissen und Reizen, die Konzentration auf Gefühle und Bedürfnisse und die Auswahl von Strategien sind oft innere Prozesse, die nicht sichtbar sind.

- die Reize, denen wir ausgesetzt waren
- unsere Interpretationen dieser Reize, nachdem wir sie verarbeitet haben
- unsere Wahrnehmung unserer Bedürfnisse als erfüllt oder unerfüllt
- die Gefühle, die dadurch in uns ausgelöst werden

Die ausgewählte Strategie kann (muss aber nicht) zu einem Verhalten führen, das für andere sichtbar ist.

Wir haben in diesem Kapitel eine Menge durchgenommen und einige grundlegende Konzepte der GFK beschrieben, zum Beispiel:

■ den Unterschied zwischen einer Bitte und einer Forderung,
■ Verbindungsbitten (Verständnisbitten und Beziehungsbitten),
■ wie man ein „Nein" empathisch hört,
■ wie man klare, positive, erfüllbare und gegenwartsbezogene Bitten formuliert.

Es ist verständlich, wenn Ihnen der Kopf schwirrt und Sie immer noch dabei sind, das Gelesene zu verarbeiten. Die meisten von uns brauchen Zeit, um die GFK zu erlernen. Dazu gehört, dass Sie sich immer wieder auf ihre Grundprinzipien und Ziele besinnen und im täglichen Leben ihre Sprache benutzen und die Schritte und Techniken anwenden, um das nötige Feedback zu erhalten. Zum Glück können Sie GFK jederzeit und überall üben, entweder stumm oder laut. Wie bei vielen Fertigkeiten und Übungen – ob es sich um Meditation, Kampfsport, Golf oder Tennis handelt – können Sie immer tiefer gehen. GFK ist eine Lebensaufgabe. Um Sie beim Üben weiter zu unterstützen, beenden wir dieses Kapitel mit zwei Übungen zu den Konzepten, die wir in den ersten vier Kapiteln dieses Buches erörterten. Im nächsten Kapitel kommen wir dann zur Selbst-Empathie, einer Technik, die Selbstverbundenheit, Entscheidungsfreiheit und Präsenz fördert, wenn wir mit anderen GFK praktizieren.

Fragen und Übungen, um Kapitel 5 zu vertiefen

A. Um das Erkennen und Formulieren klarer Bitten zu üben, machen Sie ein Häkchen hinter jeden der nachfolgenden Sätze, in dem Ihrer Meinung nach um eine machbare und konkrete Handlung gebeten wird. Formulieren Sie dann eine Bitte zu jedem Satz, den Sie nicht mit einem Häkchen versehen haben.
   1. „Ich möchte, dass du respektierst, dass ich anders bin als du."
   2. „Ich würde gern von dir hören, wie du es findest, dass ich mich von dir trennen will."
   3. „Ich hätte gern, dass du an den Aufgaben, zu denen du dich verpflichtest, jede Woche arbeitest."
   4. „Ich würde dich gern besser verstehen."
   5. „Ich möchte, dass du mir gegenüber etwas mehr Höflichkeit zeigst."
   6. „Ich hätte gern, dass wir öfter ausgehen und Spaß haben."

Meine Antworten zu dieser Übung:

1. Das ist meines Erachtens keine klare Bitte um eine konkrete Handlung. Die Person hätte zum Beispiel sagen können: „Ich hätte gern, dass du das nächste Mal, wenn du eine Entscheidung von mir kommentieren willst, kurz innehältst und dir überlegst, welche Bedürfnisse du befriedigen würdest, indem du diesen Kommentar abgibst."

2. Wenn Sie diesen Satz mit einem Häkchen versehen haben, dann sind wir uns einig, dass er klar ausdrückt, worum die Person bittet.

3. Wenn Sie diesen Satz mit einem Häkchen versehen haben, dann sind wir uns einig, dass er klar ausdrückt, worum die Person bittet.

4. Das ist meines Erachtens keine klare Bitte um eine konkrete Handlung. Die Formulierung „dich besser verstehen" ist vage. Die Person hätte sagen können: „Ich würde mich gern diese Woche auf einen Kaffee mit dir treffen, um mehr über dich und deine Sicht der Dinge zu erfahren."

5. Das ist meines Erachtens keine klare Bitte um eine konkrete Handlung. Mit „etwas mehr Höflichkeit" kann alles Mögliche gemeint sein. Die Person hätte zum Beispiel sagen können: „Wenn du dir nochmals Klamotten von mir ausleihen möchtest, hätte ich gern, dass du mich vorher fragst."

6. Meines Erachtens bleibt durch die vage Zeitangabe „öfter" unklar, um welche konkrete Handlung gebeten wird. Stattdessen hätte die Person sagen können: „Ich hätte gern, dass wir diesen Donnerstag ins Café gehen, um unsere Lieblingsband spielen zu hören."

B. Zwischen den Bedürfnissen von Menschen besteht kein inhärenter Konflikt. Doch es kann schwierig sein, Strategien zu finden, die alle Bedürfnisse befriedigen. Ein Brainstorming kann bei der Suche nach geeigneten Strategien und erfüllbaren Bitten sehr hilfreich sein. Je mehr Ideen dabei entwickelt werden, desto eher finden die Beteiligten Alternativen zu der von ihnen bevorzugten Strategie oder Bitte. Um das Brainstormen zu üben, möchten Sie vielleicht die nachfolgende Übung machen – am besten in einer Gruppe, denn wenn mehrere Leute beteiligt sind, inspirieren sie sich oft gegenseitig. Denken Sie daran: Beim Brainstorming geht es darum, möglichst viele Ideen zu sammeln und diese nicht zu bewerten, bevor der Prozess abgeschlossen ist.

1. Denken Sie an eine Konfliktsituation zwischen zwei Menschen (einer davon könnten Sie sein).

2. Welche Gefühle und Bedürfnisse haben Sie in der Situation?

3. Welche Gefühle und Bedürfnisse hat die andere Person in der Situation?

4. Brainstormen Sie möglichst viele Strategien und Bitten, die die Bedürfnisse beider Parteien befriedigen könnten.

6 | Selbst-Empathie und Entscheidungsfreiheit

„In dir lärmen ständig alle möglichen Gedanken. Viele verschiedene Gefühle steigen auf und klingen ab. Viele Erinnerungen verfolgen oder erfreuen dich. Wie du, von Augenblick zu Augenblick, auf diese Dinge reagierst, wie du mit deiner inneren Welt umgehst, bestimmt dein Schicksal."

(Gurumayi Chidvilasananda)

„In dir selbst ist die ganze Welt verborgen, und wenn du weißt, wie man schaut und lernt, dann ist die Tür da, und der Schlüssel ist in deiner Hand. Niemand kann dir diesen Schlüssel geben oder die Tür zeigen, nur du bist dazu in der Lage."

(Jiddu Krishnamurti)

„Was hinter uns und was vor uns liegt, sind winzige Kleinigkeiten im Vergleich zu dem, was in uns liegt."

(Henry Stanley Haskins)

In den ersten fünf Kapiteln haben wir uns darauf konzentriert, wie man empathisch auf andere eingeht und eine Sicht der Welt untersucht, nach der die Bedürfnisse aller Menschen wertvoll sind und zählen. Doch wie kümmert man sich gleichzeitig um die eigenen Bedürfnisse und die anderer? Diese Aufgabe gehen wir in diesem Kapitel über die Technik der Selbst-Empathie an. Wie Sie sehen werden, ist diese Technik vielseitig einsetzbar. Selbst-Empathie hilft uns, mit Kritik umzugehen, Kummer zu bewältigen und Entscheidungen zu treffen, und sie fördert Selbstakzeptanz und Selbsterkenntnis. Sie ist auch hilfreich bei der Auseinandersetzung mit unseren eigenen „Macken" oder inneren Dämonen sowie bei Interaktionen mit anderen.

Wenn etwas, was eine andere Person sagt oder tut, heftige Gefühle in uns auslöst, kann es schwierig sein, mit Mitgefühl oder gar mit völliger Bewusstheit oder Entscheidungsfreiheit zu reagieren. Wenn die eigene „Empathie-Batterie" fast leer ist, fällt es schwer, für andere präsent zu sein oder Interesse aufzubringen. Indem Sie Selbst-Empathie praktizieren und sich bewusst werden, welche Gefühle und Bedürfnisse Sie selbst im Augenblick haben, können Sie Ihre „Empathie-Batterie" wieder aufladen. Je stärker Sie mit sich selbst verbunden sind, desto eher sind Sie fähig, präsent zu sein und mit Mitgefühl zu reagieren. Wenn Sie Ihre eigene Technik der Selbst-Empathie entwickeln und Wege finden, Ihre tiefsten Sehnsüchte zu erkennen, anzunehmen und zu würdigen, wird Ihnen das zu einem Gefühl inneren Friedens verhelfen und Sie befähigen, frei und selbstbewusst mit anderen Verbindung aufzunehmen.

6.1 Die „umgekehrte goldene Regel"

Auf der ganzen Welt, unabhängig von Kultur und Sprache, lautet die goldene Regel: „Behandle andere so, wie du selbst behandelt werden möchtest." Das Gegenteil, das die Rhetorik-Professorin Lois Einhorn, eine ehemalige Kollegin von mir, die „umge-kehrte goldene Regel" nennt, stimmt ebenfalls: „Behandle dich selbst so, wie du andere behandelt sehen möchtest." Wenn wir uns empathisch mit den Menschen um uns herum verbinden, wollen wir uns auch mit uns selbst empathisch verbinden, denn die Voraussetzung für harmonische Beziehungen ist, dass die Bedürfnisse aller berücksichtigt werden. Doch viele stellen fest, dass sie mit sich selbst sehr oft in einem kritischen und scharfen Ton reden. Vielleicht halten sie es für „selbstsüchtig", sich um die eigenen Bedürfnisse zu kümmern, und glauben, das würde auf Ablehnung stoßen und zu trennenden Konflikten führen.

Wie bereits ausgeführt, sind Empathie und Selbst-Empathie die zwei Seiten einer Medaille. Wenn wir kein Mitgefühl mit uns selbst haben und uns nicht um uns selbst kümmern, ist es uns unmöglich, anderen Empathie zu geben. Auf Flügen werden wir angewiesen, bei einem Druckabfall im Fahrgastraum zuerst selbst die Sauerstoffmaske anzulegen, bevor wir anderen helfen. Ähnliches gilt für ein empathisches Miteinan-der. Wenn Sie nicht zuerst die Empathie bekommen, die Sie brauchen, wie sollen Sie dann für einen anderen Menschen präsent sein können? Erst wenn Ihre Batterie voll ist – wenn Sie die Empathie bekommen, die Sie brauchen –, können Sie ganz für andere da sein und ihre Botschaften hören, auch so unangenehme wie Kritik, Forde-rungen oder Vorwürfe.

6.2 Nach innen gerichtete Empathie

Wie Sie sich vielleicht denken können, praktizieren wir Selbst-Empathie auf eine ganz ähnliche Weise, wie wir anderen Empathie geben. Der einzige Unterschied ist, dass wir, statt uns auf die Gefühle und Bedürfnisse anderer zu konzentrieren, unsere „Empathie-Antennen" eine Weile auf uns selbst richten, um uns bewusst zu machen, was in uns vorgeht. Wir fragen uns „Fühle ich mich …, weil ich … brauche?" und verbinden unsere Gefühle und Bedürfnisse mit klaren Beobachtungen und Bitten. Sie können diese Schritte entweder still für sich im Kopf durchführen oder indem Sie laut mit sich oder mit jemand anderem reden (idealerweise nicht mit der Person, die Ihre Reaktion auslöste). Sie können sich dabei auch Notizen machen. Manche Leute benut-zen dafür gern ein Tagebuch, um aus der Selbst-Empathie eine regelmäßige Übung zu machen.

Die vier Schritte der Selbst-Empathie

Wenn ich sehe / höre / daran denke _____ (Beobachtung),

fühle ich mich / empfinde ich _____ (Gefühl),

weil ich _____ brauche (Bedürfnis).

Weil ich mir dessen bewusst bin, hätte ich gern _____ (Bitte).

Bei Selbst-Empathie konzentrieren Sie sich auf das, was momentan in Ihnen lebendig ist (was Sie aufregt oder belastet und für Sie wahr ist). Auch wenn es dabei vielleicht um frühere Handlungen geht, die Sie bedauern, reden Sie über Ihre Erfahrung in der Gegenwart. Sie könnten zum Beispiel sagen: „Wenn ich an … (ein vergangenes Geschehnis) denke, fühle ich mich …" Nach diesem Satz fahren Sie mit den restlichen Schritten des Modells fort, machen sich also bewusst, was Sie brauchen, und überlegen sich dann eine Bitte oder Strategie, um das Bedürfnis zu befriedigen. Durch die vier Schritte können Sie sich bewusst werden, auf welche Weise die Vergangenheit in der Gegenwart immer noch lebendig ist.

Wenn Sie zum ersten Mal Selbst-Empathie praktizieren, kommt es Ihnen vielleicht komisch vor, eine Bitte an sich selbst zu richten. Wenn Sie mit sich selbst reden, äußern Sie natürlich nicht unbedingt eine formale Bitte wie: „Wärst du bereit …?" Da Sie schon mit Ihren Gefühlen und Bedürfnissen verbunden sind, ist dieser letzte Schritt lediglich eine Gelegenheit, sich zu überlegen, was Sie an diesem Punkt vielleicht tun möchten, um dazu beizutragen, dass Ihre Bedürfnisse befriedigt werden.

Es kann schwierig sein, Verhaltensweisen allein dadurch zu ändern, dass man sich mit der *Absicht*, sich anders zu verhalten, verbindet. Eine klare, positive und erfüllbare Bitte an sich selbst zu richten kann hier deshalb hilfreich sein. Wenn Sie zum Beispiel feststellen, dass Sie sich träge fühlen und mehr Energie haben wollen, könnten Sie, statt sich zu sagen „Ich will mich mehr bewegen", eine klare, positive und erfüllbare Bitte formulieren, die den Vorsatz enthält, zum Beispiel in dieser Woche an drei Tagen jeweils 20 Minuten Gymnastik zu treiben oder eine Freundin zu bitten, mit Ihnen zu joggen, oder bis zum Ende der Woche drei örtliche Fitnesscenter anzurufen und sich nach ihren Trainingsprogrammen und Gebühren zu erkundigen. Die Strategie, die Sie wählen, ist variabel; wichtig ist, dass Sie einen klaren, positiven und machbaren Schritt unternehmen, der Sie der Verwirklichung Ihres Vorsatzes und der Erfüllung Ihrer Bedürfnisse näher bringt. (Zur Formulierung klarer, positiver und erfüllbarer Bitten siehe Kapitel 5.)

„Manchmal will ich nur, dass jemand mir zuhört und für mich da ist. Und dann fällt mir ein, dass ich mir selbst zuhören und selbst für mich da sein kann."
(Stephanie)

Wenn Sie Selbst-Empathie praktizieren, ist es hilfreich, zuerst auf Ihre körperlichen Empfindungen zu achten. Spüren Sie eine Verspannung, einen Druck, ein Gefühl der Enge oder Hitze? Wenn ja, wo haben Sie diese Empfindung? Im Rücken, Kiefer, Kopf oder Brustkorb? Achten Sie während des Prozesses, nachdem Sie Ihre Gefühle und Bedürfnisse ermittelt haben, erneut auf Ihre körperlichen Empfindungen, um festzustellen, ob Sie eine Veränderung spüren. Wenn Sie seufzen oder merken, dass sich eine innere Anspannung auf andere Art löst, ist das oft ein Zeichen dafür, dass Sie nun tief mit Ihren Gefühlen und Bedürfnissen verbunden sind. Vielleicht möchten Sie auch Ihre Gefühle nochmals überprüfen, um zu sehen, ob sie sich verändert haben.

Wenn ich in mich hineinhorche, bevor ich Selbst-Empathie praktiziere, schätze ich manchmal ab, wie groß in diesem Augenblick meine innere Anspannung oder mein Stress auf einer Skala von eins bis zehn ist. „Zehn" bedeutet, dass ich mich total gestresst fühle, und „eins" bedeutet, dass ich mich total wohl oder entspannt fühle. Wenn ich Selbst-Empathie praktiziert habe, horche ich erneut in mich hinein, um herauszufinden, auf welchem Stress-Level ich jetzt bin. Wenn ich immer noch bei „fünf" oder „sechs" bin, kann ich noch einmal genauer nachforschen, was ich empfinde und brauche, weil meine Selbst-Empathie-Übung möglicherweise noch nicht abgeschlossen ist.

Beim Praktizieren von Selbst-Empathie ist es auch sehr wichtig, dass Sie, wenn Sie Ihre vordringlichen Bedürfnisse erkannt haben, deren Energie so aufnehmen, als wären sie bereits erfüllt. Dazu nehmen Sie sich für jedes Bedürfnis einen Augenblick Zeit und erinnern sich an eine Situation, in der es erfüllt wurde. Sie können sich auch vorstellen, dass das Bedürfnis in Ihrem Leben voll befriedigt wird und wie sich das in Ihrem Körper anfühlt. Wenn Sie sich mit dem Bedürfnis verbinden, als wäre es befriedigt, können Sie spüren, wie wertvoll oder „nährend" es ist, wie Ihr Befinden sich verändert (auch Ihr körperliches) und wie Sie mit einer anderen Einstellung und Energie auf den ursprünglichen Auslöser Ihrer Gefühle reagieren.[6] Wenn Sie die Liste der Bedürfnisse auf Seite 323 durchlesen, als wäre sie bloß ein Einkaufszettel, und sich nicht völlig mit dem bestehenden Bedürfnis verbinden, als wäre es befriedigt, haben Sie vielleicht nicht viel davon, wenn Sie Selbst-Empathie praktizieren. Die Erinnerung und Erfahrung, wie erfüllte Bedürfnisse sich anfühlen, verbindet uns mit uns selbst, verhilft uns zu einem neuen Verständnis, das uns weiterbringt, und verschafft uns Erleichterung, während wir GFK praktizieren.

---

6   Ich möchte dem vom Center for Nonviolent Communication (CNVC) zertifizierten GFK-Trainer Robert Gonzalez danken, der diese Technik entwickelt und im GFK-Netzwerk bekannt gemacht hat. Was wir hier die „Energie" des (befriedigten) Bedürfnisses nennen, nannte er die „Schönheit" des Bedürfnisses.

ÜBUNG

Übung 1: Auf unsere Urteile achten, Mitgefühl erzeugen

A. Denken Sie an eine kürzlich getroffene Entscheidung, über die Sie unglücklich sind, oder an ein unlängst gezeigtes Verhalten, das Sie bedauern. Beschreiben Sie die Entscheidung/das Verhalten objektiv mit wenigen Worten oder Sätzen (Beobachtungsschritt).

3. Wie urteilen Sie über sich selbst, weil Sie sich so entschieden oder verhalten haben? Schreiben Sie Ihre Urteile nieder. (Die Auseinandersetzung mit Ihren Urteilen über sich selbst kann Ihnen helfen, die darunterliegenden Gefühle und Bedürfnisse zu erkennen.)

C. Machen Sie sich nun bewusst, was Sie empfinden und brauchen, wenn Sie daran denken, was geschehen ist und zu welchen Urteilen über sich selbst Sie deswegen gelangten. Schreiben Sie drei bis fünf Gefühle und Bedürfnisse auf.

D. Horchen Sie in sich hinein: Hat die Verbindung mit Ihren Gefühlen und Bedürfnissen bewirkt, dass Sie sich nun wohler oder anders fühlen (auch körperlich)? Wenn Sie feststellen, dass Sie immer noch angespannt sind oder andere körperliche Missempfindungen haben, möchten Sie vielleicht die vorherigen Schritte wiederholen und das eine oder andere Urteil, Gefühl oder Bedürfnis näher untersuchen. Denken Sie daran, sich während dieses Prozesses mit der Energie des erfüllten Bedürfnisses zu verbinden, indem Sie sich daran erinnern oder sich vorstellen, wie es sich anfühlt, wenn dieses Bedürfnis völlig befriedigt wird.

6.3 Selbstmitleid ist etwas anderes

Wer zum ersten Mal von Selbst-Empathie hört, kann sie mit Selbstmitleid verwechseln. Doch das sind zwei ganz verschiedene Dinge. Selbst-Empathie heilt und stärkt, denn es geht hier um unsere elementaren Bedürfnisse im Leben und darum, wie wir sie befriedigen können. Wir übernehmen die Verantwortung für unsere Gefühle, statt andere für sie verantwortlich zu machen. Wir feiern, wer wir sind, was wir am meisten schätzen und dass wir Wahlmöglichkeiten haben. Wenn wir uns dagegen selbst bemitleiden, empfinden wie uns als Opfer und übernehmen keine Verantwortung für unsere Gefühle. Wir urteilen über uns und berauben uns unserer Stärke und Entscheidungsfreiheit.

> Ich wurde zu der Einstellung erzogen, dass man stark sein muss und sich von nichts runterziehen lassen darf. Alles andere sei ein Zeichen von Schwäche. (Phillip, ein Student)

Betrachten wir ein Beispiel. Zwei Freunde beschließen, zum Tauchen und Schnorcheln nach Florida zu reisen. Sie schlagen ihrem Freund Vincent vor, sie zu begleiten. Vincent würde liebend gerne mitgehen. Er hat gerade tauchen gelernt und brennt darauf, es zu üben. Außerdem macht es ihm wirklich Spaß, mit diesen Freunden unterwegs zu sein. Gleichzeitig hat er sich fest vorgenommen, dieses Jahr seine Schulden abzubezahlen und anzufangen, auf eine Eigentumswohnung zu sparen. Nach seiner Absage ist er frustriert und niedergeschlagen. Es ist bereits die zweite Reise, auf die er aus Geldgründen verzichtet.

Selbstmitleid würde in diesem Fall so klingen:

> Das ist unfair. Warum kann ich nicht mitfahren? Was haben die beiden mir voraus?

> Ich verdiene Besseres. Ich sollte die gleichen Chancen haben, Urlaub zu machen, wie sie.

> Wie kommt es, dass ich nie genug Geld habe? Wenn meine Eltern mich nur mehr unterstützt hätten! Das Problem fing damit an, dass ich zu viele Kredite aufnehmen musste, als ich auf dem College war.

Selbst-Empathie könnte dagegen so klingen:

> Wenn ich an die Reise denke, bin ich wirklich frustriert. Ich würde liebend gerne mitfahren, Spaß haben, mich entspannen und mit meinen Freunden zusammen sein. Es würde mir auch gefallen, mehr übers Tauchen zu lernen und mehr Erfahrungen zu sammeln.

> Wenn ich an die Reise denke, werde ich auch nervös. Meine Schulden belasten mich schon seit Monaten. Ich will diese Sorge wirklich loswerden. Und ich bin begeistert von meinem Plan, Geld für eine Eigentumswohnung zurückzulegen. Wenn ich daran denke, fühle ich mich wohl und voller Energie. Ich will wirklich ein schöneres Zuhause haben und mehr Platz – und die Sicherheit, die der Besitz einer eigenen Wohnung mir geben kann.

In den Beispielen für Selbstmitleid konzentriert Vincent sich auf das, was ihm fehlt. Er fühlt sich seinen Freunden unterlegen (Was haben die beiden mir voraus?), vergleicht seine Situation mit ihrer (Ich sollte die gleichen Chancen haben wie sie), hadert mit sich (Wie kommt es, dass ich nie Geld habe?) und sieht die Ursache seines Problems in äußeren Umständen – darin, dass seine Eltern ihn während seines Studiums nicht ausreichend unterstützt haben, sodass er Kredite aufnehmen musste. Vincent betrachtet sich und sein Leben als statisch und unveränderlich: Er bekommt nie genug, und das Leben ist unfair.

In den Beispielen für Selbst-Empathie ermittelt Vincent die Bedürfnisse, die seine Gefühle der Frustration und Niedergeschlagenheit auslösen: Es sind Bedürfnisse nach Entscheidungsfreiheit, Entspannung, Verbundenheit und Zugehörigkeit. Ihm ist bewusst, wie wichtig ihm diese Qualitäten sind und wie sehr er sie sich in seinem Leben wünscht. Er sieht auch seine Wahlmöglichkeiten. Seine Entscheidung, auf die Reise zu verzichten und seine Schulden abzuzahlen, macht ihn zuversichtlich, dass er sein Ziel, eine eigene Wohnung zu besitzen, erreichen kann. Da er seine Bedürfnisse kennt und schätzt, könnte er sich auch andere Strategien überlegen, sie zu befriedigen. Er könnte beschließen, sich einen Tag Urlaub zu nehmen, um mit seinen Freunden in der näheren Umgebung etwas zu unternehmen, oder sich vornehmen, nach der Arbeit etwas zu tun, was ihm Spaß macht, um sich zu entspannen. Er könnte sich auch dafür entscheiden, in seiner Region einen Tauchkurs für Fortgeschrittene zu machen, um sein Wissen zu vertiefen, oder irgendeine andere Strategie wählen, die seine Bedürfnisse befriedigt, ohne seine Sparpläne zu gefährden.

Ironischerweise brauchen wir Empathie gerade dann am meisten, wenn wir im Selbstmitleid verharren. Wenn wir uns selbst bemitleiden, fühlen wir uns häufig niedergeschlagen und mutlos, sind vielleicht sogar verzweifelt. Da wir die Ursache unserer Misere außerhalb von uns sehen und an einem statischen Bild von uns selbst und der Welt festhalten, haben wir wenig oder keine Hoffnung, dass die Dinge sich ändern. Selbst-Empathie fördert die Zuversicht und Bewegung, die wir uns wünschen. Wir können uns auf das konzentrieren, was wir im Leben wollen; können betrauern, dass gewisse Bedürfnisse vielleicht nicht völlig befriedigt werden, und uns für Handlungen entscheiden, die uns am besten dienen. Dabei können wir Selbstakzeptanz, unsere Entscheidungsfreiheit und eine neue Stärke genießen.

ÜBUNG

Übung 2: Sich aus dem Selbstmitleid herausreißen

Teil eins:
Lesen Sie noch einmal die Äußerungen durch, bei denen Vincent in Selbstmitleid verfällt, und stellen Sie sich vor, Sie wären er. Was empfinden Sie, auch körperlich, wenn Sie diese selbstmitleidigen Äußerungen lesen und über sie nachdenken? Lesen Sie dann die Äußerungen, bei denen Vincent Selbst-Empathie praktiziert. Wie unterscheiden sich die selbstmitleidigen Äußerungen energetisch von den selbst-empathischen?

Teil zwei:
Denken Sie an eine Situation zurück, in der Sie sich selbst bedauerten (Selbstmitleid).

A. Beschreiben Sie die Situation in ein bis zwei Sätzen.
B. Wenn Sie voller Selbstmitleid über diese Situation nachdenken, wie beurteilen Sie dann sich selbst oder andere?
C. Wie fühlen Sie sich?

D. Welcher Bedürfnisse sind Sie sich bewusst?

E. Hat das Praktizieren von Selbst-Empathie Ihnen zu einem besseren Verständnis verholfen und / oder Ihnen Erleichterung verschafft?

6.4 Selbst-Empathie für unsere „Fehler"

> Manchmal kann ich kaum glauben, wie hart ich mit mir umgehe – mir missfällt, wie ich aussehe, wie ich rede oder wie ich lache. Selbst die Art, wie ich mich kritisiere, gefällt mir nicht besonders.
> (Eine Studentin)

Zum Selbstmitleid kommen manchmal noch Selbstkritik, Reue und Scham wegen einer getroffenen Entscheidung. Als wir sie trafen, erschien uns vielleicht aufgrund unserer Bedürfnisse, der verfügbaren Informationen und unserer damaligen inneren Verfassung eine bestimmte Handlung als die beste (oder einzige) Lösung. Im Nachhinein stellen wir jedoch fest, dass sie nicht all unsere Bedürfnisse befriedigte oder nicht die gewünschte Wirkung hatte. In solchen Augenblicken üben wir oft Selbstkritik: „Wie konnte ich nur so dumm sein?" „Warum mache ich immer wieder dieselben Fehler?" „Ich hätte auf den Rat meiner Freunde hören sollen!" Wir hadern mit uns selbst, weil wir so gehandelt oder entschieden haben. Vielleicht machen wir uns auch Sorgen, wie andere unsere Handlungen finden könnten und ob sie unser Verhalten verurteilen.

In solchen Zeiten, in denen wir mit uns selbst hadern, kann es uns schwerfallen, Mitgefühl und Verständnis für uns selbst zu haben. Vielleicht denken wir sogar: „Ich verdiene kein Mitgefühl." Oder: „Ich sollte für das, was ich getan habe, büßen." Wir sind es gewöhnt, so zu denken, weil wir das gelernt haben. Es entspricht der in unserer Kultur vorherrschenden Überzeugung, dass Strafe und Leid notwendig sind, um Leute dazu zu bringen, das zu tun, was sie tun „sollten", um zu lernen und zu wachsen und um die Harmonie wiederherzustellen, wenn Menschen Schaden erlitten haben. Vielleicht befürchten wir, wieder eine „falsche" Entscheidung zu treffen, wenn wir uns nicht „bestrafen". Wir machen uns Selbstvorwürfe, weil wir Effektivität, Wachstum, Bewegung und Hoffnung wollen.

Natürlich können wir all diese Bedürfnisse befriedigen, ohne uns selbst zu verurteilen oder uns Vorwürfe zu machen – durch Selbst-Empathie und Verständnis. Tatsächlich belegen Forschungsergebnisse und anderes Beweismaterial, dass Bestrafung und ein „Sollte"-Denken nicht zu langfristigen Veränderungen führen und auch nicht zu Verbindungen, die das Leben bereichern und positive Gefühle hervorrufen. Vielmehr führt diese Art von Selbstgespräch nur zu weiteren Seelenqualen und unbefriedigten Bedürfnissen, zum Beispiel zu denen nach Entscheidungsfreiheit, Selbstakzeptanz, Respekt und Autonomie. Wenn wir uns selbst sagen, dass wir etwas „tun sollten" oder

„hätten anders machen sollen", hat das dieselbe Wirkung, wie wenn jemand anderes uns das sagt. Wenn wir uns sagen, was wir tun sollten oder tun müssen, ohne lebensdienliche positive Gründe zu erkennen, warum ein solches Handeln für uns sinnvoll wäre, kann das leicht zu Widerstand und Rebellion führen. Niemand will gesagt bekommen, was er tun soll – nicht einmal von sich selbst!

Haben wir zudem ein festes statisches Bild von uns – wenn wir meinen, dass wir eine bestimmte Art von Mensch sind oder dass wir uns nie ändern werden („So bin ich eben: faul, gedankenlos und egozentrisch") –, fällt es uns möglicherweise noch schwerer, uns eine Veränderung vorzustellen und sie herbeizuführen. Ein solches Selbstbild verstärkt das Verhalten, das wir ändern wollen, und entmutigt, statt zu motivieren. Ich kenne zwar keine spezielle Studie darüber, doch ich denke, je höher, statistisch gesehen, die Wahrscheinlichkeit ist, dass wir zu uns selbst einen „Sollte-Satz" sagen („Ich sollte das Rauchen aufgeben, abnehmen, weniger Geld ausgeben, mehr Zeit mit der Familie verbringen" etc.), desto unwahrscheinlicher ist es, dass wir uns tatsächlich in die gewünschte Richtung bewegen. Um es mit der alten Redewendung von Zuckerbrot und Peitsche zu verdeutlichen: Die Peitsche ist das „Sollte-Denken", und das Zuckerbrot ist die Verbindung mit unseren Grundwerten und dem, was wir im Leben erfahren und erreichen wollen.

ÜBUNG

Übung 3: Sich von „Sollte-Gedanken" befreien

Teil eins:

Welche „Sollte-Sätze" sagen Sie zu sich? Denken Sie an Situationen, in denen Sie „Sollte-Sätze" zu sich gesagt haben oder sagen könnten, und vervollständigen Sie die nachfolgenden Sätze:

A. „Ich hätte nie _____ sollen."

B. „Ich sollte nicht so _____ sein."

C. „Ich sollte nicht immer _____ sein."

D. „Ich hätte es besser wissen sollen, als _____ ."

Teil zwei:

A. Wie fühlen Sie sich, wenn Sie sich diese „Sollte-Sätze" sagen?

B. Welche Bedürfnisse haben Sie?

Teil drei:

Spürten Sie eine andere Energie, als Sie sich nach den „Sollte-Sätzen" mit Ihren Gefühlen und Bedürfnissen verbunden haben? Was empfanden Sie davor und was danach in Ihrem Körper?

6.5 Zwei Teile von uns: Der Entscheider und der Erzieher

Manche Menschen finden es hilfreich, sich beim Nachdenken über Selbstkritik, Schuld und „Sollte-Sätze" zwei Teile vorzustellen: den *Entscheider* und den *Erzieher* (der manchmal auch „innerer Kritiker" oder „loyaler Soldat" genannt wird). Der Entscheider ist der Teil von uns, der Entscheidungen trifft, die er für lebensdienlich hält. Der Erzieher ist der Teil von uns, der enttäuscht oder frustriert ist oder sogar Angst hat, wenn er an die Entscheidung und ihre Auswirkungen denkt. Der Erzieher will, dass wir aus unseren Entscheidungen lernen, damit wir uns bei zukünftigen sicherer fühlen.

Denken Sie an das letzte Mal zurück, als Sie eine Entscheidung trafen, die Sie inzwischen bereuen. Ihr Entscheider wünscht sich wahrscheinlich Verständnis für die getroffene Entscheidung. Ihr Erzieher ist die innere Stimme, die über die Entscheidung verärgert oder unglücklich ist. Wenn Ihr Entscheider und Ihr Erzieher sich mitten in einem inneren Konflikt befinden, ist es am hilfreichsten, ihnen der Reihe nach empathisch zuzuhören. Was empfanden und brauchten Sie, als Sie diese Entscheidung trafen, um Ihre Bedürfnisse zu befriedigen? Was empfindet und braucht Ihr Erzieher, wenn er über die Entscheidung und Ihre Auswirkungen nachdenkt?

Es kann auch hilfreich sein, über die zwei Fragen nachzudenken, die wir uns weiter vorne in diesem Buch gestellt haben: Was wollen wir im Leben, und wie wollen wir es erreichen? Wir alle haben Bedürfnisse nach Effektivität, Kompetenz, Teilhabe und Sinn. Mithilfe von Selbst-Empathie können wir feststellen, ob unsere Entscheidungen effektiv sind, und auf eine Art lernen und wachsen, die unseren Werten voll entspricht.

Betrachten wir ein aus dem Leben gegriffenes Beispiel dafür, Klarheit zu gewinnen, Erleichterung erfahren und eine Veränderung herbeiführen zu können, und zwar durch Selbst-Empathie und indem wir zuhören, was unser Entscheider und unser Erzieher zu sagen haben.

Über die letzten Jahre habe ich ein Haus renoviert, das ich zusammen mit meinen Eltern gekauft hatte. Während der Renovierung hatte ich zahlreiche Probleme mit verschiedenen Handwerkern. Zwei von ihnen nahmen Anzahlungen und stellten die vereinbarten Arbeiten nicht fertig bzw. nahmen sie gar nicht erst auf oder führten sie nicht in der gewünschten Qualität durch. Nachdem ich wieder genug Geld zusammengespart hatte, beauftragte ich kürzlich einen dritten Handwerksbetrieb damit, die Arbeiten fertigzustellen. Ich war sehr glücklich darüber, wie flott alles voranging, deshalb leistete ich eine zweite Zahlung – und am nächsten Tag riefen die Handwerker an, um mir mitzuteilen, dass sie nicht zur Arbeit erscheinen würden! „Oh nein", dachte

---

7   „Sollte" mich nicht bzw.: Sag mir nicht, was ich tun sollte.

ich. „Ich habe schon wieder denselben Fehler gemacht!" Ich übte viel Selbstkritik: „Wie konnte mir das erneut passieren? Lerne ich denn nie dazu? Ich bin zu vertrauensselig! Ich hätte mir das besser überlegen sollen nach all den Erfahrungen, die ich schon gemacht habe!" Der Gedanke, dass ich mit diesem dritten Handwerker in die gleiche Situation geraten war wie mit den beiden anderen, war sehr schmerzlich für mich.

Als ich meinem Erzieher zuhörte, war schnell klar, was dieser Teil von mir wollte: Gewissheit, dass die Arbeiten fertiggestellt wurden und dass ich genug Geld beisammen hatte, um sie zu bezahlen. Er wollte auch Hoffnung auf einen Lernprozess, Selbstentfaltung und Wachstum. Und er wünschte sich den Abschluss der ganzen Situation und Entspannung. Selbstvertrauen war für mich das große Kernbedürfnis: Ich wollte darauf vertrauen können, dass ich meine eigenen Bedürfnisse ernst nahm (nicht nur die der Handwerker).

Ich nahm mir auch die Zeit, herauszufinden, welche Bedürfnisse mein Entscheider durch die Entscheidung, die ich traf, befriedigen wollte. Ich war glücklich und erleichtert über die Kompetenz der neuen Handwerker und die Schnelligkeit, mit der sie arbeiteten. Ich leistete eine zweite Zahlung, weil ich ihnen Anerkennung zollen und meine Wertschätzung zeigen wollte. „Endlich habe ich Handwerker gefunden, auf die ich mich verlassen kann!" Das war das positive Urteil, das mich dazu veranlasst hatte, vielleicht vorschnell den zweiten Scheck auszustellen – auf einen Betrag, der höher war als der vereinbarte Anteil, den ich in dieser Phase der Arbeiten zu bezahlen hatte.

Als ich mich mit all diesen Bedürfnissen verband und sowohl meinem Erzieher als auch meinem Entscheider empathisch zuhörte, holte ich tief Luft und stellte fest, dass ich mich sehr viel entspannter fühlte. Erleichtert trat ich einen Schritt zurück, betrachtete das große Ganze und stellte mir eine Frage: Was wollte ich in dieser Situation nun wirklich passieren sehen? Ich erkannte, dass ich mich am meisten nach einer „positiven" Erfahrung sehnte: Ich wünschte mir die Fertigstellung der Arbeiten in der von mir erhofften Qualität sowie Vertrauen und Sorglosigkeit im Umgang mit den Handwerkern. Ich wollte kein „Drama" mehr erleben. Ich wollte meine Angst, meine Anspannung und meinen Ärger über mich selbst loswerden. Ich wünschte mir Harmonie, Frieden, Bewegung, Vertrauen und Entspannung. Kurz gesagt, ich wollte diesmal eine andere Erfahrung machen, was die Qualität der Arbeiten und die Geschäftsbeziehung zwischen mir und den Handwerkern betraf.

Als ich mich mit diesen Kernbedürfnissen verband, geschah etwas Überraschendes. Ich erinnerte mich daran, dass ich ungeachtet dessen, was die Handwerker taten oder nicht taten, immer noch frei entscheiden konnte, wie ich darauf reagierte. Wie die Sache ausging, hing nicht nur von ihren Handlungen ab, sondern auch von meiner *Reaktion* auf ihre Handlungen. Ich erinnerte mich auch daran, dass ich gar nicht wusste, was als Nächstes passieren würde. Es war sehr gut möglich, dass die Handwerker am nächsten Tag wieder zur Arbeit erschienen. Ich erkannte, dass ich in Wirklichkeit auf ein „Was wäre wenn" reagiert hatte und dabei von meinen vorherigen Erfahrungen ausgegangen war. Vielleicht stimmte das, was die Handwerker als Grund für ihr Nichterscheinen angegeben hatten (dass alle einen grippalen Infekt hatten). Mir dämmerte auch, wie meine Äußerungen und Entscheidungen zu den vorherigen Situationen beigetragen haben könnten. Weil ich mich für machtlos hielt, war ich jedes Mal so nervös, dass ich von jedem Handwerker das Schlimmste annahm. Das beeinflusste in jeder Situation mein Verhalten: Meine Angst verlieh ihm etwas Forderndes und Verzweifeltes. Nach dieser Erkenntnis empfand ich neues Mitgefühl mit den vorherigen Handwerkern und überlegte mir, was ich *jetzt*, in der momentanen Situation, anders machen wollte.

Ich beschloss, die Begründung der Handwerker für ihr Fernbleiben nicht mehr anzuzweifeln. Stattdessen rief ich zurück und hinterließ eine Nachricht, in der ich zum Ausdruck brachte, wie sehr ich ihre bisher geleistete Arbeit schätzte und dass ich mich darauf freute, sie am nächsten Tag wiederzusehen. Und tatsächlich erschienen sie am nächsten Tag und erledigten die Arbeiten im Laufe der folgenden Woche. Ich beschloss auch, trotz meiner Zufriedenheit mit ihrer Arbeit keine weitere Zahlung zu leisten, bis sie fertig waren und der Architekt alles abgesegnet hatte.

Auch wenn die Handwerker vielleicht so oder so wiedergekommen wären und die Arbeiten zu Ende geführt hätten, war es wirklich befreiend für mich, in dieser Situation Selbst-Empathie zu praktizieren und meinem Entscheider und meinem Erzieher zuzuhören. Das verhalf mir zu einem neuen Verständnis dessen, was vorher passiert war, und zu Selbstakzeptanz und Gelassenheit im Umgang mit dem, was gerade geschah. Ich glaube, dass es auch dazu führte, dass ich auf die Handwerker ganz anders reagierte als zuvor, was wiederum die Geschäftsbeziehung zwischen ihnen und mir verbesserte und die Wahrscheinlichkeit erhöhte, dass sie gerne auf die Baustelle zurückkehrten und ihre Aufgaben wie vereinbart erledigten.

ÜBUNG

Übung 4: Dem Entscheider und dem Erzieher zuhören

Denken Sie an eine unlängst getroffene Entscheidung, über die Sie unglücklich sind. Beschreiben Sie in höchstens drei Sätzen, was geschah (die Entscheidung, die Sie trafen). Erstellen Sie nun zwei Listen, eine für den „Entscheider" und eine für den „Erzieher". Notieren Sie in jeder Liste alle Gedanken und Urteile des jeweiligen Teils von Ihnen zu der Situation. Übersetzen Sie dann diese Urteile in Gefühle und Bedürfnisse. Wenn Sie damit fertig sind, möchten Sie sich vielleicht überlegen, was Sie angesichts all Ihrer Gefühle und Bedürfnisse nun tun wollen. Wie verbesserte es Ihr Verständnis der Situation und / oder Ihr Befinden, dass Sie Ihrem Entscheider und Ihrem Erzieher zugehört haben?

6.6 Unbefriedigte Bedürfnisse betrauern – feiern, was uns wichtig ist

Meine Erfahrung mit den Handwerkern gab mir Gelegenheit, Entscheidungen, die ich bei den vorherigen getroffen hatte, zu betrauern: mir mein Bedauern und unbefriedigte Bedürfnisse bewusst zu machen. Dadurch wurde mir tief deutlich, was ich in der Situation wirklich schätzte und was ich als Nächstes erfahren wollte. In der Gewaltfreien Kommunikation ist das Trauern ein bewusster Prozess, bei dem wir uns auf unsere unbefriedigten Bedürfnisse konzentrieren und uns daran erinnern, wie sehr wir diese in unserem Leben schätzen. Wir vertiefen unser Bewusstsein dafür, wie es uns bereichert, wenn die Bedürfnisse befriedigt werden, und wie viel uns daran liegt, dass wir und alle anderen Menschen diese Qualitäten erfahren. Durch den Prozess des Trauerns verarbeiten wir eine Erfahrung von Kummer oder Verlust, indem wir würdigen, was uns am wichtigsten ist.

Haben Sie je die Erfahrung gemacht, etwas zu vermissen oder zu verlieren und erst durch den Verlust seinen Wert voll zu erkennen? Wenn wir zum Beispiel den Verlust eines geliebten Menschen betrauern, feiern wir eigentlich dessen Leben und all die Arten, auf die er zu unserem Wohl und dem anderer beitrug. Wenn wir unbefriedigte Bedürfnisse betrauern, durchlaufen wir einen ähnlichen Prozess in Bezug auf Entscheidungen, die wir getroffen haben. Dazu kann gehören, dass wir einfach über die Bedeutung dieser Werte nachdenken oder dass wir uns Situationen vorstellen, in denen wir sie voll gelebt und diese Erfahrung genossen haben, oder dass wir uns an Bilder oder sogar körperliche Erfahrungen erinnern, die mit den Bedürfnissen, die uns wichtig sind, in Zusammenhang stehen.

Unbefriedigte Bedürfnisse zu betrauern ist etwas ganz anderes, als uns selbst oder anderen Schuld zuzuweisen. Wenn wir uns wegen einer getroffenen Entscheidung „schlecht" (unsicher oder niedergeschlagen) fühlen, neigen wir dazu, schnell zu Urteilen oder Selbstvorwürfen überzugehen, auf die dann eine blitzschnelle Entschuldigung oder eine reaktive neue Strategie folgt. Durch die Technik des Trauerns verstehen und verarbeiten wir die Erfahrung auf einer viel tieferen Ebene, was zu einer größeren Selbstakzeptanz führt. Indem wir Bedürfnisse, die durch unsere Entscheidungen unbefriedigt blieben, betrauern, und erfüllte Bedürfnisse feiern, würdigen wir auf zwei verschiedene Arten das, was wir im Leben am meisten wollen und schätzen. Wenn wir uns unserer Bedürfnisse bewusst sind, fällt es uns wesentlich leichter, Entscheidungen zu treffen, die sie befriedigen.

ÜBUNG

Übung 5: Bedürfnisse, die durch eine Entscheidung unbefriedigt blieben, betrauern

Teil eins

Versetzen Sie sich in eine der Situationen zurück, die Sie in Übung 3 bearbeitet haben. Nehmen Sie sich ein paar Minuten Zeit, um sich den Wert jedes ermittelten Bedürfnisses voll bewusst zu machen. Stellen Sie sich jedes Bedürfnis als erfüllt vor, zum Beispiel indem Sie an einen Augenblick denken, in dem es befriedigt wurde, oder sich ausmalen, wie es wäre und wie sich (auch körperlich) anfühlen würde, wenn es völlig befriedigt würde. Achten Sie darauf, wie Ihr Körper reagiert, wenn Sie sich das Bedürfnis als erfüllt vorstellen. Fühlen Sie sich irgendwie erleichtert, befreit oder entspannt? Sobald Sie eine Veränderung dieser Art spüren, kann es hilfreich sein, sich zu überlegen, was Sie jetzt vielleicht gerne tun würden, um diese Bedürfnisse, die Ihnen so wichtig sind, zu befriedigen oder zumindest zu würdigen.

Teil zwei

Vor drei Monaten nahm Sylvester, der einen Vollzeitjob hat, zusätzlich einen Teilzeitjob an, um sein Einkommen aufzubessern. Jetzt fühlt er sich überfordert und entmutigt. Nichts läuft wirklich gut. Er hat Mühe, rechtzeitig zur Arbeit zu erscheinen, weil er so müde ist. Seine Beziehung zu seiner Partnerin hat sich wesentlich verschlechtert, und er hat aufgehört, mit seinen Freunden Softball zu spielen, was er immer genoss.

A. Welche Bedürfnisse versuchte er möglicherweise zu befriedigen, als er beschloss, den Teilzeitjob anzunehmen?
B. Welche Bedürfnisse scheinen durch diese Entscheidung nicht erfüllt zu werden?

ÜBUNG

Übung 6: Von Selbstvorwürfen zur Selbst-Empathie

Teil eins

Denken Sie an drei Dinge, die Sie in der letzten Woche getan haben und die Ihnen nicht gefielen oder über die Sie traurig, enttäuscht oder frustriert sind. Beschreiben Sie jeweils, wie Sie sich verhielten oder was Sie sich tun sahen (Beobachtung), wie Sie das, was Sie taten, beurteilen, wie Sie sich fühlen, wenn Sie daran denken, und welche Bedürfnisse durch Ihr Verhalten unbefriedigt blieben.

Hier ist ein Beispiel:

Beobachtung (Was ich getan habe)	Selbstvorwürfe (Gedanken über das, was ich getan habe)	Gefühle (Wenn ich daran denke, was ich getan habe)	Bedürfnisse, die unerfüllt blieben
Ich sagte zu einem meiner Kinder: „Sei still!" – in einer Lautstärke und einem Ton, die mir nicht gefielen.	Ich war grob, gemein, unfair, unvernünftig und kein Vorbild für meine Kinder.	traurig, entmutigt, reumütig, bedrückt	Fürsorge, Rücksicht, Bewusstheit, Selbstverbundenheit, Wahlfreiheit, Integrität

Teil zwei

Betrachten Sie jede der drei Situationen, die Sie in Teil eins beschrieben haben. Wären Sie mit jemand anderem genauso streng wie mit sich selbst? Wenn nicht, warum? Welche Gedanken über die andere Person und / oder die Situation könnten dazu führen, dass Sie für sie mehr Verständnis und Mitgefühl haben? Welche Gedanken über Ihr eigenes Verhalten führen dazu, dass Sie sich Vorwürfe machen?

Teil drei

Fällt Ihnen nun, da Sie sich Ihrer Gefühle und unerfüllten Bedürfnisse in den drei Situationen bewusst sind, zu jeder eine Bitte ein, die Sie an sich selbst richten könnten? Eine Bitte zum obigen Beispiel, in dem ein Elternteil ein Kind angeschrien hat, könnte lauten: „Wenn ich das nächste Mal merke, dass ich wirklich wütend und ungeduldig bin, würde ich gern eine kurze Auszeit nehmen – den Raum für fünf Minuten verlassen –, um mich zu beruhigen und mich wieder mit meinen Gefühlen und Bedürfnissen zu verbinden."

6.7 Verlegenheit, Angst und Scham: Mit doppelter Kritik umgehen

Wenn wir Dinge sagen oder tun, die im Widerspruch zu unseren Werten stehen, fühlen wir uns oft unsicher, verlegen oder ängstlich. In diesen Augenblicken bleibt nicht nur unser Bedürfnis, unsere Werte zu leben, unbefriedigt, sondern vielleicht auch unser Bedürfnis, bewusste Entscheidungen zu treffen, oder unser Bedürfnis, mit Rücksicht auf andere zu handeln. Vielleicht fühlen wir uns angreifbar und empfinden Angst oder Scham, weil wir uns fragen, was andere von uns denken könnten. Das kann besonders dann der Fall sein, wenn wir eine Bestrafung oder „Konsequenzen" fürchten. In solchen Augenblicken wünschen wir uns vielleicht Akzeptanz, Verständnis, Sicherheit und Vertrauen im Verhältnis zu anderen. Wenn wir Selbst-Empathie praktizieren, ist es hilfreich, all unsere Bedürfnisse zu betrachten, auch die, die durch unsere Handlungen unerfüllt blieben, sowie Bedürfnisse, die möglicherweise unbefriedigt sind, weil wir von anderen beobachtet und beurteilt werden.

Betrachten wir ein Beispiel. Tim gilt als der Star der Basketball-Mannschaft seines Colleges und gehört zu den Spielern, die übers Jahr die meisten Punkte erzielen. Nach vielen Jahren hat seine Mannschaft sich endlich für die College-Meisterschaften qualifiziert. Tim weiß, dass sein Trainer, seine Mitspieler und das ganze College auf ihn zählen. In der letzten Minute der Nachspielzeit lässt er den Ball fallen, und die andere Mannschaft gewinnt. Wenn er an das verlorene Spiel denkt, ist er traurig, enttäuscht, entmutigt, verunsichert, bestürzt und fassungslos. Als er den Ball fallen ließ, blieben seine Bedürfnisse nach Kompetenz, Effektivität und Mitwirkung unerfüllt. Wenn er daran denkt, was passiert ist und wie andere nun wohl über ihn urteilen, fühlt er sich verletzlich, nervös, unverbunden und ängstlich. Diese Gefühle sind mit Bedürfnissen nach Vertrauen, Akzeptanz, Verständnis und Unterstützung verbunden. Da Tim sich sowohl seiner eigenen Gefühle und Bedürfnisse als auch der möglichen Gefühle und Bedürfnisse anderer bewusst ist, ist er eher in der Lage, mit anderen über seine Ängste zu reden, und hat dadurch bessere Chancen, die Verbundenheit und Unterstützung zu erfahren, die er sich wünscht. Er könnte zum Beispiel zu seinem Trainer sagen:

> „Ich bin immer noch geschockt. Ich kann nicht fassen, dass ich in der letzten Minute den Ball fallen ließ – besonders nachdem ich in diesem Spiel bereits so viele Punkte erzielt hatte. Ich dachte wirklich, ich würde dieses Jahr einen entscheidenden Beitrag zum Erfolg der Mannschaft leisten. Ich bin auch ein bisschen nervös – ich frage mich, wie du über das, was passiert ist, denkst?"

Was der Trainer oder sonst jemand auch denken mag: Indem Tim auf diese Weise nachfragt, kann er sich mit anderen verbinden und herausfinden, wie sie die Situation beurteilen. In diesem Beispiel äußert Tim seine Gefühle und Bedürfnisse, auch dass er nervös ist, weil er wissen möchte, was sein Trainer denkt, und weil er nicht weiß, wie er reagieren wird.

Ich habe die meiste Zeit meines Lebens mit Ängsten vor dem Urteil anderer gekämpft und weiß inzwischen aus eigener Erfahrung, dass das, was die Leute tatsächlich denken, in 99,9 Prozent der Fälle Lichtjahre von dem Urteil entfernt ist, das ich befürchte. Meistens denken die Leute an ihre eigenen Probleme und Sorgen. Tims Trainer könnte zum Beispiel die Sorge haben, dass sein Vertrag womöglich nicht verlängert wird, und sich fragen, ob diese Niederlage seiner Mannschaft die Entscheidung darüber beeinflussen wird. Statt von den Menschen, deren Urteil ich fürchte, Zorn oder Verachtung zu erfahren, finde ich gewöhnlich Verständnis und Mitgefühl. In den seltenen Fällen, in denen ich ein Urteil höre, kann ich mich entscheiden, stumm Selbst-Empathie zu praktizieren, um mich zu beruhigen, und dann empathisch auf die Gefühle und Bedürfnisse der anderen Person eingehen. Tim und sein Trainer könnten zum Beispiel nach Tims obiger Äußerung das folgende Gespräch führen:

> *Trainer (äußert laut seine Urteile über Tim)*: „Du hast es verpatzt – in dem Augenblick, in dem die Mannschaft dich brauchte, bist du erstarrt! Wir haben doch besprochen, was in solchen Situationen zu tun ist – du hättest früher eingreifen sollen!"
>
> *Tim (praktiziert still Selbst-Empathie)*: „Uff! Wenn ich den Trainer sagen höre ‚Du hast es verpatzt!', bin ich echt frustriert und aufgebracht. Ich weiß, dass ich den letzten Wurf verpasst habe, aber ich habe der Mannschaft in diesem Jahr wirklich sehr geholfen – ich glaube nicht, dass wir ohne meinen Beitrag so weit gekommen wären. Ich hätte gern etwas Anerkennung für alles, was ich für die Mannschaft getan habe."
>
> *Tim (gibt dem Trainer – und sich selbst – still Empathie)*: „Bestimmt ist er sehr enttäuscht, weil wir so nahe dran waren, die Meisterschaft zu gewinnen. Das ist das erste Mal, seit er Trainer wurde, dass wir so weit kamen. Jetzt müssen wir die nächsten beiden Spiele gewinnen. Ich kann verstehen, dass er frustriert ist, und ich weiß, dass für ihn viel von unserem Abschneiden abhängt."
>
> *Tim (gibt dem Trainer laut Empathie)*: „Ja, ich weiß, das ist sehr ärgerlich für dich. Du hast dir große Hoffnungen gemacht, dass wir die Meisterschaft dieses Jahr gewinnen, und jetzt bist du wahrscheinlich nervös und unsicher, ob wir es schaffen."
>
> *Trainer*: „Ja, das stimmt. Ich wollte dich nicht anblaffen – wir waren nur schon so nahe dran, und dieses Spiel hätte die Vorentscheidung sein können! Ich weiß, dass du dein Bestes gegeben hast."

Als der Trainer sich verstanden fühlt, kann er besser verstehen, wie Tim zumute ist. Tim ist fähig, dem Trainer Empathie zu geben, weil er zuerst Selbst-Empathie praktiziert und seine eigenen unerfüllten Bedürfnisse betrauert hat. Dann stellt er Vermutungen an, welche Gefühle und Bedürfnisse der Trainer in dieser Situation haben könnte. Das gegenseitige Verständnis und das gemeinsame Ziel verbinden die beiden wieder. Als Tim den Trainer nach seiner Meinung fragt und sein eigenes Unbehagen über das, was passiert ist, zum Ausdruck bringt, schafft er Raum für ein Gespräch und die Klärung von Missverständnissen.

> **ÜBUNG**
>
> **Übung 7: Doppelte Kritik entschärfen**
>
> Denken Sie an etwas, was Sie getan haben, über das Sie unglücklich sind und von dem Sie befürchten, dass andere es verurteilen könnten. Wie beurteilen Sie die Entscheidung, die Sie trafen, und welche Gefühle und Bedürfnisse haben Sie, wenn Sie an sie denken? Wie könnten andere Ihrer Meinung nach diese Entscheidung beurteilen? Wie fühlen Sie sich und welche Bedürfnisse haben Sie, wenn Sie an diese Urteile denken?
>
> Beschreiben Sie zuerst in ein oder zwei Sätzen die Situation und notieren Sie dann:
> Meine Urteile über das, was ich getan habe.
> Meine Gefühle, wenn ich daran denke.
> Meine Bedürfnisse, wenn ich daran denke.
> Mögliche Urteile anderer über das, was ich getan habe.
> Meine Gefühle, wenn ich an die möglichen Urteile anderer denke.
> Meine Bedürfnisse, wenn ich an die möglichen Urteile anderer denke.

6.8 Selbst-Empathie für volle Entscheidungsfreiheit

> Ich könnte das, was ich will, so machen, wie ich will, wenn ich herausfinden könnte, was ich will.
> (Andrew)

Selbst-Empathie fördert nicht nur Mitgefühl für getroffene Entscheidungen und hilft uns, Differenzen mit anderen zu klären, sondern kann uns auch Entscheidungen in der Gegenwart erleichtern. Dabei ist es hilfreich, sich daran zu erinnern, dass unsere Bedürfnisse nicht miteinander konkurrieren. Alle Bedürfnisse sind lebensdienlich und wertvoll. Wenn wir Selbst-Empathie praktizieren, machen wir uns unsere Bedürfnisse bewusst, ohne sie zu bewerten oder zu beurteilen. Vielmehr machen wir sozusagen eine Bestandsaufnahme, bei der wir all unsere Bedürfnisse ermitteln, um sie zu würdigen und um festzustellen, welche zu diesem Zeitpunkt vordringlich sind. Wenn eine Entscheidung ansteht, können wir die verschiedenen Strategien, die wir in Erwägung ziehen, auf einem Blatt Papier notieren und dann die Bedürfnisse auflisten, die durch jede Strategie befriedigt würden oder unerfüllt blieben. Dann stellen wir uns die Bedürfnisse als erfüllt vor und verbinden uns mit ihrer Energie (wobei wir auch auf unsere körperlichen Empfindungen achten), um zu erkennen, auf welche Bedürfnisse wir im Augenblick reagieren wollen. Wenn wir uns für eine entsprechende Strategie entschieden haben, betrauern wir die Bedürfnisse, die durch sie nicht erfüllt werden. In der nachfolgenden Übung sehen Sie ein Beispiel, wie dieser Prozess aussehen kann.

ÜBUNG

Übung 8: Entscheidungen treffen, die Bedürfnisse befriedigen

Grace stand kurz vor ihrem Bachelorabschluss und war sich unschlüssig, was sie danach tun sollte. Ein Teil von ihr meinte, dass sie sich eine Arbeit suchen sollte, um ins Berufsleben zu starten und Geld zu verdienen. Gleichzeitig dachte sie, dass es von Nutzen sein könnte, weiter zu studieren und einen höheren Abschluss zu machen. Und ein anderer Teil von ihr sehnte sich nach dem Sinn und Abenteuer eines einjährigen Freiwilligendienstes im Ausland.

Situation: Was mache ich nach dem Bachelorabschluss?

	Strategie A: weiter studieren	Strategie B: einen Job suchen	Strategie C: Friedenskorps
Gefühle, wenn ich über diese Strategie nachdenke	begeistert, beflügelt, nervös, gespannt	unsicher, gelangweilt, offen, aufgeregt	begeistert, ängstlich, inspiriert, neugierig
Bedürfnisse, die diese Strategie erfüllt	Lernen, Herausforderung, Wachstum, Gemeinschaft, Sinn, Selbstentfaltung, Hoffnung (auf mehr Chancen / Möglichkeiten in der Zukunft)	Lebenserhalt, Sicherheit, Wahlmöglichkeiten (dank finanzieller Mittel), Selbstvertrauen, Unabhängigkeit, Herausforderung, Wachstum, Weiterentwicklung, Lernen	Sinn, Abenteuer, Herausforderung, Wahlmöglichkeiten, Wachstum, Lernen, Teilhabe, Engagement für die Welt, Lebendigkeit
Bedürfnisse, die diese Strategie nicht erfüllt	finanzielle Sicherheit und Unabhängigkeit auf kurze Sicht, Freiraum (das Masterstudium ist lernintensiv), Vorhersehbarkeit, Sorglosigkeit	Sinn, Abenteuer, Wachstum, Lernen	Sicherheit, Schutz, Vorhersehbarkeit, Sorglosigkeit, Bequemlichkeit, finanzielle Sicherheit (zumindest während des Einsatzes)

Grace ging nach dem oben beschriebenen Schema vor, um zu einer Entscheidung zu gelangen. Sie ermittelte all ihre Bedürfnisse, verband sich mit deren Energie und achtete gleichzeitig auf die Gefühle und körperlichen Empfindungen, die jede der drei Optionen bei ihr auslöste. Am Ende beschloss sie, sich für den Freiwilligendienst im Ausland zu bewerben. Sie erkannte, dass die Bedürfnisse, die durch diese Entscheidung befriedigt wurden, in ihr am „lebendigsten" waren. Gleichzeitig akzeptierte sie, dass andere Bedürfnisse (z.B. nach finanzieller Sicherheit / Sorglosigkeit während des Dienstes im Friedenskorps) dadurch unerfüllt blieben. Sie war bereit, mit diesen unerfüllten Bedürfnissen zu leben, um eine besondere Lebenserfahrung zu machen. Als sie sich bewusst machte, welche Bedürfnisse die verschiedenen Optionen erfüllten und welche nicht, achtete sie besonders darauf, wie ihr Körper auf jede reagierte. Als sie an den Freiwilligendienst im Ausland dachte, spürte sie, wie ihr leicht ums Herz wurde und wie ihr ganzer Körper von Energie durchströmt wurde. Gleichzeitig empfand sie ein wenig Angst (die sie als ein flaues Gefühl im Magen wahrnahm), doch ihre Begeisterung war stärker.

Nun sind Sie dran. Denken Sie an eine anstehende Entscheidung, wegen der Sie sich vielleicht hin- und hergerissen fühlen.

A. Notieren Sie auf einem Blatt Papier die verschiedenen Strategien, die Sie in Erwägung ziehen.

B. Schreiben Sie unter jede Strategie, wie Sie sie finden. Konzentrieren Sie sich dann auf Ihre Gefühle. Welche Empfindungen und welche Energie spüren Sie in Ihrem Körper? Vielleicht finden Sie es hilfreich, Ihre Fantasie zu benutzen, um sich mit Ihren Gefühlen zu verbinden. Stellen Sie sich vor, wie Sie die Strategie, über die Sie gerade nachdenken, Schritt für Schritt in die Tat umsetzen. Welche Gefühle und körperlichen Empfindungen haben Sie bei dieser Vorstellung? Wie groß ist Ihr Verlangen oder Ihre Bereitschaft, diese Strategie umzusetzen?

C. Nachdem Sie sich auf diese Weise ganz mit Ihren Gefühlen verbunden haben, überlegen Sie sich, welche Bedürfnisse jede Strategie befriedigen würde. Benennen Sie jedes Bedürfnis und denken Sie darüber nach, wie sehr Sie es schätzen würden, die Befriedigung dieses Bedürfnisses zu erfahren. Sie können sich auch vorstellen, dass Sie in jeder Hand ein Bedürfnis halten, das erfüllt würde, und „abwägen", wie lebendig jedes Bedürfnis momentan in Ihnen ist.

D. Wenn Sie die obigen Schritte vollzogen haben, horchen Sie in sich hinein, um festzustellen, ob Sie Klarheit gewonnen haben oder ob Sie nun vielleicht eine andere Strategie bevorzugen als vorher. Falls Sie sich immer noch unschlüssig sind, möchten Sie vielleicht noch einmal zurückgehen und überprüfen, ob Sie alle Gefühle und Bedürfnisse, die im Spiel sind, voll erkannt und berücksichtigt haben.

E. Wenn Ihnen klar geworden ist, welche Strategie Sie wählen möchten, überprüfen Sie, ob diese irgendwelche Bedürfnisse unbefriedigt lassen würde. Wenn ja, würdigen Sie diese Bedürfnisse. Machen Sie sich bewusst, wie sehr Sie sie schätzen und wie sehr Sie sie in Ihrem Leben erfahren wollen. Vielleicht möchten Sie sich überlegen, wie offen Sie dafür sind, diese Bedürfnisse im Moment auf eine andere Art oder zu einem späteren Zeitpunkt durch eine andere Strategie zu erfüllen. Die Betrachtung und

> Berücksichtigung aller relevanten Bedürfnisse ist wichtig, um eine Entscheidung zu treffen, mit der Sie zufrieden sind.
>
> F. Fanden Sie diese Übung hilfreich? Hat Sie Ihnen zu einigen neuen Erkenntnissen verholfen, auch was die Entscheidungsfindung und die Berücksichtigung all Ihrer Bedürfnisse betrifft? Schreiben Sie Ihre gewonnenen Erkenntnisse nieder.

6.9 Verantwortung für unsere Entscheidungen übernehmen

Manchmal denken wir, dass wir keine Wahl haben und dass wir etwas tun *müssen*. Wenn ich das denke, erinnere ich mich daran, dass es Dinge gibt, die einem niemand nehmen kann. Ihre Autonomie – Ihre Fähigkeit, selbst zu entscheiden – kann Ihnen niemand nehmen. In manchen Situationen wünschen Sie sich vielleicht, Sie hätten mehr oder andere Wahlmöglichkeiten, aber Sie haben immer eine Wahl. Betrachten Sie das nachfolgende Beispiel aus dem täglichen Leben:

> *Tim*: „Mist – ich muss morgen arbeiten.“
> *Jack*: „Was würde passieren, wenn du nicht zur Arbeit gehen würdest?“
> *Tim*: „Dann würde ich gefeuert.“
> *Jack*: „Du entscheidest dich also dafür, arbeiten zu gehen, weil du die Sicherheit haben willst, dass du deinen Job behältst?“
> *Tim*: „Ja, ich denke schon.“

Wenn Sie in Kategorien von Belohnung und Bestrafung denken, haben Sie vielleicht das Gefühl, keine Wahl zu haben. Wenn Sie nicht zur Arbeit gehen, verlieren Sie Ihren Job: Das wird in unserer Gesellschaft tatsächlich oft als eine „Strafe“ angesehen oder zumindest als eine Konsequenz. Doch zur Arbeit zu gehen oder nicht ist eine Strategie, um eigene Bedürfnisse zu befriedigen. Es sind diese Bedürfnisse – nicht Ängste vor einer drohenden Strafe –, auf die Sie reagieren, wenn Sie sich entscheiden, zur Arbeit zu gehen.

Letztlich haben wir alle die Wahl, wie wir selbst unter den schrecklichsten Umständen reagieren. Viktor Frankl, der Psychiater und Autor von *Der Mensch auf der Suche nach Sinn*, beobachtete zum Beispiel als Häftling in den Konzentrationslagern der Nazis, dass Menschen (selbst unter so extrem einschränkenden Umständen) Entscheidungen darüber trafen, wie sie mit diesem Umfeld umgingen. Sie entschieden sich zum Beispiel, mit anderen Insassen zusammenzuarbeiten oder zu konkurrieren, und sie trafen unterschiedliche Entscheidungen, was ihre Reaktionen auf die Aufseher betraf, von denen viele ein brutales Verhalten an den Tag legten. Manche schafften es selbst unter den unmenschlichsten Bedingungen, aus einem Geist des Mitgefühls heraus zu handeln.

Manchmal fällt es uns schwer, uns an die Wahlmöglichkeiten, die wir haben, zu erinnern. Wenn wir befürchten oder erfahren, dass Bedürfnisse nicht befriedigt werden, und wenn uns keine der Optionen, die wir sehen, gefällt, mögen wir das Gefühl haben, dass wir keine große oder gar keine Wahl haben. Indem wir uns bewusst machen, welche Bedürfnisse wir durch eine gewählte Strategie befriedigen oder zu befriedigen versuchen, erinnern wir uns daran, wozu wir durch diese Wahl Ja sagen, und können die Verantwortung für unsere Entscheidungen und für unbefriedigte Bedürfnisse übernehmen. Das ist oft auch der erste Schritt, um andere Strategien zu finden, die unsere Bedürfnisse befriedigen können.

Um noch einmal auf das obige Beispiel, den Dialog über die Arbeit, zurückzukommen: Wenn Tim bewusst ist, wie sehr es ihm widerstrebt, zu seiner Arbeit zu gehen, und welche Bedürfnisse sie ihm hilft zu befriedigen und welche nicht, kann dieses Wissen ihm helfen, neue Wege zu finden, diese Bedürfnisse zu befriedigen. Er könnte sich zum Beispiel eine neue Arbeit suchen, vielleicht einen Teilzeitjob, oder sich überlegen, was er an seiner jetzigen Arbeit verändern könnte, vielleicht indem er Bitten äußert. Wofür wir uns auch entscheiden, es verleiht uns eine neue Stärke und ist manchmal sogar befreiend, wenn wir die volle Verantwortung für unsere Entscheidungen und für die Bedürfnisse, die sie befriedigen, übernehmen; und wenn wir Bedürfnisse betrauern, die durch die gewählten Strategien nicht erfüllt werden.

ÜBUNG

Übung 9: Wahlmöglichkeiten entdecken

Üben Sie (wie im nachfolgenden Beispiel), „Müssen-Sätze" in Äußerungen zu übersetzen, die Ihre Wahlmöglichkeiten und die Bedürfnisse, die Sie durch Ihre Entscheidungen befriedigen können, zum Ausdruck bringen.

„Müssen-Satz"	Konsequenz, wenn Sie das Gegenteil tun	Übersetzung in eine positive Äußerung, die Ihre Entscheidung mit erfüllten Bedürfnissen begründet
„Ich muss dieses Wochenende nach Hause fahren, sonst bringt meine Mutter mich um."	„Wenn ich dieses Wochenende nicht nach Hause fahre, ist meine Mutter wahrscheinlich enttäuscht und gekränkt. Wir planen diesen Besuch seit Wochen, und sie sagte mir, dass sie sich darauf freut."	„Ich entscheide mich dafür, dieses Wochenende nach Hause zu fahren, weil ich weiß, dass ich meiner Mutter damit eine Freude mache und weil ich gerne mit ihr zusammen bin. Erfüllte Bedürfnisse: zum Wohl anderer beitragen, gegenseitige Zuneigung, Verbundenheit
„Ich muss dieses Wochenende einen Aufsatz schreiben."		
„Ich muss arbeiten gehen."		
„Ich muss meinen Freund anrufen."		

6.10 Empathische und nicht-empathische Entscheidungen

Es ist eine der befreiendsten und kreativsten Ideen der GFK, dass wir selbst entscheiden können, wie wir andere hören und wie wir auf sie reagieren. Wenn jemand uns eine Botschaft vermittelt, besonders eine, die wir als Kritik aufnehmen, gibt es zwei Entscheidungspunkte:

- Konzentrieren wir uns auf die andere Person oder auf uns selbst?
- Reagieren wir empathisch (indem wir uns auf Gefühle und Bedürfnisse konzentrieren) oder nicht-empathisch (mit Urteilen, Bewertungen und Schuldzuweisungen)?

Die Kombination dieser zwei Entscheidungspunkte führt zu vier Typen von möglichen Reaktionen:

Vier Typen von Reaktionen (empathisch und nicht-empathisch)			
Reiz:	*Fokus auf:*	*nicht-empathische Reaktion: Schuldzuweisungen, Urteile, Unverbundenheit*	*empathische Reaktion: Fokus auf Gefühle und Bedürfnisse*
Ein Elternteil sagt: „Deine Noten sind so schlecht, dass ich mich frage, warum du überhaupt zur Schule gehst, wenn du nicht bereit bist, dein Bestes zu geben."	die eigene Person	Sich selbst die Schuld geben: „Ich bin eine Niete. Ich verdiene es nicht, zur Schule zu gehen."	Empathie mit sich selbst: „Ich bin total traurig und wünsche mir verzweifelt etwas Verständnis und Unterstützung."
	die andere Person	Anderen die Schuld geben: „Du bist so ungerecht. Du hast keine Ahnung, was ich leisten muss."	Empathie mit anderen: „Bist du aufgebracht und besorgt, weil du sicher sein willst, dass ich mit den Entscheidungen, die ich treffe, zufrieden sein werde?"

Diese Entscheidungspunkte ergeben sich in jedem Gespräch, das wir führen. Reagieren Sie auf eine Weise, die nicht lebensverbindend ist, mit Kritik und Schuldzuweisung? Oder reagieren Sie mit Empathie? Auf wen richten Sie Ihre Energie im Augenblick, auf einen anderen Menschen oder auf sich selbst? Im Laufe eines Gesprächs wird sich der Fokus Ihrer Aufmerksamkeit immer wieder ändern. Im einen Augenblick möchten Sie vielleicht sich selbst Empathie geben, und im nächsten entscheiden Sie sich vielleicht, sich auf Ihre/n Gesprächspartner konzentrieren.

ÜBUNG

Übung 10: Vier Arten zu reagieren – Bewusstheit und Entscheidungsfreiheit

Vergegenwärtigen Sie sich die nachfolgend beschriebene Situation und vervollständigen Sie dann die vier Typen von möglichen Antworten (Fokus auf sich selbst oder auf andere und Fokus auf Gefühle und Bedürfnisse oder auf Urteile).

Auf einer Party erzählt Dan einen Witz über einen weißen Mann, der mit zwei „orientalischen" Frauen Sex hat. Peter sagt: „Der korrekte Ausdruck ist ‚Amerikanerinnen asiatischer Abstammung', und ich finde diesen Witz nicht komisch! Er ist rassistisch und beleidigend!"

Auf welche vier Arten könnte Dan in dieser Situation reagieren? Formulieren Sie eine Musterantwort für jede Art von Reaktion.

A. sich selbst die Schuld geben,
B. der anderen Person die Schuld geben,
C. Empathie mit sich selbst,
D. Empathie mit der anderen Person.

6.11   Der vierfache Weg des Mitgefühls

Wir haben in jedem Augenblick die Wahl, mit Mitgefühl zu reagieren oder nicht. In der vorherigen Tabelle finden sich zwei Arten, mitfühlend zu reagieren: Indem wir uns selbst Empathie geben (Selbst-Empathie) oder indem wir anderen Empathie geben (empathisch aufnehmen, was sie sagen). Es gibt noch zwei weitere Arten, für die wir uns entscheiden können. Oft stellen wir uns unter Selbst-Empathie einen stillen, inneren Prozess vor und unter einer empathischen Reaktion auf andere eine verbale Antwort. Wir können uns jedoch auch entscheiden, anderen mitzuteilen, was in uns vorgeht, indem wir ihnen unsere Beobachtungen, Gefühle, Bedürfnisse und Bitten beschreiben (das ist ehrlicher Selbstausdruck). Und wir können anderen empathisch zuhören, ohne zu sprechen oder zu antworten (stille Empathie). Die vier Typen mitfühlender Reaktionen unterscheiden sich also in zweierlei Hinsicht: Konzentriert sich meine Empathie auf mich selbst oder auf eine andere Person? Und bleibe ich dabei still oder äußere ich mich?

Vier Typen mitfühlender Reaktionen			
		Ausdruckweise	
		still	geäußert
Fokus auf	die eigene Person	(stille) Selbstempathie	ehrlicher (Selbst-)Ausdruck
Erfahrung der	anderen Person	(stille) Empathie	empathische Antwort

Die vier möglichen Arten mitfühlender Reaktionen (auf uns selbst oder andere; still oder geäußert) vollenden einen „Tanz". Wenn wir mitfühlend kommunizieren, bewegen wir uns zwischen diesen „Schritten" hin und her, je nachdem, welcher unserem Empfinden nach gerade am meisten zu Klarheit, Bewegung, Entspannung, Verständnis und Verbundenheit beiträgt. Diese Empathie-Varianten sind auch hilfreich, wenn wir Beobachtungen oder Bitten äußern (zum Beispiel wenn wir spiegeln, was wir eine andere Person sagen hörten, oder wenn wir sie bitten, kurz zu wiederholen, was sie uns sagen hörte) und wenn wir Strategien prüfen, die die Bedürfnisse aller Beteiligten berücksichtigen. Wenn wir die Klärung von Gefühlen und Bedürfnissen durch Beobachtungen und Bitten ergänzen, ist das vierteilige Modell der Gewaltfreien Kommunikation komplett.

ÜBUNG

Übung 11: Der Vier-Schritte-Tanz des Mitgefühls

Vergegenwärtigen Sie sich die folgende Situation und beschreiben Sie vier mögliche Reaktionsweisen, die im Sinne der GFK empathisch sind.

Jennifer ist wegen einer Behinderung auf einen Rollstuhl angewiesen. Eine Gruppe, zu der sie gehört, trifft sich in einem Restaurant, das nicht barrierefrei ist. Als sie die Person, die das Treffen organisiert hat, auf dieses Problem anspricht, erhält sie zur Antwort: „Nimm das bitte nicht persönlich. Wir wollen, dass alle kommen. Aber weil die Gruppe so groß ist, war das das einzige verfügbare Lokal, das genug Platz bot.

Wie könnte Jennifer in dieser Situation empathisch reagieren? Geben Sie ein Beispiel für jeden der vier Typen mitfühlender Reaktionen aus der vorhergehenden Tabelle.

6.12 Wer ist die / der Nächste?

Wenn wir mitfühlend reagieren wollen, wie entscheiden wir, auf wen wir uns zuerst konzentrieren und wann wir unseren Fokus ändern? Und wie entscheiden wir, wann wir von der Empathie zum Selbstausdruck übergehen oder umgekehrt?

Wenn wir an der Lösung eines Konflikts arbeiten, wollen wir uns dorthin wenden, wo die größte „Hitze" oder Energie herrscht. Welche Person oder Gruppe hat die intensivsten Gefühle und Bedürfnisse? Wer ist am zornigsten, kritischsten oder defensivsten? Wer braucht es am meisten, gehört zu werden? Das ist die Person, mit der wir anfangen, egal, ob wir selbst es sind oder ob es die andere Partei ist. Das entspricht dem Prinzip „Empathie vor Erklärung". Wenn eine Person oder Partei aufgebracht oder entnervt ist, wird es ihr schwerfallen oder unmöglich sein, die Sorgen von jemand anderem zu hören, zu verstehen und mitfühlend zu reagieren. Deshalb versuchen wir, eine Verbindung mit dieser Person herzustellen, indem wir ihr empathisch zuhören, bevor wir versuchen, ihr zu erklären, was ihre Entscheidungen für uns bedeuten oder wie wir die Dinge sehen.

Horchen Sie beim Ermitteln, wer besonders wütend oder aufgewühlt ist, in sich hinein und verbinden Sie sich durch Selbst-Empathie mit Ihren Gefühlen und Bedürfnissen. Wenn Sie sich mit sich selbst verbunden fühlen, möchten Sie vielleicht Ihre Empathie nach außen richten, auf die Person oder Gruppe, mit der Sie interagieren. Sich auf eine andere Person zu konzentrieren bedeutet nicht, dass Sie Ihre eigenen Gefühle und Bedürfnisse beiseiteschieben. Sie halten die Erkenntnisse, die Sie durch die Selbst-Empathie über sich gewonnen haben, lediglich zurück, bis die andere Person eine Chance erhalten hat, gehört zu werden, und Dampf ablässt. Wenn Ihre Selbst-Empathie Ihnen nicht den nötigen inneren Raum verschafft, um die andere Person zu hören, brauchen Sie vielleicht eine Pause, um von einer Freundin oder einem Freund Empathie zu erhalten oder andere Empathie-Techniken anzuwenden, bevor Sie versuchen, der anderen Partei zuzuhören. In der GFK wird diese Art stiller Selbstfürsorge „Notfall-Selbst-Empathie" genannt. Wenn Sie nicht so viel Empathie erhalten, wie Sie sich in dem Augenblick wünschen, können Sie durch Notfall-Selbst-Empathie wieder aufnahmefähig werden und mehr Möglichkeiten erkennen, auf andere zu reagieren.

Auch wenn das, was eine andere Person in einem Gespräch sagt, in Ihnen keine heftigen Gefühle auslöst, können Sie jederzeit eine „Kurzform" der Selbst-Empathie praktizieren, indem Sie zwischendurch kurz in sich hineinhorchen und sich Ihre Gefühle und Bedürfnisse bewusst machen: „Habe ich noch Energie für dieses Gespräch? Bin ich voll bei der Sache? Bin ich mir über diesen Punkt klar? Wie will ich fortfahren?"

Wenn Sie, während Sie sich mit anderen verbinden, immer wieder kurz in sich hineinhorchen, ist das so, als wenn Sie beim Sport Ihren Puls überwachen. Es optimiert Ihr „Training" und fördert in jedem Gespräch – auch in einem, das nicht „hitzig", sondern ganz alltäglich ist – den Gesprächsfluss, die Tiefe und das Verständnis. Tatsächlich ist das eine meiner bevorzugten GFK-Techniken. Viele Leute denken vielleicht erst bei einem Konflikt daran, GFK zu benutzen. Doch ich würde sagen, GFK in ganz alltäglichen Unterhaltungen hat mein Leben am meisten bereichert. So lernte ich immer besser, empathisch zuzuhören, sowohl anderen als auch mir selbst. Indem Sie immer wieder auf diese Weise in sich hineinhorchen, können Sie Ihre Verbundenheit mit sich selbst vertiefen. Dann bemerken Sie auch früher, wenn etwas Sie triggert (heftige Gefühle und / oder schlimme Erinnerungen in Ihnen auslöst), und Sie haben mehr Möglichkeiten, darauf zu reagieren.

Ich schätze diese Technik der kontinuierlichen Selbst-Empathie auch, weil sie mir hilft, im Hier und Jetzt zu bleiben – mich auf das zu konzentrieren, was *jetzt* in mir vorgeht, was die andere Person gerade durchlebt und worum es in dem Gespräch geht – statt an Dinge zu denken, die auf meiner Aufgabenliste stehen, zum Beispiel was ich zum Mittagessen kochen könnte, oder mich von irgendwelchen anderen „störenden" Gedanken zu dem, was gerade geschieht, ablenken zu lassen. Durch die Anwendung dieser Technik entwickelte ich eine größere Gewandtheit in der GFK, vertiefte meine Verbundenheit mit mir selbst und schärfte mein Bewusstsein für meinen Körper und seine Reaktionen, für meine Gefühle und Bedürfnisse und für meine Möglichkeiten, auf sie zu reagieren.

Je besser Sie durch Übung lernen, sich und anderen Empathie zu geben, desto klarer erkennen Sie, wie die verschiedenen Formen von Empathie zusammenhängen. Im Laufe eines Gesprächs nutzen Sie gewöhnlich jede Form von empathischer Verbindung: Selbst-Empathie, Empathie, Selbstausdruck und stille Empathie.

6.13   Durch unsere Urteile unsere Verbindung mit uns selbst vertiefen

In diesem Buch sprachen wir bereits ausführlich darüber, dass Urteile, Kritik, Schuldzuweisungen oder Analysen nicht zur Verbundenheit zwischen Menschen beitragen und oft Schmerz auslösen. Deshalb wollen wir nicht bei Urteilen stehenbleiben und sie in der Kommunikation mit anderen vermeiden. Doch sie können ein sehr hilfreicher erster Schritt sein, wenn wir uns mit unseren Gefühlen und Bedürfnissen verbinden. Wenn wir uns unserer Gedanken und Bewertungen bewusst sind, können wir die Intensität und Qualität unserer Gefühle verstehen und an den Worten, die wir benutzen, erkennen, was uns wichtig ist.

Wir können unsere Urteile einer mitfühlenden Person mitteilen, die bereit ist, uns dabei zu helfen, sie in Gefühle und Bedürfnisse zu übersetzen. Oder wir können sie bei der Selbst-Empathie still oder laut formulieren und / oder sie in ein Tagebuch schreiben. Wenn Ihre Urteile „heraus" sind, überlegen Sie sich, ob Sie jedes mit einem Gefühl oder einer körperlichen Empfindung verbinden können. Dann schauen Sie, ob die Worte, die Sie benutzen, Ihnen verraten, welche Bedürfnisse Ihren Gedanken und Gefühlen zugrunde liegen könnten.

Das folgende Beispiel zeigt, wie es aussieht, wenn wir bei der Selbst-Empathie Urteilen auf den Grund gehen, sie sozusagen „auspacken".

Eines frühen Morgens ist Mary Beth im Badezimmer beschäftigt und hört mit, wie Lisa, die sie als eine Freundin betrachtet, mit jemandem, den Mary Beth kaum kennt, über sie redet. Lisa erzählt dieser Person Dinge aus Mary Beths Privatleben, die diese ihr mit der Bitte, sie für sich zu behalten, anvertraut hat. Lisa lässt auch ein paar kritische Bemerkungen über Mary Beths Reife und Ehrlichkeit fallen. Mary Beth spürt, wie sie von Ärger, Wut, Schmerz und Enttäuschung überwältigt wird. Sie beschließt, ihre Gefühle und Bedürfnisse näher zu erforschen, bevor sie sich entscheidet, wie sie reagieren wird.

Sie zieht sich zurück und schreibt all die heftigen Gedanken nieder, die ihr in den Sinn kommen, wenn sie an Lisas Äußerungen denkt, unter anderem folgende Urteile:

- Ich kann nicht fassen, dass sie so eine falsche Person ist.
- Sie sagte, sie sei meine Freundin, und jetzt hat sie alles weitererzählt, was ich ihr anvertraut habe.
- Ich fühle mich so verraten und verletzt.
- Ich bin empört bei dem Gedanken, dass Leute, die ich kaum kenne, private Dinge über mich erfahren.
- Jetzt werden die Leute mich komisch ansehen.
- Wie konnte ich nur so dumm sein, ihr zu vertrauen?

Nachdem Mary Beth ihre Urteile niedergeschrieben hat, geht sie die Liste durch und ermittelt zu jeder Äußerung ihre Gefühle und Bedürfnisse. Die folgende Tabelle zeigt am Beispiel von zwei Äußerungen, welche Gefühle und Bedürfnisse das sein könnten. Beachten Sie, dass einige Bedürfnisse mehr als einmal auftauchen.

Äußerung	Gefühle: Bedürfnisse
1. „Ich kann nicht fassen, dass sie so eine falsche Person ist."	Wut: Vertrauen, Integrität Empörung: Freundschaft, Rücksicht Angst: Vertrauen, Sicherheit, Verständnis
2. „Sie sagte, sie sei meine Freundin, und jetzt hat sie alles weitererzählt, was ich ihr anvertraut habe."	Verzweiflung: Vertrauen, Freundschaft überwältigt: Integrität, Unterstützung verletzt: Freundschaft, Verständnis

Nachdem Mary Beth ihre Gefühle und Bedürfnisse ermittelt und eine Weile über sie nachgedacht hat, kann sie einige Bitten an sich selbst oder andere (einschließlich Lisa, falls Mary Beth mit ihr über die Situation sprechen möchte) formulieren, die ihr helfen könnten, ihre Bedürfnisse zu befriedigen.

ÜBUNG

Übung 12: Urteile in eine Live-Erfahrung umwandeln

Übersetzen Sie, ausgehend von Mary Beths Situation und den obigen Beispielen, die nachfolgenden Urteile in Gefühle und Bedürfnisse:

Äußerung	Gefühle: Bedürfnisse
1. „Ich bin empört bei dem Gedanken, dass Leute, die ich kaum kenne, so intime Dinge über mich erfahren."	
2. „Jetzt werden die Leute mich komisch ansehen."	
3. „Wie konnte ich nur so dumm sein, ihr zu vertrauen?"	

6.14 Aus der Energie von Bedürfnissen heraus kommunizieren

In einigen Übungen aus diesem Kapitel hatte ich Sie gebeten, Ihre Bedürfnisse in einer bestimmten Situation zu ermitteln. Die Absicht dabei ist jedoch nicht nur, dass Sie diese Bedürfnisse benennen können, sondern vor allem, dass Sie jedes Bedürfnis wirklich schätzen lernen und sich voll bewusst werden, wie viel es zu Ihrem Leben beiträgt. Im Bewusstsein dieser selbst-empathischen Verbindung können Sie Ihre täglichen Aktivitäten fortsetzen, zu denen in der Regel auch Gespräche gehören. Ihr Ziel ist es, durch das, was Sie sagen und tun, und durch die Art, wie Sie es sagen und tun, Ihre Verbindung mit den Bedürfnissen (mit der Energie der *erfüllten* Bedürfnisse) zum Ausdruck zu bringen.

ÜBUNG

Übung 13: Sich mit der Energie von Bedürfnissen verbinden und aus ihr heraus kommunizieren

A. Denken Sie an eine Situation, in der bei Ihnen Gefühle und Bedürfnisse ausgelöst wurden. Es kann eine Situation sein, in der Sie Ihre Bedürfnisse als befriedigt oder als unbefriedigt erfuhren. Beschreiben Sie in Form einer Beobachtung, was geschehen ist.

B. Benennen Sie ein Gefühl und ein Bedürfnis, das für Sie in dieser Situation eine Schlüsselrolle spielt.

C. Formulieren Sie eine Verbindungsbitte, die Sie äußern könnten, nachdem Sie Ihre Beobachtung, Ihr Gefühl und Ihr Bedürfnis zum Ausdruck gebracht haben, zum Beispiel: „Was geht in dir vor, wenn du das hörst?"

D. Äußern Sie die Beobachtung, das Gefühl, das Bedürfnis und die Bitte laut, ohne dass die Person, für die die Botschaft bestimmt ist, anwesend ist. Zum Beispiel: „Als du mich gebeten hast, meinen Koffer wegzuräumen, war ich ein bisschen verärgert, denn ich möchte, dass wir entspannt zusammenleben, und will das Gefühl haben, dass Raum für uns beide da ist. Ich frage mich, wie es für dich ist, das zu hören?" Achten Sie darauf, wie Sie dabei klingen. Liebenswürdig? Nüchtern? Offen für eine Verbindung von Herz zu Herz? Kommt das, was Sie sagen, aus Ihrem Kopf oder aus Ihrem Herzen? Entspringt es der Absicht, sich mit der anderen Person zu verbinden?

E. Nehmen Sie sich nun ein paar Minuten Zeit, um sich mit der Energie der Bedürfnisse zu verbinden. Wählen Sie ein Bedürfnis aus, das für Sie in der beschriebenen Situation eine zentrale Rolle spielt. Stellen Sie sich eine Zeit, eine Umgebung oder eine (reale oder hypothetische) Situation vor, in der dieses Bedürfnis voll und ganz und auf eine angenehme Weise erfüllt oder ausgelebt wird. Stellen Sie sich die ganze Szene bildlich vor. Was geschieht? Wer kommt darin vor? Was ist sonst noch da? Wie reagiert Ihr Körper? Welche Teile Ihres Körpers reagieren am stärksten? Auf welche Weise? Wie fühlen Sie sich, während Sie diese körperlichen Empfindungen haben? Achten Sie auf die Energie in den Teilen Ihres Körpers, die auf die Szene reagieren. Stellen Sie sich vor, dass diese Energie immer stärker wird und Ihren ganzen Körper durchströmt. Spüren Sie, wie sehr Sie dieses Bedürfnis lieben, wie sehr es zu Ihrem Wohlbefinden beiträgt? Konzentrieren Sie sich für einige Minuten voll auf Ihre körperliche und emotionale Erfahrung; genießen Sie, wie sehr Sie dieses Bedürfnis in Ihrem Leben schätzen und wie sehr es Ihnen hilft, diesen Wert zu erfahren.

F. Erhalten Sie die Verbindung mit der Energie des Bedürfnisses im Geiste aufrecht und äußern Sie noch einmal laut die Beobachtung, das Gefühl, das Bedürfnis und die Bitte. Klingt es anders, wenn Sie dabei mit der Energie des Bedürfnisses verbunden sind? Empfinden Sie das, was Sie sagen, diesmal anders? Welchen Einfluss könnte es Ihrer Meinung nach auf die zuhörende Person haben, wenn Sie, während Sie mit ihr kommunizieren, mit der Energie von (erfüllten) Bedürfnissen verbunden sind?

6.15 Selbst-Empathie durch Bilder, Musik und Bewegung

Wir finden es oft hilfreich, zur Beschreibung unserer Gefühle und Bedürfnisse Worte zu benutzen, um für uns und andere zu klären, was wir erleben, doch die Worte sind nicht die Erfahrung selbst. Für viele Leute können Bilder nützliche Werkzeuge sein, um ihre Erfahrung und ihre Wünsche zu begreifen, anzunehmen und zu würdigen. Um diese Technik zu testen, können Sie Bilder aus Zeitschriften, Tageszeitungen und dem Internet, die bei Ihnen bestimmte Gefühle und Bedürfnisse ansprechen, zu einer persönlichen Bildersammlung zusammenstellen. Vielleicht möchten Sie die Bilder durchsehen, wenn Sie über eine bestimmte Erfahrung nachdenken, und einige auswählen, die bei Ihnen Assoziationen wecken. Vielleicht möchten Sie die Bilder irgendwo platzieren, wo Sie sie den ganzen Tag oder die ganze Woche über betrachten können, um herauszufinden, ob Ihnen das hilft, eigene Gefühle und Bedürfnisse oder Gefühle und Bedürfnisse von anderen besser zu verstehen.

So wie manche Leute „Visionstafeln" (Vision Boards) anfertigen, können Sie diese Bilder auf ein Stück Papier oder Karton kleben und um sie herum die Gefühle und Bedürfnisse notieren, die Sie mit jedem Bild assoziieren. Sie können sich auch auf Gefühle und Bedürfnisse konzentrieren, die Sie in Ihrem Leben öfter erfahren möchten – zum Beispiel Freude, Spaß oder Ruhe –, und Bilder auswählen, die diese Bedürfnisse als erfüllt darstellen oder symbolisieren. Egal, wie Sie mit den Bildern arbeiten, achten Sie jedes Mal, wenn Sie sie betrachten, auf die Reaktionen Ihres Körpers, und nehmen Sie die Energie des befriedigten Bedürfnisses bewusst in sich auf.

Statt einer Bildersammlung können Sie auch eine Sammlung von Musikstücken zusammenstellen, die in Ihnen etwas auslösen, wenn Sie sie hören. Gibt es ein bestimmtes Musikstück, das Ihr Bedürfnis nach Ruhe erfüllt? Oder Ihr Bedürfnis nach Spiel, Lebensfreude oder Inspiration? Vielleicht möchten Sie Ihre Arme, Ihre Beine, Ihren Rumpf oder Ihren ganzen Körper bewegen, wenn Sie diese Musik hören, um stärker zu spüren, wie Sie sie erleben. Was geschieht, wenn Sie sich absichtlich anders bewegen? Zum Beispiel stärker oder schwächer oder ganz langsam? Werden Ihnen dann andere Gefühle oder andere (erfüllte oder unerfüllte) Bedürfnisse bewusst? Diese Erfahrung kann Spaß machen, und Sie können dabei Kinder einbeziehen. Sie können mit Ihren Gefühlen und Bedürfnissen „spielen", Ihr Bewusstsein für sie vertiefen und sie intensiver erfahren.

Gibt es einen Geruch oder einen anderen Sinneseindruck, auf den Sie reagieren, der Gefühle und Bedürfnisse in Ihnen weckt? Gibt es irgendetwas – zum Beispiel ein Tier, eine Pflanze, einen Gegenstand, einen Ort oder eine Handlung –, das als Metapher für das, was Sie empfinden oder schätzen, dienen könnte?

Jeder Mensch hat viele verschiedene Möglichkeiten, seine Erfahrungen zu verstehen. Nutzen Sie nach Belieben Ihre Fantasie, um Ihr Verständnis für Ihre Innenwelt zu erweitern. Alles, was Sie darin finden, ist eine unschätzbar wertvolle Information. Die Bedürfnisse, die Ihrer Erfahrung zugrunde liegen, sind alle positiv und lebensbereichend. Erkennen und erforschen Sie Ihre Gefühle und Bedürfnisse in Ihrer ganzen Vielfalt und lernen Sie sie schätzen, indem Sie Selbst-Empathie praktizieren. Alle Formen von Selbst-Empathie können ganz allgemein als ein Bewusstsein für Ihre Gefühle und Bedürfnisse in jedem Augenblick definiert werden.

6.16 Selbst-Empathie, um erfüllte Bedürfnisse zu feiern

Dieses ganze Buch hindurch haben wir verdeutlicht, dass es in der GFK darum geht, erfüllte und unerfüllte Bedürfnisse zu feiern. Manchmal sind wir so sehr auf die Lösung eines Konflikts fixiert, dass wir vergessen, wie schön und wirkungsvoll es ist, befriedigte Bedürfnisse zu benennen und zu feiern. Die Konzentration auf befriedigte Bedürfnisse, wenn wir, allein oder mit anderen, Selbst-Empathie praktizieren, ist eine tiefe Erfahrung. Wenn Sie das nächste Mal hocherfreut, glücklich, begeistert oder erleichtert sind oder irgendein anderes Gefühl empfinden, das mit erfüllten Bedürfnissen verbunden ist, nehmen Sie sich einen Augenblick Zeit und praktizieren Sie Selbst-Empathie, um Ihre Erfahrung zu vertiefen. Welche positiven Urteile über das, was geschehen ist, kommen Ihnen in den Sinn? Welche Gefühle und Bedürfnisse liegen diesen Urteilen zugrunde? Was ist Ihnen (auf der Bedürfnisebene) an dieser Erfahrung am wichtigsten? Sie können diese Form von Selbst-Empathie auch praktizieren, um sich mit Ihren Handlungen oder jeder beliebigen Erfahrung mit anderen Menschen oder der Welt auseinanderzusetzen.

6.17 Weitergehen

Es kann eine Weile dauern, bis Sie die Technik der Selbst-Empathie beherrschen. Nehmen Sie sich für jeden Schritt ebenso viel Zeit, wie Sie sich für Empathie für andere nehmen würden. Gestatten Sie es sich, Ihre Gefühle und Bedürfnisse bewusst wahrzunehmen und in Ihrer Einzigartigkeit voll anzunehmen und zu würdigen. Jedes Gefühl und jedes Bedürfnis erinnert Sie an Ihre innere Lebendigkeit. Es sagt Ihnen, dass Sie kein lebloses Etwas sind! Hören Sie auf Ihren Körper. Besinnen Sie sich auf die in den ersten beiden Kapiteln gemachten Vorschläge, wie Sie Ihr Bewusstsein für Ihre körperlichen Empfindungen schärfen können, um Ihre Gefühle und Bedürfnisse besser zu erkennen. Wenn Sie nicht mehr weiterkommen – wenn Sie sich unfähig fühlen, sich selbst die Empathie zu geben, die Sie brauchen, oder die Klarheit über Ihre Gefühle und Bedürfnisse zu gewinnen, die Sie sich wünschen –, könnten Sie auch jemanden um Hilfe bitten, der mit den Schritten der GFK vertraut und bereit ist, sie – als Ihr „Empathie-Partner" – mit Ihnen zusammen zu vollziehen.

Selbst-Empathie ist eine vielseitig einsetzbare Technik. Sie kann Ihnen helfen, genug Raum in sich selbst zu schaffen, um mit Mitgefühl, Entscheidungsfreiheit und Bewusstheit auf andere reagieren zu können. Sie kann Sie auch befähigen, auf eine freundliche und mitfühlende Art mit sich zu reden, wenn Sie in Selbstmitleid verfallen sind, Kritik fürchten oder sich mit „Fehlern" auseinandersetzen, die Sie gemacht haben. Sie kann Ihnen die Entscheidungsfindung erleichtern, besonders wenn es um Entscheidungen zwischen Strategien geht, die vielleicht einige Bedürfnisse befriedigen und andere unerfüllt lassen. Und sie hilft Ihnen, indem sie Sie mit der Energie erfüllter Bedürfnisse verbindet, das zu feiern, was Ihnen in Ihrem Leben am wichtigsten ist.

Weitere Fragen und Übungen, um Kapitel 6 zu vertiefen

A. Denken Sie über jede der folgenden Fragen nach und vervollständigen Sie dann die Tabelle darunter:
   1. Stellen Sie sich jede der drei Situationen vor, die in der ersten Spalte der Tabelle beschrieben sind. Welche Gefühle könnten Sie empfinden, wenn Ihnen das passiert? Welche Bedürfnisse könnten bei Ihnen ausgelöst werden? (Benutzen Sie die Gefühle-Liste auf Seite 321 f. und die Liste der Bedürfnisse auf Seite 323.)
   2. Nehmen Sie sich nach dem Ausfüllen der Tabelle ein paar Minuten Zeit, um in Ruhe über jedes Bedürfnis nachzudenken. Verbinden Sie sich tief mit ihm und machen Sie sich bewusst, wie wertvoll und wichtig es für Sie ist, wie sehr Sie es in Ihrem Leben schätzen. Vielleicht möchten Sie auch ein Bild oder einen Gegenstand finden, das / der für Sie dieses Bedürfnis anspricht.
   3. Überlegen Sie sich dann, was Sie in jeder Situation tun oder sich vornehmen könnten oder welche Bitte Sie an sich selbst richten könnten.

Situation	Gefühle	Bedürfnisse	Bitte an Sie selbst
Sie erhalten eine Absage auf eine Bewerbung um einen erhofften Job.			
Sie geraten während einer Unterhaltung über Politik in Streit mit einem Freund, der Ihre Vorstellungen „idiotisch" findet.			
Sie erfahren, dass Ihr nachmittäglicher Laborkurs ausfällt und dass Sie ihn nicht nachholen müssen. (Selbstempathie ist eine Technik, die bei erfüllten und bei unerfüllten Bedürfnissen angewendet werden kann.)			

4. Konnten Sie nach der obigen Übung eine Veränderung Ihres Verständnisses oder Ihrer Erfahrung der jeweiligen Situation feststellen? Wenn ja, beschreiben Sie diese Veränderung.

B. Das tägliche Üben von Selbst-Empathie kann Ihnen helfen, mitfühlend zuzuhören und zu handeln. Versuchen Sie in der nächsten Woche, wenn Sie merken, dass Sie auf eine Situation oder ein Ereignis reagieren, zwei bis fünf Mal die nachfolgenden Schritte zu vollziehen. Führen Sie ein Tagebuch über Ihre Selbst-Empathie-Übungen. Denken Sie daran, dass Empathie bei „erfüllten" Gefühlen und befriedigten sowie unbefriedigten Bedürfnissen praktiziert werden kann. Wie in diesem Kapitel besprochen, kann es auch hilfreich sein, zuerst Ihre Urteile zu betrachten, um mögliche Gefühle und Bedürfnisse „auszupacken". Hier sind die vier Grundschritte:

Beobachtung: Was geschieht gerade (Was sehe ich, was höre ich, woran denke ich?), das eine Reaktion in mir auslöst?

Gefühl: Welche Gefühle werden in mir ausgelöst?

Bedürfnis: Welche Bedürfnisse und Werte von mir werden im Augenblick nicht erfüllt?

Bitte: Welche Bitte kann ich an mich selbst (oder andere) richten, die meine Bedürfnisse befriedigen würde?

Vielleicht möchten Sie, während Sie die obigen Fragen in Ihrem Tagebuch beant-worten, auch auf Folgendes achten:

- Den / die Namen des Gefühls / der Gefühle
- Wie Sie die Gefühle in Ihrem Körper spüren (zum Beispiel als Anspannung, Hitze, Enge oder Entspannung)
- Wo Sie diese körperlichen Empfindungen haben (zum Beispiel im Kopf oder in der Brust)

Wenn weitere Emotionen hochkommen, gehen Sie empathisch auf das ein, was Sie brauchen, bis Sie das Gefühl haben, „fertig" zu sein. Vermerken Sie in Ihrem Tage-buch jede Veränderung, die Sie feststellen, wenn Sie mit Ihrer Selbst-Empathie fertig sind, und halten Sie auch alle Strategien fest, die Sie in Erwägung ziehen.

C. Denken Sie an einen Konflikt, den Sie in der letzten Zeit hatten. Für welche der vier möglichen empathischen und nicht-empathischen Reaktionen haben Sie sich entschieden? (Gaben Sie der anderen Person oder sich selbst die Schuld? Gaben Sie der anderen Person oder sich selbst Empathie?) Was war das Ergebnis dieser Entscheidung? Inwiefern wurden Ihre Bedürfnisse befriedigt oder nicht befrie-digt? Wie hätte eine andere Reaktion die Situation verändern können?

D. Machen Sie eine Person, die mit GFK vertraut ist, zu Ihrem „Empathie-Partner" für diese Woche und verabreden Sie sich mit ihr zu einer „Empathie-Sitzung". Das kann ein persönliches Treffen oder ein Telefonat sein. Am Anfang Ihrer Sit-zung horchen Sie beide kurz in sich hinein (für die Dauer von ein bis drei Sätzen oder etwa 30 Sekunden lang), um zu ermitteln, was Sie in Ihrem Leben gerade am meisten beschäftigt. Sind Sie verärgert über jemanden, mit dem Sie beruflich zu tun haben oder mit dem Sie befreundet sind? Machen Sie sich Sorgen wegen Rechnungen, die Sie erhalten haben? Sind Sie glücklich über eine Interaktion mit Ihrem Partner? Wenn Sie beide ermittelt haben, was im Moment in Ihnen am „lebendigsten" ist, hören Sie zuerst der Person empathisch zu, deren Gefühle am intensivsten sind. Wenn sie sich ausgesprochen hat, wird es ihr leichter fallen zuzu-hören und für die andere Person da zu sein, wenn diese in der zweiten Hälfte der Sitzung an der Reihe ist. Alternativ kann auch jede/r von Ihnen laut Selbst-Empa-thie praktizieren. Während dieses Prozesses unterstützt die zuhörende Person die sprechende Person, indem sie sie nach ihren Beobachtungen, Gefühlen, Bedürf-nissen und Bitten fragt, besonders dann, wenn sie nicht mehr weiterkommt.

7 | Sich ins Feuer wagen: Ärger genießen und auf Ärger reagieren

„Ärger ist natürlich. Er ist Teil der Kraft. Man muss nur lernen, mit ihm umzugehen."

(Tori Amos)

„Für mich ist Musik ein Medium, um unseren Schmerz an die Oberfläche zu bringen, um ihn an diesen schlichten und freundlichen Ort zurückzuholen, wo er, mit etwas Glück, seine Wut verlieren und wieder Mitgefühl werden kann."

(Paula Cole, Sängerin und Songwriterin)

In diesem Buch haben wir eine breite Palette von Gefühlen und Bedürfnissen besprochen, und wie man auf sie reagiert. Doch unter unseren Emotionen gibt es eine, die zu hören oder auszudrücken wir möglicherweise besonders schwierig finden – Ärger. Weil Ärger mit einem Urteil verknüpft ist und schnell zu trennenden Konflikten oder sogar zu körperlicher Gewalt führen kann, können wir ihn als so gefährlich, zerstörerisch und schwer kontrollierbar empfinden wie Feuer. Doch wie alle Emotionen kann auch Ärger als ein Geschenk betrachtet werden. In diesem Kapitel werden wir diese flüchtige Emotion besser verstehen lernen und sehen, wie Ärger uns helfen kann, unsere Werte zu erkennen und authentisch zu leben.

7.1 Es gibt nur einen Menschen, der Sie ärgerlich machen kann

Einer der wichtigsten Merksätze über Ärger lautet: „Niemand außer mir selbst kann mich ärgerlich machen." Die ihm zugrunde liegende Vorstellung kennen wir bereits aus dem zweiten Kapitel: Unsere Gefühle werden nicht von anderen Menschen verursacht, sondern von unseren eigenen Bedürfnissen. Dieses Konzept ist der Schlüssel zum Verständnis von Ärger. Zunächst mag es uns befremden, denn in der Regel machen wir andere für unsere Gefühle verantwortlich, wenn wir uns ärgern. Der Grundgedanke hinter dieser Emotion ist: „Ich bin aufgebracht (ängstlich, verletzt oder traurig), und das ist *deine* Schuld, weil du etwas getan hast, was du nicht hättest tun sollen." Das Verhalten anderer (oder unser eigenes, wenn wir uns selbst die Schuld geben) ist zwar der *Auslöser* oder *Trigger* für unseren Ärger, doch dessen Ursache liegt in der Art, wie wir mit uns selbst über das beobachtete Verhalten reden, in unseren „Sollte-Gedanken", weil wir es nach dem Richtig-oder-falsch-Denken beurteilen. Ärger ist ein mit Gedanken und Urteilen vermischtes Gefühl.

Betrachten wir ein Beispiel. Felicia will nicht, dass ihre Eltern erfahren, dass sie mit Tony liiert ist, denn Tony ist anderer ethnischer Herkunft als sie, und sie ist sich sicher, dass ihre Eltern diese Beziehung missbilligen würden. Tony ist verärgert darüber. Der Auslöser für seinen Ärger ist Felicias Verhalten – ihre Weigerung, ihren Eltern von ihm zu erzählen. Doch die Ursache seines Ärgers ist sein Denken. Tony sagt sich: „Sie sollte ihnen voller Freude von mir erzählen. Sie sollte sich nicht schämen oder fürchten." Möglicherweise wird sein Ärger noch von anderen Gedanken geschürt. Vielleicht fragt er sich, wie wichtig ihr die Beziehung ist, wenn sie sie ihren Eltern verheimlichen will. Wie auch immer, die Ursache seines Ärgers ist nicht die Situation selbst, sondern was er über sie denkt – sein „Sollte-Denken".

Indem wir die Verantwortung für unsere Gedanken und Urteile sowie für unsere Bedürfnisse übernehmen, tun wir den ersten Schritt, um mit Bewusstheit und Entscheidungsfreiheit auf Ärger zu reagieren. Wenn wir ins „Ursache-und-Wirkung-Denken" verfallen – „Du hast mich dazu gebracht, das zu tun" oder „Du bist schuld, dass ich mich so fühle" –, machen wir andere für unsere Handlungen und Gefühle verantwortlich und verlieren unsere volle Autonomie und Entscheidungsfreiheit. Das heißt nicht, dass wir die Handlungen anderer immer billigen. Vielmehr übernehmen wir die Verantwortung für die Handlungen und Entscheidungen, mit denen wir auf sie reagieren. So können wir jede Situation in unserem Leben einfach als einen möglichen Auslöser für unsere Emotionen sehen statt als deren Ursache.

Die folgende Tabelle zeigt, wie unsere Denkweise bestimmt, ob wir verärgert und frustriert oder neugierig und offen sind.

Die Ursache unseres Ärgers ist unser Denken		
Auslöser (Reiz): Ich habe auf einem vollen Parkplatz eine Lücke entdeckt und steuere gerade auf sie zu, als ein Kleinwagen mich schnell überholt und in die Lücke fährt.		
Denkweise	Beispiele für Gedanken in dieser Situation	ausgelöste Gefühle
Richtig-oder-falsch-Denken („Sollte-Denken")	„Der Fahrer (des Kleinwagens) ist aggressiv und sollte respektieren, dass ich zuerst da war."	verärgert, frustriert, entmutigt

Denkweise	Beispiele für Gedanken in dieser Situation	ausgelöste Gefühle
Richtig-oder-falsch-Denken ("Sollte-Denken")	"Das ist unerhört. Unhöflichkeit und ein solches Verhalten sind schlecht für die Welt. So sollte man sich nicht benehmen."	verärgert, wütend, verzweifelt, hoffnungslos
Bedürfnisbasiertes Denken	"Wenn ich sehe, dass der Fahrer dort parkt, wo ich parken wollte, werde ich daran erinnert, wie sehr ich gegenseitige Rücksichtnahme schätze und dass die Bedürfnissen jedes Menschen respektiert werden."	Mitgefühl mit mir selbst, Verständnis für meinen Wunsch nach Rücksicht und Ordnung; Wärme, weil ich mit meiner Freude an einer respektvollen Lebensweise verbunden bin.
Bedürfnisbasiertes Denken	"Ich frage mich, warum der Fahrer den Parkplatz unbedingt haben wollte. Vielleicht stand er unter großem Zeitdruck."	neugierig, offen, mir meiner eigenen Gefühle bewusst, besorgt um das Wohl des Fahrers

ÜBUNG

Übung 1: Ursache oder Auslöser?

In unserer Kultur werden wir tagtäglich darin bestärkt, im Verhalten anderer die Ursache und nicht den Auslöser unseres Ärgers zu sehen. Doch wie wir gesehen haben, sind Urteile und das "Sollte-Denken" die wahre Ursache. Lesen Sie die nachfolgenden Äußerungen und entscheiden Sie bei jeder, ob sie einen Auslöser für oder eine Ursache von Ärger beschreibt (markieren Sie sie entsprechend mit einem "A" oder einem "U"). Denken Sie daran, dass Auslöser in der GFK Ereignisse sind, die beobachtet werden können. Objektiv durch eine Kamera betrachtet könnten sie von verschiedenen Beobachtern unterschiedlich erfahren werden.

_____ A. "Meine Tochter ließ Essen auf der Arbeitsplatte liegen, und jetzt haben wir Ameisen in der Küche."

____ B. „Ich habe verschlafen und meinen Zahnarzttermin verpasst. Ich hätte achtsamer sein sollen."

____ C. „Der Verkäufer hätte mir die Batterien geben sollen, nach denen ich gefragt hatte. Ich sagte ihm klar, was ich haben wollte."

____ D. „Die Mutter ist dafür verantwortlich, dass das Kind im Kindersitz sitzt, und sie kommt dieser Verantwortung nicht nach."

____ E. „Ich wollte letzte Nacht Sex haben, aber meine Frau sagte: ‚Ich bin müde und will schlafen.'"

____ F. „Wenn ich Medizin studieren will, muss ich mehr lernen und bessere Noten schreiben."

Meine Antworten zu dieser Übung:

A. Diese Äußerung beschreibt einen Auslöser, denn sie ist eine Beobachtung dessen, was geschah (auch wenn das Auftauchen von Ameisen in der Küche andere Gründe haben könnte). Hätte die Person hinzugefügt: „Das hätte sie nicht tun sollen" oder: „Das war gedankenlos von ihr", wäre das die „Ursache" ihres Ärgers gewesen. Statt Ärger wäre auch eine andere Reaktion auf diesen Auslöser vorstellbar, zum Beispiel Erstaunen oder Neugier: „Ist es nicht seltsam, dass wir auf einmal Ameisen in der Küche haben? Bisher hatten wir nie welche. Dabei war das nicht das erste Mal, dass wir Essen oder schmutziges Geschirr stehen ließen." Beachten Sie, dass das, was die Person empfindet – Befremden, Neugier oder Ärger –, auch an ihrem Ton zu erkennen ist.

B. Hier wird meiner Auffassung nach eine Ursache von Ärger genannt. Der Satz „Ich hätte achtsamer sein sollen" verurteilt ein Fehlverhalten. Eine urteilsfreie Beschreibung wäre zum Beispiel: „Ich habe verschlafen, weil ich den Wecker ausschaltete und dann wieder einschlief."

C. Auch hier wird die Ursache des Ärgers genannt. Die Person beschreibt nicht objektiv, was geschah, sondern beschuldigt und verurteilt den Verkäufer. Es wäre ein Auslöser gewesen, wenn die Person gesagt hätte: „Ich fragte nach AA-Batterien, und der Verkäufer gab mir AAA-Batterien."

D. Diese Äußerung beschreibt eine Ursache von Ärger. Die Person sagt, was die Mutter tun sollte, weil es in ihrer „Verantwortung" liegt. Eine urteilsfreie Beobachtung des Geschehnisses wäre zum Beispiel: „Die Mutter fährt, und das Kind sitzt im Auto nicht im Kindersitz." „Verantwortung" könnte als unbefriedigtes Bedürfnis bezeichnet werden: „Wenn ich das sehe, bin ich besorgt. Ich sehne mich nach Bewusstheit, Verantwortung und Achtsamkeit in puncto Sicherheit."

E. Diese Äußerung beschreibt einen Auslöser für Ärger. Sie enthält kein Urteil. Eine Ursache von Ärger wäre zum Beispiel der Gedanke: „Ehepartner sollten zum Sex bereit sein. Das gehört zu einer Ehe dazu."

F. Diese Äußerung nennt eine Ursache von Ärger. Die Person beschreibt, was sie „tun muss", nicht was sie beobachtet, und sie verbindet sich nicht mit Bedürfnissen. Eine Äußerung, die einen Auslöser für Ärger beschreibt, wäre zum Beispiel: „Der Studienberater sagte, dass Abiturienten mit meinem Notendurchschnitt gewöhnlich keinen Medizinstudienplatz bekommen." Wenn ich einen „Sollte-Gedanken" über den Berater, die medizinischen Hochschulen oder mich selbst habe (zum Beispiel: „Der Studienberater hätte hilfsbereiter sein sollen", „Die medizinischen Hochschulen sollten Studienplätze flexibler vergeben" oder „Ich sollte härter arbeiten"), wird sich mein Ärger auf den Studienberater, die medizinischen Hochschulen oder mich selbst richten.

7.2 Auf die Signale achten!

Noch etwas über Ärger ist wichtig zu wissen: Er ist ein intensives Gefühl, das entsteht, wenn andere Gefühle übermächtig werden. Das ist, als würde ein Schleusentor geöffnet. Wenn uns bewusst wird, dass ein Bedürfnis oder Wert für uns eine tiefe Bedeutung hat und dass wir diesen Wert in unserem Leben nicht erfahren, empfinden wir vielleicht Traurigkeit, Nervosität, Schmerz oder Angst. Wenn der Reiz intensiv ist und die Gefühle, mit denen wir auf unsere unerfüllten Bedürfnisse reagieren, sich schnell hochschaukeln, können wir von ihnen „überwältigt" werden. Vielleicht sind wir uns kaum bewusst, was wir empfinden. Vielleicht sinken unsere Gefühle von Schmerz und Angst sogar unter die Schwelle unseres Bewusstseins, und wir fühlen stattdessen in solchen Augenblicken einen intensiven Ärger oder Zorn in uns aufsteigen. Wie eine heulende Sirene oder ein blinkendes rotes Licht kann man Ärger als „Notsignal" ansehen, das anzeigt, dass etwas unsere Aufmerksamkeit erfordert: dass wichtige Bedürfnisse nicht befriedigt werden.

Ärger hilft uns, die Bedürfnisse zu erkennen, die uns wichtig sind, und das kann enorm hilfreich sein. Auch das „Sollte-Denken" und die Urteile, die den Ärger verursachen, sind an sich nicht „schlecht" oder unerwünscht. Urteile tragen wie Ärger zu unserem Wohl bei, indem sie uns helfen, zu erkennen und zu würdigen, was wirklich wichtig ist: unsere Bedürfnisse.

ÜBUNG

Übung 2: Dem Ärger auf den Grund gehen

Teil eins:

Stellen Sie sich vor, Sie geraten in jede der unten beschriebenen Situationen und empfinden Ärger.

A. Welche Urteile, kritischen Gedanken oder Schuldzuweisungen könnten Ihnen durch den Kopf gehen?
B. Welche Gefühle könnten hinter Ihrem Ärger stehen?
C. Welche Bedürfnisse könnten in Ihnen lebendig sein und diese Gefühle auslösen?

Beginnen wir mit einem Beispiel:

Situation	Urteil	Gefühle	Bedürfnisse
1. Ihr Freund kommt vorbei und fragt Sie, ob er Ihren Computer benutzen darf. Ihr E-Mail-Programm ist geöffnet, und als Ihr Freund geht, macht er eine Bemerkung über den Inhalt Ihres Postfachs, aus der Sie schließen, dass er, ohne Sie um Erlaubnis zu fragen, eine Ihrer E-Mails gelesen hat.	„Er ist total ichbezogen und schert sich nicht um meine Privatsphäre und meine Rechte. Er denkt nur an sich selbst. Ich habe ihm einen Gefallen getan, und er hat mein Vertrauen missbraucht."	Empörung, Wut, Verunsicherung, Verletztsein, Frustration, Angst	Achtsamkeit, Respekt, Sicherheit, Vertrauen, Schutz der Privatsphäre, Entscheidungsfreiheit, Rücksicht
2. Sie erhalten von Ihrer Vermieterin die Nachricht, dass Sie das Haus verkauft und dass Sie Ihre Wohnung in 30 Tagen räumen müssen; dabei haben Sie gerade erst einen neuen Mietvertrag für ein Jahr unterschrieben.			

Situation	Urteil	Gefühle	Bedürfnisse
3. Ihre Chefin beschuldigt Sie, einen wichtigen Ordner verlegt zu haben. Sie sind sich sicher, Sie haben ihn ihr bereits einen Tag, nachdem Sie ihn sich ausgeliehen hatten, zurückgegeben.			

Teil zwei:

Notieren Sie sich in dieser Woche, wann Sie ärgerlich werden. Welche Gefühle und Bedürfnisse stehen hinter dem Ärger? Glauben Sie im Nachhinein, dass diese Gefühle und Bedürfnisse sich „angestaut haben", bevor Sie sie erkannten oder benannten? Vielleicht möchten Sie dazu etwas in Ihr Tagebuch schreiben.

ÜBUNG

Übung 3: Neue Möglichkeiten erkennen, auf den Ärger anderer zu reagieren

Teil eins:

Stellen Sie sich vor, Sie geraten in jede der unten beschriebenen Situationen, und beantworten Sie dann die folgenden Fragen:

A. Wie würde Ihre „automatische" Reaktion aussehen? Überlegen Sie nicht zu lange und bringen Sie all Ihre Urteile frei zum Ausdruck. Sie werden Ihnen helfen, Ihre Bedürfnisse zu klären.
B. Welche Gefühle und Bedürfnisse erkennen Sie hinter Ihren Urteilen?
C. Wie könnten Sie in jeder Situation reagieren, wenn Sie mit Ihren Gefühlen und Bedürfnissen verbunden sind? Denken Sie daran, dass Sie sich entscheiden können, Ihre eigenen Gefühle und Bedürfnisse ehrlich zum Ausdruck zu bringen und / oder empathisch auf die andere Person zu reagieren.

Beispiel: Ihr Chef sagt: „Sie sind inkompetent und unzuverlässig. Sie sind gefeuert!"

A. Meine spontane Antwort könnte sein: „Auf Ihren blöden Job kann ich verzichten! Warum sollte ich ihn behalten wollen? Sie konnten mich nie leiden. Wahrscheinlich wollen Sie Ihren Sohn einstellen."
B. Ich bin verärgert, und unter meinem Ärger spüre ich Angst, Verletzung und Nervosität. Ich wünsche mir Sicherheit, Vertrauen, Offenheit und Ehrlichkeit.

C. Eine „verbundene" Antwort wäre: „Ich höre Sie sagen, dass ich inkompetent und unzuverlässig bin. Können Sie mir sagen, was ich getan habe, damit ich verstehen kann, warum Sie aufgebracht sind?"

Nun können Sie es versuchen:

1. Ihre Partnerin / Ihr Partner sagt: „Du hilfst zu Hause nicht genug mit. Es sind auch deine Kinder!"

    A. _____

    B. _____

    C. _____

2. Ihre Schwester sagt: „Ich bin es leid, wie selbstverständlich du davon ausgehst, dass die Familie stets für dich da ist – es geht immer nur um dich und deine Arbeit!"

    A. _____

    B. _____

    C. _____

3. Als Sie an einer Tankstelle eine Rechnung anzweifeln, sagt der Tankwart: „Wenn Ihnen der Preis nicht passt, tanken Sie in Zukunft einfach woanders."

    A. _____

    B. _____

    C. _____

4. Ihre Liebste / Ihr Liebster fragt: „Wie kommt es, dass wir immer tun, was du willst?"

    A. _____

    B. _____

    C. _____

Teil zwei:

Versetzen Sie sich noch einmal in jede der oben beschriebenen Situationen und versuchen Sie, die Gefühle und Bedürfnisse der anderen Person zu erraten. Hat das einen Einfluss auf Ihre Gefühle und Bedürfnisse in der Situation und auf Ihre Reaktion?

7.3 Die Herausforderung, Ärger empathisch zu hören

Weil Ärger eine intensive Emotion ist, kann er in uns intensive Gefühle und Bedürfnisse auslösen. Wenn wir nicht gelernt haben, mit so intensiv erlebten Erfahrungen umzugehen oder sie auch nur auszuhalten – und viele von uns haben das nicht gelernt –, versuchen wir vielleicht, sie zu verdrängen oder zu vermeiden. Wenn eine andere Person Ärger über uns zum Ausdruck bringt, bekommen wir von ihr oft auch negative Urteile über uns zu hören, was dazu führen kann, dass wir uns selbst verurteilen. Vermutlich ist es nicht leicht, sich das anzuhören. Zudem kann der Ärger anderer Erinnerungen an frühere Erfahrungen mit verärgerten Menschen wachrufen, bei denen wir um unsere körperliche oder emotionale Sicherheit fürchteten. In solchen Fällen reagieren wir wohl eher auf diese früheren Erfahrungen als auf das, was wir momentan erleben.

> Wie viel schwerer sind die Konsequenzen des Ärgers als seine Ursachen. (Marcus Aurelius, römischer Kaiser)

Durch Übung können wir lernen, in fast jeder Situation, in der jemand Ärger über uns oder eine andere Person zum Ausdruck bringt, empathisch zu reagieren. Wir werden all diese Situationen nacheinander betrachten.

Sich der Angst vor eigenen Urteilen stellen

Stimmen wir dem Urteil, das eine andere Person vermischt mit ihrem Ärger über uns zum Ausdruck bringt, völlig oder teilweise zu – weil wir vielleicht einige Aspekte unseres Handelns ebenfalls kritisch sehen –, kann es leicht passieren, dass wir uns selbst verurteilen. In diesem Fall hören wir das Urteil in „Stereo" – aus unserem Inneren und von außen. In so einem aufgewühlten Zustand kann es uns besonders schwerfallen, den Ärger einer anderen Person zu hören. Wir fühlen uns überwältigt. Abgelenkt vom Schmerz unserer eigenen unerfüllten Bedürfnisse (zu denen Bedürfnisse nach Akzeptanz und gegenseitigem Verständnis gehören können), sind wir kaum oder überhaupt nicht fähig, uns anzuhören, was in der verärgerten Person vorgeht. Selbst wenn die Art, auf die sie ihren Ärger äußert, nicht besonders heftig ist, wenn sie weder schreit noch schimpft, sind wir möglicherweise von diesem „Stereo-Effekt" überwältigt.

> Der Rausch des Zorns, wie der des Weins, zeigt uns *anderen*, aber verbirgt uns vor uns selbst. (John Dryden, englischer Dichter und Dramatiker, 17. Jahrhundert)

Wenn der Ärger einer anderen Person in uns Selbstkritik oder Angst auslöst, weil wir ihrem Urteil zustimmen, ist es dringend nötig, dass wir eine Pause machen und uns mit den Gefühlen und Bedürfnissen verbinden, die in uns lebendig sind, sodass wir aus der Energie dieser Bedürfnisse heraus sprechen können, statt um die Frage zu kreisen, wer Recht und wer Unrecht hat. Wir können uns entscheiden, Selbst-Empathie zu praktizieren, und dann ehrlich und klar auszudrücken, was in uns vorgeht. Oder wir können uns entscheiden, empathisch auf die Bedürfnisse der anderen Person einzugehen. Wenn wir uns mit uns selbst und unseren Bedürfnissen verbunden haben, haben wir den Raum, um beides zu tun.

ÜBUNG

Übung 4: Den „Stereo-Effekt" ausschalten

Denken Sie an drei Situationen zurück, in denen jemand kürzlich über Sie verärgert war. Haben Sie auf die Urteile der anderen Person mit Selbstkritik reagiert? Notieren Sie zu jeder Situation:

A. Urteile, die Sie die andere Person äußern hörten
B. Urteile über die andere Person, die Ihnen daraufhin in den Sinn kamen
C. Urteile, die Sie über sich selbst fällten

Gehen Sie nun zu den Punkten B und C zurück und übersetzen Sie jedes Urteil in Gefühle und Bedürfnisse. Wie hätten Sie in der jeweiligen Situation reagieren können, wenn Sie vollständig mit den Gefühlen und Bedürfnissen, die dabei im Spiel waren, verbunden gewesen wären?

Zuckerbrot und Peitsche: Die Angst vor dem Ärger anderer

> Großer Ärger ist zerstörerischer als das Schwert.
> (Indisches Sprichwort)

Manchmal löst der Ärger anderer Angst oder Panik in uns aus. Wenn wir bereits Situationen erlebt haben, in denen verärgerte Menschen uns oder anderen körperlichen Schaden zufügten oder uns bestraften, befürchten wir vielleicht, dass das in der Gegenwart wieder passieren könnte. Auch wenn wir uns nicht an das Trauma erinnern oder wenn es uns nicht voll bewusst ist oder wir nicht erkennen, welcher Zusammenhang zwischen ihm und gegenwärtigen Geschehnissen besteht, kann es trotzdem einen Einfluss haben. Einige von uns wissen aus eigener Erfahrung, wie eng Ärger mit Gefahr verbunden sein kann.

Meistens suchen wir bei anderen Zustimmung oder Akzeptanz. Wenn jemand über uns verärgert ist, nehmen wir an, dass wir etwas falsch gemacht haben. „Das ist wieder meine Schuld!" Wenn wir in solchem Denken verfangen sind, tun wir vielleicht unser Möglichstes, um den Frieden zu wahren, weil wir glauben: „Wenn die Leute mich okay finden, dann bin ich wohl okay." Folglich glauben wir auch, dass wir uns ändern müssen, wenn jemand sich durch etwas, was wir gesagt oder getan haben, beleidigt fühlt. Wir übernehmen die Verantwortung für die Gefühle anderer und orientieren unser Verhalten an ihren Reaktionen statt an unseren Werten und Bedürfnissen. Das bezeichnete die bekannte amerikanische Therapeutin Virginia Satir als „People-Pleasing" (anderen gefallen, es anderen recht machen).

Es ist nicht verwunderlich, dass viele von uns bestrebt sind, sich „gefällig" zu verhalten. Wir wuchsen mit Strafen und Belohnungen auf. Uns wurde vermittelt: Wenn du das Richtige tust, wirst du belohnt, wenn du das Falsche tust, wirst du dafür büßen. Wir wurden auf alle möglichen Arten belohnt oder bestraft, mit Schulnoten, Leckereien nach dem Essen, Taschengeld oder mit Rügen und körperlichen Strafen (Ohrfeigen oder Klapsen). Im Erwachsenenalter setzt sich dieses Belohnung-oder-Strafe-System über Gehaltserhöhungen, Beförderungen, Mahngebühren und Strafzettel fort. Das Ergebnis ist, dass wir uns bei unseren Entscheidungen an anderen orientieren wie dressierte Hunde. Wir glauben nicht vorbehaltlos an unseren eigenen Wert.

Von klein auf hörten wir Sätze wie: „Ich bin sauer, weil du deine Spielsachen auf dem Boden hast liegen lassen!" „Er ist traurig, weil du nicht mit ihm spielen willst. Warum machst du ihm nicht die Freude und lässt ihn mit deinem Lastwagen spielen?" „Ich bin frustriert, weil du immer Nein sagst." Wenn andere uns immer wieder vermitteln, dass unser Verhalten ihre Gefühle verursacht hat, ist es verständlich, dass wir verwirrt sind.

Die meisten von uns glauben gern, dass wir autonom und frei entscheiden, wie wir handeln. Wir sind so daran gewöhnt, in einem System von Strafe und Belohnung zu leben, dass wir, wenn überhaupt, nur selten erkennen, wie dieses „System" unsere Entscheidungen beeinflusst. Es ist so allgegenwärtig, dass wir es kaum noch bewusst wahrnehmen. Fast täglich bestimmen Angst oder gesellschaftliche Normen unsere Entscheidungen. Vielleicht fragen wir uns: „Was ist, wenn ich erwischt werde? Was werden meine Eltern sagen? Würden meine Freunde das verstehen?" Doch wie oft überlegen wir uns eigentlich, was uns wichtig ist – was wir wirklich schätzen und wie wir leben und uns verhalten wollen? Wenn wir über diese Fragen nicht nachdenken und uns unserer Werte nicht voll bewusst sind, leben wir vielleicht nicht voll und ganz.

Als Teenager fragte ich meine Mutter, warum sie sich entschieden hatte, Kinder zu bekommen. Bei der Geburt meines Bruders war sie 19 und erst ein Jahr verheiratet, und ein Jahr später kam ich zur Welt. Sie erwiderte, dass sie es wirklich nicht wüsste – „Das war damals eben so – man heiratete und bekam Kinder". Zu heiraten und Kinder zu bekommen war offenbar eine Strategie, um Bedürfnisse nach Akzeptanz, Zugehörigkeit, Einfachheit und Sorglosigkeit zu befriedigen (ohne zu wissen, wie es danach weitergeht). Wenn ich von anderen Leuten ähnliche Geschichten höre und über eigene Handlungen nachdenke, stimmt es mich traurig, dass Menschen Entscheidungen – selbst solche, die ich als sehr wichtig betrachte – oft „automatisch" treffen, ohne sich ihrer Wahlmöglichkeiten voll bewusst zu sein.

Zustimmung zu suchen und zu erhalten scheint Bedürfnisse nach Akzeptanz, Sorglosigkeit und Frieden zu erfüllen – allerdings auf Kosten anderer Bedürfnisse wie Ehrlichkeit und Authentizität. Wenn wir dagegen lernen, wie wir den Ärger anderer hören und auf ihn reagieren können, fördert das echte ehrliche Interaktionen.

ÜBUNG

Übung 5: Streben Sie nach der Zustimmung anderer?

Teil eins:

A. Lesen Sie die nachfolgende Liste durch. Welche Verhaltensweisen sind Ihnen vertraut?

- Bekommen Sie Angst, wenn andere Menschen Sie anschreien?
- Verspüren Sie das Bedürfnis, die Situation in Ordnung zu bringen oder sich zu entschuldigen, wenn andere aufgebracht sind?
- Versuchen Sie Menschen aus dem Weg zu gehen, wenn sie aufgebracht sind?
- Lassen Sie Informationen unter den Tisch fallen oder greifen Sie zu „kleinen Notlügen", um zu vermeiden, dass jemand eine Szene macht?
- Tun Sie Dinge, die Sie lieber nicht tun würden, um zu anderen nicht Nein sagen zu müssen?
- Entschuldigen Sie sich manchmal, um den Frieden zu wahren, selbst wenn Sie glauben, nichts falsch gemacht zu haben?

B. Denken Sie an drei Situationen, in denen Sie sich „gefällig" verhalten haben. Welche Bedürfnisse versuchten Sie, durch Ihre Entscheidung für dieses Verhalten zu befriedigen? Vielleicht möchten Sie Ihre Erkenntnisse in Ihrem Tagebuch festhalten.

Teil zwei:

A. Blicken Sie auf Ihr Leben zurück, bis zur frühen Kindheit. Nennen Sie fünf Beispiele für Strafen und Belohnungen, die bei Ihrer „Erziehung" eingesetzt wurden – zu Hause, in der Schule und durch die Gesellschaft. Hier ein erstes Beispiel:

1. Noten: eine Prüfung bestehen oder durchfallen

2. _____

3. _____

4. _____

5. _____

6. _____

B. Denken Sie an einige Entscheidungen, die Sie in Ihrem Leben getroffen haben, auch an solche, die Sie als „bedeutend" betrachten. Was bewog Sie zu diesen Entscheidungen? Beeinflussten Urteile und / oder Strafen und Belohnungen Ihre Entscheidungen? Oder ein Wunsch nach Akzeptanz oder Zustimmung?

C. Wenn Sie nicht die geringste Angst vor Kritik oder Verurteilung hätten, was würden Sie in Ihrem Leben dann vielleicht tun? Überprüfen Sie bei allem, was Ihnen einfällt, ob es all Ihre Bedürfnisse befriedigen würde (auch das Bedürfnis, zum Leben beizutragen, und das Bedürfnis nach gegenseitiger Rücksichtnahme).

Den Spieß umdrehen: Anderen gegenüber Ärger ausdrücken

Kaum jemand ärgert sich gerne – so viel kann man mit Sicherheit sagen. Ärger ist ein anstrengendes und unangenehmes Gefühl, das körperlich oft als Anspannung, Druck oder Enge wahrgenommen wird. Wenn wir verärgert sind, werden Bedürfnisse nach Verbundenheit, Verständnis, Vertrauen und müheloser Kommunikation wahrscheinlich nicht erfüllt. Wir wollen uns unbedingt ausdrücken und Erleichterung verschaffen – für die meisten Menschen sind das wichtige Bedürfnisse. Wir haben das intensive Verlangen, gehört zu werden und daran zu glauben, dass unsere Urteile „richtig" sind. (Sie müssen „richtig" sein, sonst würden wir uns doch nicht so aufregen, oder?) Gerade in solchen Augenblicken, in denen wir am wenigsten fähig sind, unsere Ansichten auf eine Weise zum Ausdruck zu bringen, die andere hören können, neigen wir dazu, Urteile über Mitmenschen zu äußern. Vielleicht tun wir das, weil wir Authentizität schätzen und sagen wollen, „was Sache ist". Doch wie können wir erreichen, dass man uns wirklich hört, dass unsere Bedürfnisse befriedigt werden und wir in Übereinstimmung mit unseren Werten leben können, wenn wir uns auf diese Art ausdrücken?

Ist Ärger denn nie berechtigt?

Je intensiver unsere Gefühle und Bedürfnisse sind, desto schwerer fällt es uns, sie von ihren Auslösern zu trennen. Es wird auch schwierig, die Person, über die wir aufgebracht sind, vom eigentlichen Auslöser zu trennen. Besonders im Fall eines tiefen Traumas können wir uns schwer vorstellen, dass der Schmerz, den wir erfahren, das Ergebnis unserer eigenen unbefriedigten Bedürfnisse ist. Sicher, wenn die Person am Steuer des Autos die rote Ampel nicht überfahren hätte, würden wir nicht mit einem gebrochenen Bein im Krankenhaus liegen und den Frühlingsanfang verpassen. Oder wenn unsere Partnerin / unser Partner sich nicht mit einer anderen Person eingelassen und mit uns Schluss gemacht hätte, wären wir jetzt nicht verzweifelt und allein. In solchen Situationen fällen wir besonders leicht Urteile über andere. Es scheint klar, dass der Auslöser und das, was wir empfinden, Ursache und Wirkung sind.

Wenn Schmerz in uns ausgelöst wird, besonders wenn der Schmerz groß und traumatisch ist, wollen wir vielleicht auch, dass jemand die Schuld für unser Leid auf sich nimmt oder dafür „bezahlt" – also ebenfalls leidet. Vielleicht denken wir: „Erst wenn diese Person genauso leidet, wie ich gelitten habe, wird sie verstehen, was ich durchgemacht habe. Wenn sie weiß, wie das ist, verhält sie sich in Zukunft vielleicht anders." In solchen Augenblicken wollen wir wahrscheinlich Gegenseitigkeit, Verständnis und Mitgefühl sowie Bewusstheit und Verantwortlichkeit für die Auswirkungen, die das Handeln der anderen Person auf unser Leben hat.

Tatsächlich ist diese Denkweise ein verfehlter Versuch, Mitgefühl zu erhalten. Wir wollen, dass die andere Person leidet oder bestraft wird, um durch diese Strategie Gegenseitigkeit, eine gemeinsame Erfahrung und Verantwortlichkeit herzustellen. Diese Denkweise, nach der die andere Person nur bekommt, was sie „verdient", kann sogar dazu führen, dass wir ihr Leid genießen. Wir meinen vielleicht, wir erhielten Mitgefühl, doch in Wirklichkeit tragen wir nur zu mehr Schmerz und Unverbundenheit bei, indem wir den Teufelskreis von Leid und Verlust fortsetzen. Oder wie Marshall Rosenberg es formulierte: „Ein auf Gut und Böse basierendes Konzept von Gerechtigkeit, nach dem Menschen es verdienen, für das, was sie getan haben, zu leiden, macht Gewalt zu einem Vergnügen." In dem Interview im Anhang dieses Buches untersucht er einige Beispiele aus verschiedenen Bereichen der Gesellschaft und Regionen der Welt.

Wenn wir dagegen erkennen, dass die Entscheidungen, die wir und andere getroffen haben, mit unseren Werten unvereinbar sind, können wir zu einem Verständnis gelangen, das viel eher dazu beiträgt, dass Bedürfnisse befriedigt werden, auch Bedürfnisse nach Wiedergutmachung, Harmonie und Gerechtigkeit.

In der Mitfühlenden Kommunikation geht es nicht um Idealismus, Freundlichkeit oder Großzügigkeit gegenüber anderen. Es geht darum, Verbundenheit zu schaffen und dadurch erheblich größere Chancen, dass unsere Bedürfnisse und Wünsche berücksichtigt und erfüllt werden.

ÜBUNG

Übung 6: Wiedergutmachung oder Vergeltung

Teil eins:

Lesen Sie das Interview mit Marshall Rosenberg im Anhang und beantworten Sie die folgenden Fragen:

A. Warum ist „verdienen" das gefährlichste Wort in unserer Sprache?

B. Wie begründet und fördert das Konzept des „Verdienens" eine „vergeltende Gerechtigkeit"?

C. Warum feierten Studenten in Texas die Todesstrafe und veranstalteten eine Party, wann immer jemand aus dem Todestrakt hingerichtet wurde?

D. Was unterscheidet die „wiedergutmachende Gerechtigkeit" (*restorative justice*) von der „vergeltenden Gerechtigkeit" (*retributive justice*)?

E. Warum ist eine Entschuldigung „zu billig und zu einfach"?

F. Worin besteht der Unterschied zwischen „lebensdienlichen" Urteilen und „moralischen" Urteilen?

G. Welche „Bedürfnisse könnten einen Menschen unter Umständen dazu bringen, einen anderen Menschen zu vergewaltigen?

Teil zwei:

Denken Sie an eine Situation, in der Sie sich wünschten, eine andere Person solle für ihre Handlungen büßen oder „bezahlen". Was empfanden und brauchten Sie in diesem Augenblick? Stellen Sie sich einen Dialog zwischen Ihnen und der anderen Person vor, oder stellen Sie sich vor, Sie würden dieser Person einen Brief schreiben. Wie könnten Sie Ihren Schmerz und Ihr Bedürfnis nach Wiedergutmachung empathisch ausdrücken?

7.4 Durch unseren Ärger hindurchgehen

In der Gewaltfreien Kommunikation versuchen wir Ärger weder zu vermeiden noch zu unterdrücken. Vielmehr wollen wir erkennen, was ihn auslöst und welche Bedürfnisse im Moment in uns lebendig sind. Diese Erkenntnisse teilen wir anderen mit und äußern eine Bitte, um die Erfüllung unserer Bedürfnisse zu verfolgen. Vielleicht haben Sie Angst, Ihren Ärger zum Ausdruck zu bringen, weil Sie außer Vorwürfe und Urteile zu äußern keinen anderen Weg kennen, das zu tun. Doch hinter den Urteilen verbirgt sich das, was Ihnen wirklich wichtig ist. Wenn Sie sich bewusst machen, was Sie wollen, sind Sie am ehesten fähig, dafür zu sorgen, dass Sie es bekommen – und auf eine Art darum zu bitten, die Sie später nicht bereuen.

Im Umgang mit Ihrem Ärger können bestimmte Prinzipien, von denen wir einige bereits besprochen haben, sehr hilfreich sein.

- Übernehmen Sie die Verantwortung für Ihre Gefühle und Bedürfnisse und unterscheiden Sie zwischen dem Auslöser und der Ursache. Wir sind zu 50 Prozent verantwortlich für das, was in einer Interaktion geschieht, und zu 100 Prozent für unsere eigene Erfahrung (für die in uns ausgelösten Gefühle und Bedürfnisse). Doch wir sind nicht verantwortlich dafür, wie unser Verhalten bei anderen ankommt oder von ihnen aufgenommen wird – und sie sind nicht verantwortlich für die Bedürfnisse, die wir durch ihr Verhalten möglicherweise als unbefriedigt erfahren.

- Seien Sie offen für andere Strategien oder Ergebnisse. Wenn wir glauben, dass unsere Bedürfnisse nur auf eine Art oder nur von einer Person befriedigt werden können, führt das mit hoher Wahrscheinlichkeit zu Frustration, Enttäuschung und Unzufriedenheit, vielleicht sogar zu irgendeiner Form von Gewalt.

- Wenn Sie versucht sind, mit einer Richtig-oder-falsch-Energie zu reagieren, erinnern Sie sich an Ihr Ziel: Wollen Sie sich mit der anderen Person verbinden, um etwas zu klären, das bei Ihnen beiden heftige Reaktionen auslöst? Oder wollen Sie beweisen, dass Sie recht haben?

- Achten Sie darauf, welche Urteile Sie fällen, und machen Sie sich diese zunutze. Wenn Sie auf die Energie und den Inhalt Ihrer Gedanken achten, fällt es Ihnen leichter, sich mit Ihren Gefühlen und Bedürfnissen zu verbinden.

- Der wichtigste und oft vergessene Weg, den Teufelskreis von Urteilen und Ärger zu durchbrechen, besteht darin, die Empathie zu erhalten, die wir brauchen, um uns unserer Gefühle und Bedürfnisse voll bewusst zu werden. Dann können wir sie anderen offen und ohne den leisesten Vorwurf mitteilen. Selbst-Empathie ist eine besonders wichtige Fertigkeit im Umgang mit unserem Ärger und dem Ärger anderer.

- Verbinden Sie sich tief mit all Ihren Gefühlen, auch mit denen, die möglicherweise hinter Ihrem Ärger stehen. Ärger ist ein Gefühl, in das sich manchmal andere Gefühle wie Traurigkeit, Enttäuschung oder Angst mischen. Diese Gefühle, besonders Angst, schüren oft unsere Wut.

Ihrem Ärger Schritt für Schritt auf den Grund gehen

Ein sehr nützliches Hilfsmittel, um all diese Schritte zu üben, ist die „Ärger-Bodenkarte" die wir aus dem Buch *NVC Toolkit for Facilitators* von Raj Gill, Lucy Leu und Judi Morin übernommen haben. Sie können mit dem Finger auf die verschiedenen Kästchen zeigen, während Sie die darin beschriebenen Schritte vollziehen. Oder noch besser, drucken Sie jedes Kästchen vergrößert auf einem DIN-A4-Bogen aus und legen Sie die Bögen in der abgebildeten Reihenfolge auf den Fußboden. Lassen Sie zwischen den Bögen etwa 30 Zentimeter Abstand. Dann können Sie wirklich zwischen den Kästchen hin und her gehen, während Sie die einzelnen Schritte vollziehen.

Schritt eins
Sobald Ihnen Ihr Ärger bewusst wird, ist es wichtig, dass Sie innehalten und durchatmen.

Schritt zwei
Stellen Sie sich (oder deuten Sie mit dem Finger) auf das erste Kästchen mit der Überschrift **Körperempfindungen**.

Ärger-Bodenkarte

KÖRPEREMPFINDUNGEN
Körperliche Empfindungen, z.B. Hitze, Enge, Kribbeln, Schwere …

AUSLÖSER
Was geschah tatsächlich oder objektiv gesehen? Beobachtung ohne Bewertung

SOLLTE-DENKEN
Ursache des Ärgers: Das Denken, dass jemand sich anders verhalten sollte oder dass etwas anders sein sollte. Es kann z.B. die Form von Urteilen, Vorwürfen oder Kritik annehmen.

IN BEDÜRFNISSE ÜBERSETZEN
„Sollte-Gedanken" in die (unerfüllten) Bedürfnisse übersetzen, die hinter ihnen stehen.

OFFEN SEIN FÜR GEFÜHLE
Offen sein für Gefühle, die hochkommen, wenn wir uns mit unseren unerfüllten Bedürfnissen verbinden, z.B. Angst, Schmerz, Scham, Traurigkeit, Verzweiflung.

GEGENWARTSBEZOGENE BITTE
Eine gegenwartsbezogene, konkrete und positiv formulierte Bitte äußern, die uns der Erfüllung eines hinter dem Ärger stehenden Bedürfnisses näherbringt.

Die bewusste Wahrnehmung unserer körperlichen Empfindungen hilft uns, ein Gefühl dafür zu entwickeln, dass wir die Wahl haben, wie wir auf Ärger reagieren. Spüren Sie ein Pochen in Ihrer Brust, eine Anspannung in Ihren Armen, Atembeschwerden oder den Drang, auf irgendetwas einzuschlagen? Nehmen Sie sich Zeit, um die Art und Intensität Ihrer Empfindungen zu erkennen und sie bewusst wahrzunehmen, ohne zu urteilen oder zu versuchen, sie zu ändern.

Schritt drei
Wenn Sie sich Ihrer Empfindungen voll bewusst sind, gehen Sie zum nächsten Kästchen mit der Überschrift **Auslöser**.

Was hätte ein objektiver Zeuge des Geschehens oder Verhaltens, das Ihren Ärger auslöste, gesehen oder gehört? Wer sagte oder tat was? Äußern Sie in der Sprache der GFK eine Beobachtung, die kein Urteil und keine Bewertung enthält.

Schritt vier
Im Kästchen mit der Überschrift **Sollte-Denken** geht es um die Dinge, die Sie sich selbst sagen, um die Vorstellungen und Urteile in Ihrem Kopf, die die Ursache Ihres Ärgers sind. Unsere Meinung, was andere tun oder nicht tun sollten, unsere Kritik an ihrem Verhalten verursachen unseren Ärger.

Schritt fünf
Im nächsten Kästchen geht es um die Übersetzung Ihrer Urteile und „Sollte-Gedanken" in **Bedürfnisse**. Hören Sie sich Ihre Urteile aus dem vierten Schritt genau an, denn sie sind sehr aufschlussreich. Sie können Ihnen klären helfen, welche für Sie wichtigen und sinnstiftenden Bedürfnisse und Werte Ihrer Erfahrung zugrunde liegen. Hinter jedem Urteil können viele Bedürfnisse stehen, die zusammenhängen und einander überlagern. Während Sie diese wertvollen Bedürfnisse ermitteln, wird ein Stück Ihres wahren Selbst für Sie zugänglich und vertieft Ihr Selbstverständnis.

Schritt sechs
In diesem Schritt geht es darum, offen für alle hochkommenden Gefühle zu sein. Während Sie die Bedürfnisse ermitteln, die hinter Ihrer Erfahrung stehen, werden Ihnen Gefühle bewusst werden, von denen einige Ihnen vielleicht weniger vertraut sind. Diese Gefühle „sitzen" still hinter dem lauteren und besser sichtbaren Ärger. Vielleicht hilft Ihnen die Gefühle-Liste auf Seite 321 f., diese differenzierteren Gefühle zu benennen.

Schritt sieben

Im Kästchen mit der Überschrift **gegenwartsbezogene Bitte** werden Sie aufgefordert, an sich selbst oder andere eine erfüllbare Bitte um eine bestimmte Handlung zu richten, die die Erfüllung eines von Ihnen erkannten Bedürfnisses oder die Fortsetzung des Gesprächs erleichtert. Es kann hilfreich sein, sich mehr als eine Bitte zu überlegen, sodass die Erfüllung des Bedürfnisses oder der weitere Verlauf des Gesprächs nicht von einer einzigen Strategie abhängt.

Schritt acht

Ihren Ärger vollständig ergründen.

Die Benutzung der Ärger-Bodenkarte ist *kein linearer Prozess*. Normalerweise werden Sie immer wieder zwischen den Kästchen hin und her oder um sie herum springen, während verschiedene Komponenten Ihrer Erfahrung erkennbar werden. Sie haben zum Beispiel folgende Möglichkeiten:

- Während Sie ein Bedürfnis ermitteln, werden Ihnen vielleicht weitere – oder heftigere – Urteile bewusst, die Sie bisher nicht zum Ausdruck gebracht haben. In diesem Fall können Sie sich entscheiden, zum Kästchen „Sollte-Denken" zurückzugehen.
- Wenn Ihnen ein weniger vertrautes Gefühl wie Verzweiflung bewusst wird, möchten Sie es vielleicht in die Bedürfnisse übersetzen, die ihm zugrunde liegen (zum Beispiel Hoffnung oder Vertrauen).
- Oder vielleicht möchten Sie klären, was genau an der Situation, die Ihren Ärger auslöste, Verzweiflung in Ihnen aufkommen ließ.
- Vielleicht fällt Ihnen ein weiterer Auslöser ein, während Sie eine Bitte formulieren. Dann können Sie sich entscheiden, auch diesen näher zu untersuchen.

Mit dem Ärger Himmel und Hölle spielen

Wie dieser Prozess aussehen kann, möchte ich mit einem Beispiel aus dem wirklichen Leben veranschaulichen. Vor ein paar Wochen führte ich mit einem jungen Mann namens Patrick ein Gespräch über seine Schwierigkeiten, seine Examensarbeit abzuschließen und gleichzeitig seiner Familie gerecht zu werden. Sein Vater war schwer krank und hatte nach Aussagen der Ärzte nicht mehr lange zu leben. Seiner Familie fiel es schwer, die fälligen Rechnungen zu bezahlen, die Krankheit und den bevorstehenden Tod des Vaters emotional zu bewältigen und die Zukunft zu planen. Patrick wollte mit mir über seine 17jährige Schwester Samantha reden, deren Verhalten großen Ärger in ihm auslöste. Sie ging abends aus und kam die ganze Nacht nicht nach Hause, trank Alkohol und nahm Drogen und half zu Hause nicht mit, was bei ihren Eltern große Besorgnis und Kummer auslöste. Patrick war wütend, dass Samantha so viele Probleme „verursachte", gerade jetzt, wo die Familie es bereits schwer genug hatte. Er nahm meinen Vorschlag an, die Ärger-Bodenkarte, die er aus meinem Kurs kannte, zu benutzen, um sich mit dieser Situation auseinanderzusetzen.

„Also gut, erst einmal halte ich inne und atme tief durch. Puh! Ein und aus. Ein und aus."

Er macht den nächsten Schritt zum Kästchen „Körperempfindungen". „Jetzt spüre ich nicht nur die Intensität meines Ärgers, sondern auch ein paar körperliche Reaktionen. Mein Herz rast, und meine Beine fühlen sich an, als wären sie sprungbereit. Jetzt spüre ich wieder, wie ich atme und wie die Anspannung allmählich aus meinen Armen und Händen weicht.

Wenn ich an die Dummheiten denke, die Samantha macht, möchte ich sie wirklich ohrfeigen (er geht zum „Sollte-Denken" weiter). Sie ist so rücksichtslos und unreif. Das muss ich ihr klarmachen. Wie kann sie meinen, es sei okay, so viel Ärger zu verursachen?

Jetzt gehe ich zum nächsten Kästchen, dem Auslöser. Mal sehen, was sie genau getan hat. Also letzte Woche blieb sie die ganze Nacht weg, ohne uns zu sagen, dass sie das vorhatte oder wo sie war.

Wir machten uns solche Sorgen, dass in der Nacht keiner von uns Ruhe oder Schlaf fand. Das war so gedankenlos von ihr und so unnötig." (An diesem Punkt schlage ich ihm vor, zum „Sollte-Denken" zurückzugehen.)

„Wie konnte sie uns das antun? Gerade jetzt, wo wir nur versuchen, es Vater so angenehm wie möglich zu machen, wo wir so viele finanzielle Sorgen haben und einander beistehen sollten!"

(Er geht zum Kästchen „in Bedürfnisse übersetzen"). „Ich will mal sehen, welche Bedürfnisse hier im Spiel sind. Ich möchte, dass sie der Familie in dieser Zeit eine Hilfe ist, statt uns noch mehr Probleme zu machen, als wir eh schon haben. Ihre Unterstützung wäre so wichtig – jeder leidet, und es täte gut, zu wissen, dass ihr ebenso viel an der Familie liegt wie uns an ihr.

Ich meine, wo hat sie sich mitten in der Nacht herumgetrieben? Wie konnte sie uns das antun?" (Ich schlage ihm vor, noch einmal zum „Sollte-Denken" zurückzugehen.)

„Die Leute, mit denen sie rumhängt, kümmern sich nicht um sie – die sind sogar noch unreifer und chaotischer als sie. Ich bin total frustriert und besorgt. Ich habe solche

Angst, dass ihr etwas passieren könnte. Da sind mir jetzt wohl noch ein paar andere Gefühle bewusst geworden." (Patrick geht zum Kästchen „Offen für Gefühle".)

„Ja, ich habe große Angst. Ich liebe Samantha." (Er hält kurz inne und konzentriert sich auf diese Gefühle). „Ich will einfach, dass sie in Sicherheit ist."

Nachdem Patrick sich mehrmals zwischen den verschiedenen Kästchen hin und her bewegt hat, geht er zur „gegenwartsorientierten Bitte" weiter.

„Ich frage mich, wie ich Samantha dazu bringen könnte, ihr Verhalten zu ändern."

An diesem Punkt bitte ich ihn, sich der erkannten Gefühle (Frustration, Angst und Besorgnis) und Bedürfnisse (Rücksicht, Unterstützung, gegenseitige Zuneigung und Sicherheit) bewusst zu bleiben, um aus ihnen heraus Bitten zu formulieren.

Ich bitte ihn, sich zu überlegen, welchen dieser Werte (den Wert Verbundenheit, also das Bedürfnis, miteinander im Gespräch zu bleiben, eingeschlossen) er momentan am meisten schätzt. Nachdem er eine Weile über diese Werte, die ihm alle wichtig sind, nachgedacht hat, sagt er, dass es wahrscheinlich am wichtigsten sei, in Verbindung zu bleiben. Wenn die Mitglieder seiner Familie einander nicht zuhören und nicht das Gefühl haben, dass all ihre Bedürfnisse zählen, werden sie kaum Wege finden, ihre gemeinsamen Bedürfnisse zu befriedigen.

Dann überlegt Patrick sich, welche Bitten er äußern könnte, um die Verbundenheit, die ihm so wichtig ist, zu stärken. Ihm fallen mehrere ein: „Ich könnte Samantha fragen, ob sie bereit wäre, sich in den nächsten drei Tagen 20 Minuten Zeit zu nehmen, um mir mitzuteilen, was momentan in ihr vorgeht. Ich würde einen Teil dieser Zeit auch gern dazu nutzen, ihr zu sagen, wie sehr ich sie liebe und wie sehr ich um ihre Sicherheit fürchte. Ich glaube nicht, dass ich meine Gefühle schon einmal auf diese Weise zum Ausdruck gebracht habe. Normalerweise kommen sie nur als laute Vorwürfe heraus.

Mich selbst will ich bitten, mindestens zwei Mal die Woche mit einem verständnisvollen Freund zu reden, um empathische Unterstützung zu erhalten, damit ich offener dafür bin, Samantha unvoreingenommen zuzuhören.

Ich denke, ich werde mich auch an ein örtliches Hospiz wenden, um zu sehen, ob es dort jemanden gibt, der uns mit konkreten Ideen und Ratschlägen für die Übergangsphase, die wir gerade durchleben, unterstützen könnte.

Wissen Sie", fährt Patrick fort, „ich glaube, mir wird langsam klar, wie viel Schmerz Samantha gerade erlebt. Irgendwie wusste ich das vom Kopf her schon, aber jetzt begreife ich es wirklich. Doch sie versucht, es sich nicht anmerken zu lassen. Sie versucht, uns zu beweisen, dass sie stark ist."

Ich frage ihn, ob er es für möglich hält, dass das Nicht-nach-Hause-Kommen und das Trinken Samanthas Strategien sind, um sich in dieser belastenden Situation etwas Erleichterung zu verschaffen, und vielleicht auch, um von ihrem Freundeskreis etwas Unterstützung zu erfahren.

„Das glaube ich nicht", erwidert er. „Ich kenne einige der Leute, mit denen sie abhängt. Ich kann mir wirklich nicht vorstellen, dass sie viel für Samantha tun. Und sie sieht alles andere als glücklich aus. Außerdem war sie immer schon ziemlich dickköpfig – sie muss alles auf ihre Art machen, besonders, wenn jemand einen anderen Vorschlag macht."

Ich sage, dass das für mich klingt, als könne ihr Bedürfnis nach Autonomie – selbst zu entscheiden, was sie tut oder nicht – recht stark sein.

„Ja, und sie sagt oft: ‚Warum kannst du mir nicht einfach vertrauen und mich meine eigenen Erfahrungen und Fehler machen lassen?' Ich schätze, ich sage ihr tatsächlich oft nur, was sie tun soll, als wäre sie noch ein Kind. Ich will einfach nicht, dass sie verletzt wird, dass sie irgendeine große Dummheit macht."

Und so ging das Gespräch weiter. Die Ärger-Bodenkarte half Patrick, Empathie für seinen Ärger zu erhalten, hinter seine Urteile zu blicken und seine Gefühle und Bedürfnisse zu erkennen. Er verband sich mit seinen Bedürfnissen nach Fürsorge und Sicherheit für seine Schwester und verstand schließlich, dass Samantha durch ihre Entscheidungen ihre eigenen Bedürfnisse nach Autonomie, Trost und Freundschaft zu befriedigen suchte. Als Patrick fähig war, sich mit dem Wert seiner eigenen Bedürfnisse, mit deren Bedeutung für ihn, zu verbinden, verstand er besser, dass auch Samantha Bedürfnisse hatte, die ihr wichtig waren. Er sah den Zusammenhang zwischen ihren Entscheidungen und der Erfüllung dieser Bedürfnisse und konnte ihr besser zuhören. Und er war fähig, etwas von der Richtig-oder-falsch-Energie loszuwerden, die sein Verhältnis zu ihr getrübt hatte. Samantha, Patrick und ihre Mutter waren am Ende fähig, gemeinsam Strategien zu entwickeln, die den Bedürfnissen aller Beteiligten mehr entgegenkamen.

ÜBUNG

Übung 7, Teil 1: Das Leben im Ärger hören

Ärger in Gefühle und Bedürfnisse zu übersetzen erfordert Übung. Schauen Sie sich die nachfolgenden Situationen an und versuchen Sie zu erraten, welche Gefühle und Bedürfnisse bei der verärgerten Person und bei der Person, über die sie verärgert ist, im Spiel sein könnten. Wir beginnen wieder mit einem Beispiel:

1. „Als ich das Geschäft verließ, ging der Alarm los, weil die Diebstahlsicherung nicht an der Kasse von dem Pulli entfernt worden war. Der Mann vom Sicherheitsdienst hielt mich auf und behandelte mich wie eine Diebin! In diesen Laden gehe ich nie wieder!"
   Gefühle und Bedürfnisse der verärgerten Person: Die Gefühle hinter ihrem Ärger sind vielleicht Gekränktheit, Traurigkeit, Angst oder Scham. Ihre Bedürfnisse sind vermutlich Vertrauen, Achtsamkeit, Sicherheit, Würde und Respekt.
   Gefühle und Bedürfnisse des Manns vom Sicherheitsdienst: Vielleicht war er gereizt, weil er eine Person überprüfen musste, die gar keinen Diebstahl begangen hatte und über die Kontrolle sichtlich aufgebracht war. Seine Gereiztheit könnte mit Werten wie Frieden am Arbeitsplatz oder Verbundenheit mit der Kundschaft zusammenhängen. Vielleicht auch mit dem Wunsch, als jemand gesehen zu werden, der bestrebt ist, effektiv zu arbeiten. Vielleicht war er auch verärgert und wollte Verständnis dafür, dass er nur seinen Job machte, als er die Tasche der Kundin durchsuchte.

2. „Ich kann nicht fassen, dass der Arzt meine Schwester bei ihrer letzten Untersuchung nicht geröntgt hat! Jetzt ist der Tumor schon ziemlich groß, und sie könnte daran sterben! So ein Dilettant! Warum war er nicht gewissenhafter?"

   Gefühle und Bedürfnisse der verärgerten Person: _____

   Gefühle und Bedürfnisse des Arztes: _____

3. „Meine Freundin ruft mich nie an. Immer muss ich sie anrufen. Sie denkt nur an sich. Das ist eine recht einseitige Freundschaft."

   Gefühle und Bedürfnisse der verärgerten Person: _____

   Gefühle und Bedürfnisse der Freundin: _____

4. „Ich verstehe nicht, warum die Inhaber der Kanzlei mir keine Partnerschaft anbieten. Ich arbeite genauso gut wie die Anwaltskollegen, denen sie eine Partnerschaft angeboten haben. Was haben die mir voraus? Warum werde ich immer übergangen, wenn es um Aufstiegschancen geht?"

   Gefühle und Bedürfnisse der verärgerten Person: _____

   Gefühle und Bedürfnisse der Kanzleiinhaber: _____

ÜBUNG

Übung 7, Teil 2: Das Leben im Ärger hören

Denken Sie an jemanden aus Ihrem Leben, über den Sie verärgert sind, oder stellen Sie sich vor, Sie befänden sich in einer der unten beschriebenen Situationen. Untersuchen Sie mithilfe der Ärger-Bodenkarte die verschiedenen Aspekte Ihres Ärgers. Es ist wichtig, dass Sie dabei langsam vorgehen und Geduld haben. Lassen Sie sich genug Zeit, um sich voll bewusst zu machen, was bei jedem Kästchen hochkommt.

A. „Als ich kürzer arbeitete, weil mein Vater operiert wurde, sagten Sie, ich solle einfach ins Krankenhaus gehen und mir keine Sorgen machen. Und jetzt sagen Sie, dass ich entweder die versäumte Zeit nacharbeiten muss oder für diese Tage weniger bezahlt bekomme. Ich dachte, Sie glauben an eine empathische Unternehmensführung. Doch das finde ich nicht empathisch!"

B. „Als du gesagt hast, dass du dir für den Abend mein Auto ausleihen willst, hätte ich nie gedacht, dass du auch bei Glatteis losfahren und es schrotten würdest. Wie konntest du so leichtsinnig sein?"

C. „Ich habe dir im Vertrauen erzählt, dass ich mich zu Barbara hingezogen fühle und gern mit ihr ausgehen würde. Doch inzwischen habe ich mitbekommen, dass du ihr das gesagt hast. Ich habe wirklich nicht damit gerechnet, dass sie es weiß. Nun ist es sehr peinlich für mich, mit ihr im selben Büro zu arbeiten. Und ich merke, dass sie mir gegenüber ziemlich distanziert ist. Wie konntest du mich so verraten? Ich dachte, du wärst mein Freund!"

7.5 Der Connor-GFK-Index

Als ich GFK zu lernen begann, war ich total begeistert und wollte sie gleich mit meinem geliebten Mann praktizieren. Jahrelang hatten wir anders kommuniziert, und diese Art der Kommunikation war uns in Fleisch und Blut übergegangen. Jetzt kommunizierten wir manchmal besser denn je und waren beide begeistert und zuversichtlich. Doch wenn es zwischen uns zu einem Konflikt kam, der bei einem oder bei beiden heftige Gefühle auslöste, verfielen wir wieder in unsere alten Muster. Wir verloren unsere neu gefundene Nähe und litten mehr denn je darunter. Weil die Nähe größer war, war auch der Verlust größer.

In Konfliktsituationen wurde mein Mann aus meiner Sicht zu einem mächtigen Feind, zu der Person, die mich am tiefsten verletzen und mein Glück zerstören konnte. Die Auswirkungen auf unsere Kommunikation waren verheerend. Ich erkannte, dass ich langsamer vorgehen und Geduld mit mir haben musste. Nach einigen schmerzlichen Konfliktsituationen entwickelte ich einen Index, den ich den Connor-GFK-Index nenne. Während jedes schwierigen Gesprächs achte ich genau darauf, was ich der anderen Person gegenüber empfinde, und stufe meine Gefühle auf einer Skala von eins bis zehn ein. „Zehn" bedeutet, dass diese Person in meinen Augen ein Gottesgeschenk an die Menschheit ist. „Eins" bedeutet, dass ich diese Person als meinen schlimmsten Feind betrachte – so schlimm wie den Hunnenkönig Attila oder Hitler.

Wenn meine Gefühle der anderen Person gegenüber unter die Sieben sinken, höre ich auf zu reden. Ich verlasse das Zimmer oder das Haus oder lege mit einem schnellen „Sorry, ich muss jetzt weg" den Hörer auf. Ich weiß, dass keine tiefer gehende Verbindung zustande kommt, bis ich diese Person auf der Skala höher einstufe. In der Anfangszeit wartete ich einfach: Im Laufe der Zeit, oder nachdem ich Empathie von einem Empathie-Partner erhalten hatte, stieg der Wert von selbst. Mit der Zeit wurde ich besser in Selbst-Empathie und fähig, den Wert auf der Skala relativ schnell zu erhöhen, manchmal sogar ohne das Zimmer zu verlassen.

ÜBUNG

Übung 8: Mit dem Index arbeiten

Wenn Sie das nächste Mal merken, dass Sie ärgerlich oder wütend werden, halten Sie inne und benutzen Sie den Connor-GFK-Index. Stufen Sie auf einer Skala von eins bis zehn ein, wie sehr Sie die Person, mit der Sie interagieren, als „Feind" betrachten. Wie beeinflusst dieses Bewusstsein Ihre Entscheidung, ob Sie sich zurückziehen oder die Interaktion fortsetzen?

7.6 Sich über die Welt ärgern – und sie verändern

Freunde und Familienangehörige sind nicht die Einzigen, die Ärger in uns auslösen können. Das können sogar Interaktionen mit Fremden, besonders dann, wenn sie an Bedürfnisse rühren, die gerade in uns lebendig sind oder schon öfter unbefriedigt blieben. Betrachten wir ein Beispiel aus dem wirklichen Leben, das zeigt, wie sehr Selbst-Empathie den Umgang mit Ärger erleichtert.

> Wer dich verärgert, besiegt dich.
> (Elizabeth Kenny, australische Krankenschwester, 1886–1952)

Fahrradfahren befriedigt viele meiner Bedürfnisse, unter anderem die nach Umweltschutz, körperlicher Bewegung und Spaß. Ich liebe es, auf der Manhattan Bridge anzuhalten und die vorbeifahrenden Züge sowie die Frachtkähne und Schlepper auf dem East River zu beobachten. Dann fühle ich mich springlebendig.

Gleichzeitig ist das Fahrradfahren für mich immer wieder eine Quelle großen Ärgers. Fast jeden Tag erlebe ich Zwischenfälle, die meine Bedürfnisse nach Rücksicht, Achtsamkeit oder Sicherheit nicht erfüllen. Leute öffnen Wagentüren, ohne vorher hinauszuschauen. Autos überholen mich oder biegen ab und kreuzen meinen Weg, ohne zu blinken. Oder sie fahren so dicht an mir vorbei, dass sie mich beinahe rammen.

Wie reagiere ich auf so einen Konflikt? Jahrelang reagierte ich aggressiv. Ich brüllte wütende Kommentare und schlug mit der Faust auf Autofenster oder Motorhauben. Ich wollte körperliche Sicherheit, doch in Wirklichkeit vergrößerte ich nur meine Verwundbarkeit und mein Risiko. Als ich GFK zu lernen begann, beschloss ich, sie hier zu testen.

Zuerst überlegte ich mir, was meinen Ärger verursachte. In diesem Fall war das klar – die Leute am Steuer dieser Autos waren verantwortungslos und egoistisch! Ich war in einem Schulddenken gefangen. Doch ein bereits besprochenes Prinzip der GFK lautet: „Niemand außer mir selbst kann mich ärgerlich machen." Ich nahm es mir zu Herzen und beschloss, mein eigenes Verhalten zu untersuchen. Es gab eine andere Möglichkeit, als die Schuld bei mir oder außerhalb von mir zu suchen: empathische Verbundenheit.

Ich versuchte, mich in die Autofahrerinnen und Autofahrer einzufühlen, und stellte empathische Vermutungen an: Wahrscheinlich hatten auch sie Bedürfnisse nach Bewegung, Raum, Sicherheit und Sorglosigkeit. Doch es gelang mir nicht, Mitgefühl für Leute aufzubringen, die ich als „Feinde" betrachtete. Es blieb ein intellektuelles Bemühen, eine reine Kopfsache. Der Ärger in mir war zu groß. Da erinnerte ich mich an das Prinzip „Empathie vor Erklärung". Als ich erkannte, dass ich zuerst Empathie brauchte, suchte ich Hilfe bei Empathie-Partnern und begann, „Notfall-Selbst-Empathie" zu praktizieren, wenn beim Fahrradfahren irgendein Geschehnis Ärger in mir auslöste.

Als ich mich empathisch mit meinen eigenen Bedürfnissen verband, wurde mir klar, dass ich mir vor allem Sicherheit, Rücksicht und Sorglosigkeit wünschte. Ich wollte auf der Straße gesehen werden. Und ich wollte auch Wertschätzung, weil ich zum Umweltschutz und zu mehr Lebensqualität für alle Menschen in New York beitrug, indem ich Fahrrad statt Auto fuhr und dadurch die Luftverschmutzung, den Lärm und den Verkehr reduzieren half. Jedes Geschehnis auf der Straße, das starke Gefühle wie Ärger oder Angst in mir auslöste, erinnerte mich unweigerlich daran, dass auch auf globaler Ebene Dinge geschahen, die ich beunruhigend fand: Die Leute in Machtpositionen (oder in diesem Fall am Steuer) zeigten nicht das Maß an Umsicht, das ich mir wünschte, und was mit der Umwelt geschah, fand ich besorgniserregend. Ich hatte Gedanken wie: „Wenn ich nicht einmal auf dem Fahrrad sicher bin, welche Hoffnung besteht dann für den Rest der Welt? Wie soll es uns dann gelingen, den Energieverbrauch zu senken, die Erderwärmung zu stoppen und dem Krieg ein Ende zu setzen?!" Als würde ein Vulkan aktiviert, löste selbst das kleinste „lokale" Vorkommnis bei mir einen Ausbruch „globaler" Wut und Angst aus.

Ich erkannte auch, dass das, was ich wollte, völlig unrealistisch war. Es war eine unerfüllbare Erwartung, dass alle Autofahrer und Autofahrerinnen, die tagtäglich an mir vorbeifuhren, das Bewusstsein hatten, das ich mir wünschte – oder die Bereitschaft, danach zu handeln. Da empfand ich echtes Mitgefühl für all die Leute am Steuer, mit denen ich interagiert hatte. Sie dachten, dass sie eine Radfahrerin überholten, doch in Wirklichkeit fuhren sie an einem hochexplosiven Vulkan vorbei, der jederzeit ausbrechen konnte! Ohne mir dessen bewusst zu sein, forderte ich Unmögliches.

Während mein Bewusstsein für meine Bedürfnisse wuchs, fielen mir immer mehr umsetzbare Strategien ein, sie zu befriedigen. Ich entdeckte neue Routen, die mein Bedürfnis nach Sicherheit befriedigten, darunter eine, die durch einen wunderschönen Park führte, den ich bisher gar nicht wahrgenommen hatte, sowie ein paar ruhige Straßen in Little Italy. Ich begann, Handzeichen zu benutzen. Diese Mühe hatte ich mir bisher nie gemacht, weil ich mir nichts davon versprochen hatte, doch sie zeigten Wirkung. Seit ich erlebe, wie Autofahrerinnen und Autofahrer auf Handzeichen reagieren, bin ich davon überzeugt, dass sie die Sichtbarkeit, die gegenseitige Rücksichtnahme im Straßenverkehr und die Sicherheit fördern.

Nun finde ich es komisch, dass ich nicht schon früher auf diese Strategien gekommen war. Ich war damals so darauf fixiert, anderen die Schuld zu geben, so fest davon überzeugt, dass sie mir auf der Straße Platz machen *sollten*, dass ich nie an andere Optionen dachte. Sie waren es doch, die sich „falsch" verhielten. Als ich mir über meine Bedürfnisse im Klaren war und diejenigen betrauerte, die nicht erfüllt werden konnten, war ich fähig, mich auf die Bedürfnisse zu konzentrieren, die ich in dieser konkreten Situation befriedigen konnte. Ich war begeistert und fühlte mich bestärkt. Ich konnte nicht nur eine Situation, die aussichtslos schien, besser verstehen und ändern, sondern auch Bedürfnisse nach Bewusstheit, Verantwortlichkeit, Entscheidungsfreiheit, Sicherheit und Sorglosigkeit befriedigen.

Ich praktiziere nach wie vor, was ich „aggressive" Selbst-Empathie nenne. Wenn ich auf der Straße ärgerlich werde, nehme ich mir die Zeit, mir meine Gefühle bewusst zu machen und mich tief mit ihnen zu verbinden. Manchmal, wenn besonders starke Gefühle in mir ausgelöst werden, verlasse ich die Fahrbahn und nehme mir eine „Auszeit", um mein Urteil und den Schmerz oder Ärger dahinter näher zu untersuchen. Dabei achte ich auch auf meine körperlichen Empfindungen. Und wenn ich mich für eine Interaktion mit einer Autofahrerin oder einem Autofahrer entscheide, versuche ich erst eine menschliche Verbindung herzustellen, bevor ich einen Kommentar abgebe, denn ich habe inzwischen gelernt, wie wichtig das ist. Ich beginne mit einer Frage: „Hallo, wie geht's?" Wenn ich nicht bereit bin, einen Mitmenschen zu grüßen, ist das ein sicheres Zeichen, dass ich etwas „aggressive" Empathie brauche, bevor ich den Mund aufmache.

Ich stelle immer wieder fest, dass ein empathisches Eingehen auf die andere Person zu einem völlig anderen Ergebnis führt als mein früheres hitzköpfiges Verhalten. Erst letzte Woche setzte ich meine GFK-Kenntnisse bei einem Autofahrer ein, der mir den Weg abschnitt. Er sagte von sich aus: „Das nächste Mal werde ich mich wirklich umschauen, bevor ich ausschere." Meine Bedürfnisse nach Verbindung und Achtsamkeit wurden voll befriedigt. Selbst-Empathie und Wahlmöglichkeiten, auf Ärger zu reagieren, haben mir schon das Leben gerettet – sie sind die beste „Sicherheitsweste", die eine Radfahrerin haben kann.

ÜBUNG

Übung 9: Empathie in Aktion

Denken Sie an eine Situation, die schon mehr als einmal Ärger in Ihnen ausgelöst hat. Das kann eine Bagatelle sein – zum Beispiel, dass Ihr Partner oder Ihre Mitbewohnerin das Toilettenpapier nicht ersetzt, wenn es ausgeht, oder dass er / sie schmutzige Kleidung auf dem Boden herumliegen lässt. Praktizieren Sie Selbst-Empathie und / oder lassen Sie sich von einer Freundin oder einem Freund Empathie geben. Welche Ihrer „Kernbedürfnisse" werden ausgelöst? An welche Grundüberzeugungen werden Sie erinnert? Wie hängen die erkannten Bedürfnisse mit Ihrer Weltsicht zusammen? Wie möchten Sie mit anderen zusammenleben und interagieren? Vielleicht möchten Sie diese Fragen in Ihrem Tagebuch beantworten.

7.7 Weitergehen

Die meisten Leute finden es schwierig, mit Ärger umzugehen – ob er von Ihnen selbst oder von anderen zum Ausdruck gebracht wird. Doch wenn wir Ärger verstehen und Empathie praktizieren, können wir lernen, die Energie dieses leidenschaftlichen Gefühls nutzbar zu machen und uns besser mit anderen und uns selbst verbinden. Wenn wir mit dem Wert unserer Bedürfnisse voll verbunden sind und beginnen können, Strategien zu entwickeln, um diese Bedürfnisse besser zu befriedigen, sind wir soweit, dass wir Ärger genießen können: Wir finden Freude (sowie Verständnis,

Selbstverbundenheit und Wachstum), wo sonst vielleicht nur Urteile und Frustration gewesen wären.

Weitere Fragen und Übungen, um Kapitel 7 zu vertiefen

A. Denken Sie an eine Zeit, in der jemand über Sie verärgert war.
   1. Wie haben Sie gemerkt, dass diese Person über Sie verärgert war? Was sagte oder tat sie?
   2. Welche Bedürfnisse löste der Ärger dieser Person in Ihnen aus? Empfanden Sie Angst, Besorgnis oder Traurigkeit?
   3. Welche Urteile und Gedanken (vielleicht auch „Sollte-Gedanken") hatten Sie über diese Person und / oder ihren Ärger?
   4. Welche Bitte hätten Sie in dieser Situation gern an sich selbst oder die verärgerte Person gerichtet?

B. Denken Sie an jemanden, über den Sie sehr verärgert sind. Schreiben Sie dieser Person einen Brief, in dem Sie ihr mithilfe der vier GFK-Schritte (Beobachtungen, Gefühle, Bedürfnisse und Bitten) erklären, wie Sie sich fühlen. Ihr erster Entwurf kann auch Urteile und Schuldzuweisungen enthalten – das ist okay. Lassen Sie heraus, was in Ihnen hochkommt, verbinden Sie sich empathisch mit Ihren Gefühlen und verfassen Sie dann einen empathischen Brief. Sie können ihn abschicken, wenn Sie möchten, oder ihn nur für sich selbst schreiben, als Übung in Selbst-Empathie und Empathie.

8 | Wenn keine Kommunikation möglich ist: Die beschützende Anwendung von Macht

Wir hoffen, dass Sie den Sinn und Wert der Gewaltfreien Kommunikation inzwischen erkannt haben und verstehen, wie sie in verschiedenen Situationen angewendet werden kann, sei es zu Hause, am Arbeitsplatz oder anderswo. Beim Nachdenken, wie Sie sie üben können, sind Ihnen vielleicht auch Situationen eingefallen, in denen Sie keine Möglichkeit sahen, GFK anzuwenden, weil schlicht jede Form von Kommunikation ineffektiv wäre. Hier sind ein paar Beispiele für solche Szenarien:

- Zwei betrunkene Studenten prügeln sich auf einer Party und wollen nicht aufhören.
- Ein Kleinkind läuft einem Ball hinterher, der schnell auf eine viel befahrene Straße zurollt.
- Ein Mann nähert sich Ihnen und Ihrer Freundin /Ihrem Freund mit gezogener Waffe. Er fuchtelt auf eine Art mit ihr herum, die befürchten lässt, dass er vorhat, sie zu benutzen, und brüllt etwas in einer Sprache, die Sie nicht verstehen.
- Eine Person schreit aufgeregt herum und droht, von einem Dach zu springen.
- Jemand, der Geiseln genommen hat, droht, eine Bombe zu zünden.

Vielleicht denken Sie, dass in solchen Situationen irgendeine Form physischen Eingreifens gerechtfertigt ist, weil Worte allein nicht genügen. Da stimmen wir Ihnen zu.

Zuerst möchten wir jedoch klarstellen, dass ein Verhalten, das dem Bewusstsein der Gewaltfreien Kommunikation entspricht, in allen Fällen eine Wahlmöglichkeit ist. Es ist kein Muss, keine Pflicht. Wir finden es zwar sinnvoll und wichtig, die Möglichkeit, in Übereinstimmung mit dem GFK-Bewusstsein zu handeln, stets in Erwägung zu ziehen, doch oft entscheiden wir uns aus Bequemlichkeit, Gewohnheit oder einem Mangel an Geistesgegenwart oder Bewusstheit für ein anderes Verhalten. Wir akzeptieren unsere Grenzen, auch während wir bestrebt sind, das Bewusstsein und Verhalten zu entwickeln, das wir schätzen, weil es unser Leben auf vielfältige Art bereichert und seine Qualität erhöht.

Zweitens gibt es Umstände, unter denen ein physisches Eingreifen mit dem GFK-Bewusstsein vereinbar sein kann. Im Fall der zwei betrunkenen Studenten würden wir zum Beispiel nicht wollen, dass die beiden ihren Konflikt mit Fäusten austragen und Verletzungen riskieren. Abhängig von den Umständen würden wir wohl ein Eingreifen erwägen, um sie aufzuhalten. Wir könnten sie zum Beispiel mit Wasser überschütten, um sie zu irritieren und abzulenken, oder andere Partygäste um Hilfe bitten oder die Polizei rufen. In einer Situation, in der keine Möglichkeit, Zeit oder Bereitschaft vorhanden ist, zu kommunizieren, können wir uns für das entscheiden, was eine *beschützende Anwendung von Macht* genannt wird. Wie bei jeder Machtausübung bestimmt dabei eine Person über eine andere. Doch es besteht ein großer Unterschied zwischen einer beschützenden und einer *bestrafenden Anwendung von Macht.*

In diesem Kapitel beschäftigen wir uns mit den vier wesentlichen Unterschieden zwischen diesen beiden Arten von Machtanwendung, die manchmal verwechselt werden. Wir untersuchen, welche kulturellen und historischen Faktoren die bestrafende Anwendung von Macht fördern, und veranschaulichen schließlich anhand einiger Geschichten die verblüffende Macht des Gesprächs in potenziell gefährlichen Situationen.

8.1   Wir werden alle von universellen Bedürfnissen angetrieben

Die Idee, dass jedes menschliche Verhalten ein Versuch ist, universelle menschliche Bedürfnisse zu befriedigen, ist uns inzwischen vertraut. Wir verstehen auch, dass für die einzelnen Menschen in unterschiedlichen Augenblicken und Situationen unterschiedliche Bedürfnisse vordringlich sind und dass sie unterschiedliche Strategien anwenden, um ihre Bedürfnisse zu befriedigen. Wenden wir diese Prinzipien doch mal auf die Situation an, in der zwei betrunkene Studenten sich prügeln. Stellen wir uns zwei andere Partygäste vor, die in der Nähe stehen und ein physisches Eingreifen befürworten, um die beiden Kontrahenten voreinander zu schützen.

Der eine Partygast denkt vielleicht: „Was für unreife Idioten! Wie können sie es wagen, sich so zu benehmen! Sie verderben allen anderen die Party und könnten die Einrichtung beschädigen!" Vielleicht äußert er eine Variante dieser Urteile: „Hört sofort auf, alle beide! Ihr verderbt den anderen die Party und benehmt euch wie Idioten!" Vielleicht will dieser Gast den beiden direkt oder indirekt klarmachen, dass es falsch ist, sich zu prügeln, indem er sie körperlich bestraft und ihnen sagt, dass er ihr Verhalten starrköpfig und egozentrisch findet und in Zukunft nichts mehr mit ihnen zu tun haben will. Seiner Ansicht nach verdienen die beiden Studenten irgendeine Strafe dafür, dass sie sich so „schlecht" benehmen und den anderen Gästen die Party verderben.

Dieser Gast will die beiden Studenten lehren, dass es einen anderen Weg gibt, mit ihrem Konflikt umzugehen, indem er ihnen vermittelt, dass andere ihr Verhalten moralisch verurteilen, und indem er sie dafür bestraft. Er glaubt wahrscheinlich, bestraft zu werden und zu leiden seien wichtige Erfahrungen, um akzeptablere und wünschenswertere Umgangsformen zu lernen, und will dafür sorgen, dass die Studenten beide Erfahrungen machen. Diese Art, auf die Situation zu reagieren, illustriert die charakteristischen Merkmale der *bestrafenden Anwendung von Macht*: Ihr Zweck ist, die Person zu bestrafen, deren Verhalten als falsch betrachtet wird, in der Hoffnung und in dem Glauben, dass eine Bestrafung zu Sicherheit, einem Lernprozess und Wachstum führen wird. Dieser Gast denkt vielleicht auch: „Wenn wir die beiden für ihr Verhalten büßen lassen, werden sie besser verstehen, wie wir uns fühlen, wenn wir mit ansehen müssen, was sie tun." So ein Gedanke lässt darauf schließen, dass diese Person glaubt, eine Bestrafung könne zu einem besseren empathischen Verständnis beitragen – und er lässt erkennen, dass diese Person auch Empathie braucht.

Der zweite Partygast könnte auf die eingetretene Situation ähnlich reagieren, doch aus ganz anderen Überzeugungen heraus. Vielleicht denkt er: „Wir müssen diese Burschen sofort stoppen, bevor jemand ernsthaft verletzt wird. Sie reagieren nicht auf unsere Worte – vielleicht weil sie betrunken sind. Deshalb bleibt uns keine andere Wahl, als physisch einzugreifen und sie auseinanderzuhalten, bis wir uns hinsetzen und über diese Erfahrung reden können. Ich will verstehen, warum sie sich so verhalten, und ich will, dass sie verstehen, welche Wirkung ihr Verhalten auf mich und alle anderen hat. Ich hätte gern, dass wir gemeinsam nach Wegen suchen, mit der Situation umzugehen, dass die Bedürfnisse aller Beteiligten gehört und berücksichtigt werden." Wie der andere Partygast will auch dieser Sicherheit, Wachstum durch einen Lernprozess und empathisches Verständnis für alle. Doch er glaubt, dass diese Ziele durch ein Gespräch, in dem alle Beteiligten sich ihre Erfahrungen, Gefühle, Bedürfnisse und Gedanken mitteilen, eher erreicht werden können als durch Bestrafung und das Zufügen von Leid.

8.2 Die Unterschiede zwischen beschützender und bestrafender Anwendung von Macht

Man kann feststellen, ob eine Person Macht beschützend oder bestrafend anwendet, indem man die folgenden Fragen stellt:

- Welche Absicht steht hinter der Anwendung von Macht, um jemanden vor Schaden zu bewahren?
- Sieht es so aus, als bestünde ein unmittelbares Risiko, dass jemand zu Schaden kommt?
- Wurden alle Möglichkeiten, ins Gespräch zu kommen, ausgeschöpft?
- Besteht nach Abwendung der unmittelbaren Gefahr Gesprächsbereitschaft?

Was ist die Absicht?

Denken Sie daran, dass sowohl die Person, die Macht beschützend anwendet, als auch die Person, die Macht bestrafend anwendet, positive universelle Bedürfnisse zu befriedigen versucht. Der Unterschied besteht darin, welche Strategie als die beste betrachtet wird, um das zu erreichen – welche Absicht also mit der Machtausübung verbunden ist. Der erste Partygast ist für ein Eingreifen, das Schmerz oder Scham auslösen soll und Gewalt beinhaltet: Eine Person zwingt einer anderen durch den Einsatz körperlicher Gewalt ihren Willen auf. Diese Person will zudem die Bestrafung fortsetzen, wenn die Konfliktsituation vorbei ist. Der zweite Partygast hält ein Gespräch, in dem die Beteiligten Gedanken und Erfahrungen austauschen, für den besten Weg, eine Verhaltensänderung zu erreichen. Er wendet zwar ebenfalls körperliche Gewalt an – als letztes Mittel, wenn kein Gespräch möglich ist und die Sicherheit und das Wohl anderer unmittelbar bedroht sind –, doch wenn die bedrohliche Situation vorbei ist und ein Gespräch möglich wird, übt er keine Gewalt oder Macht mehr aus.

Wenn Sie mit einer ähnlichen Situation konfrontiert sind und sich über Ihre Absicht klar werden wollen, ist der einfachste Weg die Überprüfung Ihrer Gedanken zu dem Verhalten, das Sie beunruhigt. Denken Sie: „Wie können die es wagen, sich so zu benehmen?" Oder: „Das geht wirklich zu weit – das kann ich nicht zulassen!" Oder: „Denen werd ich's zeigen!" Oder denken Sie: „Wie kann ich in dieser Situation alle Beteiligten am besten schützen?" Oder: „Was wäre die schonendste Art, einzugreifen?" Oder: „Ich will wirklich, dass alle sicher sind, auch die Person/en, deren Verhalten ich gefährlich finde."

Besteht ein unmittelbares Risiko, dass jemand zu Schaden kommt? – Wie gefährlich ist gefährlich?

Eine beschützende Anwendung von Macht wird nur in Situationen erwogen, in denen allem Anschein nach ein unmittelbares Risiko besteht, dass jemand ernsthaft zu Schaden kommt, und ein schnelles Eingreifen erforderlich ist, weil sonst irreversible Konsequenzen drohen. Das Gefühl, dass eine Gefahr besteht, die dringend abgewendet werden muss, ist etwas anderes als Ärger. Vielleicht missfällt Ihnen, was jemand sagt oder tut, und vielleicht löst sein Verhalten Ärger in Ihnen aus, doch besteht tatsächlich ein unmittelbares Risiko, dass jemand körperlichen Schaden erleidet? Oder ist noch Zeit, eine Verbindung herzustellen, ein Gespräch zu führen, die Bedürfnisse aller Beteiligten zu ermitteln und nach Win-win-Lösungen zu suchen, die langfristig bessere Ergebnisse bringen könnten? Achten Sie in so einer Situation darauf, was Sie denken. Drehen Ihre Gedanken sich darum, wie schrecklich die Person ist, die sich so verhält, oder darum, ob sie durch ihr Verhalten andere und / oder sich selbst gefährdet?

Natürlich werden unterschiedliche Menschen die potenzielle Gefahr, dass jemand Schaden erleidet, unterschiedlich einschätzen, und falls die Zeit es erlaubt, ist es hilfreich, wenn Sie sich weitere Fragen stellen, um zu einer möglichst realistischen Einschätzung der Situation zu gelangen. Zu einer Einschätzung, die auf konkreten Tatsachen beruht und nicht auf persönlichen oder kulturellen Vorurteilen, die nichts mit irgendeiner drohenden Gefahr zu tun haben. Es ist entscheidend, dass Sie das Verhalten, mit dem Sie konfrontiert werden, so objektiv wie möglich sehen. Notruf-Mitarbeiterinnen und -Mitarbeiter werden darin geschult, die Suizidgefährdung einer anrufenden Person anhand von Antworten auf die vier folgenden Fragen einzuschätzen:

1. „Fühlen Sie sich so schlecht, dass Sie an Selbstmord denken?" Wenn die Person diese Frage bejaht, wird ihr die zweite gestellt.
2. „Haben Sie darüber nachgedacht, wie Sie es machen würden?" Wenn die Antwort Ja lautet, folgt die dritte Frage.
3. „Haben Sie alles, was Sie dafür brauchen?" Wenn ja, lautet die vierte Frage:
4. „Haben Sie darüber nachgedacht, wann Sie es tun würden?"

Empirische Forschungsergebnisse belegen, dass die Antworten auf diese Fragen eine Risikoeinschätzung erleichtern. Je mehr Fragen bejaht werden, desto angemessener kann es sein, eine beschützende Anwendung von Macht in Erwägung zu ziehen.

Vielleicht möchten wir uns zu einer Situation, die uns beunruhigt, ähnliche Fragen stellen, um besser einschätzen zu können, wie groß die Wahrscheinlichkeit ist, dass jemand Schaden erleidet. Ist eine potenziell tödliche Waffe im Spiel? Scheint die Person körperlich in der Lage zu sein, sich selbst oder anderen Schaden zuzufügen? Besteht tatsächlich dringender Handlungsbedarf oder habe ich nur das Gefühl, dringend eingreifen zu müssen, weil ich über das, was vor sich geht, verärgert oder empört bin? Reagiere ich auf das tatsächliche Geschehen oder auf meine eigenen Vorstellungen, was ein anderer Mensch tun oder nicht tun sollte?

Kulturelle oder historische Voreingenommenheit ist ein weiterer Grund, sich auf das tatsächliche Verhalten zu konzentrieren statt auf das eigene Urteil darüber oder die eigene Reaktion darauf. Experimente zeigen zum Beispiel, dass Weiße eher glauben, dass ein bedrohliches Verhalten dazu führt, dass andere Schaden erleiden, wenn die Person, die dieses Verhalten an den Tag legt, ein Afroamerikaner ist als wenn sie europäischer Abstammung ist. Diese Voreingenommenheit kann zu Rassendiskriminierung beitragen, wie sie sich zum Beispiel in Schulverweisen von Teenagern äußert oder Einsätzen der Polizei, die bei farbigen Verdächtigen schneller und öfter zur Waffe greift als bei weißen. Die Konzentration auf das Verhalten oder die Handlung selbst (eine klare Beobachtung) kann helfen, tatsächliche Geschehnisse von Vorurteilen zu trennen.

Die Rolle des Gesprächs

Es ist ein Grundsatz der Gewaltfreien Kommunikation, dass Lösungen, die die Lebensqualität aller erhöhen, am ehesten erzielt werden, wenn die Bedürfnisse aller Beteiligten ermittelt und berücksichtigt werden und wenn alle Beteiligten an der Entwicklung von Strategien zur Befriedigung dieser Bedürfnisse mitwirken. Dieser Grundsatz entspricht einer Überzeugung von Mahatma Gandhi: „Was die meisten menschlichen Bedürfnisse befriedigt, kommt der Wahrheit am nächsten." Aus diesem Grund ist ein Gespräch, in das alle Parteien so weit wie möglich einbezogen werden, unverzichtbar. Doch ein Gespräch setzt die Fähigkeit und Bereitschaft voraus, zu kommunizieren, und es erfordert unter anderem Zeit und Raum. Ein kleines Kind, das auf eine Straße zuläuft, ist vielleicht nicht fähig, auf Worte so schnell zu reagieren, wie ein Erwachsener es für nötig hielte, um Schaden abzuwenden. Oder wenn die andere Person eine Sprache spricht, die Sie nicht verstehen, bräuchten Sie einen Dolmetscher. Oder wenn die andere Person Sie nicht versteht, weil sie unter Drogen steht oder geistig behindert ist, kann es dauern, bis ihr Rausch nachlässt oder bis Sie jemanden finden, der gelernt hat, mit Menschen, die eine solche Behinderung haben, zu kommunizieren.

Da in all diesen Fällen ein Gespräch im Augenblick nicht möglich ist, entscheiden wir uns vielleicht dafür, Macht beschützend anzuwenden. Doch sobald die Umstände sich ändern, können wir wieder das Gespräch suchen. Und in der Zwischenzeit bestimmen Mitgefühl und unsere Absicht, dem Wohl aller zu dienen, unsere Handlungen. Was das Kleinkind betrifft, so können wir, während wir es packen – also Macht über es ausüben –, um es in Sicherheit zu bringen, zum Beispiel sagen: „Weil mir etwas an dir und deinem Wohl liegt, bringe ich dich in diesen umzäunten Garten, in dem du sicher bist." Das ist eine ganz andere Reaktion, als das Kind zu packen und zu sagen „Du böser Junge! Du hörst nie auf mich! Ich habe dir doch gesagt, dass du nicht auf die Straße laufen sollst!" und es zur Strafe zu schlagen.

Untersuchen wir noch ein paar andere Situationen. Stellen Sie sich vor, Sie sehen, dass jemand im Begriff ist, etwas Gefährliches zu tun, zum Beispiel betrunken Auto zu fahren oder gar Selbstmord zu begehen. Wenn keine Zeit bleibt, um mit ihm zu reden, oder wenn kein Gespräch möglich ist, wäre es lebensdienlich, körperlich einzugreifen und die lebensmüde Person aufzuhalten, oder der Person, die zu betrunken ist, um Auto zu fahren, die Autoschlüssel wegzunehmen. Wenn jemand im Begriff ist, Tabletten zu schlucken oder von einer Brücke zu springen, ist das wahrscheinlich kein passender Augenblick, um ihm Empathie zu geben und herauszufinden, warum er sich umbringen will. Erst wenn er in Sicherheit ist, ist Zeit, auf diese Weise eine Verbindung herzustellen. Wenn Sie körperlich eingreifen, weil ein Gespräch im Moment nicht möglich ist, können Sie, wie im Beispiel mit dem Kleinkind, der Person Ihre Absicht mitteilen, zum Beispiel: „Ich nehme dir diese Tabletten weg (oder halte dich fest), weil mir etwas an dir liegt und ich will, dass du sicher bist." Eine empathische Verbindung zu jemandem herzustellen, der betrunken ist, ist schwierig, wenn nicht unmöglich. Sie können sich später mit ihm verbinden, wenn die unmittelbare Gefahr vorbei ist. Trotzdem möchten Sie ihm vielleicht sagen, warum Sie körperlich eingreifen: „Ich mache mir Sorgen um deine Sicherheit, Tom. Da ich weiß, wie viel du heute Abend getrunken hast, fahre ich dich nach Hause."

8.3 Öl mit Wasser mischen

Selbst wenn Menschen eingreifen, um andere zu beschützen, ist diese Entscheidung oft von Urteilen und Missbilligung beeinflusst. In die Sorge um die Sicherheit und das Wohl der Person können sich andere Bedürfnisse und auf Urteilen beruhende Grundüberzeugungen mischen. Eine beschützende Handlung kann zwar mit einer lebensdienlichen Absicht beginnen, doch sobald Urteile oder Schuldzuweisungen hineinspielen, kann sie nicht mehr als lebensdienlich und beschützend betrachtet werden.

Sagen wir, eine Mutter sieht, wie ihr kleines Kind sich einem heißen Ofen nähert, und fürchtet, dass es sich verbrennen könnte. Vielleicht sagt sie: „Sei nicht so ungezogen, Jimmy! Die Mama hat dir doch gesagt, dass du vom Ofen wegbleiben sollst! Ich habe dir gesagt, du sollst nicht so nahe rangehen, und das meine ich ernst!" Sicher ist sie aufrichtig besorgt um die Sicherheit des Kindes. Gleichzeitig scheinen außer dem Wunsch, es vor einer drohenden Gefahr zu schützen, noch andere Bedürfnisse im Spiel zu sein. Sie wünscht sich vielleicht Sorglosigkeit und Achtsamkeit und / oder will „respektiert" und gehört werden. Solche Bedürfnisse stehen manchmal hinter Äußerungen wie: „Sei nicht so ungezogen! Du hörst jetzt auf mich, sonst kannst du was erleben!"

Angst äußert sich oft als Aggression oder kann von anderen als solche wahrgenommen werden. Wenn wir Angst haben, klingen unsere Worte und unser Ton oft sehr energisch, energischer, als uns vielleicht bewusst ist. Wenn jemand ein moralisches Urteil äußert – „Sei nicht so unvernünftig!" oder „Du benimmst dich unmöglich!" –, ist es oft (mit einem lebensdienlichen Bedürfnis verbundene) Angst, die ihn dazu treibt. Um in Situationen, die starke Gefühle in uns auslösen, Macht rein beschützend anzuwenden, ist es notwendig, dass wir uns mit uns selbst verbinden und Selbst-Empathie

– auch Notfall-Selbstempathie – praktizieren. Es ist sehr wichtig, starken Gefühlen wie Besorgnis und Angst Beachtung zu schenken, denn sie weisen uns auf elementare Bedürfnisse hin, die gerade in uns lebendig sind. Wenn wir tief mit unseren Gefühlen und den darunterliegenden Bedürfnissen (nach Sicherheit, Schutz, Frieden, Wohlbefinden) verbunden sind, können wir aus einer größeren Entscheidungsfreiheit heraus und mit Bewusstheit und Mitgefühl handeln.

8.4 Ist Gewalt nicht manchmal notwendig?

Viele Menschen glauben, Gewalt sei ein „notwendiges Übel", das manchmal auch guten Zwecken dient. Wenn Eltern zum Beispiel ihre Kinder schlagen, sagen sie vielleicht: „Das ist nur zu deinem Besten." Oder: „Das schmerzt mich mehr als dich." Wenn eine Regierung ein Land in einen Krieg führt, sagt sie den Bürgern, das sei ein „notwendiges" Opfer, um „den Frieden zu sichern". Die meisten Denkmäler und Statuen in unseren öffentlichen Parks erinnern an vergangene Kriege, die angeblich alle für hohe und edle Ziele wie Freiheit, Sicherheit, Frieden und Demokratie geführt wurden. Viele Religionen lehren uns, „die andere Wange hinzuhalten", doch einige lehren uns auch das Prinzip „Auge um Auge, Zahn um Zahn". Rache und Vergeltung werden als gerecht, akzeptabel und sogar wünschenswert betrachtet. Erst dadurch wird die andere Seite „ihre Lektion lernen" und „Unrecht wiedergutgemacht". Man kann sicher sagen, dass das Richtig-oder-falsch-Denken und Feindbilder in Kriegen von jeher eine wichtige Rolle spielten. Ein Grundpfeiler des Richtig-oder-falsch-Denkens ist der Glaube, dass das „Gute" am Ende siegt und dass Gott auf der „richtigen" Seite ist: nämlich auf der unseren.

Viele, die in diesem Glauben erzogen wurden – besonders Lehrer, Eltern und andere Autoritätspersonen –, halten eine Bestrafung in manchen Fällen für gerechtfertigt und zudem für wirkungsvoller als andere Methoden, anderen Menschen ein anderes Verhalten zu lehren. Diese althergebrachte und weitverbreitete Meinung steht in unserer Gesellschaft hinter vielem, von körperlicher Züchtigung bis zu Gefängnisstrafen und Geldbußen. In vielen Kulturen werden Gewaltanwendung, Gehorsam und Bestrafung hoch geschätzt. Darauf zu verzichten, wird als schädlich oder gefährlich betrachtet, besonders im Umgang mit Kindern. Das alte Sprichwort „Wer mit der Rute spart, verzieht das Kind" bestätigt diese Meinung.

Studien belegen jedoch immer wieder aufs Neue, dass die bestrafende Anwendung von Macht kein wirksames Mittel ist, um menschliches Verhalten zu ändern. Zunächst scheint es vielleicht zu funktionieren (weil einige Bedürfnisse wie das nach Schutz befriedigt werden), doch langfristig erweist es sich als Bumerang. Es hat negative Nebenwirkungen wie Groll, Vergeltung und Rache und befriedigt letztendlich nur sehr wenige Bedürfnisse. Es gibt sicher Fälle, in denen ein Kind einen anderen, weniger wünschenswerten Weg eingeschlagen hätte, wenn ein Elternteil es nicht körperlich bestraft hätte, doch bei vielen Menschen führt die bestrafende Anwendung von Macht zu Groll, Feindseligkeit und letztendlich zu einem aggressivem Verhalten gegenüber anderen.

Wenn Sie die Anwendung von Macht, besonders von Gewalt, erwägen, möchten Sie sich vielleicht die beiden Fragen stellen, die wir in Kapitel 5 behandelt haben: *Was will ich jemanden tun sehen? Und warum will ich, dass er das tut?* Wollen Sie, dass die andere Person auf eine Weise handelt, die ihren Werten entspricht? Oder wollen Sie, dass sie aus Angst vor Strafe oder Verurteilung handelt (oder nicht handelt)? Und wenn Angst vor Strafe ihr Hauptmotiv ist, was für ein Verhalten können Sie dann von ihr erwarten, wenn sie nicht beobachtet wird? Wir kennen zum Beispiel Fälle, in denen Eltern ihren Kindern das Rauchen verboten haben, nicht nur zu Hause, sondern grundsätzlich. Gewöhnlich hat das Brechen solcher Regeln Konsequenzen. Und was tun die Kinder? Sie rauchen einfach, wenn ihre Eltern nicht in der Nähe sind. Ist das das Verhalten, das ihre Eltern zu erreichen hofften?

Wenn Eltern oder andere Personen Kinder bestrafen, um ihnen beizubringen, was „richtig" und was „falsch" ist, sehen die Kinder nur die äußeren Konsequenzen ihres Verhaltens – die Strafen oder Belohnungen –, statt den wirklichen Wert ihres Verhaltens zu erkennen. Das Ergebnis kann ganz anders aussehen als gewünscht und nicht unbedingt gesund oder lebensdienlich sein. In Kelly Brysons Buch *Sei nicht nett, sei echt!* findet sich ein Beispiel, in dem die Restaurant-Kette „Pizza Hut" Kindern für jedes zu Ende gelesene Buch einen Gutschein für eine Gratis-Pizza schenkte. Dieser Anreiz bewirkte, dass die Kinder nach den dünnsten Büchern suchten, die sie bekommen konnten. Sie lasen nur, weil sie zum Lohn eine Pizza erhielten, nicht weil das Lesen für sie ein Vergnügen oder Gewinn war. Kelly Bryson befürchtet, dass das langfristige Ergebnis dieses „Belohnungssystems" übergewichtige Kinder mit einer tiefen Abneigung gegen das Lesen sind.

Ein ähnlicher Fall wäre, wenn ein Kind nur deswegen kein anderes Kind schlägt, weil es befürchtet, dass eine größere Person ihn dafür schlagen oder bestrafen könnte, um ihm „eine Lektion zu erteilen". Das clevere Kind (und alle Kinder sind clever) wird zu dem Schluss gelangen, dass es besser ist, nur dann zuzuschlagen, wenn niemand es mitbekommt. Es wird auch lernen, dass es okay ist, andere Kinder zu schlagen, solange es stärker oder größer ist als sie oder solange es eine Rechtfertigung dafür vorbringen kann: „Ich habe ihm eine Lektion erteilt." Oder: „Ich habe ihm gezeigt, wer recht hatte!" Ist das ein wünschenswertes Ergebnis?

8.5 Effektiver als eine Waffe:
Die beschützende Anwendung von Macht

Nehmen wir an, Sie werden auf der Straße von jemandem angegriffen. Sollten Sie in dieser Situation versuchen, mitfühlend mit dieser Person zu reden, oder sollten Sie sich körperlich schützen? Es gibt zahlreiche wahre Geschichten, in denen die Herstellung einer empathischen Verbindung sich als wirkungsvoller erwies als ein schwarzer Gürtel oder eine Waffe. Die Quäker, die nichts von Waffen halten, wissen viele solcher Geschichten zu erzählen. Eine Frau beschrieb in einem unserer Workshops die folgende Erfahrung:

Eines Tages lief Lauren, die 19 Jahre alt war und in bescheidenen Verhältnissen lebte, durch ein reiches Viertel. Ein unrasierter junger Mann in abgerissenen Klamotten packte sie und sagte: „Gib mir dein Geld, sonst bringe ich dich um!" Statt zu erstarren oder in Panik zu geraten, war sie fähig, sich ganz auf das zu konzentrieren, was geschah. Sie sah dem Mann ruhig in die Augen. „Ich habe kein Geld", sagte sie. „Und warum solltest du mich töten wollen?" Er antwortete nicht. „Warum solltest du mich töten wollen?", fragte sie erneut mit offenkundiger Neugier. Der Mann, der über diese Frage sichtlich überrascht war und sie nicht beantworten konnte, drehte sich einfach um und verschwand.

In einer ähnlichen wahren Geschichte lief eine ältere Dame mit ihren Einkäufen nach Hause. Sie merkte, dass ein Mann ihr auf den Fersen folgte, und hatte den Verdacht, dass er sie ausrauben wollte. Statt einen Fluchtversuch zu unternehmen oder ihm die Stirn zu bieten, drehte sie sich um und grüßte ihn freundlich. „Ich bin so froh, dass Sie gerade vorbeikommen", sagte sie. „Meine Taschen sind so schwer. Ich brauche wirklich Hilfe." Mit diesen Worten reichte sie ihm eine Tasche, und die beiden gingen zusammen bis zu ihrer Wohnung. An der Haustür nahm sie dem Mann die Tasche ab, dankte ihm und bot ihm etwas Geld für seine Hilfe an. Der Mann lehnte ab und ging seines Weges.

Wie diese Geschichten zeigen, kann es sehr hilfreich sein, in bedrohlichen Situationen eine empathische Verbindung herzustellen. Obwohl die beiden Frauen ihre eigene Sicherheit bedroht sahen, handelten sie aus Mitgefühl heraus. Sie waren fähig, als Menschen zu reagieren, was ihre potenziellen Angreifer dazu animierte, aus ihrer eigenen Menschlichkeit heraus zu handeln. Wie diese Anekdoten belegen auch diverse Studien, dass Menschen, die auf Gewalt mit gewaltfreien Mitteln reagieren, eine viel größere Überlebenschance haben als diejenigen, die ebenfalls zu Gewalt greifen.

Viele von uns mögen es schwierig finden, so gleichmütig zu reagieren wie die Personen in den Geschichten, besonders wenn sie noch keine Übung im Praktizieren von Empathie haben. Auch in solchen Situationen müssen Sie selbst einschätzen, was Ihre

Bedürfnisse – die nach Selbstfürsorge und Fürsorge für andere eingeschlossen – am besten befriedigt.

8.6 Kein Kontakt, keine Gewalt

Eine letzte Möglichkeit der Gewaltfreien Kommunikation, die wir erwägen können, ist die Nichtkommunikation – Schweigen oder Rückzug. Manchmal ist eine Beziehung so zerrüttet, das Vertrauen so gering und die Hoffnung, das Verhältnis verbessern zu können, so minimal, dass die beste Lösung ein Abbruch des Kontakts sein kann, um weitere kraftraubende und belastende Konflikte zu vermeiden. Auch das ist eine Option, um das Leben, die Gesundheit und das Wohlbefinden zu erhalten und zu schützen. Sie kann als eine andere Form der beschützenden Anwendung von Macht gelten. Es mag aggressiv erscheinen, den Hörer aufzulegen, wenn jemand anruft, oder die Tür nicht zu öffnen, wenn jemand klingelt, doch wenn Sie den Kontakt zu jemandem abbrechen, weil diese Person sie verfolgt und belästigt oder Ihnen körperliche Gewalt androht, können solche Handlungen tatsächlich lebensdienlich sein. Wenn Sie den Kontakt zu jemandem mit Mitgefühl, und ohne ihn zu verurteilen, abbrechen, kann das Ihre Bedürfnisse nach Sicherheit und Selbstfürsorge befriedigen.

Die Kriterien, die wir in diesem Kapitel untersucht haben – zum Beispiel „Ist ein Gespräch möglich?" und „Ist mein Herz offen und mitfühlend?" –, sind hier entscheidend. Innere Ressourcen (was wir gegenwärtig bewältigen können) sind mit entscheidend dafür, was möglich ist. Zum Beispiel entschied ich mich nach einem eingehenden Gespräch mit einem Bekannten, dass es für mich lebensdienlich wäre, wegen der Auswirkungen, die die Beziehung mit ihm auf mein Leben hatte, den Kontakt zu ihm einzuschränken. Ich brachte diese Entscheidung empathisch zum Ausdruck: „Mir liegt etwas an dir, und mir liegt auch etwas an meinem eigenen Wohl. Nach unserem Gespräch, in dem du deutlich gemacht hast, dass du nicht bereit bist, Verhaltensweisen, die ich schädlich finde, zu ändern, bin ich momentan nicht zu einer Beziehung mit dir bereit."

8.7 Aus Mitgefühl handeln, nicht um zu bestrafen

Es ist ein Grundprinzip von Gewaltfreiheit, wie Gandhi sie beschrieb, dass die Mittel, die wir anwenden, unseren Zielen entsprechen. Das steht im Gegensatz zu einem Glauben, der einen großen Teil der Weltgeschichte prägte: dass der Zweck die Mittel heiligt. Manche Menschen glauben zum Beispiel, dass es vertretbar ist, Waffengewalt einzusetzen, um Diktatoren und Regimes, die sie als „untragbar" oder „böse" betrachten, zu beseitigen. Doch die Geschichte zeigt uns immer wieder, dass die Folgen viel Leid und Gewalt und hohe Verluste an Menschenleben sind. In Südafrika bestanden Nelson Mandela, Desmond Tutu und andere auf Gewaltlosigkeit und zivilem Ungehorsam (inspiriert vom Konzept Gandhis und von der Bürgerrechtsbewegung in den Vereinigten Staaten) und bewirkten dadurch einen echten spirituellen und gesellschaftlichen Wandel. Auch in Ägypten fand unlängst eine „soziale Revolution" statt, bei der die Organisatoren der Protestbewegung auf gewaltfreie Aktionen setzten.

Wir können diesen Geist der Gewaltfreiheit in unsere alltäglichen Interaktionen bringen, indem wir ein Bewusstsein für die beschützende Anwendung von Macht entwickeln. Empfinden Sie Ärger, Empörung oder Angst? Gehen Ihnen kritische Gedanken oder Urteile durch den Kopf? Welche körperlichen Empfindungen haben Sie? Wenn Sie sich im Augenblick nicht zentriert oder voll präsent fühlen, konzentrieren Sie sich auf die Urteile, die Ihnen in den Sinn kommen, und erforschen Sie die Gefühle und Bedürfnisse, die mit ihnen verbunden sind. Versuchen Sie sich auf einer empathischen Ebene mit der anderen Person zu verbinden und entscheiden Sie sich dann für eine Handlungsoption, die Ihre Bedürfnisse am besten befriedigt, auch die Bedürfnisse nach Fürsorge und Schutz für andere. Sie können Ihre Beweggründe für die Anwendung von Macht überprüfen, indem Sie sich einfach fragen: „Ist mein Herz im Augenblick offen? Handle ich aus Mitgefühl heraus?" Wenn Sie eine Gefahr, aber keine Möglichkeit zu einem Gespräch sehen und das Gefühl haben, „aus dem Herzen" zu reagieren, ist es am wahrscheinlichsten, dass Ihr Handeln dem entspricht, was wir als beschützende Anwendung von Macht bezeichnen.

Fragen und Übungen, um Kapitel 8 zu vertiefen

A. Denken Sie an einen Krieg oder einen internationalen Konflikt, über den Sie einiges wissen, sei es aus Geschichtsbüchern oder aus eigener Erfahrung oder aus aktuellen Medienberichten, und beantworten Sie die nachfolgenden Fragen:
   1. Könnte dieses Ereignis, zumindest teilweise, als eine beschützende Anwendung von Macht gelten?
   2. Warum oder warum nicht? Welche anderen Bedürfnisse oder Absichten, als dem Leben zu dienen, könnten im Spiel gewesen sein?
   3. Falls in dieser Situation eine beschützende Anwendung von Macht möglich gewesen wäre, wie hätte sie aussehen können? Und zu welchen anderen Ergebnissen hätte sie führen können?

B. Lesen Sie das Interview mit Marshall Rosenberg – „Jenseits von Gut und Böse: eine gewaltfreie Welt schaffen" – im Anhang dieses Buches und beantworten Sie dann die folgenden Fragen:

1. Wie würden Sie mit eigenen Worten beschreiben, was Marshall Rosenberg unter „wiedergutmachender Gerechtigkeit" versteht?
2. Warum ist physische Gewalt für ihn nicht das Hauptproblem?
3. Warum ist er gegen die Todesstrafe? Welche beschützende Anwendung von Macht schlägt er stattdessen vor?
4. Wie wandten die demonstrierenden Eltern Macht beschützend an? Wie änderten sie ihre Botschaft, und was bewirkte das?
5. Was war für Marshall Rosenberg die Ursache der Terroranschläge vom 11. September 2001? Wie hätten sie verhindert werden können? Wie führt ein Mangel an Empathie zu immer gewaltsameren Taten?
6. War der Angriff der USA auf den Irak eine beschützende Anwendung von Macht? Warum oder warum nicht?
7. Marshall Rosenberg sagte in diesem Interview: „Wir gelangen an einen Punkt, wo unser bester Schutz darin besteht, mit den Menschen, die wir am meisten fürchten, zu reden. Nichts anderes wird funktionieren." Warum denkt er das (beantworten Sie diese Frage aus dem Zusammenhang der Äußerung)? Stimmen Sie ihm zu? Warum oder warum nicht?

C. Stellen Sie sich die nachfolgend beschriebenen Situationen vor. Wie könnte in jeder eine beschützende Anwendung von Macht aussehen? (Denken Sie daran, dass es bei der beschützenden Anwendung von Macht auch um die Absicht hinter unseren Handlungen geht – die nicht unbedingt zu erkennen ist.) Die erste Situation dient als Beispiel:

1. Situation: Ein Kind spielt in der Nähe eines heißen Ofens.
   Beschützende Machtanwendung: Fragen Sie das Kind: „Hättest du Lust, mit mir im anderen Zimmer zu spielen – mit den Bauklötzchen?"
2. Situation: Ein Kind läuft aus einem Garten auf eine viel befahrene Straße.
   Beschützende Machtanwendung:
3. Situation: Eine Person droht, eine andere zu schlagen.
   Beschützende Machtanwendung:
4. Situation: Sie sitzen auf dem Beifahrersitz eines Autos, das mit einer Geschwindigkeit gefahren wird, die Sie gefährlich schnell finden. Sie haben die Person am Steuer bereits zweimal gebeten, langsamer zu fahren.
   Beschützende Machtanwendung:

9 | Danke, aber nein danke

Dein Geschenk war toll! Perfekt – und so wohlüberlegt!
Du bist die beste Freundin aller Zeiten, ein echter Schatz.
Du bist ein ganz lieber Junge, wenn du deine Spielsachen aufräumst. Ich liebe dich
wirklich, wenn du so lieb bist.
Sie haben bei diesem Kunden großartige Arbeit geleistet.

Stellen Sie sich vor, dass jemand solche Sätze zu Ihnen sagt. Wie würden Sie sich fühlen? Viele Leute würden antworten: „super" oder „toll". Wer nicht? Schließlich handelt es sich um Äußerungen, die Dankbarkeit und Respekt ausdrücken. Was könnte einen mehr freuen?

Solche Äußerungen drücken zwar Freude über etwas aus, was die andere Person getan hat, doch sie sind allesamt Urteile: Sie bewerten die andere Person und ihr Verhalten. Die meisten von uns hören zwar lieber Lob als Tadel, doch alle Urteile – ob positiv oder negativ – sind Formen des Richtig-oder-falsch-Denkens auf dem „Gut-schlecht-Kontinuum". Ein solches Denken, ob „positiv" oder nicht, trägt dazu bei, dass wir uns bei der Einschätzung unseres eigenen Verhaltens an den Meinungen anderer orientieren. Außerdem liefern solche Äußerungen kaum Informationen darüber, was wir tatsächlich getan (oder nicht getan) haben, um zum Wohl der anderen Person beizutragen.

Betrachten wir das erste Beispiel: „Dein Geschenk war toll! Perfekt – und so wohlüberlegt!" Was bedeutet „toll"? Es ist zwar eine Steigerung von „nett" oder „gut", doch es sagt uns nicht genau, was der beschenkten Person gefallen hat. Fühlte sie sich gesehen, weil das Geschenk einen Bezug zu etwas hatte, was ihr besonders wichtig war? Wird das Geschenk ihr das Leben erleichtern, weil damit die Erledigung einer bestimmten Hausarbeit weniger Mühe macht? Solange wir keine klare Beobachtung hören und nicht erfahren, welche Bedürfnisse unser Geschenk befriedigt, können wir nicht wissen, warum die beschenkte Person es so wunderbar findet. Deshalb können wir uns mit ihrer Freude nicht verbinden. Wenn sie uns dagegen mitteilt, wie wir zu ihrem Wohl beigetragen haben, können wir uns voll mit ihrer Erfahrung verbinden und uns mit ihr freuen.

In diesem Kapitel untersuchen wir, wie wir Dankbarkeit auf eine Art ausdrücken können, die frei von Urteilen ist und die Werte vermittelt, die uns wichtig sind. Wenn wir Dankbarkeit so äußern – statt sie als eine Strategie zu benutzen, um andere Ziele wie Akzeptanz oder Zustimmung zu erreichen –, wird sie zu einem „Lebenselixier", und das Geben selbst wird zur größten Freude. Wir untersuchen auch, wie wir, wenn nötig, auf integre Art „nein danke" sagen können.

ÜBUNG

Übung 1: Dankbar für ein Urteil?

Teil eins:

Denken Sie an drei Dankesbekundungen, die Sie in der letzten Zeit gehört oder selbst geäußert haben:

1. _____

2. _____

3. _____

War Ihnen in jedem Fall völlig klar, welche Ihrer Handlungen die andere Person freute, oder umgekehrt? Welches Urteil kam in jeder Dankesbekundung direkt oder indirekt zum Ausdruck? Wenn Sie möchten, können Sie in Ihrem Tagebuch festhalten, was Ihnen dazu einfällt.

Teil zwei:

Denken Sie an Augenblicke in Ihrem Leben zurück, in denen Sie ein positives Feedback oder Komplimente erhalten haben. Beeinflussten diese Urteile Sie in irgendeiner Weise? Trafen Sie Entscheidungen, die Ihren Werten nicht voll entsprachen, und / oder änderten Sie Ihr Verhalten auf eine Weise, die Ihren Werten nicht voll entsprach?

Beispiel:

Auf der Highschool machte mir mein Lehrer für Naturwissenschaften viele Komplimente, deshalb belegte ich mehr naturwissenschaftliche Kurse, unter anderem Aufbaukurse in Anatomie und Histologie sowie einen Sezierkurs. Der Lehrer lobte mich weiter. Doch nach etwa zwei Jahren erkannte ich, dass mich die Naturwissenschaften eigentlich gar nicht so sehr interessierten! Ich hatte all diese Kurse absolviert, weil ich hungrig nach Anerkennung war und gesehen werden wollte, und weil jemand mir sagte, dass ich „gut" in diesen Fächern war. Als ich meinem Lehrer für Naturwissenschaften das sagte, konnte ich ihm ansehen, dass er verletzt und enttäuscht war, denn seine Absicht war nicht gewesen, mich dazu zu bringen, etwas zu lernen, was *er* schätzte. Vielmehr wollte er meine Entwicklung auf eine Art fördern, die *ich* schätzte. Er genoss meine Mitarbeit im Unterricht, denn es machte ihm Freude, junge Menschen zu unterrichten, die er als interessiert und engagiert erlebte. Das war ein weiterer Grund, warum er mich ermutigte, mehr naturwissenschaftliche Wahlfächer zu belegen. Im Nachhinein wünschte ich, er hätte mir ein anderes Feedback gegeben, doch ich weiß, dass er nicht wusste wie. Wäre es mir damals möglich gewesen, seine und meine Bedürfnisse besser zu verstehen, hätte ich vermutlich andere Entscheidungen getroffen und mich so eher auf das konzentrieren können, was mich wirklich am meisten interessierte.

9.1 Das Lebenselixier Dankbarkeit

Wie wir in diesem Buch bereits dargelegt haben, sind Bedürfnisse die Antriebskräfte allen Lebens. Wenn wir zum Wohl eines anderen Menschen beitragen, tragen wir zur Befriedigung seiner Bedürfnisse bei und befriedigen gleichzeitig eines unserer größten Bedürfnisse – das Bedürfnis, das Leben anderer zu bereichern. Wenn wir etwas tun, um unser eigenes Leben zu bereichern, haben wir in unseren Gefühlen ein direktes Feedback-System, das uns sagt, ob wir unsere Bedürfnisse befriedigen konnten oder nicht. Doch wenn wir etwas tun, um zum Wohl eines anderen Menschen beizutragen, haben wir keinen direkten Zugang zu seinen Gefühlen und Bedürfnissen. Deshalb wissen wir vielleicht nicht, ob es uns gelungen ist, sie zu befriedigen – es sei denn, er teilt uns seine Gefühle und Bedürfnisse mit. Wenn jemand sich bei uns bedankt, bestätigt er, dass unser (absichtliches oder unabsichtliches) Verhalten nützlich war.

Manchmal, besonders wenn Menschen einander gut kennen oder wenn der Zusammenhang klar ist, kann ein schlichtes „danke" oder ein Lächeln genügen. Doch wenn jemand sich auf eine Art bei uns bedankt, die uns über seine Bedürfnisse Aufschluss gibt, können wir ihn und das, was er sich am meisten wünscht, besser verstehen. Wir erfahren, inwiefern die Handlungen, für die wir uns entschieden haben, Bedürfnisse befriedigen, und diese Klarheit erleichtert uns zukünftige Entscheidungen. Die meisten Dankesbekundungen lassen uns im Dunkeln. Eine „empathische Dankesbekundung" – die auch Beobachtungen, befriedigte Bedürfnisse und Gefühle ausdrückt – ist eine Möglichkeit, das Licht einzuschalten.

ÜBUNG

Übung 2: Das Lustprinzip

Denken Sie an etwas, das Sie in der letzten Zeit getan haben und von dem Sie annehmen, dass es zum Wohl einer anderen Person beigetragen hat.

Teil eins:

Wie fühlen Sie sich, wenn Sie an diese Handlung denken? Welche körperlichen Empfindungen haben Sie? Wie unterscheiden sich diese Empfindungen von denen, die Sie haben, wenn Sie verärgert oder traurig sind?

Teil zwei:

A. Was haben Sie getan? Beschreiben Sie es in ein oder zwei Sätzen.

B. Welche Bedürfnisse hofften Sie zu befriedigen und welche Werte versuchten Sie zu fördern, indem Sie das taten?

C. Wurden diese Bedürfnisse befriedigt und diese Werte gefördert? Woraus schließen Sie das?

D. Welche Beobachtungen bestätigten Ihnen, dass Sie zum Wohl der anderen Person beigetragen haben?

E. Was an Reaktion des / der anderen ließ Sie im Ungewissen, ob seine / ihre Bedürfnisse voll befriedigt wurden oder nicht?

Teil drei:

Haben Sie schon einmal etwas getan, von dem Sie sich sicher waren, dass es zum Wohl einer anderen Person beitragen würde, nur um festzustellen, dass dem nicht so war? Das kann besonders bei Geschenken passieren. Einmal zauberte ich zum Beispiel für eine Freundin ein leckeres Essen, doch dann erfuhr ich, dass sie gegen einige Zutaten allergisch war. Denken Sie an etwas, das Sie getan haben, um jemandem zu helfen oder eine Freude zu bereiten, was aber dessen Bedürfnisse in Wirklichkeit nicht oder nur zum Teil befriedigte. Wie erfuhren Sie, dass Bedürfnisse unerfüllt blieben?

9.2 Möglichst oft BBG benutzen

Um lebensbereichernde Dankbarkeit auszudrücken und klarzumachen, inwiefern eine Handlung zu unserem Wohl oder dem anderer beiträgt, benutzen wir einfach die ersten drei Schritte des GFK-Modells – Beobachtungen, Bedürfnisse und Gefühle (BBG). Beachten Sie, dass ich die Bedürfnisse vor den Gefühlen genannt habe. Ich werde gleich erklären, warum beim Ausdrücken von Dankbarkeit die Bedürfnisse vor den Gefühlen kommen. Zuerst möchte ich jedoch veranschaulichen, wie diese Schritte aussehen, wenn wir Dankbarkeit ausdrücken:

Beobachtung

Was genau haben Sie *beobachtet*, das Sie schätzten?

Bedürfnisse

Welche *Bedürfnisse* befriedigte das beobachtete Verhalten, oder wie trug es zu Ihrem Wohl bei? Welchen Ihrer Werte entsprach dieses Verhalten?

Gefühle

Welche *Gefühle* löste dieses Verhalten in Ihnen aus?

Diese Schritte sind Ihnen inzwischen vertraut. Doch beim Ausdrücken von Dankbarkeit sind ein paar zusätzliche Punkte zu beachten. Wenn wir uns dabei auf die *Gefühle* konzentrieren, die das Verhalten der anderen Person in uns ausgelöst hat, ohne vorher die Bedürfnisse und Werte zu ermitteln, die mit diesen Gefühlen verbunden sind, werden uns oft nur Gefühle der Dankbarkeit und Freude bewusst – das sind recht allgemeine Gefühle. Wenn wir uns dagegen zuerst mit unseren Bedürfnissen und Werten verbinden, werden uns meistens differenziertere Gefühle bewusst, die subtilere und persönlichere Aspekte unserer Erfahrung vermitteln.

Betrachten wir nun ein paar Beispiele, wie einfache Dankesbekundungen in solche übersetzt werden können, die Beobachtungen, Bedürfnisse und Gefühle (BBG) ausdrücken:

> *Einfache Version*: Danke, dass du immer für mich da bist. Du bist die beste Freundin, die ich je hatte.
>
> *BBG-Version*: Als du mich gestern Nacht um drei vom Busbahnhof abgeholt hast, habe ich deine Fürsorge und Unterstützung wirklich sehr geschätzt, gerade jetzt, wo meine Mutter so krank ist. Ich war so erleichtert, dass du da warst und dass ich mir keine Sorgen machen musste, ob ich ein Taxi bekomme und was das kostet.

> *Einfache Version*: Dein Geschenk war toll. Ich kann dir gar nicht genug dafür danken.
>
> *BBG-Version*: Der Geschenkgutschein für dieses neue Restaurant, den ich von dir bekommen habe, war genau das, was ich brauchte! Ich wollte den Abschluss meiner Diplomarbeit feiern, und mein Freund und ich sind knapp bei Kasse. Jetzt können wir mit Stil feiern! Ich bin total begeistert.

> *Einfache Version*: Du bist der liebste Junge der Welt. Ich liebe dich über alles, wenn du lieb bist.
>
> *BBG-Version*: Ich freue mich sehr, dass du heute deine Spielsachen ins Regal zurückgeräumt hast. Weil das Zimmer jetzt ordentlich ist, fühle ich mich sicher, wenn ich darin herumlaufe, und kann alles leicht finden.

Beim Betrachten dieser Beispiele fällt Ihnen vielleicht auf, dass sie dem „formellen" GFK-Modell nicht strikt folgen. Das Wort „Bedürfnisse" wird nicht benutzt, und nur in einigen Fällen werden universelle Bedürfnisse ausdrücklich genannt. Doch in jeder dieser Dankesbekundungen wird eine klare Beobachtung geäußert – sei es zu einem Geschenkgutschein für ein Essen oder zum Abgeholtwerden vom Busbahnhof um drei Uhr früh. Ein Gefühl wird erwähnt – zum Beispiel „erleichtert" oder „begeistert". Und selbst wenn das befriedigte Bedürfnis nicht direkt genannt wird, wird es klar ausgedrückt – sei es ein Bedürfnis, zu feiern, oder ein Bedürfnis nach Fürsorge, Sicherheit, Sorglosigkeit oder Unterstützung.

Lesen Sie die Dankesbekundungen nun einmal laut. Finden Sie die BBG-Versionen befriedigender und aussagekräftiger? Wie spüren Sie die unterschiedlichen Versionen in Ihrem Körper? Bei den BBG-Versionen empfanden Sie vielleicht mehr Verständnis und Verbundenheit (sowie körperliche Entspannung und Offenheit), denn Sie konnten sich die Wirkung der Erfahrung auf die Person, die ihre Dankbarkeit aus-

drückt, vorstellen, sich mit ihren Gefühlen verbinden und die befriedigten Bedürfnisse würdigen. Dadurch gewannen Sie ein klares Bild und konnten die Erfahrung
nachvollziehen. Vielleicht waren Sie auch überrascht über das, was Sie erfuhren, denn
unsere Handlungen können auf unerwartete Arten zum Wohl anderer beitragen. Zum
Beispiel wird eine Studentin mit einem begrenzten Budget einen Geschenkgutschein
wohl immer zu schätzen wissen, doch die Information, dass sie gerade ihre Diplomar-
beit abgeschlossen hat und dieses Ereignis stilvoll feiern will, verleiht dem Geschenk
eine zusätzliche Bedeutung und einen besonderen Wert.

Am wichtigsten ist vielleicht, dass BBG-Dankesbekundungen immer positive Aussagen sind. Wenn wir uns bei jemandem bedanken, reden wir natürlich über Erfahrungen der Erfülltheit und Freude. Doch ironischerweise benutzen Leute, die sich auf
eine traditionelle Art bedanken, oft negative Formulierungen. Im Fall des Jungen, der
seine Spielsachen aufgeräumt hat, sagen die Eltern vielleicht: „Es ist toll, dass du deine
Spielsachen aufgeräumt hast – es herrschte so eine Unordnung in deinem Zimmer!"
Oder wenn jemand die Musik, die er gerade hört, leiser stellt, könnte die Person, die
ihn darum gebeten hat, sagen: „Danke. Ich bekam wirklich Kopfschmerzen davon."
Eine Aussage darüber, was an der Situation nicht stimmte – die Unordnung oder die
Kopfschmerzen –, schafft nicht dieselbe Klarheit, Zufriedenheit oder Verbundenheit
wie eine Beschreibung der befriedigten Bedürfnisse, sodass die Person, der gedankt
wird, eine solche Aussage leicht als indirekte Kritik hören kann. Wenn wir unsere
Bedürfnisse – zum Beispiel nach Ordnung, Sicherheit oder Frieden – positiv ausdrücken, haben wir bessere Chancen, dass sie verstanden, berücksichtigt, mit uns gefeiert
und auch in Zukunft erfüllt werden, da die Menschen um uns herum nun wissen, was
wir *wollen* (statt was wir nicht wollen).

ÜBUNG

Übung 3: Das Bedürfnis erraten

Teil eins:
Stellen Sie sich vor, dass jemand die nachfolgenden Sätze zu Ihnen sagt, und überlegen
Sie sich bei jeder Äußerung, welche Bedürfnisse der Person Sie befriedigt haben könnten.

Äußerung	vermutlich befriedigte Bedürfnisse
A. „Vielen Dank für deine Hilfe beim Vorbereiten der Faschingsparty."	Unterstützung, Kreativität, Gemeinschaft
B. „Es hat mich sehr gefreut, dass du zu meinem Geburtstagsfest gekommen bist."	

Äußerung	vermutlich befriedigte Bedürfnisse
C. „Du bist mir eine gute Freundin / ein guter Freund."	
D. „Ich habe deinen Esprit immer geliebt."	
E. „Du tust so viel für mich. Herzlichen Dank."	

Teil zwei:

Denken Sie an drei Dankesbekundungen, die Sie geäußert haben und die Urteile enthielten. Übersetzen Sie sie in BBG-Versionen:

A. Urteilende Dankesbekundung: _____

    BBG-Version: _____

B. Urteilende Dankesbekundung: _____

    BBG-Version: _____

C. Urteilende Dankesbekundung: _____

    BBG-Version: _____

Teil drei:

Übersetzen Sie in den nachfolgenden Äußerungen das „negative Lob" in eine „positive" BBG-Version:

A. Negatives Lob: „Ich bin so froh, dass du dir die Haare hast schneiden lassen. Deine vorherige Frisur stand dir gar nicht."

    BBG-Version: _____

B. Negatives Lob: „Meine Mutter ist sehr erleichtert, dass du diesen Job ohne Aufstiegs-chancen aufgegeben hast."

    BBG-Version: _____

C. Negatives Lob: „Das Zimmer sieht viel besser aus, seit du es gestrichen hast. Vorher wirkte es sehr trist."

    BBG-Version: _____

9.3 Sind Komplimente oder Lob nicht gut?

Es war unglaublich, wie du Klavier gespielt hast! Du bist eine fantastische Musikerin.
Du bist so intelligent. Du kannst alles machen.
Du bist der beste Sportler der ganzen Schule. Ich wünschte, ich wäre so treffsicher wie du.

Viele Leute denken, dass solche Komplimente anderen helfen, sich geschätzt zu fühlen, und dass sie das Selbstvertrauen und das Selbstwertgefühl heben können. Doch wenn jemand sich gut fühlt, wenn er positive Urteile hört, wie fühlt er sich dann, wenn er negative Urteile hört (und das wird er zwangsläufig)? Sollten wir, wenn wir uns selbst einschätzen und Entscheidungen treffen, auf das Urteil anderer vertrauen? Oft wünschen wir uns Verbundenheit und gegenseitiges Verständnis, wenn wir Komplimente machen. Doch Komplimente und andere anerkennende Äußerungen, die Urteile enthalten, lenken die Aufmerksamkeit auf die Meinung der Person, die sie macht, nicht auf das, was die gelobte Person getan oder nicht getan hat. Sie liefern kaum Informationen darüber, was genau die lobende Person beeindruckte. Was bedeutet zum Beispiel „perfekt"? „Perfekt" kann, wie jedes Urteil, für unterschiedliche Leute unterschiedliche Bedeutungen haben.

Genau wie Urteile versetzen auch solche anerkennenden Äußerungen die gelobte Person in ein Niemandsland statischer Unveränderlichkeit. Niemand spielt zu jeder Zeit perfekt Klavier. Niemand weiß alles. Wenn wir Komplimente hören, die Urteile enthalten, fühlen wir uns oft unbehaglich, weil wir befürchten, dass die Person, die sie macht, anderer Meinung sein könnte, wenn sie uns zu einer anderen Zeit erlebt hätte. Wir wollen nicht das Gefühl haben, ständig einem pauschalen Lob gerecht werden zu müssen. Uns ist viel wohler, wenn wir wissen, was genau wir in dem Moment getan haben, das bei der anderen Person einen positiven Eindruck hinterließ.

Wie bei Dankesbekundungen können wir das BBG-Modell benutzen, um urteilsfreie Komplimente zu formulieren. Was sahen oder hörten wir, das unseren Werten entsprach? Durch welche Handlung sahen wir unsere Werte bestätigt, gefördert und verwirklicht? Auch bei Komplimenten wird der vierte Schritt, das Äußern einer Bitte, wahrscheinlich nicht nötig sein, es sei denn, wir sind neugierig, wie es für die andere Person ist, unser Lob zu hören.

Sie können Ihre nach dem BBG-Modell formulierten Dankesbekundungen und Komplimente auch einfach als ein „Feedback" betrachten, denn Sie äußern bewusst keine Bewertung und kein Urteil, sondern teilen der anderen Person mit, wie ihre Worte oder Handlungen zu Ihrem Leben beigetragen haben. Bei diesem Austausch (bei dem alle geben und empfangen – und anderen mitteilen, was sie empfangen haben) erfahren Sie, wie viel Freude es macht, zum Wohl anderer beizutragen.

ÜBUNG

Übung 4: Ein BBG-Feedback geben

Teil eins:

Betrachten Sie noch einmal die obigen Beispiele für Komplimente, die Urteile enthalten, und übersetzen Sie sie in Beobachtungen, Bedürfnisse und Gefühle. Wie eine BBG-Version aussehen könnte, zeigt das folgende Beispiel:

> *Urteil:* „Es war unglaublich, wie du Klavier gespielt hast! Du bist eine fantastische Musikerin."
>
> *BBG-Feedback:* „Es war inspirierend für mich, wie du den mittleren Teil des Stücks in einem schnellen Tempo und den letzten Teil auf eine langsame meditative Art gespielt hast. Ich hätte nicht gedacht, dass ein und dieselbe Person das Instrument auf so unterschiedliche Arten spielen kann. Das finde ich so faszinierend, dass ich mir überlege, in meinen Kunstprojekten auch mal mit Kontrasten zu experimentieren. Bravo!"

A. *Urteil:* „Du bist so intelligent. Du kannst alles machen."

 BBG-Feedback: _____

B. *Urteil:* „Du bist der beste Sportler der ganzen Schule. Ich wünschte, ich wäre so treffsicher wie du."

 BBG-Feedback: _____

Teil zwei:

Denken Sie an drei Komplimente, die Sie in der letzten Zeit gemacht haben (oder hätten machen können) und die Urteile enthielten. Übersetzen Sie jedes dieser Urteile in ein BBG-Feedback. Beachten Sie, dass wir für Dankesbekundungen und Komplimente die Reihenfolge Beobachtungen, Bedürfnisse, Gefühle (BBG) vorschlagen – also eine andere Reihenfolge als im üblichen klassischen Modell.

A. Urteilendes Kompliment: _____

 BBG-Feedback: _____

B. Urteilendes Kompliment: _____

 BBG-Feedback: _____

C. Urteilendes Kompliment: _____

 BBG-Feedback: _____

9.4 Kein Lob, sondern ein zweifaches Urteil?

Auf noch etwas ist bei Komplimenten zu achten, die Urteile enthalten: Das Urteil kann beide Seiten betreffen. Nehmen wir ein Beispiel von vorhin: „Du bist der beste Sportler der ganzen Schule. Ich wünschte, ich wäre so treffsicher wie du." Die Person macht nicht nur einer anderen ein Kompliment, sondern beurteilt, direkt oder indirekt, auch sich selbst, indem sie einen Vergleich anstellt. Wenn die lobende Person sagt „Ich wünschte, ich wäre wie du …" oder: „Ich wünschte, ich hätte das auch getan …", spricht sie über ihr eigenes Verhalten und über Bedürfnisse, die durch Entscheidungen von ihr unbefriedigt blieben. Sie benutzt die Leistung der anderen Person (oder zumindest ihre Interpretation davon) als Spiegel für das, was sie als ihre eigene Unzulänglichkeit betrachtet. Wie tragen die Handlungen der gelobten Person in solchen Fällen zum Wohl der lobenden Person bei? Ist es wirklich erfreulich, solche „umgekehrten" Komplimente zu hören? Eigentlich sind sie eher verschlüsselte Botschaften über unbefriedigte Bedürfnisse als anerkennende Äußerungen. Solche „Komplimente" lenken die Aufmerksamkeit von der gelobten Person auf die lobende Person zurück.

Wenn Sie umgekehrte Komplimente hören, können Sie der Person, die sie gemacht hat, durch empathisches Zuhören helfen, sich mit den Werten zu verbinden, die ihr wichtig sind, und zu erkennen, wie sehr diese Werte ihr Leben bereichern. Hier ist ein Beispiel:

> *Lobende Person*: Du bist der schnellste Läufer von allen. Ich wünschte, ich würde auch mal gewinnen.
> *Gelobte Person*: Das klingt, als wärst du entmutigt. Wärst du auch gern ein schneller Läufer?
> *Lobende Person*: Nicht unbedingt. Es ist nur frustrierend, dass ich so viel trainiere und trotzdem nie einen Wettbewerb gewinne.
> *Gelobte Person*: Eigentlich willst du also, dass deine Bemühungen sich auszahlen?
> *Lobende Person*: Ja, vielleicht ist das einfach nicht meine Sportart. Aber ich würde gern glauben, dass es sich lohnt, wenn ich wirklich an etwas arbeite.
> *Gelobte Person*: Was du wirklich willst, ist also Effektivität?
> *Lobende Person*: Ja, genau. Und ein ausgeglicheneres Verhältnis zwischen der Mühe und Energie, die ich in etwas investiere, und dem, was dabei herauskommt. Eigentlich ist es mir gar nicht so wichtig, ob ich gewinne – ich will nur klare Fortschritte sehen.
> *Gelobte Person*: Ah – ich verstehe. Du willst das Gefühl haben, etwas erreicht zu haben.
> *Lobende Person*: Genau. Sag, wie trainierst du eigentlich? Könntest du mir vielleicht ein paar Tipps geben, wie ich mein Training verbessern könnte?

Gelobte Person: Klar! Lauf doch einfach morgen mit, wenn ich trainiere – dann könnte ich dir ein paar Sachen zeigen.

Lobende Person: Super! Und danke fürs Zuhören. Ich weiß das wirklich zu schätzen. Jetzt ist mir viel klarer, was ich wirklich will.

9.5 Komplimente als Strategie

Komplimente können nicht nur eine Form der Selbstkritik sein, sondern auch ein Mittel, um die Stimmung eines anderen Menschen zu beeinflussen, ohne für ihn präsent zu sein. Ist Ihnen schon aufgefallen, dass manche Leute versuchen, Sie mit Komplimenten aufzumuntern, wenn Sie traurig oder mutlos sind? Sie könnten zum Beispiel sagen: „Lass dich von einer schlechten Note nicht runterziehen – alle wissen doch, wie klug du bist, dass du die / der Klassenbeste bist!" Wie befriedigend oder tröstlich ist so ein Kompliment? Vielleicht hören Sie die Absicht hinter so einer Äußerung, was unter Umständen Ihre Bedürfnisse nach Verständnis und Unterstützung befriedigt, doch solche „Komplimente" können negieren, wie Sie sich fühlen, und ein Versuch sein, Ihre Gefühle „in Ordnung zu bringen". Sie bauen selten Vertrauen auf. Statt zu hören, dass Ihre Gefühle unbegründet sind (was bedeutet, dass die andere Person nicht präsent genug ist, um Ihre Gefühle zu hören), ist es sehr viel befriedigender, wenn die andere Person voll für Sie präsent ist und empathisch auf Sie eingeht – zum Beispiel so: „Ich sehe, dass du wegen der Note, die du erhalten hast, niedergeschlagen bist. Machst du dir Sorgen, ob du den Stoff bewältigst und deine Ziele erreichst?"

9.6 Kompliment oder Druckmittel?

Wie bereits dargelegt, ist es eines der elementarsten menschlichen Bedürfnisse, zum Wohl anderer beizutragen. Wenn es befriedigt wird, entstehen Verbundenheit, Vertrauen und Sinn. Allerdings ist es ein feiner, aber entscheidender Unterschied, ob wir etwas tun, weil wir auf unser eigenes inneres Bedürfnis, zum Wohl eines anderen Menschen beizutragen, reagieren, oder ob wir es tun, weil wir eine Belohnung oder Zustimmung wollen. Komplimente und anerkennende Äußerungen, die Urteile enthalten, können die Trennlinie leicht verwischen.

Greifen wir noch einmal auf unser Beispiel mit dem Jungen zurück, der seine Spielsachen aufräumt. Tut er das, um seine Mutter zufriedenzustellen, damit sie ihn „lieb" findet? Vielleicht weiß er aus Erfahrung, dass er angeschrien oder bestraft werden könnte, wenn er nicht „lieb" ist. Das ist etwas ganz anderes, als wenn er seine Spielsachen aus Zuneigung zu seiner Mutter aufräumt, weil er versteht, dass es dazu beiträgt, ihre Bedürfnisse nach Ordnung, Sorglosigkeit, Rücksicht und Sicherheit zu befriedigen. Das führt uns zu den Fragen zurück, mit denen wir uns bereit beschäftigt haben: *Was wollen wir jemanden tun sehen? Und warum wollen wir, dass er das tut?* Wenn wir Komplimente oder anerkennende Äußerungen machen, die Urteile enthalten, kann es leicht passieren, dass andere aus Angst oder einem Wunsch nach Zustimmung oder Belohnung handeln – und nicht, weil sie zum Wohl anderer beitragen und gemeinsame Werte verwirklichen möchten, also aus Beweggründen handeln, die liebende Verbundenheit und offenherziges Geben fördern.

9.7 Wenn ein Lob eigentlich eine Strategie ist

Was können Sie tun, wenn Sie den Verdacht haben, dass ein Lob kein Ausdruck von Wertschätzung und Anerkennung ist, sondern einem anderen Zweck dient? Was für eine Strategie es auch ist – ob Bestrafung und Belohnung, ein Vergleich (Selbstkritik) oder ein Versuch, Ihre Gefühle zu beeinflussen –, Sie können stets zu den vier GFK-Schritten (Beobachtungen, Gefühle, Bedürfnisse, Bitten) zurückkehren. Wenn ein erhaltenes Lob Selbstkritik enthält, können Sie empathisch auf unbefriedigte Bedürfnisse der anderen Person eingehen. Sie können ermitteln, welche Bedürfnisse sie zu befriedigen versucht, indem Sie sie zum Beispiel fragen: „Willst du mir zeigen, dass dir etwas an mir liegt, indem du mich aufzumuntern versuchst?" Oder vielleicht möchten Sie, als eine Form stiller Empathie, erraten, welche Bedürfnisse es sein könnten. So können Sie klären und verstehen, welche Beweggründe die andere Person im Augenblick haben könnte, ein Lob für andere Zwecke einzusetzen.

ÜBUNG

Übung 5: Lob als Ausdruck von Anerkennung, nicht als Strategie

Stellen Sie zu jeder der nachfolgenden Äußerungen, in denen das Lob kein Ausdruck von Anerkennung ist, sondern einem anderem Zweck dient, eine empathische Vermutung an, um Verständnis und Verbundenheit zu fördern. Beginnen wir mit einem Beispiel:

Beispiel:
A. „Bei mir klappt einfach nichts. Ich wünschte, ich hätte deine Fähigkeiten."
   Empathische Vermutung: „Bist du entmutigt, weil du erfahren hast, dass du den Job, den du wolltest, nicht bekommst? Hättest du gern die Sicherheit eines geregelten Einkommens und das Gefühl, dass deine Talente gesehen werden?"

B. „Du hast deine Hausaufgaben gemacht – du bist so ein braves Mädchen. Jetzt kannst du rausgehen und spielen."

Empathische Vermutung: _____

C. „Ich würde mir keine Sorgen machen, wie dieses Spiel ausgeht. Alle wissen, dass du der Beste in der Mannschaft bist und dass unsere Schule erstklassig ist."

Empathische Vermutung: _____

D. „Du siehst in diesem Kleid so schön aus. Ich wünschte, ich könnte auch solche Kleider tragen, aber sie stehen mir einfach nicht."

Empathische Vermutung: _____

9.8 BBG-Feedback in der Praxis: Das Leben bereichern, Entscheidungsfreiheit fördern

Schauen wir uns ein Beispiel für diese Prinzipien aus dem wirklichen Leben an. Vor etwa einem Monat beobachtete ich eine Lehrerin und eine Unterrichtsassistentin, die eine kleine Gruppe von Schülerinnen und Schülern unterrichteten, die in der Schule Schwierigkeiten hatten. Mir fiel auf, dass beide Lehrkräfte die Kinder oft lobten, indem sie zum Beispiel sagten: „gut gemacht", „super", „eine tolle Arbeit". Die Lehrerin erklärte mir, dass diese Kinder es gewöhnt waren, viel Kritik und nur sehr wenig Lob zu hören. Sie wollte ihr Selbstvertrauen stärken. Ich schätzte ihre Absicht und war berührt von ihrer Fürsorge und ihrem Engagement. Gleichzeitig war ich besorgt, dass ihre Art, die Kinder zu loben, bewirkte, dass diese auf ihr Urteil vertrauten, statt ein eigenes inneres Gefühl dafür zu entwickeln, was sie schätzten.

Irgendwann sagte die Unterrichtsassistentin zu einem Jungen namens John, dass seine Zeichnung, die zeigte, wie die Lungen arbeiten, „toll, einfach toll" sei. Ich fragte ihn: „Gefällt dir etwas an deiner Zeichnung?" „Nein", erwiderte er. Ich sagte zu ihm, dass mir die Symmetrie der Lungenflügel gefiel, und dann fragte ich die Unterrichtsassistentin, was ihr an der Zeichnung gefiel. Sie erklärte, was sie daran gelungen fand, und bald sagte auch John, was ihm daran gefiel. Wenn wir diese Unterhaltung nicht geführt hätten, hätte John wahrscheinlich keine Ahnung gehabt, was er getan hatte, das so „toll" war. Nun konnte er es selbst sehen und glauben und in der Zukunft wieder dementsprechend handeln. Das war eine viel effektivere Möglichkeit, Selbstbewusstsein und Vertrauen aufzubauen, als das unklare pauschale Lob.

„Äh, danke!"

Die Macht der Beobachtung – eine Geschichte von zwei großen Cellisten

Mein größter Wunsch war es, Pablo Casals zu hören. Eines Tages erfüllte sich meine Sehnsucht beinahe, und ich lernte ihn kennen. Aber, Ironie des Schicksals, ich war es, der spielen musste. Das war bei den von Mendelssohns, einem Haus voll von El Grecos, Rembrandts und Stradivaris. Francesco von Mendelssohn, der Sohn des Bankiers, ein begabter Cellist, rief an und fragte, ob er mich einladen dürfe; sie hätten einen Gast im Hause, der mich gern spielen hören wollte.

„Herr Casals." Man stellte mich einem kleinen, kahlköpfigen Mann mit Pfeife vor. Er sagte, er freue sich, junge Musiker wie Serkin und mich kennenzulernen. Rudolf Serkin, der steif neben mir stand, schien ebenso wie ich gegen seine Schüchternheit zu kämpfen. Rudi hatte schon vor meiner Ankunft gespielt, und jetzt wollte Casals uns zusammen hören. Die Noten von Beethovens D-Dur-Sonate standen auf dem Flügel. „Warum spielen Sie nicht?", fragte Casals. Wir waren beide nervös und kannten einander kaum; unser Spiel war recht mäßig, und wir hörten irgendwo in der Mitte der Sonate auf.

„Bravo! Bravo! Wunderbar!" Casals applaudierte. Francesco brachte jetzt das Schumann-Cellokonzert, das Casals hören wollte. Nie habe ich schlechter gespielt. Casals wünschte Bach. Erbittert kam ich seinem Wunsch nach – mein Spiel war nicht besser als bei dem Beethoven und dem Schumann.

„Herrlich! Großartig!", sagte Casals und umarmte mich. Verwirrt ging ich nach Hause. Ich wusste, wie schlecht ich gespielt hatte, aber warum musste er, der Meister, mich loben und umarmen? Diese offensichtliche Unaufrichtigkeit schmerzte mich mehr als alles andere.

Umso größer waren meine Verlegenheit und mein Entzücken, als ich Casals einige Jahre später in Paris wieder traf. Wir aßen zusammen, spielten Duette für zwei Celli, und ich spielte ihm bis in die Nacht hinein vor. Ermutigt durch seine große Wärme und sehr glücklich gestand ich ihm, was ich damals in Berlin von seinem Lob gedacht hatte. Er reagierte darauf plötzlich sehr ärgerlich und ergriff sein Cello. „Hören Sie!" Er spielte eine Phrase aus der Beethoven-Sonate. „Haben Sie nicht diesen Fingersatz genommen? Aha, Sie nahmen ihn! Er war mir neu ... er war gut ... und hier, setzten Sie nicht bei dieser Passage mit einem Aufstrich ein, so?" Er machte es mir vor. Er nahm den Schumann und den Bach durch und betonte dabei immer, was ich getan und was ihm gefallen hatte. „Und im Übrigen", sagte er leidenschaftlich, „überlassen Sie es den Unwissenden und Einfältigen, nur nach der Anzahl von Fehlern zu urteilen. Ich kann dankbar sein für einen einzigen Ton oder eine wundervolle Phrase, und auch Sie müssen es sein." Ich verließ ihn mit dem Gefühl, in Gesellschaft eines großen Künstlers und Freundes gewesen zu sein.

Gregor Piatigorsky, Autor von *Mein Cello und ich und unsere Begegnungen* (1998, S. 106 f.)

9.9 Äh, danke!

Unsere erlernte Neigung, „danke" zu sagen, ohne es ernst zu meinen, ist eine weitere Art, Dank unklar auszudrücken. „Sag danke!", werden wir von klein auf ermahnt, wenn wir ein Geschenk erhalten, ob uns das Geschenk gefällt oder nicht. Ich glaube nicht, dass ich als Kind je gefragt wurde, ob ein Geschenk oder eine Handlung meine Bedürfnisse tatsächlich erfüllte. Stattdessen sollte ich „höflich" sein und dankbar für das, was ich bekommen hatte. Ich bin mir sicher, dass das Fordern einer solchen Dankbarkeit ein Versuch war, Verbundenheit zwischen anderen und mir zu schaffen und Wertschätzung zu fördern. Doch wie können wir uns mit anderen verbunden fühlen, wenn wir nicht ehrlich und authentisch sein dürfen? Wie können wir Geschenke oder Handlungen von anderen schätzen, wenn unklar bleibt, wie sie zu unserem Wohl und unserem Leben beigetragen haben?

Selbst als Erwachsene erhalten wir manchmal Geschenke, die nicht unserem Geschmack oder unseren Werten entsprechen. Manchmal tut jemand etwas, um eines unserer Bedürfnisse zu befriedigen, doch ohne das beabsichtigte Ergebnis. Wie reagieren wir in so einer Situation? Dieses Thema löste in einem meiner Kurse eine lebhafte Diskussion aus: Sollten wir lügen oder so tun, als gefiele uns das Geschenk? Oder es zurückgeben oder an jemand anderen weiterverschenken? Sollten wir anderen lieber verschweigen, dass ihre „Hilfe" nicht hilfreich war? Könnten wir einfach zum Ausdruck bringen, dass wir die Schönheit der Absicht hinter dem Geschenk schätzen? Jede dieser Strategien könnte natürlich verschiedene Bedürfnisse befriedigen – unter anderem nach Rücksicht und Wohlbefinden. Doch wenn wir anderen ehrlich und behutsam mitteilen, was wir wirklich empfinden und inwiefern unsere Bedürfnisse befriedigt wurden oder nicht, kann das an sich ein Beitrag sein, der Vertrautheit, Verbundenheit, Vertrauen und Verständnis fördert.

Das veranschaulichte mir eine Erfahrung, die ich vor ein paar Jahren machte. Ich entdeckte eine Puppe, von der ich glaubte, dass sie der Tochter meines Bruders gefallen würde. Wir sehen uns zwar nicht oft, weil wir weit auseinander wohnen, doch ich weiß, dass er Russlandexperte ist, und diese Puppe trug eine traditionelle russische Tracht. Außerdem war meine Nichte in einem Alter, das ich mit einem Interesse an Puppen assoziierte, und ich fand diese Puppe bezaubernd. Begeistert kaufte ich sie und schickte sie meiner Nichte. Einige Zeit später sprach ich mit meinem Bruder. „Hat Monica die Puppe bekommen? Gefiel sie ihr?" „Ähm, ja, sie hat sie bekommen. Wir wissen zu schätzen, was du dir bei diesem Geschenk überlegt hast, und warum du an uns gedacht hast. Aber eigentlich hat Monica Puppen nie gemocht. Wir haben die Puppe an jemanden weiterverschenkt, dem sie gefiel. Ich hoffe, das macht dir nichts aus." Ich war traurig und enttäuscht, dass mein „perfektes" Geschenk, das ich mit der Absicht, Freude zu bereiten, gekauft und abgeschickt hatte, nicht die erhoffte Wirkung gehabt hatte. Doch im anschließenden Gespräch mit meinem Bruder erfuhr ich einige Neuigkeiten über meine Nichte, unter anderem, was sie gerade interessierte und was nicht. Ich schätzte auch die Ehrlichkeit und das Vertrauen meines Bruders. Ein Ergebnis dieses Gesprächs war eine Stärkung unserer Beziehung, weil wir einander besser kennenlernten, und meine Enttäuschung wich Gefühlen der Verbundenheit und Wertschätzung.

9.10 Höflich oder aufrichtig?

Viele Menschen meinen, dass man höflich sein soll, wenn man ein Geschenk oder Hilfe erhält, um die Gefühle anderer nicht zu verletzen. Doch die mit unerfüllten Bedürfnissen zusammenhängenden Gefühle, zum Beispiel Gekränktheit oder Besorgnis, verschwinden meiner Erfahrung nach schnell, wenn Authentizität, Verständnis und Verbundenheit gegeben sind. Wie auch immer: Wollen wir anderen etwas vormachen? Wollen wir lächeln, wenn wir enttäuscht sind, oder Ja sagen, wenn wir Nein meinen? Oder wollen wir Authentizität und Aufrichtigkeit sowie echte Verbundenheit und Dankbarkeit? Wenn wir nicht wirklich wissen, ob Bedürfnisse befriedigt wurden und wie unsere Handlungen zum Wohl anderer beitrugen, wie befriedigend ist es dann, Dankesbekundungen zu hören? Das ist fast so, als würde man eine große Geschenkbox mit Schleife erhalten und feststellen, dass sie leer ist.

Natürlich wollen wir auch auf die Gefühle anderer Rücksicht nehmen. Wenn Sie sich Sorgen machen, wie andere Ihre Ehrlichkeit wohl aufnehmen werden oder was sie empfinden könnten, ist es hilfreich, wenn Sie sich all Ihrer momentanen Gefühle und Bedürfnisse bewusst sind und sie anderen vielleicht auch in ihrer ganzen Komplexität mitteilen. Wenn Sie zum Beispiel unsicher und besorgt sind, weil Sie die andere Person nicht kränken wollen, können Sie diese Gefühle äußern. Sie können ihr dann auch sagen, dass Sie Ehrlichkeit und Integrität schätzen und dass Sie authentische Verbundenheit wollen. Vielleicht möchten Sie auch all die Bedürfnisse erwähnen, die durch ihr Geschenk oder ihre Hilfe befriedigt und nicht befriedigt wurden, zum Beispiel Bedürfnisse nach Zuneigung und Rücksicht, und würdigen, was Sie als ihre Absicht sehen. Sie können befriedigte Bedürfnisse würdigen und gleichzeitig ehrlich und authentisch sein.

ÜBUNG

Übung 6: „Nein danke" als ein Geschenk

Teil eins:

Denken Sie an ein Geschenk, das Ihnen nicht gefallen hat. Welche Ihrer Bedürfnisse befriedigte das Geschenk nicht? Sagten Sie dem / der Schenkenden, was Sie empfanden? Warum oder warum nicht?

Teil zwei:

Stellen Sie sich vor, dass Sie in jeder der nachfolgend beschriebenen Situationen in einer GBG-Version „nein danke" sagen. Versuchen Sie, als Teil Ihrer Antwort, Dankbarkeit für erfüllte Bedürfnisse und / oder die Absicht, die die andere Person Ihrem Empfinden nach hatte, zum Ausdruck zu bringen:

A. Eine Freundin bietet Ihnen an, Ihnen zu helfen, vor einer Party Ihr Haus auf Vordermann zu bringen, doch das ist eine Aufgabe, die Sie entspannend finden, wenn Sie sie als eine meditative Erfahrung allein erledigen.

   Nein: _____

B. Ihr Vorgesetzter hat gekündigt, um bei einem Start-up-Unternehmen einzusteigen, und schlägt Ihnen vor, sich ihm anzuschließen. Sie haben Bedenken wegen des finanziellen Risikos und wollen lieber auf Ihrem derzeitigen Posten bleiben.

   Nein: _____

C. Eine Freundin lädt Sie zu einem Bridge-Abend mit ihr und ihrem Mann ein, doch Sie spielen nicht gern Bridge mit den beiden, weil sie darüber streiten, wie sie ihre Karten ausspielen.

   Nein: _____

9.11   Das Wertschätzungsdefizit

Dankbarkeit ist wie flüssiges Gold, wenn sie echt und bedürfnisbezogen ist. Sie belebt das ganze System des Gebens und Empfangens und erleichtert die Ermittlung, Würdigung und Befriedigung von Bedürfnissen. Doch wenn Dankbarkeit so belebend und befriedigend ist, warum gibt es in unserem Leben dann nicht mehr davon? Um eine alte Redewendung zu bemühen: Warum ist das Glas für die meisten Menschen eher halb leer als halb voll? Vielleicht liegt das daran, dass wir uns zufrieden und erfüllt fühlen, wenn unsere Bedürfnisse befriedigt werden. Werden sie dagegen nicht erfüllt, fühlen wir uns so unwohl, dass wir ausdrucksstärker und proaktiv werden und so schließlich all das, was wir im Leben haben, nicht würdigen und genießen, sondern uns stattdessen auf das konzentrieren, was uns fehlt. Wie bedauerlich!

Vielleicht erklärt das den Mangel an Wertschätzung, den die meisten Menschen zu verspüren scheinen. Fragen Sie sich selbst einmal: Fühlen Sie sich bei der Arbeit, in der Schule oder zu Hause für das, was Sie tun, wertgeschätzt? Haben Sie das Gefühl, dass Ihre Bemühungen, zum Wohl anderer beizutragen, gesehen und anerkannt werden? Wissen Sie, ob Ihre Beiträge als hilfreich erfahren werden und die beabsichtigte Wirkung haben? Leider haben die meisten nicht das Gefühl, dass ihre Handlungen gesehen, anerkannt oder gewürdigt werden. Was für eine verpasste Chance!

9.12 Lob genießen

Viele von uns wurden ermahnt, sich Komplimente nicht „zu Kopf steigen" zu lassen oder nicht zu selbstgefällig zu werden. Manchen fällt es schwer, ein Lob oder Kompliment anzunehmen. Sie versuchen, das Gesagte zu bestreiten oder herunterzuspielen, indem sie zum Beispiel erwidern: „Ach, das ist doch nicht der Rede wert." Oder: „Das ist überhaupt nicht gut! Das ist mir total misslungen!" Oder: „Ich hatte nur Glück." Schwierigkeiten im Umgang mit Komplimenten können unterschiedliche Gründe haben. Viele hängen wahrscheinlich damit zusammen, dass Komplimente gewöhnlich Urteile beinhalten. Diese sind zwar positiv, doch wenn wir beurteilt werden, neigen wir dazu, uns selbst auch zu beurteilen und / oder mit anderen zu vergleichen, oft mit einem negativem Ergebnis. Wie bereits erwähnt, können wir „Leistungsangst" entwickeln, wenn wir von jemandem ein positives Urteil über uns hören, und vielleicht befürchten wir, dieselbe Person später zu enttäuschen.

Ich konnte jahrelang nicht mit Komplimenten umgehen, und ich kann es immer noch nicht – wenn sie Urteile enthalten. Natürlich freue ich mich auch, wenn ich erfahre, wie meine Handlungen zum Wohl anderer beigetragen haben. Ich habe inzwischen gelernt, Menschen um mehr Informationen zu bitten, und ich genieße die Ergebnisse sehr. Ich erhalte nicht nur mehr Wertschätzung, sondern weiß inzwischen auch, wie viele Bedürfnisse eine einzige Handlung befriedigen kann! Neulich machte ich nach einer Lesung folgendes Experiment: Ich bat jede Person, die mir für meinen Vortrag dankte, mir ein Bedürfnis zu nennen, das er bei ihr befriedigte. Jedes Mal waren wir überrascht über die Ergebnisse. Jede Person nannte ein anderes Bedürfnis, und nach kurzem Nachdenken schienen alle verblüfft und zufrieden über das, was sie erkannten. Als sie auf diese Art über den Vortrag nachdachten, eröffneten sich ihnen ein ganz neues Verständnis und eine andere Bedeutung des Vorgetragenen. Urteilende Komplimente in Bedürfnisse zu übersetzen war wie das Öffnen eines Glückskekses!

In meinen Kursen und bei Präsentationen in Workshops stelle ich oft dieselbe Frage: „Wären Sie bereit, mir etwas zu nennen, was Sie an dem Vortrag hilfreich fanden?" Die Antworten helfen mir, allgemein formulierte anerkennende Äußerungen in nützlichere BBG-Versionen zu übersetzen. Wie bei meinem Experiment nach der Lesung geben sie mir viele Glückskekse, die ich öffnen kann, um aus ihnen zu lernen. Ich lerne auch mehr über andere – was sie am meisten schätzen und was in ihnen vorgeht. Und wenn ich höre, wie andere jemanden loben, frage ich gerne: „Was tut dieser Mensch, das Sie dazu veranlasst, zu sagen, dass er ,toll' ist? Diese Information würde mir erkennen helfen, was Ihnen am wichtigsten ist!" Dadurch lerne ich eine Menge über die Person, die das Lob ausspricht: Was sie sieht und schätzt und oft selbst anstrebt.

Ich versuche, ähnlich zu reagieren, wenn Menschen mir sagen, dass sie meine Präsentationen nicht mögen, obwohl sie sich in solchen Fällen in der Regel klarer ausdrücken. Wenn sie anderen ein „positives" Feedback geben, meinen anscheinend viele, dass keine weiteren Einzelheiten nötig sind..

Doch tatsächlich ist ein Feedback mit klaren Beobachtungen und einer Aufzählung erfüllter oder unerfüllter Bedürfnisse immer sehr hilfreich, egal, was eine andere Person getan hat. Viele bezeichnen ein detailliertes wohlmeinendes Feedback als „konstruktive Kritik". Ein BBG-Feedback ist sozusagen ein „konstruktives Kompliment" – es liefert nützliche Informationen, die Ihnen dabei helfen, Ihre eigenen Bedürfnisse zu befriedigen und zum Wohl anderer beizutragen. Wenn Sie ein solches „Lob" hören, werden Sie den Wunsch verspüren, mehr Dankbarkeit zu äußern und zu erhalten, weil es tatsächlich einen Inhalt hat und auf eine Art „positiv" und „konstruktiv" ist, die verbindend wirkt.

ÜBUNG

Übung 7: Benennen, was Sie besonders schätzen

Denken Sie an drei Dinge, von denen Sie wirklich begeistert sind und / oder die Sie genießen. Oder an eine Person, die Sie bewundern, ein Kunstwerk oder Musikstück, das Sie lieben, oder eine Aktivität, die Ihnen Spaß macht. Beschreiben Sie in BBG jeweils einen Aspekt, den Sie daran schätzen.

1. _____

2. _____

3. _____

9.13 Dem Wertschätzungsdefizit auf den Grund gehen

Um besser zu verstehen, welche Gefühle und Bedürfnisse dem Mangel an Wertschätzung, den die meisten von uns erfahren, zugrunde liegen, bat ich einige meiner Studentinnen und Studenten, ein Lob, das sie gerne von einer bestimmten Person erhalten hätten, in BBG zu formulieren.

Eine Studentin schrieb, dass sie von ihrem Vater gern das folgende Lob gehört hätte:

> Als ich sah, dass du in diesem Jahr mehr Tore geschossen hast als jedes andere Mädchen aus der Fußballmannschaft, war ich überglücklich. Ich finde es großartig, dass du deine Fähigkeiten nach besten Kräften weiterentwickelst, und bin dankbar, dass ich durch unser gemeinsames Training zu deinem Erfolg beitragen konnte. Vor allem will ich, dass du zu einem starken und gesunden Menschen heranwächst. Es stimmt mich hoffnungsvoll, dass du als talentierte Fußballspielerin Chancen auf ein College-Stipendium hast. Ich möchte unbedingt, dass du ein Stipendium bekommst, weil ich glaube, dass das College dein Leben bereichern wird. Und ich verdiene nicht genug, um deine Studiengebühren zu bezahlen. Ich bin sehr froh und erleichtert, dass ich nun zuversichtlich sein kann, dass es dir möglich sein wird, deine Träume zu verfolgen.

Ein Student schrieb, dass er sich gefreut hätte, wenn seine Exfreundin Folgendes zu ihm gesagt hätte:

> Wenn ich an die Zeiten zurückdenke, in denen du mich in deinen Armen gehalten und mir zugehört hast, während ich über meine Probleme mit meiner Familie und in der Schule geredet habe, möchte ich, dass du weißt, wie viel es mir bedeutet hat, deine Anteilnahme und Liebe zu erfahren. Auch wenn wir uns entschieden, uns zu trennen, weil wir unterschiedliche Vorstellungen von dem Leben haben, das wir führen wollen, steigen mir Tränen der Dankbarkeit in die Augen, wenn ich an deine verständnisvolle Unterstützung denke.

Dann bat ich alle aus dem Kurs, die Bedürfnisse zu erraten, die die Person befriedigen wollte, indem sie *nicht* auf diese Weise ihre Wertschätzung zum Ausdruck brachte. Die Studentin schrieb:

> Ich denke, mein Vater befürchtete, ich würde nicht so hart arbeiten und nicht so gut abschneiden, wenn er mir sagte, was er empfand. Ich weiß auch, dass es ihm schwerfällt, über Gefühle zu reden. Vielleicht hatte er Angst, ich würde ihn dann nicht als stark und als einen „echten Mann" betrachten. Ich weiß auch, dass er sich schämt, weil er nicht mehr Geld verdient. Vielleicht dachte er, er würde sich schlecht fühlen und wir würden weniger von ihm halten, wenn er darüber redete.

Der Student schrieb Folgendes:

> Ich denke, dass meine Exfreundin mir nicht sagen wollte, wie viel meine Liebe ihr bedeutete, weil sie Angst hatte, das könnte ihre Unabhängigkeit und Autonomie bedrohen, die ihr auch sehr wichtig waren. Die Trennung war hart für uns, obwohl wir sie als richtig empfanden, und vielleicht wollte sie uns beide davor bewahren, den Trennungsschmerz wieder zu spüren.

In diesen und anderen Geschichten, die ich höre, ist Angst der häufigste Grund für nicht geäußerte Wertschätzung. Angst, verwundbar zu sein oder von anderen verurteilt zu werden, kann Menschen davon abhalten, zum Ausdruck zu bringen, was sie wirklich empfinden. Sie wagen es nicht, über ihre Gefühle zu sprechen, oder haben Angst davor, wie die andere Person ihre Dankesworte hören könnte. Viele von uns sind es einfach nicht gewöhnt, Dank auszusprechen. Wir zeigen eher auf eine „raue" Art, nämlich durch Kritik und Forderungen, wie viel uns an jemandem liegt. Und wenn wir ein positives Feedback erhalten, ist oft ein Haken dabei: „X machst du inzwischen besser, deshalb musst du jetzt Y machen."

Nicht nur Angst und fehlende Übung im Äußern von Dankbarkeit halten uns davon ab, Wertschätzung zum Ausdruck zu bringen. Viele denken auch, dass ihre Bedürfnisse miteinander konkurrieren. Wie kann der Vater mit dem niedrigen Einkommen seine Tochter loben, ohne zuzugeben, wie sehr er darunter leidet, dass er nicht mehr verdient? Wie kann die Exfreundin ihre Dankbarkeit ausdrücken und gleichzeitig ihre Bedürfnisse nach Würde und Autonomie befriedigen? Wenn wir Bedürfnisse jedoch wirklich verstehen, stehen sie nie in Konkurrenz. Nichts hindert uns daran, auszudrücken, was wir im Leben am meisten schätzen. Die Strategien, die wir wählen, um bestimmte Bedürfnisse zu befriedigen, können manchmal mit Strategien zur Befriedigung anderer Bedürfnisse in Konflikt stehen. Doch die Bedürfnisse selbst konkurrieren nicht miteinander. Das Bedürfnis, die sportliche Entwicklung eines Kindes zu fördern, steht zum Beispiel nicht in Konflikt mit dem Bedürfnis, die eigenen Beiträge und die eigene Integrität zu sehen und zu würdigen. Und das Bedürfnis nach Autonomie steht nicht in Konflikt mit dem Bedürfnis nach Verbundenheit. Man kann mit niemandem wirklich verbunden sein, wenn man nicht den Raum erhält, ein Individuum zu sein.

Wie gehen wir mit scheinbar konkurrierenden Gefühlen und Bedürfnissen um und bringen unsere Dankbarkeit zum Ausdruck, auch wenn wir Angst davor haben? Ein Weg ist, uns mit allem zu verbinden, was wir momentan empfinden und brauchen, und, wenn wir möchten, unsere komplexen Bedürfnisse offen und klar mitzuteilen. Bevor wir unsere Dankbarkeit ausdrücken, wollen wir vielleicht andere Gefühle ansprechen, die in uns lebendig sind. Im Fall der Fußball spielenden Tochter hätte der Vater zum Beispiel sagen können:

> Ich bin traurig, wenn ich daran denke, dass ich zu wenig verdiene, um deine Ausbildung zu bezahlen. Gleichzeitig bin ich sehr stolz darauf, wie gut du Fußball spielst und wie ich dir geholfen habe, spielen zu lernen. Ich bin sehr glücklich und erleichtert, dass das dir helfen könnte, ohne finanzielle Sorgen durchs Studium zu kommen.

Die Exfreundin hätte sagen können:

> Du weißt, dass mir meine Autonomie wirklich wichtig ist, deshalb bin ich etwas nervös und unsicher, wie ich mich ausdrücken soll … Aber ich will, dass du weißt, wie sehr ich alles, was du für mich getan hast, schätze. Ich glaube, ich habe noch nie so viel Zärtlichkeit und Fürsorge erfahren.

Wenn Sie auf diese Art klarmachen, was in Ihnen vorgeht, ziehen Sie vielleicht in Betracht, eine Verständnisbitte äußern, um zu erfahren, wie Ihre Worte ankommen oder gehört werden. Verbundenheit und gegenseitiges Verständnis sind besonders wichtig, wenn wir uns verwundbar fühlen.

Wenn wir anerkennende Äußerungen oder Komplimente hören, die keine Urteile enthalten, sondern wertorientiert sind, können wir viel besser mit ihnen umgehen. Statt mit falscher Bescheidenheit zu reagieren oder zu bestreiten, was die andere Person gesagt hat, können wir mit ihr zusammen befriedigte Bedürfnisse feiern, unsere wie ihre. Letztlich feiern wir auf diese Weise gemeinsame Werte und gegenseitige Wertschätzung.

ÜBUNG

Übung 8: Wertschätzung, die Sie gerne erhalten hätten

A. Formulieren Sie ein Lob, das Sie gerne von einer bestimmten Person gehört hätten und das folgende Informationen enthält:
 1. Welches konkrete Verhalten von Ihnen *beobachtete* und schätzte die Person?
 2. Welche *Bedürfnisse* der Person befriedigte Ihr Verhalten? Welchen ihrer Werte entsprach Ihr Verhalten?
 3. Welche *Gefühle* löste Ihr Verhalten in ihr aus?

B. Halten Sie nun inne und schreiben Sie das Lob nieder.

Beobachtung: _____

Bedürfnisse: _____

Gefühle: _____

c. Überlegen Sie sich nun, welche Gefühle und Bedürfnisse die Person davon abhielten, Ihnen dieses Lob auszusprechen. Versuchen Sie, sich in sie hineinzuversetzen. Schauen sie auf die Liste der Bedürfnisse auf Seite 323, wenn Sie das hilfreich finden. Vielleicht möchten Sie Ihre Gedanken dazu in Ihrem Tagebuch festhalten.

ÜBUNG

Übung 9: Mit Dankbarkeit leben

Versuchen Sie eine Woche lang, jeden Tag empathische Dankbarkeit zu praktizieren. Schreiben Sie täglich, morgens oder abends, fünf Dinge auf, für die Sie dankbar sind (Beobachtungen), und dann, was Sie brauchen und empfinden. Listen Sie auch Dinge auf, für die Sie sich selbst dankbar sind!

Beispiel:
Beobachtung: „Gestern Abend bist du 80 Kilometer weit gefahren, um mit mir eine Theateraufführung zu besuchen, die ich sehen wollte."
Bedürfnisse: Unterstützung, Spaß, Gesellschaft, Verbundenheit
Gefühle: Wärme, Zärtlichkeit, Dankbarkeit

Jetzt sind Sie dran.

	Beobachtung:	Bedürfnisse:	Gefühle:
1.			
2.			
3.			
4.			
5.			

9.14 Uns selbst wertschätzen und unsere Entscheidungen würdigen

Man kann sicher sagen, dass die meisten von uns nicht die Wertschätzung erhalten, die sie sich wünschen würden. Und wahrscheinlich geben wir uns selbst auch nicht viel Wertschätzung. Weil wir diejenigen sind, die dazu beitragen, dass unsere *eigenen* Bedürfnisse befriedigt werden, halten wir unsere *eigenen* Bemühungen leicht für selbstverständlich. Doch erst wenn wir uns selbst danken, können wir uns voll bewusst werden, welche unserer Handlungen unsere Bedürfnisse befriedigen (oder nicht). So wird Dankbarkeit uns selbst gegenüber zu einem höchst angenehmen und stressfreien Weg, unser Verhalten zu ändern, indem wir uns verstärkt auf die Handlungen konzentrieren, die wir am lebensdienlichsten und nützlichsten finden.

Natürlich sind wir nicht immer glücklich über Entscheidungen, die wir getroffen haben. Doch ich habe festgestellt, dass ich über Entscheidungen, die ich in mancher Hinsicht bedauere (unbefriedigter Bedürfnisse wegen), nun in anderer Hinsicht froh bin (befriedigter Bedürfnisse wegen). Dieses Bewusstsein hilft mir, meine Werte zu feiern und nach ihnen zu handeln. Dankbarkeit uns selbst gegenüber fördert Selbstakzeptanz, Ausgeglichenheit und Gelassenheit.

Ich bin zum Beispiel immer noch traurig, dass ich Irland verlassen habe, wo ich jahrelang lebte. Mein Weggang befriedigte nicht meine Bedürfnisse nach Klarheit, Verständnis, Selbstfürsorge, Bewusstheit, Selbstverbundenheit und Wahlmöglichkeiten (was die Art betraf, wie ich mich entschied, wegzugehen). Als ich nicht mehr dort lebte, wurden oft Bedürfnisse nach Schönheit, Sinn, Verbundenheit mit der Natur und gemeinsamen Werten in mir lebendig (um nur einige zu nennen). Doch weil ich Irland verließ, konnte ich im Laufe der Zeit Bedürfnisse nach Weiterbildung, Selbstentfaltung und Selbstakzeptanz befriedigen. Und ich lernte die GFK kennen, was vielleicht nicht geschehen wäre, wenn ich nicht in die Vereinigten Staaten zurückgekehrt wäre.

Nun kann ich mir für diese einst schmerzliche Entscheidung danken. Wenn ich daran denke, wie schwer mir der Abschied von Irland fiel – einem Land, das ich liebte und das so viele meiner Bedürfnisse befriedigte –, staune ich über meine ungebrochene Lebensfreude, meine Entschlossenheit und mein Durchhaltevermögen. Da ich diesen Umbruch bewältigt habe, bin ich zuversichtlich, dass ich alles bewältigen kann! Mir auf diese Weise zu danken ist sehr befriedigend. Es ermöglicht mir Zuversicht, Selbstvertrauen, Selbstakzeptanz und Frieden. Letztendlich geht es sowohl beim Betrauern unbefriedigter Bedürfnisse als auch beim Feiern befriedigter Bedürfnisse darum, zu würdigen, was wir im Leben am meisten schätzen und was zu unserem Wohl beiträgt.

ÜBUNG

Übung 10: Feiern und trauern

Denken Sie an eine Situation oder Entscheidung, die Sie in mancher Hinsicht bedauern, aber über die Sie inzwischen in mancher Hinsicht auch froh sind. Listen Sie unbefriedigte Bedürfnisse und befriedigte Bedürfnisse auf. Wenn die unbefriedigten Bedürfnisse gerade in Ihnen lebendig sind, nehmen Sie sich zuerst etwas Zeit, um sie zu betrauern. Dann schreiben Sie auf, wie dankbar Sie sich selbst dafür sind, dass Sie aufgrund dieser

Situation andere Bedürfnisse befriedigen konnten. Wie fühlt es sich an, sich selbst auf diese Weise zu danken?

Situation (Beobachtung): _____

Unbefriedigte Bedürfnisse: _____

Befriedigte Bedürfnisse: _____

Dank an Sie selbst: _____

9.15 Wie Sie mehr Dankbarkeit von anderen erhalten

Aufgrund unserer kulturellen Prägung scheuen wir uns nicht nur, uns selbst zu loben, sondern halten es auch für inakzeptabel, andere dazu zu ermuntern oder darum zu bitten, uns zu danken (das gilt in unserer Gesellschaft als selbstsüchtig und überheblich, vielleicht auch als Zeichen von Unsicherheit). Doch ich höre regelmäßig, besonders von Paaren und Angestellten in Unternehmen, dass die Beiträge Einzelner selten in dem Maße gesehen und gewürdigt werden, das sie sich wünschen würden. Im Sinne von Bitten, die der Befriedigung von Bedürfnissen dienen, feiere ich es gern, wenn ich etwas getan habe, das meine eigenen Bedürfnisse erfüllt. Und wenn ich von anderen ein Feedback möchte und / oder will, dass sie eine meiner Handlungen sehen, mache ich gern den Mund auf und bitte darum. Das finde ich aufbauend und verbindend. Zudem erhalte ich so Informationen darüber, wie andere meine Handlungen wahrnehmen – und nicht immer entsprechen ihre Eindrücke meinen Vorstellungen! Anfangs kann es zwar ein wenig beängstigend sein, eine solche Bitte zu äußern, besonders wenn man sich Sorgen macht, was die andere Person von einem halten könnte. Doch ich mache immer wieder die Erfahrung, dass es sich lohnt, dieses Risiko einzugehen, weil solche Bitten zu mehr Verbundenheit und Verständnis beitragen. Manchmal können Bitten um Anerkennung und Dankbarkeit sogar trennende Missverständnisse klären.

Kürzlich wurde ich zum Beispiel beauftragt, in einem großen Unternehmen ein Projektteam zu unterstützen, in dem es Konflikte gab. Ein Mitarbeiter beklagte sich über seinen unmittelbaren Vorgesetzten, der seiner Meinung nach sehr hohe Anforderungen stellte und nie zufrieden war. Außerdem würde er sich nicht an die Richtlinien der Firma halten, die ein ausgewogenes Verhältnis zwischen Berufs- und Privatleben regelten. Der Mitarbeiter glaubte, dass die vom Vorgesetzten anberaumten Überstunden am Wochenende von ihm erwartet wurden. Ich hörte mir seine Sorgen empathisch an. Die Kernbedürfnisse, die hochkamen, waren Wertschätzung und Anerkennung. Sein Team und das Projekt, an dem es arbeitete, waren ihm wichtig, und er war mehr als bereit, weiterhin Überstunden zu machen, auch an manchen Wochenenden. Doch er hatte nie das Gefühl, dass sein Chef dieses Engagement wirklich würdigte. Nach einem GFK-Coaching ging er zu seinem Chef und teilte ihm Folgendes mit:

Ich bin ein wenig besorgt darüber, wie das für Sie klingen mag, weil ich das noch nie gemacht habe. Ich frage mich, ob Ihnen bewusst ist, wie viele Stunden ich in den letzten zwei Monaten an diesem Projekt gearbeitet habe, auch an mehreren Wochenenden? Ich bin zufrieden mit dem Engagement, das ich zeige, und würde gerne wissen, wie Sie das sehen – und ob Sie an meiner Arbeit an diesem Projekt irgendetwas Bestimmtes schätzen. Für dieses Feedback wäre ich wirklich dankbar.

Als Antwort erhielt der Mitarbeiter Informationen, die über das Erwartete hinausgingen: Sein Chef beobachtete etwas an seiner Arbeitsweise, das nicht einmal er selbst gesehen hatte – seine Fähigkeit, mit anderen aus dem Team zusammenzuarbeiten. Der Angestellte dankte seinem Chef für dieses Feedback und erklärte, er sei zwar persönlich motiviert, das Projekt erfolgreich zu Ende zu führen, doch wenn man so viele Überstunden mache wie er, sei es hilfreich, auch vom Chef etwas Input zu bekommen. Sie beschlossen, monatlich zu klären, auf welche verschiedenen Arten bei dem Projekt Bedürfnisse befriedigt wurden, statt sich einfach nur auf das zu konzentrieren, was nicht stimmte und geändert werden musste.

Ich beobachte dieselbe Dynamik bei meiner Arbeit mit Paaren und Familien und in meinem eigenen Leben: Dankbarkeit verbindet und verleiht Energie, wenn sie auf Beobachtungen beruht und echt ist. Viele Paare und Eltern schauen nur auf das, was nicht stimmt, sodass die Beteiligten mit der Zeit vielleicht denken, nichts sei in Ordnung. Studien haben gezeigt, dass es Paaren, die einander regelmäßig danken, viel eher gelingt, glücklich in ihrer Beziehung zu sein und langfristig zusammenzubleiben.

Inspiriert von der Macht der Dankbarkeit führe ich ein Dankbarkeitstagebuch, in das ich jeden Tag zehn Minuten lang hineinschreibe. Ich bin immer wieder erstaunt, wie viel ich lerne und wie tief ich mich selbst verstehe, wenn ich mich auf befriedigte Bedürfnisse konzentriere. Ich bin auch zu etwas geworden, was ich eine „großstädtische Dankbarkeitsbanditin" nenne. Wenn ich auf der Straße oder in der U-Bahn etwas sehe oder höre, was mir gefällt, gehe ich auf völlig Fremde zu und sage ihnen, was ich empfinde. Ich könnte zum Beispiel sagen: „Ich bekam gerade mit, wie Sie mit Ihrem Kind gesprochen haben, und das erfüllte mich mit Freude und Dankbarkeit. Wie Sie auf die Kleine eingingen, als sie weinte, gab mir Hoffnung und ein Beispiel, wie wir alle mit unseren Kindern umgehen können!" Oder ich könnte sagen: „Ich bin begeistert von Ihrem Outfit. Seine Farbenpracht verschönert mir den Tag!" Jedes Mal, wenn ich auf diese Weise meine dankbare Anerkennung zum Ausdruck bringe, strahlt die angesprochene Person, als hätte sie ein Geschenk erhalten. Und ich genieße einen kurzen Augenblick der Verbundenheit mit einem fremden Menschen. Ich weiß, dass ich dazu beigetragen habe, jemandem den Tag zu versüßen, indem ich eine Äußerung oder Handlung von ihm wahrgenommen und kommentiert habe, die aus meiner Sicht dazu betrug, das Leben befriedigender und schöner zu machen.

ÜBUNG

Übung 11: Dankbarkeit tanken

A. Versuchen Sie, diese Woche mindestens ein Mal den Dankbarkeitsbanditen zu spielen. Wenn Sie zu nervös sind, um es mit einer völlig fremden Person zu versuchen, probieren Sie es zuerst mit Familienangehörigen oder Freunden. Denken Sie daran, eine Beobachtung und befriedigte Bedürfnisse zu äußern und zu sagen, was Sie wirklich empfinden.

B. Gibt es einen Bereich Ihres Lebens, in dem Sie gerne Anerkennung und Wertschätzung erhalten würden? Wenn ja, denken Sie an etwas, was Sie getan haben und das Sie schätzen, und ermitteln Sie die Bedürfnisse, die diese Handlung befriedigte. Welche Bitte könnten Sie an eine andere Person richten, um mit ihr zu feiern, was Sie getan haben, und von ihr Wertschätzung zu erhalten?

C. Versuchen Sie, in dieser Woche ein Dankbarkeitstagebuch zu führen. Konzentrieren Sie sich auf befriedigte Bedürfnisse in jedem Bereich Ihres Lebens. Was bewirkt das Führen dieses Tagebuchs bei Ihnen?

D. Falls Sie einen Empathie-Partner haben, oder wenn Sie das nächste Mal Gelegenheit haben, Empathie zu erhalten, feiern Sie befriedigte Bedürfnisse.

9.16 In Dankbarkeit leben

Marianne Williamson fasst treffend zusammen, was den Geist von wertorientierten Komplimenten und Wertschätzung ausmacht, und wie wir dem Leben dienen, indem wir ganz wir selbst sind und andere und uns selbst wertschätzen:

Unsere tiefste Angst ist nicht, dass wir unzulänglich sind. Unsere tiefste Angst ist, dass wir unermesslich machtvoll sind. Es ist unser Licht, das wir fürchten, nicht unsere Dunkelheit. Wir fragen uns: „Wer bin ich eigentlich, dass ich brillant, begnadet, fantastisch sein darf?" Wer bist du denn, es nicht zu sein? Du bist ein Kind Gottes. Wenn du dich klein machst, dient das der Welt nicht. Es hat nichts mit Erleuchtung zu tun, wenn du schrumpfst, damit andere um dich herum sich nicht verunsichert fühlen. Wir sollen alle leuchten, wie Kinder es tun. Wir wurden geboren, um die Herrlichkeit Gottes zu verwirklichen, die in uns ist. Sie ist nicht nur in einigen von uns, sie ist in jedem Menschen. Und wenn wir unser eigenes Licht erstrahlen lassen, geben wir unbewusst anderen Menschen die Erlaubnis, dasselbe zu tun. Wenn wir uns von unserer eigenen Angst befreit haben, wird unsere Gegenwart ohne unser Zutun andere befreien (Williamson 1993, S. 180).

Es ist schwierig, wenn nicht unmöglich, zu viel Wertschätzung zum Ausdruck zu bringen – solange sie echt ist. Wir hoffen, dass Sie täglich üben werden, Wertschätzung auszudrücken, sowohl für sich selbst als auch für andere. Das ist einer der besten Wege, empathische Beziehungen zu fördern und sich voll bewusst zu werden, was man am meisten schätzt und begehrt und im Leben öfter erfahren möchte.

Fragen und Übungen, um Kapitel 9 zu vertiefen

Eine Grundannahme der GFK ist, dass es Freude macht zu geben. Die nachfolgende Übung hilft Ihnen, jenen Teil Ihrer selbst besser kennenzulernen, der davon genährt wird, dass Sie sich und anderen etwas geben.

A. Entscheiden Sie sich in der nächsten Woche ganz bewusst, etwas für sich selbst zu tun, das Ihre Bedürfnisse befriedigt, seien es Bedürfnisse nach Spaß, Inspiration, Ruhe oder Selbstfürsorge. Das könnte ein materielles Geschenk sein, zum Beispiel ein Kleidungsstück, eine Eintrittskarte für ein Konzert Ihrer Lieblingsband, etwas Besonderes zum Essen oder irgendetwas anderes, das Sie freut. Oder es könnte ein nichtmaterielles Geschenk sein, zum Beispiel ein entspannendes Bad, ein Treffen mit einer Freundin oder einem Freund, die oder den Sie schon eine Weile nicht mehr gesehen haben, oder dass Sie sich Zeit nehmen, um ein Buch zu lesen oder zu joggen, spazieren oder schwimmen zu gehen – oder um irgendetwas anderes tun, das Sie genießen würden.

Bevor Sie sich für Ihr „Geschenk" entscheiden, möchten Sie vielleicht eine „Bestandsaufnahme" Ihrer Bedürfnisse machen. Listen Sie alle Bedürfnisse auf, die momentan in Ihnen am lebendigsten sind. Nachdem Sie sich empathisch mit diesen Bedürfnissen verbunden haben, überlegen Sie sich, welches Geschenk sie befriedigen würde. Und wenn Sie sich dieses Geschenk gemacht haben, achten Sie darauf, wie Sie sich fühlen. Empfinden Sie Dankbarkeit und fühlen Sie sich wertgeschätzt? Welche Bedürfnisse, wie z.B. das nach Selbstfürsorge, haben Sie befriedigt?

B. Tun Sie nun für eine andere Person etwas, von dem Sie annehmen, dass es ihr gefallen würde. Wählen Sie etwas, das Sie wirklich gerne tun und / oder geben würden und das auch Ihre Bedürfnisse, z. B. nach Ausdruck, Sinn, Authentizität und Integrität, erfüllen würde. Das könnte eine so einfache Handlung sein wie ein Anruf bei jemandem aus Ihrem Freundeskreis oder Ihrer Familie, bei dem Sie sich in der letzten Zeit nicht gemeldet haben, um ihn wissen zu lassen, dass Sie an ihn denken. Sie könnten auch einer Freundin oder einem Freund helfen, sich auf eine Prüfung vorzubereiten, oder Ihren Eltern bei der Gartenarbeit zur Hand gehen oder bei einer örtlichen Essensausgabe aushelfen. Wie fühlten Sie sich, als Sie es taten und nachdem Sie es getan hatten? Welche Bedürfnisse befriedigte es? Wenn Sie negative Gefühle empfanden, welche Bedürfnisse, Ihre eigenen eingeschlossen, waren anscheinend unbefriedigt geblieben?

C. Vergleichen Sie die beiden Erfahrungen. Inwiefern waren die ausgelösten Gefühle ähnlich oder verschieden? Welche Erfahrung löste stärkere Gefühle aus? Waren die befriedigten oder unbefriedigten Bedürfnisse ähnlich oder verschieden?

10 | GFK ins Leben integrieren – und auf der Straße anwenden

Wenn Sie die vorangegangenen Kapitel gelesen haben, wissen Sie nun, wie Sie Ihr Verhältnis zu sich selbst, zu anderen Menschen und zur Welt entscheidend verändern können. Sie kennen die drei wichtigsten Wahlmöglichkeiten, die Sie jederzeit haben, wenn Sie im GFK-Bewusstsein leben möchten: Selbst-Empathie, Empathie und ehrlicher Ausdruck. Und Sie kennen verschiedene hilfreiche Techniken, die Sie beim Praktizieren von GFK anwenden können. Sie wissen zum Beispiel, wie Sie mehr Ruhe in Gespräche bringen können. Wir hoffen, dass Sie bereits einige dieser Schritte ausprobiert und die Wirkung und Macht von empathischer Verbundenheit selbst erlebt haben.

Wenn Sie mit diesen Werkzeugen experimentiert haben, haben Sie vielleicht auch Situationen erlebt, in denen das Praktizieren von GFK *nicht* das erhoffte Verständnis und die erwünschte Verbundenheit förderte. Vielleicht waren diese Erfahrungen enttäuschend, frustrierend oder entmutigend, und Sie wissen nicht so recht, was Sie davon halten sollen. In der Theorie klingt das Modell so gut. Warum aber funktioniert es nicht immer?

Ich habe das selbst während meiner ersten längeren Vertiefung in die GFK erlebt, einem neuntägigen Internationalen Intensivtraining (IIT), das vom *Center for Nonviolent Communication* organisiert wurde. Diese neun Tage im Jahr 2003 veränderten mein Leben. Ich erkannte das enorme Potenzial der GFK, mehr Verständnis und Verbundenheit in mein Leben zu bringen. Aber ich sah auch mit eigenen Augen, dass man beim Praktizieren von GFK beträchtlichen Schmerz in anderen auslösen kann, besonders dann, wenn im Verlauf einer Beziehung viele Bedürfnisse unbefriedigt geblieben sind.

Mit meiner Tochter, die damals ein Teenager war, hatte ich über mehrere Jahre ziemlich viele Konflikte. Wir stritten über Zeiten, an die sie sich halten sollte, über die Freunde, mit denen sie ihre Zeit verbrachte, und ihren Alkoholkonsum. Während des Intensivtrainings begeisterte mich die Möglichkeit, das Verhältnis zwischen meiner Tochter und mir zu verbessern, indem ich die GFK in mein Leben integrierte. Aufgeregt rief ich sie wenige Tage vor dem Ende des Trainings an. Ich konnte es kaum erwarten, meine neuen Fertigkeiten zu testen, zu praktizieren, was ich gelernt und in Gesprächen geübt hatte. Als notorische Optimistin war ich mir sicher, dass wir nun eine harmonische, gefühlvolle und verbindende Unterhaltung führen würden, die unser beider Herzen berühren würde.

Wir plauderten eine Weile über Belanglosigkeiten und Geschehnisse des Tages, bis das Gespräch eine ganz andere Wendung nahm.

> *Ich*: „Welche Pläne hast du fürs Wochenende?"
> *Meine Tochter*: „Oh, ich bin am Samstagabend bei Barbara eingeladen und übernachte bei ihr."

„Wunderbar!", sagte ich mir innerlich. „Jetzt kann ich all die tollen Techniken anwenden, die ich gelernt habe." Ich dachte an die Pläne meiner Tochter und verband mich durch stille Selbst-Empathie mit meinen Gefühlen: Ich empfand Nervosität und Angst. Ich wollte meine Tochter in Sicherheit wissen. Ich wollte auch als liebende Mutter, die sich Sorgen machte, gehört und gesehen werden. Nachdem ich mich mit diesen Bedürfnissen verbunden hatte, entschied ich mich für ehrlichen Ausdruck – ich würde ihr aufrichtig mitteilen, dass ich mir Sorgen machte, indem ich meine Gefühle und Bedürfnisse zum Ausdruck brachte. Dann würde ich eine Verbindungsbitte äußern, um zu sehen, ob sie verstanden hatte, was in mir vorging. Ich hatte ein Konzept! Ich holte tief Luft und begann:

> *Ich*: „Wenn ich dich sagen höre, dass du vorhast, am Samstag bei Barbara zu übernachten, bin ich nervös und besorgt, weil ich deine Sicherheit schätze. Kannst du mir sagen, was du gerade von mir gehört hast? Ich will, dass du verstehst, dass ich dich liebe und mir Sorgen um dich mache."

Diese Worte lösten leider nicht die erhoffte Reaktion aus.

> *Meine Tochter*: „Ach Mama, hör doch auf, drum herumzureden! Wenn du mir verbieten willst, zu Barbara zu gehen, dann rück raus damit und versuch nicht, mich zu manipulieren. Ich brauche diesen ganzen Scheiß nicht!"
> *Ich*: „Ich weiß nicht, warum ich mich überhaupt noch bemühe. Warum kannst du nicht einfach mitmachen, damit sich etwas ändert?"

Wie Sie sich vorstellen können, nahm das Gespräch danach nicht den erhofften Verlauf. Als ich auflegte, war ich todunglücklich und völlig entmutigt. Was war mit meinem ganzen GFK-Training? Warum hatte das, was ich gelernt und geübt hatte, nicht so gut geklappt wie in den Workshops, an denen ich teilgenommen hatte? Dort war es so leicht erschienen!

Was ich aus diesem Telefongespräch lernte, resümiert ein in GFK-Kreisen oft zitierter Spruch: „GFK ist einfach – aber nicht leicht." Damit meinen wir, dass es relativ einfach sein kann, die Prinzipien der GFK auf einer intellektuellen Ebene zu verstehen. Doch wenn wir sie im wirklichen Leben praktizieren – besonders wenn Beziehungen mit anderen eine schmerzliche Vorgeschichte haben oder in Situationen, die schmerzliche Erinnerungen wachrufen –, kann es viel schwieriger sein, im GFK-Bewusstsein präsent zu bleiben. Ich kam zum Beispiel mit den besten Absichten in die Situation, die ich soeben beschrieben habe. Ich praktizierte live, in Echtzeit, stille Selbst-Empathie und teilte meine Sorgen ehrlich mit. Doch als ich die Antwort meiner Tochter hörte – die denkbar weit von dem entfernt war, was ich mir erhofft hatte –, verfiel ich wieder in die alten Muster und in Verzweiflung. Ich lernte daraus, dass wir alle Anfänger/innen sind, wenn starke Gefühle in uns ausgelöst werden.

In diesem Kapitel werden wir erläutern, wie Sie Ihre GFK-Fertigkeiten weiter vertiefen können, um Ihnen die Integration von GFK in Ihr Leben zu erleichtern. Dann werden wir auf Aspekte der GFK als Sprachwerkzeug eingehen und Ihnen zeigen, wie Sie dieses Werkzeug so benutzen können, dass aus der klassischen GFK eine umgangssprachliche Version („Straßen"-GFK) wird, die es Ihnen erleichtert, das GFK-Bewusstsein in verschiedenen Kulturen und Subkulturen zu leben. Und zum Schluss werden wir noch einmal darauf eingehen, wie Sie – durch eine Art „Erste-Hilfe-GFK" – ein Gespräch fortsetzen können, in dem nicht die Verbundenheit entstanden ist, die Sie sich gewünscht hätten. Bei all diesen Themen ist vieles, was wir behandeln, eine Wiederholung oder eine weitere Anwendung von Techniken, die wir bereits in diesem Buch besprochen haben. In diesem Kapitel wollen wir auch noch einmal daran erinnern, dass das Wichtigste beim Praktizieren von GFK die eigene Denkweise ist: ein Bewusstsein des Mitgefühls – jeden in seiner Menschlichkeit sehen zu können, auch in seinen schlimmsten Momenten – und das Bestreben, die Bedürfnisse jedes Menschen als wertvoll zu berücksichtigen. Das GFK-Modell und die Techniken, die es unterstützen, helfen Ihnen dabei, diese Denkweise und diesen Geist beizubehalten.

10.1 Es ist eine „innere Angelegenheit"

Die Integration der GFK in Ihr Leben ist mit einer grundlegenden Änderung Ihrer Vorstellung von sich selbst und anderen verbunden. Viele Jahre meines Erwachsenenlebens lang beschuldigte ich andere, besonders die Menschen, die mir am nächsten standen, wenn etwas, was sie gesagt oder getan hatten, Ärger in mir ausgelöst hatte. Da ihr Verhalten der Auslöser meines Ärgers war, hielt ich es auch für die Ursache. „Was du getan hast, *macht* mich wütend", pflegte ich zu sagen, denn ich war mir sicher, dass ihre Worte oder Handlungen meinen Ärger verursacht hatten. Ich war mir auch sicher, dass sie, als Verursacher des Konflikts, diejenigen waren, die sich ändern mussten, um die Sache „in Ordnung zu bringen". Ich hatte keine Ahnung, dass mein Ärger von meinen unbefriedigten Bedürfnissen oder Werten verursacht wurde. Entweder hatten die anderen etwas „falsch" gemacht oder ich selbst, oder vielleicht waren wir beide „teilweise schuld" gewesen. Die Frage war dann, wie viel Schuld jede Partei trug.

Ich sah die Situation und die Welt aus einem Schulddenken heraus. Ich wäre nie auf den Gedanken gekommen, dass vielleicht keiner von uns irgendetwas falsch gemacht hatte. Es fiel mir schwer, meine Sicht der Dinge zu verändern; wegzukommen von einer Konflikt-Sichtweise, die auf Schuldzuweisungen, Schubladendenken und statischer Typisierung von Menschen beruhte, hin zu einer Sichtweise, nach der beide Parteien versuchten, wertvolle und lebensdienliche Bedürfnisse zu befriedigen. Und da meine Sicht auf diesem Schuld- und Schubladendenken beruhte, fiel es anderen schwer, meine Äußerungen nicht als Urteile zu hören oder sich vorzustellen, dass ich ein echtes Interesse an ihnen und ihrem Wohl haben könnte. Ihre wahrscheinlichsten Reaktionen waren, dass sie in die Defensive gingen oder einen Gegenangriff starteten.

Wie befreien wir uns aus diesem Teufelskreis, der uns immer weiter voneinander trennt? Wenn wir unser Leben zu größeren Teilen im GFK-Bewusstsein leben wollen, besteht unsere wichtigste Aufgabe darin, an unserem Bewusstsein und unserer Präsenz zu arbeiten. Doch wie schärfen wir unser Bewusstsein für Dinge, die uns momentan nicht bewusst sind? Das verrät uns die Pointe des alten Witzes: „Wie erreiche ich die Carnegie Hall?" „Durch ständiges Üben!"

Wie beim Erlernen jeder neuen Fertigkeit oder Lebensweise gibt es verschiedene Arten, zu üben – um die neuen Vorstellungen zu verinnerlichen, uns an das zu erinnern, was wir bereits wissen, und dieses Wissen in unser Leben zu integrieren. Wir können die GFK allein, mit einem Empathie-Partner, mit GFK-Trainerinnen oder –Trainern und mit der größeren GFK-Gemeinde üben. Wir können auch Techniken anwenden, die die Verbindung von Geist und Körper und die Selbstbewusstheit fördern. Auf diesem „Boden" werden Ihre GFK-Fertigkeiten am besten wachsen, wenn Sie sie täglich pflegen.

Es folgen Vorschläge (in Übungen unterteilt, die Sie allein oder mit anderen machen können), wie Sie GFK regelmäßig üben und ein GFK-Bewusstsein entwickeln können. Es sind nur ein paar Beispiele, die nicht nach Priorität aufgelistet sind. Vielleicht möchten Sie sich überlegen, was Ihnen am besten beim Üben hilft, und dann einen Plan machen, was Sie gerne täglich, wöchentlich, monatlich und / oder halbjährlich oder jährlich tun würden, um Ihren Lernprozess zu unterstützen. Welche Form Ihr Training auch annimmt: Was Ihnen am meisten dabei hilft, GFK in Ihr Leben zu integrieren, ist ausdauerndes und regelmäßiges Üben.

Möglichkeiten, GFK allein zu üben

- Lesen und / oder hören Sie GFK-Bücher, um das GFK-Modell und das GFK-Bewusstsein zu verinnerlichen und aus Beispielen von anderen Menschen, die GFK praktizieren, zu lernen (die Auswahl an GFK-(Hör-)Büchern ist recht groß).

- Machen Sie schriftliche Übungen (aus diesem Buch oder anderen GFK-Büchern). Denken Sie daran, dass Sie dieselbe Übung immer wieder machen können, an unterschiedlichen Tagen und für unterschiedliche Situationen, um beim Praktizieren der GFK sicherer zu werden.

- Tagebuch: Viele, die GFK praktizieren, führen gern täglich ein Empathie-Tagebuch. Sie können es benutzen, um Selbst-Empathie zu praktizieren, um empathische Vermutungen über die Bedürfnisse anderer anzustellen, um befriedigte Bedürfnisse zu feiern, um sich Entscheidungen zu erleichtern (indem Sie die Bedürfnisse ermitteln, die durch unterschiedliche Strategien befriedigt und nicht befriedigt werden) oder um vor oder nach einem Gespräch GFK-Dialoge zu üben. Sie können es auch als Dankbarkeitstagebuch verwenden oder um festzuhalten, was gerade in Ihnen vorgeht (was Sie in diesem Augenblick oder in dieser Lebenssituation empfinden und brauchen), um sich mit aktuellen Geschehnissen in Ihrem Leben auseinanderzusetzen, um wichtige Ereignisse zu feiern oder um sich GFK-Übungsziele zu setzen und Ihre Fortschritte zu überprüfen.

- Führen Sie Tagebuch über Ihre Urteile. Wie weiter vorne in diesem Buch beschrieben, können Sie in einem kleinen Notizbuch die Urteile festhalten, die Sie im Laufe des Tages fällten, und sie dann in Gefühle und Bedürfnisse übersetzen.

- Sehen Sie sich Videos an, in denen GFK praktiziert wird, zum Beispiel auf YouTube (suchen Sie unter „GFK" oder den Namen von Trainerinnen und Trainern), oder kaufen Sie sich entsprechende DVDs.

- Horchen Sie während des Tages in sich hinein. Tun Sie dies beim Erledigen von Aufgaben, die nicht Ihre volle Aufmerksamkeit fordern (zum Beispiel beim Duschen, Geschirrspülen, Kochen, Wäschewaschen, Gärtnern, Autofahren etc.), alle paar Minuten, um GFK zu üben und darin sicherer zu werden. Fragen Sie sich: Was empfinde ich im Moment? Was brauche ich? Versuchen Sie die Gedanken, mit denen Ihre Gefühle und Bedürfnisse verbunden sind, zurückzuverfolgen (die Beobachtungen), und achten Sie darauf, wie oft Ihre Gefühle und Bedürfnisse sich ändern. Sie können auch bei bestimmten Handlungen in sich hineinhorchen, zum Beispiel jedes Mal, wenn Sie Ihre E-Mails abrufen oder das Telefon klingeln hören oder eine Mahlzeit einnehmen. Regelmäßiges In-sich-Hineinhorchen hilft beim GFK-Praktizieren und fördert Selbstbewusstheit und Selbstverbundenheit; beides ist besonders wichtig, um im GFK-Bewusstsein zu bleiben.

- Schließen Sie sich GFK-Internetforen an. Im Anhang sind Diskussionsforen und andere Informationsquellen zur GFK, zu Kindererziehung, gesellschaftlicher Veränderung und anderen Themen aufgelistet. In einigen Foren werden nicht nur Informationen über GFK, aktuelle Veranstaltungen und verwandte Themen ausgetauscht, sondern auch Erfahrungen beim Praktizieren der GFK.

- Besorgen Sie sich Gefühls- und Bedürfniskarten[8] und platzieren Sie sie an Ihrem Kühlschrank zu Hause oder an einer gut sichtbaren Stelle an Ihrem Arbeitsplatz. Sie erinnern Sie daran, in sich hineinzuhorchen und GFK zu üben.

Möglichkeiten, GFK mit anderen zu praktizieren – virtuell und persönlich

- Suchen Sie sich einen Empathie-Partner, mit dem Sie ein oder zwei Mal in der Woche telefonieren. Wechseln Sie sich ab (jeder eine halbe Stunde), einander empathisch zuzuhören, die vier Schritte des GFK-Modells zu vollziehen und die Spiegeltechniken anzuwenden. Sie können auch vereinbaren, füreinander erreichbar zu bleiben, falls einer von Ihnen „Notfall-Empathie" braucht. Wenn Sie Notfall-Empathie erhalten möchten, vergewissern Sie sich zuerst, ob die andere Person gerade bereit ist, Ihnen empathisch zuzuhören, und wenn ja, wie viel Zeit sie sich dafür zu nehmen bereit ist.
- Nehmen Sie an GFK-Trainings, -Kursen, -Workshops, Internationalen Intensiv-Trainings (IITs), Familien-Freizeiten oder Seminaren mit zertifizierten GFK-Trainer/inne/n und / oder anderen GFK-erfahrenen Personen teil. Unter www.gewaltfrei.de finden Sie zum Beispiel Seminare und eine Liste zertifizierter Trainer/innen. Wenn Sie in Ihrer Region ein Training oder Seminar organisieren möchten, kontaktieren Sie Trainer/innen aus der Liste.
- Nehmen Sie an einer Telefonkonferenz oder einem Webinar teil.
- Schließen Sie sich einer Empathie- oder Übungsgruppe an, am besten einer, die von einer zertifizierten GFK-Trainerin oder einem zertifizierten GFK-Trainer oder einer anderen GFK-erfahrenen Person geleitet wird. Sie können sich auch Gruppen anschließen, die von den Mitgliedern selbst geleitet werden, oder selbst eine solche Gruppe gründen. Wenn Sie das tun, könnten Sie das Buch von Lucy Leu (siehe Bücherliste im Anhang) als Leitfaden und Übungsbuch benutzen und / oder Unterstützung von einer GFK-Trainerin oder einem GFK-Trainer erhalten. Vielleicht möchten Sie eine GFK-Mailingliste oder meetup.com benutzen, um solche Gruppen zu organisieren.

---

8   U.a. zu beziehen über: ↗ http://www.mut-fabrik.de/gefuhls-und-bedurfniskarten-spielend-in-verbindung-kommen/ (deutschsprachige Karten). Englischsprachige „Grok-Karten" finden Sie u.a. bei: http://www.groktheworld.com/grok-card-games.

- Schließen Sie sich einer GFK-Lerngruppe an. Ermuntern Sie Freundinnen und Freunde und andere Leute, die GFK praktizieren, GFK-Materialien zu lesen, zu hören oder anzusehen und dann mit Ihnen zusammen GFK zu üben. Auch so eine Gruppe kann sich entweder persönlich treffen oder virtuell kommunizieren (über Telefon, Skype, Web-Seminare).
- Üben Sie durch E-Mails. Immer wenn Sie eine E-Mail versenden oder erhalten, ist das eine Gelegenheit, Selbst-Empathie, Empathie mit anderen und ehrlichen Ausdruck zu üben.
- Nutzen Sie soziale Netzwerke und Medien (Facebook, Twitter und dergleichen), um sich mit anderen zu verbinden und zu üben.
- Arbeiten Sie mit einer zertifizierten Trainerin oder einem zertifizierten Trainer oder einer GFK-erfahrenen Person. Während der Coaching-Sitzungen können Sie empathisch gehört werden, GFK-Fertigkeiten üben, Gespräche oder Situationen in Ihrem Leben in Rollenspielen durchspielen sowie sich Ziele setzen und Ihre Fortschritte überprüfen, sowohl was die Entwicklung Ihrer GFK-Fertigkeiten als auch Ihr (privates und berufliches) Leben im Allgemeinen betrifft. Einige GFK-Trainer/innen sind gleichzeitig ausgebildete Lebensberater/innen.
- Schließen Sie sich einer der weltweiten virtuellen GFK-Gemeinden an, z.B. ↗ http://www.xing.com/net/giraffen.
- Üben Sie GFK zu Hause, am Arbeitsplatz und in der Öffentlichkeit (im Postamt, beim Einkaufen oder wo immer Sie auch sein mögen) mit jedem Menschen, den Sie treffen, in jedem Augenblick, in dem Sie daran denken und dazu bereit sind. Vergessen Sie nicht, dass das stille Praktizieren ebenso effektiv sein kann wie das laute, manchmal ist es sogar verbindender.

Möglichkeiten, Selbstverbundenheit und Achtsamkeit zu fördern

Die folgenden Aktivitäten fördern das Bewusstsein, aus dem heraus GFK praktiziert wird.
- Meditation, wie Inessa Love sie lehrt (Audio-CD oder MP3-Downloads erhältlich bei ↗ http://www.nvcmeditations.com), oder andere Formen der Meditation wie still dasitzen oder singen.
- Focusing (siehe ↗ http://www.focusing.de). Diese Technik steht in völligem Einklang mit der GFK und fördert das Geist-Körper-Bewusstsein und Selbstverbundenheit.
- Gebete, Intentionen oder Affirmationen (über Ihre Intentionen für den Tag oder eine bestimmte Situation oder Unterhaltung).
- Inspirierende Lesungen, Gedichte oder „Erinnerungen", die zur Besinnung auf die eigenen, dem GFK-Bewusstsein entsprechenden Werte anregen. Einige Autoren,

mit denen Sie sich vielleicht näher beschäftigen möchten, könnten die Sufi-Dichter Rumi und Hafiz oder zeitgenössische Dichter/innen wie David Whyte oder Mary Oliver sein.

■ Yoga, Aikido oder Tai Chi: Ich finde die Dehn- und Atemübungen des Yoga sehr hilfreich, um sich zu erden. Die gewaltfreie Kampfkunst Aikido ist ein Körpertraining, das den GFK-Prinzipien entspricht. Oder vielleicht möchten Sie andere körperliche Übungen machen, die Ihnen helfen, sich zu erden und Ihre Mitte zu finden.

■ Verbinden Sie sich mit der Natur. Gehen Sie wandern oder finden Sie andere Möglichkeiten, die natürliche Welt zu erkunden.

■ Spirituelle Übungspraxis. Jede Form der Übung, die das Gefühl der Verbundenheit mit anderen oder der Welt fördert, vermittelt ein Gefühl für das, was Martin Luther King Jr. „die geliebte Gemeinschaft" nannte, und hilft dabei, im GFK-Bewusstsein zu bleiben. Diese „geliebte Gemeinschaft" kann menschliche Wesen und alles Leben umfassen.

Wie gesagt, das GFK-Bewusstsein – unsere Konzentration auf Verbundenheit und das Ziel, die Bedürfnisse aller Beteiligten zu berücksichtigen – ist die Voraussetzung, um GFK zu praktizieren. Denken Sie bei Ihren regelmäßigen Übungen daran, zu überprüfen, ob Sie sich in diesem Bewusstsein und dieser Seinsweise befinden.

ÜBUNG

Übung 1: Das Üben planen

Gehen Sie die obigen Vorschlagslisten noch einmal durch. Was findet bei Ihnen Resonanz? Fallen Ihnen andere Übungsmöglichkeiten ein? Was wird Sie in Ihrer Absicht bestärken und Ihnen helfen, ans Üben zu denken?

Erstellen Sie in Ihrem Tagebuch oder auf einem Blatt Papier einen Plan für die nächste Woche, den nächsten Monat und / oder das nächste Jahr. Sie könnten sich z.B. vornehmen, jeden Tag oder mehrmals in der Woche in Ihr Tagebuch zu schreiben, im nächsten Monat einen Empathie-Partner zu finden oder in diesem Jahr an mindestens einem mehrtägigen GFK-Training teilzunehmen.

Denken Sie daran, sich klare Ziele und Zeitrahmen zu setzen, um Ihre Bitten erfüllbar zu machen, und horchen Sie in sich hinein, um sich bewusst zu machen, wie Sie von Ihren Übungen profitieren. Sie könnten zum Beispiel beschließen, sich im nächsten Monat einmal wöchentlich mit Ihrem Empathie-Partner zu treffen. Und am Ende des Monats könnten Sie und Ihr Empathie-Partner in sich hineinhorchen, um zu ermitteln, auf welche Weise Sie beide davon profitieren. Kein Plan, keine Vereinbarung muss ein Leben lang gelten!

Wenn Sie einen Plan für tägliche oder wöchentliche Übungen erstellen, versuchen Sie diese mit anderen regelmäßigen Tätigkeiten in Ihrem Leben – wie Wäschewaschen, Einkaufen, Kochen, Fitnesstraining und dergleichen – zu „verknüpfen", um sich ans Üben zu erinnern. Sie könnten zum Beispiel beschließen, sich jedes Mal, wenn Sie das Telefon klingeln hören, einen Augenblick Zeit zu nehmen, um in sich hineinzuhorchen und Ihre Gefühle und Bedürfnisse zu ermitteln. Sie könnten sich auch vornehmen, regelmäßig in sich hineinzuhorchen, um Ihre Fortschritte beim Üben zu überprüfen, zum Beispiel immer dann, wenn Sie sich die Haare schneiden lassen oder Ihr Auto zum Ölwechsel in die Werkstatt bringen. Dahinter steht die Idee, eine andere Tätigkeit in Ihrem Leben als Gedächtnisstütze zu benutzen, die Sie ans Üben von GFK erinnert.

10.2 Pseudo-Empathie

Beim empathischen Präsentsein für uns selbst und andere sind unser Bewusstsein und unsere Absicht entscheidend – nicht die Form, die Methode oder die Worte, die wir benutzen. Denken Sie an das alte Paradox: Was war zuerst da – die Henne oder das Ei? Was die GFK betrifft, so ist klar, dass das Bewusstsein die Grundvoraussetzung für die Praxis ist! Das Modell unterstützt lediglich das Bewusstsein. Es kann es nicht ersetzen oder „vortäuschen"! Die GFK-Modellsätze (zum Beispiel „Fühlst du dich …, weil du …brauchst?") dienen dazu, Ihre Aufmerksamkeit auf das Wesentliche zu lenken; sie sind keine bloßen Sprachformeln. Wenn Sie sie rein mechanisch benutzen, ohne dass Ihr Herz beteiligt ist, kann daraus Pseudo-Empathie werden. Diese „hohle", lieblose Art von Empathie zu erhalten ist sehr unangenehm, sogar schlimmer als gar keine. Wenn Sie jemandem diese „falsche" Empathie anbieten, wundern Sie sich nicht, wenn Sie eine scharfe Antwort erhalten: „Hör auf mit diesem Psycho-Scheiß!" Oder: „Warum kannst du nicht reden wie ein normaler Mensch?" Oder: „Du brauchst mir nicht zu sagen, was ich empfinde!"

Wenn Sie merken, dass Sie „unechte" Empathie praktizieren, nehmen Sie sich einen Augenblick Zeit, um in sich hineinzuhorchen. Benutzen Sie die Sprache der GFK gedankenlos, aus Gewohnheit oder als eine Strategie, um andere Bedürfnisse als das nach Verbundenheit zu befriedigen? Einmal erzählte mir meine frühere Partnerin von einer schmerzlichen Erfahrung, die sie während ihres Arbeitstages gemacht hatte. Ich hatte in dem Moment andere Dinge im Kopf. Außerdem sehnte ich mich nach einem arbeitsreichen Tag nach etwas Entspannung und Sorglosigkeit und wollte in dem Augenblick einfach nur mit ihr zusammen sein. Ich war nicht aufmerksam genug, um die emotionale Bedeutung dessen, was sie mir mitteilte, zu erfassen. Ganz automatisch stellte ich eine empathische Vermutung an – und die kam bei ihr an wie ein Stück Beton, das aus einem zehnstöckigen Gebäude auf die Straße knallt. Sie erwiderte in einem scharfen Ton: „Komm mir nicht mit diesem GFK-Getue!"

In jenem Augenblick war meine Empathie tatsächlich „GFK-Getue"! Sie kam nicht von Herzen, und ich war nicht wirklich präsent für meine Partnerin. In dieser Situation wäre ehrlicher Ausdruck wirklich hilfreicher gewesen: „Ich merke, dass du von deinem Arbeitstag sehr gestresst bist, und ich spüre, dass ich im Moment etwas Raum und Frieden brauche – mein Tag war auch ereignisreich. Wäre es für dich okay, einfach einen kleinen Spaziergang zu machen, ohne zu reden? Ich würde lieber erst nach dem Abendessen hören, was mit deinem Chef war."

Wenn Ihre Empathie „unecht" ist, könnte das daran liegen, dass Ihre eigenen Bedürfnisse in dem Augenblick nicht befriedigt werden. Vielleicht geben Sie jemandem pro forma Empathie, weil Sie denken, Sie „sollten" mitfühlend sein, oder weil Sie meinen, es würde die Situation entschärfen, obwohl Sie sich eigentlich nach Frieden, Leichtigkeit und Entspannung sehnen. Aus welchem Grund auch immer, Sie haben sich entschieden, einer anderen Person Empathie zu geben, ohne zuerst in sich hineinzuhorchen. Vielleicht hätten Sie dabei erkannt, dass Sie die Person sind, die am dringendsten Empathie braucht. Sie können zwar versuchen, sich auf die Bedürfnisse der anderen Person zu konzentrieren, doch wenn gerade eigene Gefühle und Bedürfnisse in Ihnen lebendig sind, sind Sie vielleicht abgelenkt und unfähig, voll präsent zu sein.

In solchen Situationen brauchen Sie selbst Empathie, um wieder aufnahmefähig zu werden und empathisch zuhören zu können. Nehmen Sie sich deshalb einen Augenblick Zeit, um sich Ihre eigenen Gefühle und Bedürfnisse bewusst zu machen, und geben Sie sich Notfall-Selbst-Empathie. Wenn Sie es nicht schaffen, sich voll mit sich selbst zu verbinden und so präsent zu werden, wie Sie sein wollen, verschieben Sie das Gespräch vielleicht lieber, bis Sie die Empathie erhalten haben, die Sie brauchen. Oder Sie können sich für ehrlichen Ausdruck entscheiden – wie in meinem obigen Beispiel beschrieben.

Auch wenn Sie voll mit Ihrer Absicht, empathisch präsent zu sein, verbunden sind und sich aufrichtig mit der anderen Person verbinden wollen, kann es manchmal vorkommen, dass die andere Person ablehnend auf GFK reagiert. Nur weil wir in der Lage sind, präsent und mitfühlend zu sein, bedeutet das nicht unbedingt, dass die andere Person das hört oder die angebotene Empathie annimmt. In solchen Augenblicken kann die Antwort, die wir erhalten, eine weitere Chance sein, uns empathisch mit der anderen Person zu verbinden: „Fällt es dir schwer, meiner Absicht zu trauen?" Oder: „Klingen meine Worte für dich seltsam?" Oder: „Hört sich das für dich befremdlich an, weil du mich noch nie so hast reden hören?"

Eine negative Reaktion, wenn Sie GFK praktizieren, kann für Sie eine Erinnerung und eine weitere Gelegenheit sein, sich mit sich selbst und anderen zu verbinden. Welches Urteil Sie auch hören oder welche Reaktion Sie auch erleben, dahinter stecken Gefühle und Bedürfnisse, mit denen Sie sich verbinden können. Nachdem die andere Person gehört wurde, können Sie ihr mitteilen, welche Bedürfnisse Sie befriedigen, indem Sie GFK praktizieren, und versuchen, ihr empathisch zuzuhören: „Das ist etwas Neues, was ich gerade lerne, in der Hoffnung, dass es uns hilft, einander zu hören. Auch wenn es zunächst vielleicht ein bisschen seltsam klingt, hoffe ich, dass du offen dafür bist, dass ich es versuche.“

ÜBUNG

Übung 2: Von Pseudo-Empathie zu echter Empathie

Teil eins:

Legen Sie Ihr Tagebuch bereit und denken Sie an einen Augenblick zurück, in dem jemand auf Sie reagierte, als hätten Sie ihm „unechte" Empathie angeboten. Rekonstruieren Sie das Gespräch und reagieren Sie diesmal empathisch (entweder mit ehrlichem Ausdruck oder mit einer weiteren empathischen Vermutung). Vielleicht möchten Sie auch Selbst-Empathie praktizieren, sich überlegen, was Sie in jenem Augenblick empfanden und brauchten und ob Sie tatsächlich empathische Verbundenheit anstrebten.

Teil zwei:

Spielen Sie Rollenspiele mit einer Person, die mit der GFK vertraut ist, zum Beispiel mit Ihrem Empathie-Partner. Vollziehen Sie dabei die folgenden Schritte:

Äußern Sie eine empathische Vermutung. „Fühlst du dich ..., weil du ... brauchst?"

- Ihr Partner reagiert, als hätten Sie ihm gerade „unechte" Empathie gegeben. „Was ist das denn für eine geschwollene Ausdrucksweise?"
- Holen Sie tief Luft und verbinden Sie sich durch Selbst-Empathie mit sich selbst. Was empfinden und brauchen Sie in diesem Moment?
- Antworten Sie Ihrem Partner mit ehrlichem Selbstausdruck und / oder einer weiteren empathischen Vermutung. Zum Beispiel: „Bist du verwirrt, weil du mich noch nie so hast reden hören?" Schauen Sie, wie Ihr Partner jetzt reagiert, und stellen Sie durch das Rollenspiel die Verbindung wieder her, wenn Sie können. Wenn die Verbindung wiederhergestellt ist, teilen Sie Ihrem Rollenspiel-Partner mit, welche Bedürfnisse Sie zu befriedigen suchen, indem Sie mit ihm GFK praktizieren.
- Tauschen Sie die Rollen.
- Wenn Sie beide jede Rolle gespielt haben, diskutieren Sie über die Erfahrung. Wie war es für Ihren Partner, „unechte" Empathie zu erhalten? Wie war es für Sie, Selbst-Empathie zu praktizieren und mit Empathie und ehrlichem Ausdruck zu reagieren? Was haben Sie aus dieser Übung gelernt?

10.3 Ehrlich sein: Sie sind ein Neuling!

Wenn GFK für Sie noch neu ist und Sie gerade erst lernen, empathischer zuzuhören, kann es leicht passieren, dass Sie von anderen zu hören bekommen, Ihre Empathie sei „unecht". Da arbeiten Sie so hart daran, effektiver zu kommunizieren, und was bringt es Ihnen ein? Noch mehr Kummer! Ihre „Empathie-Antennen" stehen auf Empfang, doch sie sind nicht stark oder stabil genug, um über sie die Verbindung herzustellen, die Sie sich wünschen, oder um Ihnen zu helfen, das GFK-Modell so entspannt und authentisch anzuwenden, wie Sie es möchten. Sie geben sich solche Mühe, zuzuhören und mitfühlend zu sein, und ernten nur Kritik. Andere finden Ihre Art zu sprechen befremdlich: „Was ist mit dir? Du redest so komisch." Oder: „Versuchst du, mir etwas vorzumachen?" Oder sogar: „Das klingt für mich manipulativ – mir zu sagen, was ich empfinde!"

In solchen Momenten ist es sehr hilfreich, gleich zu ehrlichem Ausdruck überzugehen. Sagen Sie der anderen Person ganz offen, dass Sie gerade etwas Neues lernen und warum Ihnen das wichtig ist. Wenn Sie das tun, haben Sie bereits eine Gelegenheit, sich mit der anderen Person zu verbinden und GFK zu praktizieren, also auch Bitten zu äußern. „Ich möchte die Qualität unserer Kommunikation verbessern und versuche das durch eine andere Art zu reden und zuzuhören. Könntest du vorerst etwas Nachsicht mit mir haben, wenn ich mich dabei ein bisschen unbeholfen anstelle?" Oder: „Ich weiß, dass ich manchmal ziemlich kritisch und voreingenommen bin. Ich lerne gerade eine neue Art, zu kommunizieren. Bist du offen dafür, dass ich sie ausprobiere? Ich habe noch keine Übung darin, deshalb kann es ein bisschen gestelzt klingen."

Hier ist ein Beispiel, wie das in Echtzeit in einem Gespräch klingen kann:

George ist geschieden und hat kein Sorgerecht für seinen zwölfjährigen Sohn Jeremy, mit dem er schon viele Konflikte hatte. Er hat unter anderem deshalb begonnen, GFK zu lernen, weil er diese schon lange nicht mehr enge Beziehung verbessern will, die sich weiter verschlechtert hat, seit er und seine Frau sich vor einem Jahr trennten. Um sich auf ein Gespräch mit seinem Sohn vorzubereiten, erforscht George in zwei Sitzungen mit seinem Empathie-Partner, was seine Beziehung zu Jeremy ihm bedeutet und wie wichtig ihm empathische Verbundenheit und gegenseitiger Respekt sind. Er stellt fest, dass Traurigkeit, Angst und Schmerz in ihm hochkommen, wenn er an Zeiten denkt, in denen er nicht nach den Werten lebte, die ihm wichtig sind. Und ihm wird klar, dass er in seinem Gespräch mit Jeremy auf die Verbindung aufbauen möchte, die früher zwischen ihnen bestanden hat. Er will seine Offenheit und seinen Wunsch, Jeremy besser kennenzulernen, zum Ausdruck bringen und Verbindungsbitten äußern, um den Dialog in Gang zu halten. Er spielt mit seinem Empathie-Parner ein paar Rollenspiele, um das Übersetzen momentaner Gefühle und Bedürfnisse in Worte zu üben. Dabei legt sich kein Konzept zurecht, sondern übt sich darin, sich mit seinen Werten zu verbinden und auszudrücken, warum sie ihm wichtig sind. Das Gespräch verläuft folgendermaßen:

George: „Ich möchte dir von einem Kurs erzählen, den ich gerade mache, Jeremy. Es geht um etwas, das sich Gewaltfreie Kommunikation nennt. Ich will dir davon erzählen, weil ich dabei viel über mich selbst lerne – wie ich mich ausdrücke und wie ich zuhöre, und dass ich manchmal nicht besonders gut zuhöre. Bist du offen dafür, etwas darüber zu hören?"

Jeremy: „Na gut. Ich wollte eigentlich gerade zu Tim rübergehen. Er hat einen Film ausgeliehen."

George: „Wäre es okay für dich, wenn wir uns etwa zehn Minuten unterhalten, bevor du gehst?"

Jeremy: „Ich denke schon. Tim ist noch beim Abendessen."

George: „Großartig. Ich weiß diese Chance, dir von etwas zu erzählen, was mir wichtig ist, wirklich zu schätzen. Ich glaube, dieser Kurs, den ich gerade mache, kann mir helfen, ein besserer Zuhörer zu werden und mich mehr zu bemühen, deine Sicht der Dinge zu verstehen. Wie findest du das?"

Jeremy: „Das hört sich gut an."

George: „Ich bin froh, das zu hören. Ich weiß, dass wir nicht immer einer Meinung sind. Und ich will wirklich mehr über deine Sichtweise erfahren. Und noch etwas ist mir wichtig. Ich will mich ehrlich ausdrücken, ohne dich oder mich zu beschuldigen – ich will dir sagen, wie ich gewisse Dinge empfinde, die zwischen uns laufen. Wenn ich dir nicht sage, was in mir vorgeht, staut es sich an und kommt schließlich in einem Ausbruch heraus, der, glaube ich, für uns beide schlimm ist. Weißt du, was ich meine?"

Jeremy: „Klar. Ich hasse es, wenn du mich anschreist."

George: „Ich auch. Und weil ich versuche, auf eine neue Art zu kommunizieren, kann das manchmal seltsam klingen. Ich will, dass du mir ehrlich sagst, wie du meine inneren Veränderungen wahrnimmst, und ich wünsche mir auch, dass du etwas Geduld mit mir hast. Verstehst du das?"

Jeremy: „Du willst anders kommunizieren?"

George: „Ja. Ich möchte respektvoll mit dir und anderen Menschen reden, nicht mehr herumschreien. Und anfangs kann das unbeholfen klingen. Aber keiner von uns mag die Herumschreierei. Ich möchte, dass wir uns gegenseitig unterstützen und zusammen einen neuen Weg finden, über unsere Meinungsverschiedenheiten zu reden."

Jeremy: „Na gut. Kann ich jetzt meine Sachen machen?"

George: „Okay. Du hast für den Moment also genug vom Reden?"

Jeremy: „Ja.“

George: „Aber es ist okay für dich, dass ich diese neue Kommunikation, die ich gerade lerne, ausprobiere?“

Jeremy: „Ja. Das kann nicht schlimmer sein, als wenn du mich anschreist!“
(Beide lächeln und klatschen einander ab.)

In diesem Dialog macht George einige Werte deutlich, die ihm sehr wichtig sind: über sich selbst lernen, zuhören, Verständnis, Selbstausdruck, Ehrlichkeit und Respekt. Er spricht sein Gefühl des Verlusts, seinen Schmerz und seine Traurigkeit nicht direkt an, sondern bringt diese Gefühle indirekt zum Ausdruck, indem er sagt, dass auch er seine lauten Ausbrüche schlimm findet. Er fragt gezielt nach, wie das, was er zu sagen hat, bei Jeremy ankommt, und zeigt Wertschätzung und Offenheit für die Sichtweise seines Sohnes.

In manchen Situationen ist es hilfreich, wenn Sie zuerst sagen, wie Sie sich dabei fühlen, ein Thema überhaupt anzusprechen, denn nicht geäußerte Gefühle, besonders Angst, können von der anderen Partei leicht als aggressiv erfahren werden. Und wie Sie sich ausdrücken, hängt natürlich von der Art Ihrer gegenwärtigen Beziehung zu Ihrem Gegenüber ab.

Es folgt ein weiteres ausführliches Beispiel dafür, wie GFK-Kenntnisse in die Praxis umgesetzt werden können:

Natascha stört die Angewohnheit ihrer Freundin Sophia, ihre persönlichen Dinge in Nataschas Wohnzimmer, Flur und Küche liegen zu lassen statt im Gästezimmer. Sophia besucht Natascha ziemlich regelmäßig, weil sie in der Stadt, in der Natascha wohnt, immer wieder geschäftlich zu tun hat. Natascha weiß, dass ihr eigenes Bedürfnis nach Ordnung in der eigenen Wohnung stärker ist als das von Sophia, weil sie Sophias Wohnung schon gesehen hat. Bisher scheute sie sich, Sophia zu sagen, dass ihr Verhalten sie stört, weil sie ihre Freundschaft nicht gefährden will. Um das Thema nicht anschneiden zu müssen, hat sie sich sogar überlegt, Sophia in Zukunft mit irgendwelchen Ausreden abzusagen – zum Beispiel mit der Begründung, dass sie am Wochenende oft viel zu tun hat. Doch das könnte die Situation vielleicht eher verschlimmern als verbessern. Nachdem Natascha begonnen hat, GFK zu lernen, beschließt sie stattdessen, das Thema und ihre Befürchtungen direkt anzusprechen.

Natascha: „Sophia, ich würde gern etwas zur Sprache bringen, was mich an deinem Verhalten stört, etwas, das ich bisher nicht anzusprechen wagte, weil ich unsere Freundschaft wirklich schätze und ich nicht will, dass sie darunter leidet. Doch ich befürchte auch, dass es schlimmer wäre, nicht darüber zu reden. Das würde bedeuten, dass wir nicht aufrichtig zueinander sein können, und könnte zu Verstimmungen und Spannungen führen. Ist jetzt ein passender Augenblick, um darüber zu reden?"

Sophia: „Klar. Ich will auch nicht, dass Geheimnisse zwischen uns stehen – oder dass du jemand anderem erzählst, was dich stört, und mir nicht. Das würde mir nicht gefallen. Worum geht es?"

Natascha: „Also, wenn du bei mir wohnst, finde ich oft deinen Schirm, deinen Mantel, Bücher und andere Sachen von dir im Flur, in der Küche oder im Wohnzimmer statt im Gästezimmer. Ich finde es ungemütlich und irritierend, wenn in der Wohnung Sachen so herumliegen. Ich brauche ein gewisses Maß an Ordnung, um Dinge leicht zu finden und mich in der Wohnung frei bewegen zu können. Ich frage mich, wie das für dich klingt?"

Sophia: „Klar, kein Problem. Ich hab's kapiert. Kann sein, dass ich es manchmal vergesse. Ich weiß, dass ich einfach nicht so ordentlich bin wie du. Aber ich bin froh, wenn man mich nötigenfalls daran erinnert. Es überrascht mich, dass du dir deswegen solche Sorgen gemacht hast. Warum hast du mir das nicht früher gesagt?"

Natascha: „Ich glaube, ich bin es einfach nicht gewöhnt, eine solche ‚Welle' zu machen. Manchmal, wenn ich in der Vergangenheit meine Meinung gesagt habe, gingen Leute in die Defensive, und der Umgang miteinander wurde irgendwie verkrampft. Ich wollte unsere Freundschaft nicht belasten."

Sophia: „Ja. Das kann ich verstehen. Ich mache das manchmal auch – ich verliere kein Wort über das, was mich stört. Ich bin froh, dass wir darüber reden konnten. Ich finde es besser, ehrlich zueinander zu sein und solche Dinge zu klären."

Natascha: „Ich auch. Ich denke, falls es mal wieder irgendein Problem geben sollte, über das ich mit dir reden möchte, wird es mir leichter fallen. Dieses Gespräch hat mir klargemacht, dass ich ehrlich zu dir sein kann."

Sophia: „Prima. Ich schätze es wirklich, bei dir zu wohnen, und es gefällt mir, Zeit mit dir zu verbringen. Deshalb bin ich froh, dass wir auch darüber reden konnten!"

Der ganze Zweck der GFK-Sprache ist, dass wir uns darauf konzentrieren, andere Menschen und ihre Erfahrungen, Worte und Handlungen zu verstehen. Deshalb hängt es von der Art unserer gegenwärtigen Beziehung zu der anderen Person ab, wie wir uns ausdrücken. Vielleicht wollen Sie für Ihre Versuche, auf eine neue Art zu kommunizieren, etwas Empathie erhalten. Da es nicht einfach ist, gewohnte Kommunikationsmuster zu ändern, brauchen Sie vielleicht, zumindest am Anfang, von jemandem Anerkennung für all Ihre Bemühungen.

ÜBUNG

Übung 3: Über die Veränderung sprechen

Denken Sie an eine Person, die Sie schon länger kennen und mit der Sie gerne GFK praktizieren würden. Das könnte eine Freundin oder ein Freund sein, ein Familienmitglied, eine
Kollegin oder ein Kollege. Nachdem Sie mit einem Empathie-Partner oder in Ihrem Tagebuch geübt haben, teilen Sie dieser Person ehrlich mit, dass Sie GFK lernen und warum.
Ermitteln Sie, ob sie offen dafür ist, dass Sie GFK mit ihr praktizieren, und sagen Sie ihr,
was Sie sich wünschen – zum Beispiel Geduld und Verständnis, weil Sie etwas Neues
versuchen.

10.4 Reden wie ein „normaler Mensch": Straßen-GFK

In der Gewaltfreien Kommunikation steht die Verbundenheit zwischen Menschen
(und mit uns selbst) an erster Stelle. Wir haben in diesem Buch viel Zeit darauf ver-
wendet, die Schritte *Beobachtungen* (frei von Bewertungen), *Gefühle* (frei von Gedanken), Bedürfnisse (frei von Strategien) und *Bitten* (frei von Forderungen) zu erläutern, denn ein Bewusstsein für Beobachtungen, Gefühle, Bedürfnisse und Bitten hilft,
echte Verbundenheit herzustellen und aufrechtzuerhalten. Doch, wie bereits erwähnt,
verwenden wir in alltäglichen Gesprächen oft nicht die Modellsätze der klassischen
GFK, sondern umgangssprachliche Formulierungen. Wohlgemerkt: Das Ziel ist Verbundenheit, nicht eine spezielle Art zu sprechen. Wir bleiben uns der vier Schritte
(BGBB) bewusst – als hätten wir eine Straßenkarte in der Tasche –, können jedoch
viele verschiedene Ausdrucksweisen wählen, um Verbundenheit zu fördern. Wenn
wir ein Ziel haben, gibt es gewöhnlich mehrere Wege dorthin.

Straßen-GFK nennen wir Formulierungen, die vielleicht nicht dem BGBB-Modell entsprechen, aber einem GFK-Bewusstsein entspringen, also dem Wunsch, die Bedürfnisse aller Beteiligten zu berücksichtigen. Nehmen wir zum Beispiel an, ich habe eine
Freundin, die unglücklich und empört ist, weil ihr Freund gesagt hat, er trifft sich nur
mit ihr, und inzwischen hat sie herausgefunden, dass er sich noch mit einer anderen Frau verabredet. Ich könnte vermuten, dass ihr Kummer mit einem Bedürfnis
nach mehr Vertrauen und Ehrlichkeit zusammenhängt. Wenn sie sagt, dass sie diesem
Menschen nicht trauen kann, könnte ich zunächst empathisch darauf eingehen, wie
sehr sie sich Vertrauen gerade in dieser Beziehung wünscht, statt auf Vertrauen im
Allgemeinen. Vergleichen Sie die folgenden zwei Antworten:

> *Virginia:* „Ich kann nicht fassen, wie verlogen er ist! Er hat geschworen, dass er sich nur mit mir trifft, und jetzt weiß ich, dass alles eine Lüge war!"
>
> *Klassische Antwort:* „Wenn du daran denkst, dass er sich mit einer anderen verabredet hat, bist du dann wütend, weil du Vertrauen und Ehrlichkeit schätzt?"
>
> *Straßen-GFK:* „Bist du wütend, weil du darauf vertrauen wolltest, dass er ehrlich zu dir ist?"

Die klassische Antwort verweist auf die allgemeinen universellen Werte Vertrauen und Ehrlichkeit. Die Straßen-GFK-Antwort geht auf die konkrete Situation ein: Virginia will, das *ihr Freund* ehrlich zu ihr ist. Anfangs mag die Person, der wir Empathie geben wollen, es vielleicht als verbindender empfinden, wenn unsere empathische Vermutung Einzelheiten enthält (die Person, den Ort, die Handlung, die Zeit oder den Gegenstand – also mindestens eine der fünf Angaben), weil wir konkrete Aspekte der Situation erwähnen, um die es ihr geht. Die genannten Einzelheiten machen deutlich, mit welcher Strategie sie ein universelles Bedürfnis zu befriedigen suchte. Wenn wir ihr dabei helfen, sich schließlich mit den allgemeinen Werten und Bedürfnissen zu verbinden, die ihr wichtig sind, wird sie sich befreit und gestärkt fühlen, denn es gibt sehr viele Arten, die allgemeinen Werte zu erfahren, die unser Leben bereichern und unsere Lebensqualität erhöhen. Wenn Virginia erkennt, dass ihr Bedürfnis nach Vertrauen auf viele verschiedene Arten und in vielen verschiedenen Beziehungen (einschließlich ihrer Beziehung zu sich selbst!) befriedigt werden kann, also nicht nur in dieser einen Beziehung, eröffnet ihr das ganz neue Möglichkeiten.

Es kann also Verbundenheit fördern, zunächst auf Aspekte der Strategie einzugehen, mit der die andere Person ein bestimmtes Bedürfnis zu befriedigen sucht. Zudem kann es beim Praktizieren von Straßen-GFK hilfreich sein, formale Wörter aus dem klassischen Modell wie „fühlen" oder „brauchen" wegzulassen und stattdessen einfach auszudrücken, *was* die andere Person empfindet und braucht: „Bist du *genervt*, weil du *Unterstützung* willst?" Während Sie offen nachfragen, was gerade in der anderen Person vorgeht, können Sie in der umgangssprachlichen GFK-Version auch einen Aussagesatz durch Intonation (indem Sie am Ende des Satzes die Stimme heben) zu einer Frage werden lassen oder ihm eine Bestätigungsfrage hinzufügen, die deutlich macht, dass Sie sich nach der momentanen Erfahrung der anderen Person erkundigen. „Du wünschst dir im Moment also etwas Verständnis … Stimmt's?"

Es ist auch hilfreich, wenn Sie sich Ihrer Alltagssprache eher entsprechende Synonyme für die formalen Begriffe des Modells überlegen. Vielleicht werden Sie feststellen, dass Sie zum Beispiel am Arbeitsplatz anders reden als mit Ihrer Familie zu Hause oder mit Fremden auf der Straße, oder dass Ihre Ausdrucksweise vom Alter der Person abhängt, mit der Sie reden. Zum Beispiel würde ich in einem Arbeitsumfeld kaum sagen: „Lassen Sie mich das spiegeln." Stattdessen würde ich eher Formulierungen benutzen, die im Arbeitsleben üblich sind, zum Beispiel: „Lassen Sie mich das zusammenfassen." Oder: „Könnten wir bitte kurz rekapitulieren, was wir gerade diskutiert haben?" Ich könnte solche Äußerungen in einer umgangssprachlichen Form mit dem Bedürfnis verbinden: „Ich möchte mich vergewissern, dass wir uns einig sind" (Klarheit, gemeinsame Realität). Oder: „Bei diesem Projekt sind die Einzelheiten wichtig, um es mit der nötigen Sorgfalt voranzubringen" (Sorgfalt, Bewegung, Effektivität). Oft werden Gefühle und Bedürfnisse nicht ausdrücklich genannt, sondern indirekt zum Ausdruck gebracht. Was zählt, ist Ihre Absicht, das Verständnis und die Zusammenarbeit zu fördern. Sie können auch umgangssprachliche Attribute wie „ein bisschen" oder „eine ganze Menge" einfügen, um Ihre GFK-Sprache natürlicher klingen zu lassen.

In der nachfolgenden Zusammenstellung gehen wir auf einige dieser Möglichkeiten – Schlüsselwörter aus dem GFK-Modell weglassen, Synonyme benutzen und Attribute einfügen, um Äußerungen natürlicher klingen zu lassen – noch einmal ein.

10.5 Straßen-GFK

Beobachtungen äußern in Straßen-GFK

Verzichten Sie auf „hören, sehen, denken" und geben Sie die Handlung nur in einer Verbform wieder (direkte Beobachtung):
> „Als Tom sie zum Abendessen *ausgeführt hat* …"
> „Als du deinen Geldbeutel *vergessen hast* …
> „Nun, da du *erfahren hast*, dass Sue X sagte …"

Gefühle ausdrücken in Straßen-GFK

Verwenden Sie statt „fühlen / empfinden" (oder „erfahren") andere Verben, die mit einem Gefühlswort stehen können, wie „sein", „haben", „hegen", „verspüren", „durchmachen", „erfüllt sein", „ergriffen / gepackt / überwältigt sein".

Beispiele:
„*Bist* du ein wenig traurig, weil du nicht mitfahren konntest?"
„*Hast* du Angst, wenn du an die morgige Prüfung denkst?"
„*Hegst* du einen Groll wegen des verlorenen Spiels?"

„Verspürst du Unbehagen in seiner Gegenwart?"

Beachten Sie, dass in diesen umgangssprachlichen Beispielen die Beobachtung (dass die Person nicht mitfahren konnte bzw. „die morgige Prüfung", „das verlorene Spiel", „seine Gegenwart") nach dem Gefühl geäußert wird.

Bedürfnisse ausdrücken in Straßen-GFK

Wo in den nachfolgenden Beispielen ein Auslassungszeichen (…) steht, können Sie eine Person („ich", „du" etc. bzw. „mir / mich", „dir / dich" etc.) oder verschiedene Phrasen einfügen, und das (entsprechend konjugierte) Verb kann auch in eine andere Zeitform gesetzt werden. Wo ein Unterstrich steht, können Sie ein Bedürfnis einfügen – zum Beispiel: „Wir waren dankbar für deine *Unterstützung.*" Anstelle eines Bedürfnisses können Sie auch eine Phrase einsetzen, die beschreibt, wofür Sie dankbar sind. Zum Beispiel: „Ich bin froh darüber, *dass diese Sache für mich jetzt abgeschlossen ist.*" Oder um ein Beispiel aus der Spalte „Wohlbefinden" zu nennen: „Das *Gemeinschaftsgefühl* motiviert mich bei der Arbeit."

Bedeutung / Wert	Wohlbefinden	Dankbarkeit
… schätzen	__ tut … gut	… schätzen_____
__ ist … wichtig	__ hilft …, … wohlzufühlen	… lieben _____
__ bedeutet … viel	__ nährt …	__ freut …
__ verhilft … zu	__ stärkt …	… froh sein_____
… liegt viel an	__ erhält … aufrecht	… dankbar sein
__ gibt …	__ motiviert …	__ verleiht … Auftrieb
	__ gibt … Hoffnung	
Sehnsucht	**schmerzliches Verlangen**	**Hoffnung / Zukunft**
… wünschen … _____	… verzehren … nach_____	… wünschen … _____
… sehnen … nach_____	… fehlt _____	… verlangt nach_____
… ersehnen_____	… dürsten nach_____	… hoffen auf_____
… brauchen_____	… hungern nach_____	… streben danach, __ zu erfahren
… wollen_____	… träumen davon, __ zu haben	… wollen__ schaffen / zeigen / entwickeln / fördern / aufrechterhalten / erreichen
… möchten __ erfahren		

Bitten äußern in Straßen-GFK

Wollen: gerne möchten …; hoffen, dass …; denken, dass es hilfreich wäre, wenn …; Gefallen an der Idee finden …

Beispiele:
„Möchtest du gerne heute Abend essen gehen?"
„Hoffst du, dass wir jetzt darüber reden?"
„Ich denke, dass es hilfreich wäre, wenn wir den Bericht nochmals durchlesen würden, bevor wir antworten."
„Findest du Gefallen an der Idee, heute Abend zu Hause zu bleiben?"

Bestätigen: „Bist du damit einverstanden?" „Würdest du das tun?" „Was hältst du von …?" „Entspricht das deinem Verständnis?" „Sagt dir das zu?"

Anmerkung: Bei allen Schritten können Sie Attribute oder Modalverben (dürfte/n, könnte/n, kann / können) hinzufügen, um die Intensität, Förmlichkeit oder Genauigkeit Ihrer Äußerungen zu variieren, zum Beispiel so:
Beobachtung: „Du bist dir also *völlig sicher*, dass du … gehört / gesehen hast."
Gefühl: „Du fühlst dich *ein bisschen* …"
Bedürfnis: „Es *dürfte / könnte* dir gefallen …"
Bitte: „Ich habe ein *starkes* Verlangen …"

ÜBUNG

Übung 4: Umgangssprachliche GFK

Welchen Unterschied erkennen Sie zwischen der umgangssprachlichen und der klassischen GFK? Formulieren Sie für jede Kategorie zwei Beispielsätze, von denen Sie sich vorstellen können, dass Sie sie sagen.

A. Spiegelung anbieten (Beobachtungen über das Gehörte äußern):
  - „Ich verstehe das so …"
  - „Du sagst also …?"
  - „Ich höre heraus, dass …"
  - „Am wichtigsten ist dir also …?"
  - „Was ich gehört / gelesen habe, klingt für mich wie / als ob …"

B. Um Spiegelung bitten:
  - „Könntest du kurz wiedergeben, was du mich hast sagen hören, um sicherzustellen, dass wir uns nicht missverstehen?"
  - „Könntest du zusammenfassen, was ich gerade erzählt habe, damit ich weiß, ob ich mich klar ausgedrückt habe?"

- „Ich bin deswegen ganz aufgeregt und will es ganz und gar begreifen … Kannst du wiederholen, was ich gesagt habe, damit ich es ein zweites Mal höre?"

C. Beobachtungen:
  - „Du hast also gesehen / gehört, …"
  - „Was du gesehen / gehört hast, ist …"
  - „Wenn du daran denkst, …"
  - „Aus deiner Perspektive hast du gesehen / gehört / gelesen, …"

D. Gefühle (Verzichten Sie auf das Verb „fühlen"; benutzen Sie ein Wort aus der Gefühle-Liste.):
  - „Tief in mir bin ich …"
  - „Ich merke gerade, dass ich … bin."
  - „Ich bin ein bisschen …"
  - „Bist du …?"

E. Bedürfnisse (Benutzen Sie ein Synonym für „brauchen".):
  - „Ich will / du willst momentan …"
  - „Ich hoffe auf / suche nach (bzw. du hoffst / suchst nach) …" Oder: „Ich habe / du hast ein Verlangen / eine Sehnsucht nach …"

F. Verbindungsbitten:
  - „Wie ist es für dich, das zu hören?"
  - „Ich frage mich, was nun, da du das weißt, in dir vorgeht?"
  - „Ich bin neugierig, wie du darüber denkst."

10.6 Die „richtige" Frequenz wählen

Außer dem Verzicht auf einige Schlüsselwörter aus dem Modell, der Verwendung von Synonymen und dem Einfügen umgangssprachlicher Ausdrücke, um Ihre GFK „natürlicher" klingen zu lassen, kann es auch hilfreich sein, sich zu überlegen, in welcher Intensität Sie Gefühle und Bedürfnisse äußern wollen. Die Intensität können Sie dann variieren, abhängig von Ihrem Umfeld und der Person, mit der Sie reden. Zum Beispiel würde ich in einem Arbeitsumfeld wahrscheinlich niemanden fragen, ob er Angst hat. Dann könnten andere Bedürfnisse, zum Beispiel nach Wohlbefinden, Vertrauen und Sorglosigkeit, unbefriedigt bleiben. Stattdessen würde ich eine Formulierung benutzen, die im Arbeitsleben üblicher ist, zum Beispiel „besorgt sein", auch wenn sie „schwächer" ist und die tatsächliche Intensität des Gefühls der anderen Person vielleicht nicht vollständig wiedergibt. Ebenso wenig würde ich ein fünfjähriges Kind fragen: „Bist du gelangweilt und willst Anregung und Lebendigkeit?" Statt-

dessen würde ich eine umgangssprachliche Formulierung wählen, die seinen Sprach-
kenntnissen entspricht: „Willst du spielen und Spaß haben?"

Außerdem ist es auch hilfreich, sich zu überlegen, wie förmlich ein Ausdruck ist. Zum
Beispiel klingen aus dem Lateinischen stammende Wörter oft förmlicher und akade-
mischer als aus dem Englischen übernommene Ausdrücke. So haben die Gefühlswörter „depressiv" und „down" zwar eine ähnliche Bedeutung, doch „depressiv" ist
förmlicher als das umgangssprachliche „down". Wenn Sie beim Praktizieren von GFK
umgangssprachliche Ausdrücke verwenden, klingt Ihre Sprache mehr nach Straßen-
GFK. Eine flexiblere Wortwahl kann es Ihnen erleichtern, sich ehrlich und klar auszudrücken. Wenn Sie Ihre Worte so wählen, dass deren Sprachebene und Intensität der
jeweiligen Situation entspricht, können Sie außer Ihren Bedürfnissen nach Authentizität, Ehrlichkeit und Transparenz auch Bedürfnisse nach Sorglosigkeit, Behagen,
Zuversicht, Vertrauen, Kreativität und Entscheidungsfreiheit befriedigen. Außerdem
bringt es Abwechslung in Ihre Gewaltfreie Kommunikation, wenn Sie dabei die viel-
fältigen Möglichkeiten nutzen, Gefühle und Bedürfnisse auszudrücken.

Es folgen einige Beispiele für Gefühlswörter, die sich durch ihren Grad an Intensität
und Förmlichkeit unterscheiden:

intensiv / förmlich	mittlere Intensität / weniger förmlich	geringe Intensität / umgangssprachlich
zornig	wütend	sauer
verzweifelt	entmutigt	geknickt
euphorisch	fröhlich	gut drauf
panisch	ängstlich	nervös
schockiert	überrascht	völlig ausgerastet

Jetzt folgen noch einige Beispiele für Bedürfniswörter unterschiedlicher Intensität und
Förmlichkeit. Beachten Sie, dass diese Wörter keine exakten Synonyme sind, sondern
nur zu ähnlichen Gruppen von Bedürfnissen gehören. Außerdem hängt es von Ihrem
kulturellen und sozialen Hintergrund ab, welche Wörter für Sie umgangssprachlich
oder von geringer Intensität sind:

intensiv / förmlich	mittlere Intensität / weniger förmlich	geringe Intensität / umgangssprachlich
Harmonie	Frieden	Entspannung
Zuneigung	Verbindung	Wärme
Wertschätzung	Anerkennung	Dankbarkeit
Gleichwertigkeit	Gleichheit	Ausgeglichenheit

Schauen Sie auch, wie Sie Humor und Lebendigkeit in Ihre Straßen-GFK bringen können, indem Sie Synonyme, umgangssprachliche Ausdrücke und Metaphern benutzen. Sie könnten zum Beispiel sagen „Das klingt, als hätte diese Nachricht dich getroffen wie ein Blitz aus heiterem Himmel", wenn Sie vermuten, dass die andere Person über eine Nachricht überrascht oder schockiert ist. Oder Sie könnten fragen „Wünschen Sie sich momentan ein entspannteres Arbeitsklima?", um das Bedürfnis der anderen Person nach Sorglosigkeit, Frieden und Versöhnung zu umschreiben.

ÜBUNG

Übung 5: Sich in Straßen-GFK ausdrücken

Teil eins
Wählen Sie drei (nicht im obigen Beispiel benutzte) Gefühlswörter aus, die Sie als intensiv / förmlich betrachten, und überlegen Sie sich bedeutungsähnliche Wörter, die weniger intensiv / förmlich sind sowie umgangssprachliche Varianten von geringer Intensität, die umgangssprachliche Ausdrücke, Metaphern und / oder Präpositionalphrasen enthalten.

Teil zwei
Schauen Sie auf die Liste der Bedürfnisse auf Seite 323. Welche Bedürfniswörter würden Sie ohne Weiteres bei der Arbeit benutzen? Oder zu Hause? Oder im Freundeskreis?

Teil drei
Schauen Sie auf die Liste der Gefühle und Bedürfnisse und überlegen Sie sich fünf Metaphern, um diese Erfahrungen zu beschreiben.

10.7 Schweigen ist Gold: Der Wert stiller Empathie

Wenn Sie noch ein GFK-Neuling sind oder wenn Sie versuchen, GFK zu praktizieren, und die andere Person mit Kritik reagiert, erinnern Sie sich an den Wert stiller Empathie. Stellen Sie, während die andere Person redet, im Stillen Vermutungen an, was sie empfindet und braucht. Praktizieren Sie auch stille Selbst-Empathie: Was empfinden und brauchen Sie selbst? Vielleicht finden Sie es hilfreich, durch Einfühlung in die andere Person herauszufinden, auf welche Beobachtung (welchen Reiz) sie reagiert. Sie können sich auch überlegen, welche Strategie (Bitte) in dieser Situation hilfreich wäre. Wenn Sie weiterhin im Stillen das Modell praktizieren, wird es allmählich Einfluss haben auf die Art, wie Sie mit sich selbst und anderen reden. Das ist wahrscheinlich die natürlichste und einfachste Form von Straßen-GFK: Machen Sie sich Ihre Absicht klar (Verbundenheit) und praktizieren Sie stille Empathie mit sich selbst und anderen. Was aus Ihrem Mund kommt – und wie Situationen sich entwickeln –, wird dank Ihrer inneren „Verbindungsarbeit" bereits ganz anders sein als das, was Sie früher gesagt oder getan hätten.

ÜBUNG

Übung 6: Schweigen, das Wirkung zeigt

Denken Sie an eine Person oder Situation, die Sie immer wieder schwierig finden. Entscheiden Sie sich bewusst, stille Empathie zu praktizieren, wenn Sie das nächste Mal mit dieser Person interagieren. Nach dem Gespräch werden Sie merken, dass das Praktizieren stiller Empathie Ihr Verständnis und Ihre Verbindung vertieft hat – ohne dass Sie sich bemühen mussten, anders zu reden.

10.8 Die goldene Regel: Tue selbst, was du erfahren willst

Als ich damit anfing, GFK zu lernen, hatte ich, wie viele andere, eine ganze Liste von Leuten, an denen ich sie „ausprobieren" wollte und die meiner Überzeugung nach GFK brauchten – mehr als ich! Ich konnte es kaum erwarten, mit ihnen GFK zu üben und ihnen davon zu erzählen. Ich wollte, dass *sie* sich änderten – und zwar schnell! Wenn meine Mutter bloß GFK kennen würde, und meine Chefin, mein Vater, mein Bruder und einige aus meinem Freundeskreis ebenfalls! Meine Liste war ziemlich lang. Wenn nur alle, die draufstanden, GFK lernen würden, wäre das Leben sehr viel einfacher. Das war natürlich eine Strategie für viele Bedürfnisse, die ich hatte: nach Bewegung, Entspannung, Verbundenheit und Freiheit.

Natürlich war ich die Person, die GFK am meisten brauchte. Wie heißt es doch so treffend: „Kehr erst mal vor deiner eigenen Haustür!" Ich war diejenige, die sich in einer Krise befand, die sich nach Veränderung in ihrem Leben sehnte, die auf Situationen mit Verhaltensweisen reagierte, die ihr nicht gefielen, und die in diesen Interaktionen litt. Schließlich geht es in der GFK darum, die alleinige Verantwortung für die eigenen Erfahrungen, Gefühle und Bedürfnisse zu übernehmen, und darum, wie Bedürfnisse berücksichtigt und befriedigt werden können. Niemand sonst kann das für uns tun. Wir können alle zum Wohl anderer beitragen. Doch letztlich war es *meine* Sache, GFK zu lernen.

Ironischerweise begann ich anders mit anderen zu interagieren, als ich meine Denk- und Ausdrucksweise änderte. Und auf einmal interagierten sie auch anders mit mir. Das war nicht mein Plan – ich weiß, dass ich nicht kontrollieren kann, was andere tun, glauben, sagen oder denken –, aber es war das Ergebnis. Wie das Sprichwort sagt: „Zum Tango gehören immer zwei." Als ich meine Tanzschritte veränderte, veränderte sich der ganze Tanz.

Und seit ich die GFK in mein Leben integriert habe, interessieren andere sich dafür, was ich anders mache. In einer meiner Lieblingsgeschichten zu diesem Thema geht es um meine Familie: Vor einigen Jahren saß ich im Urlaub mit meiner Mutter und meinem Bruder beim Abendessen. Meine Mutter sagte etwas, das meinen Bruder sichtlich ärgerte. Er fragte mich: „Wie hältst du es bloß mit ihr aus? Sie ist unmöglich!" Bevor ich antworten konnte, sagte meine Mutter: „Sie kann mit mir umgehen, weil sie GFK beherrscht." Seit damals lernt meine Mutter auch GFK. Unser gemeinsames Üben hat unsere Beziehung enorm verbessert und unser gegenseitiges Verständnis vertieft. Ich bin davon überzeugt, dass das nicht geschehen wäre, wenn *ich* ihr vorgeschlagen hätte, GFK zu lernen, besonders wenn dabei irgendeine Erwartung oder Forderung von mir im Spiel gewesen wäre. Meine Mutter sah den Unterschied, den GFK in meinem Leben und in unserer Beziehung machte. Das war der Grund, warum sie mehr darüber wissen wollte.

Ich glaube, die schnellste und effizienteste Art, GFK zu lernen, ist, sie mit sich selbst zu praktizieren. Schließlich ist man rund um die Uhr mit sich selbst zusammen. Ich bin auch davon überzeugt, dass der Großteil der tagtäglichen Gewalt in unseren Köpfen stattfindet, in der Art, wie wir mit uns selbst reden. Indem Sie durch Selbst-Empathie im GFK-Bewusstsein bleiben, können Sie GFK üben und gleichzeitig Ihre Verbundenheit mit sich selbst, Ihre Achtsamkeit und Ihr Mitgefühl vertiefen. All das hilft Ihnen auch, wenn Sie mit anderen GFK praktizieren.

> **ÜBUNG**
>
> **Übung 7: Praktiziere, was du predigst**
>
> Nehmen Sie sich einen Augenblick Zeit, um darüber nachzudenken, wie Sie diese Woche mit sich selbst GFK praktizieren wollen. Welche Zeiten in Ihrem Tages- oder Wochenablauf sind zum Üben günstig? Wenn Sie duschen, Auto fahren oder in der U-Bahn sitzen, nach dem Aufwachen oder vor dem Zubettgehen? Oder wollen Sie das nächste Mal Selbst-Empathie praktizieren, wenn ein bestimmtes Geschehnis starke Gefühle in Ihnen auslöst?

10.9 Die eigenen Empathie-Batterien aufladen, Grundüberzeugungen erkennen

Immer wieder haben wir in diesem Buch betont, wie hilfreich es ist, Selbst-Empathie zu praktizieren, besonders dann, wenn Sie einer anderen Person Empathie geben wollen und die Situation bei Ihnen starke Emotionen auslöst. Oder auch dann, wenn Sie sich über Ihre eigenen Gefühle und Bedürfnisse klar werden wollen (zum Beispiel, wenn eine Entscheidung ansteht) oder wenn Sie befriedigte Bedürfnisse feiern (also wenn Sie über getroffene Entscheidungen glücklich sind) oder wenn Sie Handlungen bereuen, die Ihre eigenen Bedürfnisse nicht befriedigt haben. Regelmäßig Selbst-Empathie zu praktizieren ist sehr wichtig, um GFK praktizieren zu können. Wir können anderen gegenüber nicht mitfühlend sein, wenn wir uns selbst gegenüber nicht mitfühlend sind.

Von einer Metaebene aus betrachtet löst etwas gewöhnlich heftige Gefühle in uns aus, weil irgendein Kernbedürfnis hochkommt: ein Bedürfnis, das bei Interaktionen mit einer bestimmten Person oder in einer bestimmten Situation oft unbefriedigt blieb oder das seit unserer frühen Kindheit nicht oder nur selten erfüllt wurde. Außer in solchen Augenblicken Selbst-Empathie zu praktizieren kann es hilfreich sein, sich die eigenen Grundüberzeugungen bewusst zu machen, die hineinspielen, wenn etwas in uns heftige Gefühle auslöst. Viele davon haben wir von anderen gelernt (von unseren Eltern, Geschwistern, Lehrern etc.). Viele basieren auf Grundüberzeugungen, die in unserer Gesellschaft vorherrschen, und diese haben gewöhnlich etwas mit Knappheit und Trennung zu tun. Meistens handelt es sich dabei um Pauschalurteile, die Adverbien wie „nie" oder „immer" enthalten. Solche Grundüberzeugungen sind zum Beispiel: „Ich werde das nie hinkriegen." „Niemand wird mich je lieben." „Es hat keinen Zweck, es zu versuchen – es klappt eh nie." „Ich verpasse immer meine Chance."

Weil Grundüberzeugungen so sehr Teil unserer Weltsicht und unserer Lebensweise sind, können sie zunächst schwer zu erkennen sein. Sie sind wie die Luft, die wir atmen, oder wie Fische, die in dunklen Gewässern umherschwimmen. Doch wenn Sie regelmäßig Selbst-Empathie praktizieren und sich dabei auch mit Ihren körperlichen Empfindungen verbinden (mit denen wir oft auf alte Trigger reagieren), erkennen Sie mit der Zeit Muster. Ihnen wird immer klarer, welche Äußerungen und Situationen Sie triggern und welche Gefühle und Kernbedürfnisse dabei in Ihnen hochkommen. Dieses wachsende Bewusstsein hilft Ihnen auch beim Praktizieren von Selbst-Empathie. Es ist, als würden Sie auf der Straße alte Bekannte treffen – „Oh, da seid ihr ja wieder!" Dadurch wird das Praktizieren von Selbst-Empathie leichter und geht schneller. Durch Selbst-Empathie können wir auch verstehen lernen, welche Grundüberzeugungen hinter dem Auslöser stehen, auf den wir im Augenblick reagieren. Das ist der erste Schritt zur Freilegung unserer Grundüberzeugungen und zu einer bewussten Entscheidung, ob sie uns und unserem Leben wirklich dienen oder nur Ballast sind, den wir jetzt loswerden möchten.

Beim Freilegen von Grundüberzeugungen kann es hilfreich sein, das zu erhalten, was häufig „tiefe Empathie" genannt wird, und mit einer ausgebildeten GFK-Trainerin oder einem ausgebildeten GFK-Trainer zu arbeiten. Vielleicht ist auch Ihr Empathie-Partner bereit und fähig, Ihnen zu helfen, Muster von Grundüberzeugungen zu erkennen und sich mit den darunterliegenden tieferen Gefühlen und Bedürfnissen zu verbinden. Manche Menschen stellen fest, dass sie diese tief gehende heilende Arbeit an ihren Grundüberzeugungen nicht nur mit einer GFK-Trainerin oder einem GFK-Trainer leisten können, sondern auch in einer Psychotherapie, bei der nicht die Sprache der GFK benutzt wird. Ich habe festgestellt, dass ich auch mithilfe eines Tagebuchs dieses Gebiet erforschen und „Loch-Ness-Monster" aufspüren kann – so nenne ich die Trigger, die unter der Oberfläche des täglichen Lebens und des Bewusstseins lauern.

ÜBUNG

Übung 8, Teil 1: Grundüberzeugungen freilegen

Grundüberzeugungen sind mit vielen Urteilen über uns selbst und die Welt befrachtet. In unserer Kultur werden viele dieser Überzeugungen durch Sprichwörter und Redewendungen wie „Wer zuerst kommt, mahlt zuerst" oder „Seine Schäflein ins Trockene bringen" ausgedrückt. Nehmen Sie sich kurz Zeit, um über Redensarten nachzudenken, die Sie, während Sie aufwuchsen, in Ihrer Familie, von Lehrern oder auch in Ihrem Freundeskreis hörten. Überlegen Sie sich, inwiefern diese Vorstellungen in Ihre eigenen Grundüberzeugungen eingegangen sind, wie diese Grundüberzeugungen mit Triggern zusammenhängen, die in Ihnen vielleicht regelmäßig starke Emotionen auslösen, und wie sie sich in Urteilen oder Reaktionen manifestieren. Ermitteln Sie, welche Kernbedürfnisse

Sie haben, verbinden Sie sich mit diesen Kernbedürfnissen und nehmen Sie sich einen Augenblick Zeit, um zu würdigen, wie wichtig Ihnen diese Qualitäten sind. Reden Sie bei diesem Schritt sanft und mitfühlend mit sich selbst, wie eine liebende und fürsorgliche Mutter mit einem kleinen Kind. Es folgt jetzt ein Beispiel für diesen Prozess:

Redewendung: Jeder muss sehen, wo er bleibt.

Grundüberzeugung: Ich werde ständig übergangen. Alle denken nur an sich selbst.

Trigger: Jemand versperrt mir den Weg oder prallt mit mir zusammen oder stellt sich in einer Schlange vor mich.

Urteil / Reaktion: Bin ich etwa unsichtbar? Warum werde ich einfach ignoriert?

Bedürfnisse: (Ich will) gesehen und ernst genommen werden; dass meine Bedürfnisse zählen, Rücksicht.

Selbst-Empathie / Verarbeitung: Nehmen Sie sich einen Augenblick Zeit, um mit sich selbst sanft und mitfühlend zu reden wie mit einem Kind. „Du willst gesehen werden. Du willst, dass deine Bedürfnisse zählen und berücksichtigt werden. Du willst, dass die Menschen aufeinander achten."

Indem Sie diesen Prozess tiefer Selbst-Empathie immer wieder üben, können Sie mit der Zeit Grundüberzeugungen in Bewusstheit, Offenheit und Entscheidungsfreiheit verwandeln.

ÜBUNG

Übung 8, Teil 2: Grundüberzeugungen freilegen

Grundüberzeugungen können auch dann Teil unseres Weltbilds werden, wenn sie das Ergebnis wiederholt gemachter Erfahrungen oder Traumata in unserer Kindheit sind. Manchmal sind diese Erfahrungen mit oft wiederholten Äußerungen, Handlungen oder Verhaltensweisen unserer Eltern, einflussreicher Familienmitglieder oder anderer Bezugspersonen verknüpft.

Ich hörte in meiner Familie zum Beispiel oft Kritik und den Vorwurf, etwas „falsch" gemacht zu haben – und manchmal folgte darauf eine körperliche Strafe. Deshalb entwickelte ich schon früh den Ehrgeiz, „alles richtig zu machen". Doch so sehr ich mich auch bemühte, meine Eltern wurden zwangsläufig immer mal wieder wütend. Dann schlug meine Hoffnung und Euphorie während der Phasen, in denen ich von Vorwürfen und Strafen verschont blieb, wieder in Mutlosigkeit, Verunsicherung und Angst um. Die Grundüberzeugungen, die ich mir in jener Zeit aneignete (als Strategie, um mich vor weiteren Enttäuschungen und Selbstvorwürfen zu schützen), waren: „Es hat keinen Zweck – ich werde immer etwas falsch machen!" Und: „Es ist nie gut genug." Ich verinnerlichte auch Kommentare, die ich von meinen Eltern zu hören bekam, zum Beispiel: „Du musst einfach aufpassen!"

Als Erwachsene erkannte ich, dass diese Überzeugungen sich bei mir eingenistet hatten und dass meine emotionalen Reaktionen in der Gegenwart (wie urplötzliche tiefe Enttäuschung und Mutlosigkeit) oft von meinen Kindheitserfahrungen getriggert wurden. Das beeinflusste auch meine Entscheidungen und Reaktionen in der Gegenwart. Doch das erkannte ich zunächst nicht in aller Klarheit, weil diese Entscheidungen und Reaktionen Grundüberzeugungen entsprangen, und sie waren mir so vertraut, dass sie mir „natürlich" erschienen.

Durch das regelmäßige Praktizieren von Empathie, Selbst-Empathie und anderen Achtsamkeitsübungen wurden mir viele meiner Grundüberzeugungen bewusst, und ich lernte, mich mit ihnen anzufreunden. Jetzt kann ich sie leichter erkennen und reagiere mit Mitgefühl für mich selbst (und meine Eltern). Manchmal lache ich sogar in mich hinein, wenn ich sie wieder auftauchen sehe: „Oh, da seid ihr ja wieder!" Deshalb genieße ich in dem Moment mehr Entscheidungsfreiheit.

Nehmen Sie sich ein paar Minuten Zeit, um sich an Äußerungen zu erinnern, die Sie in Ihrer Familie hörten, während Sie aufwuchsen, und schreiben Sie sie auf. Vielleicht stellen Sie fest, dass diese Äußerungen auf die eine oder andere Weise mit Vorstellungen von Knappheit oder Isolation zusammenhängen. Vielleicht fällt Ihnen zum Beispiel ein, dass Sie anderen etwas erzählten und von ihnen zu hören bekamen: „Sei nicht so ein Schwein!" Oder: „Du erwartest zu viel!" Vielleicht möchten Sie auch über wiederholte schmerzliche Kindheitserfahrungen nachdenken (zum Beispiel, dass ein Elternteil nicht zu Hause war), die dazu führten, dass Sie sich gewisse Grundüberzeugungen aneigneten. Nehmen Sie sich als Nächstes etwas Zeit, um zu erforschen, wie diese Überzeugungen sich heute in Ihrem Leben manifestieren, sowohl in dem, was Sie zu sich selbst sagen, als auch in dem, was Sie tun.

Vielleicht möchten Sie außerdem Vermutungen über die Gefühle und Bedürfnisse anstellen, die Ihre Familienmitglieder hatten, als sie sagten, was sie sagten, oder taten, was sie taten, und die Bedürfnisse ermitteln, die Sie selbst befriedigten oder zu befriedigen versuchten, indem Sie sich diese Grundüberzeugungen aneigneten. (In meinem Fall ließ mich mein Bedürfnis, mich vor weiteren Enttäuschungen zu schützen, zu der Überzeugung gelangen: „Es ist nie gut genug!")

Schließlich möchten Sie vielleicht eine neue „Geschichte" verfassen, für sich selbst einige auf Gefühlen und Bedürfnissen basierende Affirmationen formulieren und tiefe Selbst-Empathie praktizieren, um diese frühen Erfahrungen zu verarbeiten und besser zu verstehen, wie Ihre Grundüberzeugungen sich in Ihrem weiteren Leben manifestiert haben. Ein Beispiel für eine solche Affirmation wäre: „Es ist genug Raum für alle da, und ich kann meine Bedürfnisse voll befriedigen." Im Verlauf des Tages und immer wenn Sie merken, dass eine Ihrer altbekannten Grundüberzeugungen auftaucht, können Sie sich sanft an diese neue Geschichte erinnern. Sie können auch wieder tiefe Selbst-Empathie praktizieren, wie oben in Teil eins beschrieben. Einfach ausgedrückt, lernen Sie dadurch einen sanften, liebevollen und mitfühlenden Umgang mit sich selbst und mit jeder Vorgeschichte von Verlust und Traurigkeit wegen unbefriedigter Bedürfnisse. Schließlich wird diese Art zu „trauern" zu einem Feiern von allem, was Sie im Leben am meisten schätzen und in sich selbst und der Welt sehen und erfahren möchten.

10.10 Augenblicke tiefen Mitgefühls

Wie Sie auch vorgehen, um Ihre Grundüberzeugungen freizulegen und ans Tageslicht zu bringen: Diese Art von tiefer Empathie hilft Ihnen sehr, in sich selbst Raum für mehr Mitgefühl zu schaffen und im GFK-Bewusstsein zu leben. Sie werden feststellen, dass immer mehr alte Trigger wegfallen, je länger Sie GFK praktizieren und je öfter Sie Selbst-Empathie und tiefe Empathie üben. Sie werden immer besser fähig werden, in jedem Augenblick authentisch, empathisch und selbstsicher zu reagieren. In solchen Augenblicken ist es egal, welche Worte oder Techniken Sie benutzen. Durch Ihr ständiges GFK-Praktizieren hat das Modell Sie bereits dorthin gebracht, wo Sie sein möchten.

Kürzlich erlebte ich so einen Augenblick, in dem ich „trigger-frei" reagierte. Ich war auf dem Weg zu einem von mir geleiteten Kurs. Ich war spät dran, und es herrschte mehr Verkehr als erwartet. Ich hatte gerade eine Parklücke gefunden und den Blinker gesetzt, um rückwärts einzuparken (mir blieb nur noch eine Minute!), als jemand anders hineinfuhr. Ich wollte nicht nach einem neuen Parkplatz suchen, weil ich dazu keine Zeit mehr hatte und weil es um diese Tageszeit im Zentrum von Manhattan kaum freie Parkplätze gibt. Bevor ich GFK praktizierte, hätte ich in so einer Situation geflucht, den Parkplatz aufgegeben und weitergesucht – obwohl ich vor Wut gekocht hätte und zu spät zu meinem Kurs gekommen wäre. Es war der erste Abend, und ich wollte unbedingt pünktlich sein! Ich hätte stundenlang „schlechte" Laune gehabt.

Doch diesmal erlebte ich ein „GFK-Wunder". Ich schaltete die Warnblickanlage ein und den Motor aus, ließ den Wagen in zweiter Reihe stehen und ging zu dem anderen Wagen, um mit dem Fahrer zu reden. Ich sah ihm an, dass es ihm widerstrebte, sein Fenster zu öffnen – oder gar mit mir zu diskutieren. Als er es herunterließ, sagte ich: „Hallo! Ich hatte den Blinker und die Rückfahrleuchte an und wollte hier einparken – ich gebe gleich einen Kurs und bin spät dran. Ich würde es wirklich schätzen, wenn Sie wieder herausfahren und mir den Parkplatz überlassen würden." Zuerst protestierte er: „Nein, Sie haben nicht geblinkt – und Sie sind zu weit vorgefahren!" Natürlich wollte er ebenso wenig wie ich den Parkplatz aufgeben und weitersuchen – das konnte ich verstehen! Ich wiederholte meine Bitte, diesmal mit einer Dosis Empathie: „Ich weiß, Sie parken jetzt bereits hier. Doch ich bin wirklich spät dran. Ich wäre Ihnen sehr dankbar, wenn Sie mir diesen Parkplatz überlassen würden! Das würde mir wirklich aus einer Bedrängnis helfen."

Ohne zu antworten schloss der Mann sein Fenster. Ich nahm an, dass das bedeutete, dass er mir nicht mehr zuhören wollte – oder nicht bereit war, den Parkplatz zu räumen. Ich weiß, wie ich reagiert hätte, bevor ich GFK gelernt hatte, meine Grundüberzeugungen unter die Lupe nahm und regelmäßig Selbst-Empathie praktizierte: An diesem Punkt hätte ein Trigger mich die Beherrschung verlieren lassen. Wahrscheinlich hätte ich dem Autofahrer giftige Kommentare zugebrüllt. Stattdessen – und es ist dieser Augenblick, den ich als das wahre Wunder betrachte – kehrte ich einfach zu meinem Auto zurück. Während ich Selbst-Empathie praktizierte (ich ging empathisch auf meine Enttäuschung ein und wog meine Möglichkeiten in dieser Situation ab, zum Beispiel die, für den Parkplatz 20 Dollar zu zahlen), warf ich einen Blick in den Rückspiegel und sah, dass der Mann den Parkplatz für mich räumte! Ich winkte ihm dankend zu, parkte ein und kam gerade noch rechtzeitig zu meinem Kurs.

Für mich war das ein beeindruckendes Beispiel für die Wirkung von GFK: Ich verfolgte die Erfüllung meiner Bedürfnisse, äußerte eine echte Bitte (war also offen dafür, ein Nein zu hören), die klar, konkret und erfüllbar war, und hatte Mitgefühl mit mir selbst und der anderen Person. Es erinnert mich auch an ein gewisses Paradox: Wir haben keine Kontrolle über andere, doch die Entscheidungen, die wir treffen, haben einen ungeheuren Einfluss auf das, was geschieht, und auf die Entscheidungen, die andere treffen. Ich hätte einfach aufgeben, wegfahren und diesen Autofahrer den ganzen Abend lang verfluchen können. Oder wenn ich ihn angeschrien und beschimpft hätte, als er sein Fenster schloss, hätte er beschließen können, sein Auto einfach dort stehen zu lassen und zu gehen. Ich wusste zu diesem Zeitpunkt ja nicht, dass er vorhatte, mir den Parkplatz zu überlassen. Auch wenn ich es nicht beweisen kann, ich glaube, dass es meine Reaktion in diesem Augenblick war, die ihn in seiner Entscheidung bestärkte, mir den Parkplatz zu geben.

Ich praktizierte eine umgangssprachliche Form von GFK, doch es waren vor allem mein Bewusstsein und meine Energie, die den Unterschied machten. Ich war völlig neutral und ruhig, als ich mit dem Mann sprach und meine Bitte äußerte, selbst dann noch, als er sein Fenster schloss. Natürlich halfen mir die vier Schritte des GFK-Modells und meine jahrelange Übung im Praktizieren von GFK, in diesem Bewusstsein zu bleiben. Das Modell unterstützt das Bewusstsein, doch das Bewusstsein ist das Wichtigste.

Ich könnte viele weitere Beispiele für solche GFK-Wunder anführen. Viele geschahen, während ich tiefe Empathie von anderen erhielt (das verhalf mir zu „Aha-Erlebnissen", die mich manches anders und klarer sehen ließen), während ich Tagebuch schrieb oder

Selbst-Empathie praktizierte (das förderte meine Selbstbewusstheit und mein Mitgefühl) und während ich das GFK-Bewusstsein von Angesicht zu Angesicht mit anderen
praktizierte. Sie geschahen in Situationen, die schwieriger waren als der geschilderte
Parkplatzkonflikt. Ich habe wirklich Gewaltlosigkeit, Miteinander / Zusammenwirken
und Mitgefühl erlebt. Ich betrachte diese Augenblicke als Wunder, weil sie radikal
andere Ergebnisse hervorbrachten als die, die ich normalerweise erwartet hätte oder
früher in ähnlichen Situationen erlebt hatte. Und wiederholt erfuhr ich eine innere
Stärke, Ruhe und Entscheidungsfreiheit, die ich nach wie vor inspirierend finde.

***

Wir wünschen Ihnen, dass Sie solche Wunder bald selbst erleben, und hoffen, dass die
Übungen in diesem Kapitel Ihnen helfen, GFK in Ihr tägliches Leben zu integrieren
und eine umgangssprachliche Version des Modells zu praktizieren, damit Sie jeden
Tag im GFK-Bewusstsein leben und Wunder bewirken können.

Nachwort:
Eine gewaltfreie Welt schaffen

In diesem Buch haben wir uns auf Kommunikation konzentriert. Doch wie hängen die Worte, die wir benutzen, und physische Akte der Gewalt zusammen? Wo beginnt Gewalt und wo endet sie?

Aus einer GFK-Perspektive betrachtet, ist Gewalt ein tragischer Ausdruck unbefriedigter Bedürfnisse. Je mehr menschliche Bedürfnisse als unbefriedigt erfahren werden, desto größer ist die Wahrscheinlichkeit, dass es zu Gewalt kommt. Wenn wir unbefriedigte Bedürfnisse in Form von Gewalt ausdrücken, meinen wir oft, dass Dringlichkeit besteht und dass solche Handlungen „notwendig", ja sogar unumgänglich sind. Der Einsatz von Gewalt dient dem Wohl der bestraften Person oder einem „größeren" Ziel wie der Herstellung von Gerechtigkeit oder der Friedenssicherung. Ein solches Denken entspricht dem Paradigma von richtig oder falsch und gut oder böse. Es geht davon aus, dass Menschen gebessert werden müssen, dass sie bestraft und belohnt werden müssen, damit sie lernen, auf andere Rücksicht nehmen.

In diesem Buch haben wir die Möglichkeit einer ganz anderen Welt betrachtet, einer Welt, die sich auf Mitgefühl und die Erkenntnis gründet, dass Menschen durch ihr Handeln positive Bedürfnisse befriedigen wollen und in jedem Augenblick die Wahl haben, wie sie das tun. Dieses Bewusstsein hat einen entscheidenden Einfluss darauf, wie wir mit anderen und uns selbst umgehen, und ist die Grundvoraussetzung für die Schaffung einer Welt, in der die Bedürfnisse aller Menschen befriedigt werden können.

Ein Felsen hat keine Wahl. Doch wir Menschen haben wohl mehr Wahlmöglichkeiten als jedes andere lebende Geschöpf. Wie Viktor E. Frankl bemerkte: „Die letzte Freiheit des Menschen [ist seine Fähigkeit], seine Haltung in jeder Situation selbst zu wählen." Wir hoffen, dass Ihnen durch die Lektüre dieses Buches und die Übungen bewusst wurde, dass Sie die Wahl haben, was Sie denken und empfinden, wie Sie auf Geschehnisse in Ihrem Leben reagieren und welche Strategien Sie wählen, um Ihre Bedürfnisse zu befriedigen. Wohlgemerkt: Je weniger Wahlmöglichkeiten wir haben – beziehungsweise *je weniger Wahlmöglichkeiten wir sehen oder zu haben glauben* –, desto weniger lebendig sind wir.

Man kann sagen, dass Gewalt zu einer Art von Tod führt – in der extremsten Form zum physischen Tod und physischer Zerstörung, in anderen Formen zu einer Einengung des Lebens und einer Verringerung seiner Möglichkeiten. Solange wir uns nicht vollständig mit anderen verbinden, haben wir kein volles Bewusstsein und keine volle Entscheidungsfreiheit. Wenn wir Strategien mit lebensdienlichen Grundbedürfnissen verwechseln, verschließen wir uns – zumindest ein Stück weit – der Fülle des Lebens und allem, was wir erfahren und empfangen können.

Ist es nötig, ein Kind zu schlagen, um dem Leben zu dienen? Ist es nötig, einen anderen Menschen zu töten, ein anderes Land zu bombardieren oder dafür zu sorgen, dass ein anderer Mensch leidet, wenn wir selbst gelitten haben, um unsere Bedürfnisse nach Gerechtigkeit, Hoffnung und Sicherheit zu befriedigen? Wir hoffen, dass Sie über diese Fragen nachdenken. Warum? Weil wir glauben, dass der Fortbestand der Welt davon abhängt. Angesichts unserer gegenwärtigen Verhältnisse kann man dem, was Marshall Rosenberg im Interview am Ende dieses Buches sagt, nur zustimmen: „Wir gelangen an einen Punkt, wo unser bester Schutz darin besteht, mit den Menschen, die wir am meisten fürchten, zu reden. Nichts anderes wird funktionieren.“

Carl Sandburg drückt das in seinem kurzen Gedicht „Entscheide dich“ ebenfalls eloquent aus:

> Die geballte Faust, erhoben und bereit,
> Oder die offene bittende Hand, ausgestreckt und wartend.
> Entscheide dich:
> Denn wir begegnen uns mit der einen oder der anderen.

Wie würde eine gewaltfreie Welt aussehen? Es wäre eine Welt, wo jeder Mensch fähig ist, Mitgefühl mit anderen zu empfinden. Es wäre eine Welt, wo die Bedürfnisse aller Menschen zählen – nicht nur für sie selbst, ihre Familie, ihren Freundeskreis, ihre Stadt, ihr Land oder ihren Kontinent. Die Vorstellung von einer globalen Verbundenheit mag vermessen und utopisch erscheinen und entmutigend wirken. Wie können Sie dafür sorgen, dass die Bedürfnisse der Menschen aus der Nachbarstraße oder aus der nächsten Stadt befriedigt werden, geschweige denn die der Menschen auf der anderen Seite der Welt? Natürlich stimmt die folgende Aussage von Inbal Kashtan, der Koordinatorin des Elternprojekts des *Center for Nonviolent Communication*:

> So kraftvoll und effizient es auch sein kann, Probleme in den sozialen und politischen Arenen mithilfe der GFK anzugehen: Die GFK-Sprache allein schafft noch keine Abhilfe angesichts der enormen Herausforderungen, denen Eltern gegenüberstehen, die nicht über die finanziellen und sozialen Mittel verfügen, um ihre eigenen und die Bedürfnisse ihrer Kinder zu erfüllen. Die GFK schafft keine sozialen Ungleichheiten aus der Welt, die auf ethnische Herkunft, Geschlecht, Klasse, sexuelle Orientierungen, physische Möglichkeiten und dergleichen zurückzuführen sind (Kashtan 2013, S. 52).

Doch die Methode, die Sie gerade gelernt haben, ist sehr wirkungsvoll. Überlegen Sie sich, mit wie vielen Menschen Sie jeden Tag kommunizieren. Stellen Sie sich vor, was geschehen würde, wenn Sie und noch zehn andere beginnen würden, auf eine mitfühlendere Art zu kommunizieren. Was wäre, wenn diese zehn Menschen zehn weitere dazu inspirieren würden, dasselbe zu tun? Mitgefühl kann sich, ebenso wie Gewalt, leicht auf der Erde ausbreiten. Wie jede große Veränderung beginnt auch diese mit einem Menschen, der den Anfang macht, und Gruppen von Menschen, die zusammenarbeiten. Sie können sich dafür entscheiden, zu dieser Veränderung beizutragen. Diese Wahl können Sie frei treffen, immer wieder, jeden Tag.

Dank

Wir möchten Dr. Marshall Rosenberg unsere Anerkennung und unseren Dank dafür aussprechen, dass er das Werkzeug der GFK geschaffe und sein Leben lang engagiert nach Wegen gesucht hat, die Bedürfnisse aller Menschen zu erfüllen, und dass er die Früchte seiner Arbeit fortwährend mit interessierten Menschen auf der ganzen Welt geteilt hat. Wir sind dankbar für die Kreativität und Leidenschaft, mit der er diese lebensverändernde Methode international bekannt machte.

Wir möchten auch den vielen GFK-Trainerinnen und GFK-Trainern danken, die so viel zu unserem Lernprozess, Wachstum und GFK-Gemeinschaftsgefühl beigetragen haben, vor allem Walter Armstrong, Jeff Brown, Duke Duchscherer, Robert Gonzales, Dow Gordon, Sylvia Haskvitz, Rita Herzog, Arnina Kashtan, Christine King, Barbara Larson, Gina Lawrie, Lucy Leu, Kristin Masters, Kit Miller, Ruby Phillips, Susan Skye, Wes Taylor und Towe Widstrand.

Unser besonderer Dank gilt den GFK-Trainerinnen Miki und Inbal Kashtan (die zusammen mit der inzwischen verstorbenen Julie Greene BayNVC gründeten und das „North America NVC Leadership Program" ins Leben riefen) für die visionäre Kraft, Klarheit und Leidenschaft, mit der sie GFK lehren und fördern, und für ihren unschätzbaren Beitrag zu unserem persönlichen Lern- und Entwicklungsprozess. Wir danken auch den BayNVC-Trainerinnen Meganwind Eoyang und Nancy Kahn für ihre offene, couragierte und herzliche Art, das GFK-Bewusstsein vorzuleben und zu vermitteln, sowie den Trainingsteams der Leadership Programs von 2004 und 2005 und allen Teilnehmerinnen und Teilnehmern. Ihr alle habt uns sehr geholfen, die GFK in unser Leben zu integrieren und zu lernen, das Mitgefühl mit uns selbst und mit anderen im Gleichgewicht zu halten.

Außerdem möchten wir allen danken, die Grafiken angefertigt und uns zu den früheren Ausgaben [der Originalausgabe] dieses Buches Feedback gegeben haben: Andrew Jung, Sam Zavieh, Meredith Woitach, Michelle Russo, Jonathan Crimes, Peter Przeradzki, Inbal Kashtan, Jet und Martha, um nur einige zu nennen. Sehr verbunden sind wir auch Sheridan McCarthy, der Lektorin dieser Ausgabe, für ihre hilfreichen Beiträge und ihre solidarische Unterstützung, sowie Hadassah Hill und Jenna Peters-Golden für ihre Illustrationen.

***

Jane ist auch dankbar für die Unterstützung und die Beiträge von Roxanne Manning, die allzeit bereit war zuzuhören und mithalf, das grafische Modell der Mitfühlenden

Kommunikation in diesem Buch auszuarbeiten. Roxy war auch die engagierte Haupt-
organisatorin des „New York Intensive in Nonviolent Communication" und des „NVC
and Diversity Retreat"; diese einwöchigen GFK-Intensiv-Kurse haben viel dazu beigetragen, dass die GFK als Prozess Anerkennung findet, der Menschen aus allen sozialen
Schichten unterstützt.

Jane möchte auch allen Studentinnen und Studenten danken, die bereitwillig ihre
Erfahrungen zu diesem Buch beisteuerten. Ihr besonderer Dank gilt ihren „Empa-
thie-Partnerinnen" Meganwind Eoyang, Martha Lasley, Kanya Likanasudh und Eileen
McAvoy, die ihr dabei halfen, mehr Mitgefühl mit sich selbst und anderen zu entwickeln, und die sie auch während der langwierigen Überarbeitung des Buches für die
neue Ausgabe unterstützt haben. Und sie ist dankbar für Gar Youngs Tipps und Vorschläge, der ihr half, sich voll mit der Freude am Schreiben und dem Spaß an Herausforderungen zu verbinden. Sie möchte auch ihrer Koautorin Dian Killian danken,
die die Vision von diesem Buch teilte und sie mit all ihren Talenten kompetent zu
verwirklichen half. Immer wieder konnte sie mit ihr trainieren, wie man Meinungsverschiedenheiten mit Charme und Mitgefühl klärt.

Und zu guter Letzt möchte Jane sich bei ihrer Familie – Bill, Justin, Jolien, Jill, Jordan,
Jessica und Paul – dafür bedanken, dass sie sie in ihrem persönlichen Lern- und
Wachstumsprozess stets unterstützt und ermutigt hat. Sie bedauert, dass ihre Eltern
Rhoda und Sam Marantz, denen das Wohl aller Menschen auf diesem Planeten zeit-
lebens am Herzen lag, dieses Buch nicht mehr lesen können.

***

Dian Killian ist ihrer früheren Lebensgefährtin Martha Grevatt dankbar für ihre
Kameradschaft und Zärtlichkeit, ihren Humor und ihre Unterstützung während fast
15 gemeinsamer Jahre, und sie ist froh, dass die Freundschaft zwischen ihnen weiter
besteht. Dian möchte auch all den Freundinnen und Freunden danken, die sie viele
Jahre lang durch dick und dünn begleitet und ihr geholfen haben, Lebensverände-
rungen, Herausforderungen und den Druck von Abgabeterminen zu bewältigen, vor
allem Grainne Carty, Katharina und Michael Heinrich, Sean Broe, Maria Ortigosa und
Sara Baum. Ihr Dank gilt auch ihren GFK-Partnerinnen und -Partnern: Mit vielen
von ihnen wurde sie als GFK-Trainerin „erwachsen": Jeff Brown, Jude Lardner, Lynda
Smith, Sue Holper, Gina Cenciose, Kanya Likanasudh, Martha Lasley, Jean-Phillipe
(JP) Bouchard, Gail Epstein, Eliane Geren, Kristin Masters, Simone Anliker, Curtis
Watkins, Valérie Lanctôt-Bédard und Jean Morrisson. (Ein besonderes Dankeschön
an Simone für das großzügige Geschenk einer Statue von Sri Ganesch, der nach wie
vor Hindernisse aus dem Weg räumt, unter anderem, um Buchabgabetermine einhalten zu können.) Dian dankt auch allen, die am GFK-Training im Center for Collaborative Communication (CCC, ehemals Brooklyn NVC) teilnahmen und / oder

das CCC unterstützt haben, besonders Nellie Todd Bright, Paul Merrill, Kit Miller sowie allen früheren und gegenwärtigen Vorstandsmitgliedern. Herzliche Dankesgrüße gehen an ihre schreibenden Freundinnen Sarah Falkner, Nina Karacosta und Lisa Freedman, die sie stets inspirieren, sowie an Laurie Twilight Jetter, die sie auf eine berührende Art daran erinnert, wie sehr die Welt GFK braucht.

Herzlich bedanken möchte Dian sich auch bei ihrer Koautorin Jane Connor, deren Solidarität, Wissen, Humor und Kreativität es zu einer Freude machten, mit ihr zusammenzuarbeiten, und die ihr ebenfalls half, Abgabetermine einzuhalten.

Und zu guter Letzt möchte Dian all jenen aus ihrer Familie Danke sagen, die ihr die besten GFK-Vorbilder waren, besonders ihrer Großmutter Lillian Sophia Endress Seelen, die durch ihre besondere Präsenz und ihren singenden Tonfall jeden Tag Mitgefühl und Schönheit in die Welt brachte.

Anhang 1

Jenseits von Gut und Böse: Eine gewaltfreie Welt schaffen. Ein Interview mit Marshall Rosenberg

Zum ersten Mal begegnete ich Marshall Rosenberg, als ich von einer Lokalzeitung beauftragt wurde, über seine GFK-Trainingsseminare zu schreiben. Obwohl ich angesichts der Ungleichheiten auf der Welt eine Veränderung für dringend notwendig hielt, konnte ich mir nicht vorstellen, wie eine Kommunikationstechnik zur Lösung von Problemen wie der Erderwärmung oder der Schuldenlast von Entwicklungsländern beitragen sollte. Doch ich war überrascht über die sichtbare Wirkung, die Rosenbergs Arbeit auf in Konflikte verstrickte Familien und Einzelpersonen hatte.

Die Gewaltfreie Kommunikation (GFK) umfasst vier Schritte: Beobachten, was in einer bestimmten Situation geschieht; ermitteln, was man empfindet; ermitteln, was man braucht; und dann um etwas bitten, von dem man gerne möchte, dass es geschieht. Das klingt einfach, doch GFK ist mehr als eine Technik, um Konflikte zu lösen. Sie ist ein Weg, die Beweggründe und Verhaltensweisen von Menschen zu verstehen.

Rosenberg lernte schon in jungen Jahren Gewalt kennen. Er wuchs in den 1930er- und 1940er-Jahren in Detroit auf, wo er verprügelt wurde, weil er Jude war, und einige der schlimmsten Rassenunruhen der Stadt miterlebte, bei denen innerhalb weniger Tage mehr als 40 Menschen umkamen. Diese Erfahrungen bewogen ihn dazu, Psychologie zu studieren, um zu verstehen, was genau geschieht, wenn wir die Verbindung zu unserer einfühlsamen Natur verlieren, und was es manchen Menschen möglich macht, selbst unter den schwierigsten Bedingungen mit ihrer einfühlsamen Natur in Kontakt zu bleiben.

1961 machte Rosenberg an der University of Wisconsin seinen Doktor in klinischer Psychologie. Danach arbeitete er in Erziehungsheimen mit Jugendlichen. Diese Erfahrung ließ ihn zu dem Schluss gelangen, dass die klinische Psychologie, statt den Menschen zu helfen, mitfühlender zu werden, eigentlich zu den Bedingungen beitrug, die Gewalt verursachen, weil sie Menschen in Kategorien einteilte und sie dadurch einander entfremdete. Angehende Ärzte lernten, die Diagnose zu sehen, nicht den Menschen. Für ihn entsprang Gewalt nicht einer kranken Psyche, wie die Psychologie es lehrte, sondern unserer Art zu kommunizieren.

Der humanistische Psychotherapeut Carl Rogers, der die klientenzentrierte Gesprächstherapie entwickelt hatte, beeinflusste Rosenbergs Theorien schon früh, und Rosenberg arbeitete mehrere Jahre lang mit Rogers zusammen, bevor er selbst begann, eine nichtaggressive Methode der Interaktion zu lehren, die als Gewaltfreie Kommunikation bekannt wurde.

Rosenberg, der inzwischen kein praktizierender Psychologe mehr ist, räumt ein, dass er früher gelegentlich auf vertraute Verhaltensweisen zurückgegriffen hat, weil er mit seiner eigenen Methode noch Schwierigkeiten hatte oder die Risiken fürchtete, die ein gewaltfreier Ansatz barg. Doch jedes Mal, wenn er die Gewaltfreie Kommunikation konsequent zu Ende führte, war er überrascht über die Ergebnisse. Mehrmals hat sie ihm buchstäblich das Leben gerettet.

In den späten 1980er-Jahren wurde er einmal gebeten, palästinensischen Flüchtlingen in Bethlehem seine Methode zu lehren. Er traf sich mit 170 muslimischen Männern in einer Moschee im Flüchtlingslager Deheisha. Auf der Fahrt zum Lager hatte er entlang der Straße mehrere leere Tränengaskanister liegen sehen, auf denen „Made in USA" stand. Als die Männer erfuhren, dass der Mann, der sie unterrichten sollte, aus den Vereinigten Staaten kam, wurden sie zornig. Einige sprangen auf die Füße und brüllten: „Mörder! Attentäter!" Ein Mann schrie Rosenberg ins Gesicht: „Kinderkiller!"

Statt schnell zu verschwinden, stellte Rosenberg Fragen, in denen er sich auf das konzentrierte, was der Mann fühlte und brauchte. Es entwickelte sich ein Dialog. Und am Ende des Tages wurde Rosenberg von dem Mann, der ihn einen Mörder genannt hatte, zu einem Ramadan-Essen zu sich nach Hause eingeladen.

Rosenberg ist Gründer des gemeinnützigen Center for Nonviolent Communication (↗ http://www.cnvc.org) und Autor von *Gewaltfreie Kommunikation. Eine Sprache des Lebens*. Außerdem hat er ein neues Buch über die Anwendung von GFK im Unterricht geschrieben, das im Herbst 2003 erscheinen wird. Gegenwärtig arbeitet er an einem dritten Buch, in dem es um die sozialen Auswirkungen von Gewaltfreier Kommunikation geht.[9]

Rosenberg ist ein hochgewachsener, hagerer Mann, der leise spricht, aber lebhaft wird, wenn er die positive Wirkung von GFK auf ihn selbst und andere beschreibt. Er hat drei Kinder und ist als Redner und Lehrer sehr gefragt und unermüdlich im Einsatz. Der Tag, an dem wir uns unterhielten, war sein erster freier Tag seit Monaten. Danach würde er nach Israel, Brasilien, Slowenien, Argentinien, Polen und Ruanda reisen.

---

9   Anmerkung: Dieser Artikel wurde ursprünglich 2002 im Magazin *The Sun* veröffentlicht. Die Titel der beiden damals noch nicht erschienenen Bücher lauten: *Erziehung, die das Leben bereichert. GFK im Schulalltag* und *Die Sprache des Friedens sprechen – in einer konfliktreichen Welt.*

Killian: Ihre Methode soll Mitgefühl lehren, aber Mitgefühl scheint eher eine Seinsweise als eine Fertigkeit oder Technik zu sein. Kann es wirklich gelehrt werden?

Rosenberg: Ich würde sagen, es ist eine natürliche menschliche Eigenschaft. Unser Überleben als Spezies hängt von unserer Fähigkeit ab, zu erkennen, dass unser Wohl und das Wohl anderer eigentlich ein und dasselbe sind. Das Problem ist, dass uns Verhaltensweisen beigebracht werden, die uns von diesem natürlichen Bewusstsein trennen. Wir müssen nicht lernen, mitfühlend zu werden. Vielmehr müssen wir verlernen, was uns beigebracht wurde, und zum Mitgefühl zurückfinden.

Killian: Wenn Gewalt erlernt wird, wann fing sie dann an? Sie scheint schon immer zum menschlichen Dasein gehört zu haben.

Rosenberg: Der Theologe Walter Wink schätzt, dass Gewalt seit ungefähr 8000 Jahren die gesellschaftliche Norm ist. Damals entstand ein Mythos, nach dem die Welt von einem heldenhaften, tugendhaften Gott erschaffen wurde, der eine böse Göttin besiegte. Von da an hatten wir die Vorstellung, dass die Guten die Bösen töten. Und daraus entwickelte sich das System der „vergeltenden Gerechtigkeit", nach dem es Menschen gibt, die es verdienen, bestraft zu werden, und solche, die es verdienen, belohnt zu werden. Dieser Glaube hat unsere Gesellschaften tief durchdrungen. Nicht jede Kultur wurde von ihm beeinflusst, aber leider die meisten.

Killian: Sie sagten, „verdienen" sei das gefährlichste Wort in der Sprache. Warum?

Rosenberg: Es drückt eine Vorstellung aus, die dem System der vergeltenden Gerechtigkeit zugrunde liegt. Seit Jahrtausenden leben wir in diesem System, das uns vermittelt, dass Menschen, die üble Dinge tun, böse sind, ja, dass Menschen an sich im Grunde böse sind. Nach dieser Denkweise gibt es nur ein paar gute Menschen, und denen kommt die Aufgabe zu, als Autoritäten zu fungieren und die anderen zu kontrollieren. Und wie kontrolliert man Menschen, die von Natur aus böse und selbstsüchtig sind? Durch ein Rechtssystem, in dem diejenigen, die sich gut benehmen, belohnt werden, während diejenigen, die böse sind, dafür büßen müssen. Um so ein System als gerecht zu betrachten, muss man daran glauben, dass beide Seiten verdienen, was sie bekommen. Ich lebte früher in Texas, und wenn dort jemand hingerichtet wurde, versammelten sich die guten baptistischen Studenten vom örtlichen College vor dem Gefängnis und feierten eine Party. Wenn über den Lautsprecher verkündet wurde, dass der Straftäter tot war, ertönte lauter Jubel und so weiter. Auf die gleiche Art jubelte man in Teilen Palästinas über die Terroranschläge vom 11. September. Ein auf Gut und Böse basierendes Konzept von Gerechtigkeit, nach dem Menschen es verdienen, für das, was sie getan haben, zu leiden, macht Gewalt zu einem Vergnügen.

Killian: Aber Sie haben nichts gegen Urteile.

Rosenberg: Ich bin unbedingt für Urteile. Ich glaube nicht, dass wir ohne sie lange überleben könnten. Wir beurteilen, welche Nahrung unserem Körper gibt, was er braucht. Wir beurteilen, welche Handlungen unsere Bedürfnisse befriedigen werden. Aber ich unterscheide zwischen lebensdienlichen Urteilen, bei denen es um Bedürfnisse geht, und moralischen Urteilen, die etwas für richtig oder falsch erklären.

Killian: Sie plädieren stattdessen für eine „wiedergutmachende Gerechtigkeit". Wie unterscheidet sich diese von vergeltender Gerechtigkeit?

Rosenberg: Wiedergutmachende Gerechtigkeit geht von der Frage aus: Wie stellen wir den Frieden wieder her? Mit anderen Worten, wie stellen wir einen Zustand wieder her, in dem Menschen etwas am Wohl anderer liegt? Forschungsergebnisse belegen, dass bei Tätern, die den Prozess der wiedergutmachenden Gerechtigkeit durchlaufen, eine geringere Wahrscheinlichkeit besteht, dass sie die Verhaltensweisen wiederholen, die zu ihrer Inhaftierung führten. Und die Wiederherstellung des Friedens ist für das Opfer viel heilsamer, als wenn es nur sieht, dass die andere Person bestraft wird.

Die Idee breitet sich aus. Vor etwa einem Jahr war ich in England, um auf einer Konferenz über wiedergutmachende Gerechtigkeit ein Grundsatzreferat zu halten. Ich hatte erwartet, dass vielleicht 30 Leute erscheinen würden. Doch zu meiner großen Freude sah ich auf dieser Konferenz mehr als 600 Menschen.

Killian: Wie funktioniert wiedergutmachende Gerechtigkeit?

Rosenberg: Ich habe gesehen, wie sie zum Beispiel bei vergewaltigten Frauen und den Männern, die sie vergewaltigten, funktioniert. Der erste Schritt ist, dass die Frau alles zum Ausdruck bringt, was sie ihrem Peiniger verständlich machen will. Da die Frau seit dem Übergriff jahrelang fast jeden Tag gelitten hat, ist das, was dabei herauskommt, ziemlich brutal: „Du Monster! Ich würde dich am liebsten umbringen!" und so weiter.

Dann helfe ich dem Häftling, sich mit dem Schmerz zu verbinden, der wegen seiner Handlungen in dieser Frau lebendig ist. Gewöhnlich will er sich entschuldigen. Aber dann sage ich ihm, dass eine Entschuldigung zu billig, zu einfach ist. Ich möchte, dass er wiederholt, was er die Frau sagen hört. Was waren die Folgen für ihr Leben? Wenn er es nicht wiederholen kann, spiele ich seine Rolle. Ich sage ihr, dass ich den Schmerz hinter ihrem lauten Wutausbruch höre. Ich mache ihm begreiflich, dass unter der Wut Verzweiflung liegt, weil sie nicht weiß, ob ihr Leben je wieder so wird, wie es war. Und dann lasse ich ihn wiederholen, was ich gesagt habe. Es können drei oder vier oder fünf Versuche nötig sein, aber am Ende hört er die andere Person. Bereits an diesem Punkt – wenn das Opfer Empathie erhält – kann man sehen, dass ein Heilungsprozess beginnt.

Dann bitte ich den Mann, mir zu sagen, was in ihm vorgeht. Wie fühlt er sich? Gewöhnlich will er sich wieder entschuldigen. Er will sagen: „Ich bin ein Scheißkerl. Ich bin der letzte Dreck." Und wieder bringe ich ihn dazu, tiefer zu gehen. Das ist für diese Männer sehr beängstigend. Sie sind es nicht gewohnt, sich mit

Gefühlen auseinanderzusetzen, geschweige denn die schreckliche Erfahrung zu machen, wie es sich anfühlt, in einem anderen Menschen einen solchen Schmerz ausgelöst zu haben.

Wenn wir diese beiden Schritte hinter uns haben, schreit das Opfer sehr oft: „Wie konntest du nur?" Es will unbedingt verstehen, was eine andere Person dazu getrieben hat, so etwas zu tun. Leider wurde den meisten Opfern, mit denen ich gearbeitet habe, von Anfang an von wohlmeinenden Leuten geraten, ihren Peinigern zu vergeben. Diese Leute erklären den Opfern, dass der Vergewaltiger gelitten haben muss und wahrscheinlich eine schlimme Kindheit hatte. Und viele Opfer versuchen wirklich, ihren Peinigern zu vergeben, aber das hilft nicht viel. Solange nicht vorher diese anderen Schritte vollzogen werden, bleibt die Vergebung oberflächlich. Sie unterdrückt nur den Schmerz.

Doch wenn die Frau erst etwas Empathie erhalten hat, will sie wissen, was in dem Mann vorging, als er diese Tat beging. Ich helfe dem Täter, zum Augenblick der Tat zurückzugehen und zu ermitteln, was er empfand, welche Bedürfnisse zu seinen Handlungen beitrugen.

Der letzte Schritt besteht darin, das Opfer zu fragen, ob es noch etwas gibt, was der Täter tun könnte, um einen Zustand des Friedens wiederherzustellen. Vielleicht will die Frau zum Beispiel, dass Arztrechnungen oder ein Schmerzensgeld gezahlt werden. Sobald auf beiden Seiten Empathie besteht, beginnen sie erstaunlich schnell, auf ihr gegenseitiges Wohl zu achten.

Killian: Welche Arten von „Bedürfnissen" bringen jemanden dazu, einen anderen Menschen zu vergewaltigen?

Rosenberg: Es hat natürlich nichts mit Sex zu tun. Es hat mit der Zärtlichkeit zu tun, von der die Leute nicht wissen, wie sie sie bekommen können, und die sie oft mit Sex verwechseln. In fast allen Fällen waren die Vergewaltiger selbst Opfer sexueller Übergriffe oder körperlicher Misshandlungen und wollen, das jemand anderes versteht, wie schrecklich es sich anfühlt, in der passiven schwachen Rolle zu sein. Sie brauchen Empathie und haben auf eine destruktive Art versucht, sie zu bekommen: indem sie jemand anderem ähnliches Leid zufügten. Aber das Bedürfnis ist universell. Alle Menschen haben dieselben Bedürfnisse. Zum Glück befriedigen die meisten von uns sie auf Arten, die für andere und uns selbst nicht destruktiv sind.

Killian: Im Westen haben wir lange geglaubt, dass Bedürfnisse kontrolliert und verleugnet werden müssen, doch Sie schlagen das Gegenteil vor, nämlich dass Bedürfnisse anerkannt und erfüllt werden müssen.

Rosenberg: Ich würde sagen, bei uns lernen die Leute, ihre Bedürfnisse zu verkennen. Statt sie zu lehren, sich ihre Bedürfnisse bewusst zu machen, fördern wir ihre Abhängigkeit von ineffektiven Strategien, sie zu befriedigen. Das Konsumdenken lässt die Menschen glauben, dass ihre Bedürfnisse durch den Besitz eines bestimmten Gegenstands befriedigt werden. Sie lernen, dass Rache ein Bedürfnis ist, dabei ist sie in Wirklichkeit eine miserable Strategie. Vergeltende Gerechtigkeit an sich ist eine miserable Strategie. Mit all dem vermischt ist ein Glaube an Wettbewerb, nach dem wir unsere Bedürfnisse nur auf Kosten anderer befriedigen können. Und nicht nur das. Nach diesem Glauben ist es heldenhaft und eine Freude, zu gewinnen, jemand anderen zu besiegen.

Deshalb ist es sehr wichtig, Bedürfnisse von Strategien zu unterscheiden und den Leuten klarzumachen, dass jede Strategie, die ihre Bedürfnisse auf Kosten anderer befriedigt, nicht all ihre Bedürfnisse befriedigt. Denn immer wenn man sich auf eine Art verhält, die anderen schadet, schadet man letztlich auch sich selbst. Wie der Philosoph Elbert Hubbard einmal sagte: „Wir werden nicht *für* unsere Sünden bestraft, sondern *durch* sie."

Ob ich mit Drogensüchtigen in Bogota, Kolumbien, arbeite oder mit Alkoholabhängigen in den Vereinigten Staaten oder mit Sexualstraftätern in Gefängnissen: Als Erstes mache ich ihnen stets klar, dass ich nicht da bin, um sie von dem, was sie tun, abzuhalten. „Das haben andere schon versucht", sage ich. „Wahrscheinlich haben Sie es auch selbst versucht, und es hat nicht funktioniert." Ich sage ihnen, dass ich da bin, um ihnen zu helfen, sich darüber klar zu werden, welche Bedürfnisse durch dieses Verhalten befriedigt werden. Und wenn wir geklärt haben, welche Bedürfnisse sie haben, lehre ich sie, wie sie effektivere und weniger folgenschwere Möglichkeiten finden können, diese Bedürfnisse zu befriedigen.

Killian: Die Gewaltfreie Kommunikation scheint sich sehr auf Gefühle zu konzentrieren. Was ist mit der logischen, analytischen Seite der Dinge? Hat sie darin auch einen Platz?

Rosenberg: Die Gewaltfreie Kommunikation konzentriert sich auf das, was in uns lebendig ist und was das Leben besser machen würde. Das, was in uns lebendig ist, sind unsere Bedürfnisse, und ich meine damit die universellen Bedürfnisse, die alle Lebewesen haben. Unsere Gefühle zeigen lediglich, was mit unseren Bedürfnissen geschieht. Wenn unsere Bedürfnisse erfüllt werden, fühlen wir uns wohl. Wenn unsere Bedürfnisse nicht erfüllt werden, empfinden wir Schmerz. Das schließt Analysen nicht aus. Wir unterscheiden nur zwischen lebensdienlichen und lebensentfremdenden Analysen. Wenn ich zu Ihnen sage „Ich bin unglücklich über meine Beziehung zu meinem Sohn. Mir liegt wirklich viel an seiner Gesundheit, und ich sehe, dass er sich schlecht ernährt und raucht", dann fragen Sie vielleicht: „Was glauben Sie, warum er das tut?" Sie würden mich auffordern, die Situation zu analysieren und seine Bedürfnisse zu ermitteln.

Eine Analyse ist nur dann ein Problem, wenn sie nicht dem Leben dient, sondern uns von ihm trennt. Wenn ich beispielsweise zu Ihnen sagen würde „Für mich ist George Bush ein Monster", könnten wir eine lange Diskussion darüber führen, und vielleicht denken wir, es sei eine interessante Diskussion, aber sie hätte keine Verbindung zum Leben. Das würden wir jedoch nicht erkennen, weil vielleicht keiner von uns je ein Gespräch geführt hat, das lebensverbindend war. Wir gewöhnen uns so daran, auf der analytischen Ebene zu reden, dass wir vielleicht mit unbefriedigten Bedürfnissen durchs Leben gehen und es nicht einmal wissen. Der Komiker Buddy Hackett pflegte zu sagen, dass er erst, als er Soldat wurde, erkannte, dass man auch vom Essen aufstehen konnte, ohne Sodbrennen zu haben. Er hatte sich so an die Küche seiner Mutter gewöhnt, dass Sodbrennen für ihn zum Leben dazugehörte. Und ich denke, in der Kultur der gebildeten amerikanischen Mittelklasse ist Unverbundenheit etwas, das für sie zum Leben dazugehört. Wenn Menschen Bedürfnisse haben und nicht auf direkte Art mit ihnen umzugehen wissen, gehen sie sie indirekt an, über intellektuelle Diskussionen. Mit dem Ergebnis, dass das Gespräch leblos ist.

Killian: Doch wenn wir uns der Meinung anschließen, dass Bush ein Monster ist, verbinden wir uns zumindest auf der Ebene von Werten.

Rosenberg: Und das befriedigt einige Bedürfnisse – jedenfalls mehr, als wenn ich Ihnen widerspreche oder ignoriere, was Sie sagen. Aber stellen Sie sich vor, wie das Gespräch verlaufen könnte, wenn wir lernen würden zu hören, was hinter den Worten und Meinungen lebendig ist, und uns auf dieser Ebene zu verbinden. Das Grundprinzip des GFK-Trainings ist, dass alle moralischen Urteile, positive wie negative, tragische Äußerungen von Bedürfnissen sind. Kritik, Analysen und Beleidigungen sind tragische Äußerungen von unbefriedigten Bedürfnissen, während Lob und Komplimente tragische Äußerungen von befriedigten Bedürfnissen sind.

Also warum verfangen wir uns in dieser toten, Gewalt provozierenden Sprache? Warum lernen wir nicht, auf der Ebene zu leben, auf der das Leben sich wirklich abspielt? Die GFK betrachtet die Welt nicht durch eine rosarote Brille. Wir kommen der Wahrheit näher, wenn wir uns mit dem verbinden, was in anderen lebendig ist, als wenn wir nur auf das hören, was sie denken.

Killian: Wie diskutiert man in einer Sprache der Gefühle über das Weltgeschehen?

Rosenberg: Jemand, der die GFK einigermaßen beherrscht, könnte sagen: „Mir wird himmelangst, wenn ich sehe, durch welche Maßnahmen Bush uns zu schützen versucht. Ich fühle mich dadurch kein bisschen sicherer." Und darauf könnte jemand, der anderer Meinung ist, erwidern: „Ich teile dein Bedürfnis nach Sicherheit, aber ich finde es beängstigend, nichts zu tun." Schon reden wir nicht nur über George Bush, sondern über die Gefühle, die in uns beiden lebendig sind.

Killian: Und kommen dem Nachdenken über Lösungen näher?

Rosenberg: Ja, weil wir anerkannt haben, dass wir beide dieselben Bedürfnisse haben. Wir sind uns nur auf der Ebene der Strategien uneinig. Wie gesagt, alle Menschen haben dieselben Bedürfnisse. Wenn unser Bewusstsein auf das fokussiert ist, was in uns lebendig ist, sehen wir nie ein fremdartiges Wesen vor uns. Andere Menschen haben vielleicht andere Strategien, um ihre Bedürfnisse zu befriedigen, doch sie sind keine Aliens.

Killian: Gerade jetzt hätten einige Leute in den Vereinigten Staaten große Probleme, das zu hören. Während einer Gedenkfeier zum 11. September hörte ich einen Polizisten sagen, alles, was er wolle, sei „Rache".

Rosenberg: Eine Regel unseres Trainings lautet: Empathie vor Erklärung. Ich würde nicht erwarten, dass Menschen, die traumatisiert wurden, hören, was ich sage, solange sie nicht das Gefühl haben, dass ich die Tiefe ihres Schmerzes voll verstanden habe. Erst nachdem sie Empathie von mir erfahren haben, würde ich meine Befürchtung äußern, dass unser Plan, Vergeltung zu üben, uns nicht sicherer machen wird.

Killian: Sind Sie immer schon ein gewaltloser Revolutionär gewesen?

Rosenberg: Viele Jahre lang war ich das nicht. Damals erschreckte ich Menschen eher, als dass ich ihnen half. Ich muss zugeben, dass ich, als ich mich gegen Rassismus in den USA engagierte, mehr als nur ein paar Leute mit Vorwürfen konfrontierte wie: „Das war eine rassistische Äußerung!" Ich sagte das voller Zorn, weil ich die andere Person im Geiste entmenschlichte. Und ich sah keine der Veränderungen, die ich mir wünschte.

Damals half mir eine feministische Gruppe aus Iowa namens HERA. Die Frauen fragten mich: „Stört es dich nicht, dass deine Arbeit eher gegen Gewalt als für das Leben ist?" Und ich erkannte, dass ich versuchte, Menschen dazu zu bringen, die Missstände um sie herum zu sehen, indem ich ihnen sagte, wie sie zu ihnen beitrugen. Auf diese Weise erzeugte ich nur mehr Widerstand und Feindseligkeit. HERA half mir, vom bloßen Reden darüber, dass man andere nicht beurteilen soll, zu dem zu kommen, was das Leben bereichern und schöner machen kann.

Killian: Sie haben an der klinischen Psychologie kritisiert, dass sie sich auf die Pathologie konzentriert. Haben Sie auch schon Psychotherapeuten und Psychiater in die GFK eingeführt?

Rosenberg: Ja, viele, aber die meisten Menschen, die ich trainiere, sind weder Therapeuten noch Ärzte. Ich teile die Auffassung des Theologen Martin Buber, der sagte, dass man als Psychotherapeut keine Psychotherapie durchführen kann. Menschen heilen von ihrem Schmerz, wenn sie eine authentische Verbindung mit einem anderen Menschen haben, und ich denke nicht, dass zwei Personen eine authentische Verbindung haben können, wenn die eine die Rolle des Therapeuten oder der Therapeutin einnimmt und die andere in Form einer Diagnose beurteilt. Und wenn Patienten sich für kranke Menschen halten, die da sind, um eine Behandlung zu bekommen, dann beginnt das Gespräch unter der Prämisse, dass mit ihnen etwas nicht stimmt, und das steht der Heilung im Weg. Ja, das lehre ich auch Psychotherapeuten, aber meistens vermittle ich es gewöhnlichen Menschen, weil wir alle eine authentische Verbindung zueinander herstellen können, und aus dieser authentischen Verbindung heraus findet Heilung statt.

Killian: Empathie und Mitgefühl scheinen eine Grundlage aller religiösen Traditionen zu sein – das blutende Herz Christi und das Leben des Heiligen Franziskus sind zwei Beispiele aus dem Christentum. Doch im Namen der Religion wurden schon furchtbare Gewalttaten begangen.

Rosenberg: Der Sozialpsychologe Milton Rokeach führte Studien über praktizierende Gläubige der sieben großen Religionen durch. Er befragte Menschen, die die Gebote ihrer Religion streng befolgten, und verglich sie mit anderen aus derselben Bevölkerungsgruppe, die gar keine religiöse Ausrichtung hatten. Er wollte herausfinden, welche Gruppe mitfühlender war. Die Ergebnisse waren bei allen Religionen gleich: die nichtreligiösen Menschen waren mitfühlender. Rokeach mahnte seine Leserschaft jedoch zur Vorsicht bei der Interpretation seiner Forschungsergebnisse, weil es in jeder religiösen Gruppe zwei radikal verschiedene Untergruppen gab: eine Mainstream-Gruppe und eine mystische Minderheit. Wenn man nur die mystische Minderheit betrachtete, stellte man fest, dass sie mitfühlender war als die Allgemeinbevölkerung insgesamt.

Nach dem religiösen Verständnis der Mainstream-Gruppe müssen Gläubige Opfer bringen und sich an viele verschiedene Vorschriften halten, um ihre Frömmigkeit zu beweisen, während die mystische Minderheit Mitgefühl und Empathie als Teile der menschlichen Natur betrachtet. Wir *sind* diese göttliche Energie, sagen sie. Sie ist nicht etwas, um das wir uns bemühen müssen. Wir müssen sie nur wahrnehmen, uns ihrer bewusst werden. Leider sind solche Gläubigen in der Minderheit und werden oft von Fundamentalisten innerhalb ihrer eigenen Religionen verfolgt. Chris Rajendram, ein Jesuitenpater aus Sri Lanka, und Erzbischof Simon aus Burundi sind zwei Männer, die täglich ihr Leben riskieren, um die Bürgerkriegsparteien zusammenzubringen. Sie betrachten die Botschaft Christi nicht als Aufforderung, sich zu zügeln oder über dieser Welt zu stehen, sondern als eine Bestätigung, dass wir diese Energie des Mitgefühls *sind*. Nafez Assailez, ein Muslim, mit dem ich zusammenarbeite, sagt, dass es ihn schmerzt, jemanden im Namen des Islam töten zu sehen. Das ist ihm unbegreiflich.

Killian: Die Vorstellung, dass wir böse sind und tugendhaft werden müssen, impliziert ein moralisches Urteil.

Rosenberg: Ja, natürlich. Rokeach nennt diese dogmatische Gruppe die „Salvationisten" (*the salvationists*). Das Ziel ist für sie, zum Lohn in den Himmel zu kommen. Man versucht, die Lehren der eigenen Religion also nicht deshalb zu befolgen, weil man ein Bewusstsein für die eigene Göttlichkeit verinnerlicht hat und sich auf eine mitfühlende Art mit anderen verbinden will, sondern weil diese Lehren „richtig" sind; und man wird belohnt, wenn man „das Richtige" tut, und bestraft, wenn man es nicht tut.

Killian: Und die mystische Minderheit hat die göttliche Präsenz erfahren und erkennt sie in sich selbst und anderen?

Rosenberg: Genau. Und oft sind es diese Menschen, die mich einladen, Gewaltfreie Kommunikation zu lehren, weil sie sehen, dass unser Training hilft, Menschen zu diesem Bewusstsein zurückzubringen.

Killian: Sie sprachen von einer „Dominanzkultur". Ist das dasselbe wie „Salvationismus"?

Rosenberg: Ich begann den Begriff „Dominanzkultur" zu verwenden, nachdem ich die Werke von Walter Wink gelesen hatte, insbesondere sein Buch *Engaging the Powers*. Seiner Auffassung nach leben wir in Strukturen, in denen eine Minderheit über die Mehrheit herrscht. Schauen Sie sich die Struktur von Familien in den USA an: Die Eltern behaupten, immer zu wissen, was richtig ist, und stellen zum Wohle aller die Regeln auf. Schauen Sie sich unsere Schulen an. Schauen Sie sich unsere Arbeitsplätze an. Schauen Sie sich unsere Regierung und unsere Religionen an. Auf allen Ebenen gibt es Autoritäten, die anderen Menschen ihren Willen aufzwingen und behaupten, es sei zum Wohle aller. Ihre Grundstrategie, um zu bekommen, was sie wollen, ist Bestrafung und Belohnung. Das meine ich mit Dominanzkultur.

Killian: Anscheinend werden aus Bewegungen und Institutionen, die anfangs Veränderungen bewirken, am Ende oft Herrschaftssysteme.

Rosenberg: Ja, Menschen verkünden schöne neue Botschaften, wie man zum Leben zurückkehren kann, doch die Menschen, zu denen sie sprechen, sind so lange beherrscht worden, dass sie die Botschaften auf eine Weise interpretieren, die die Dominanzstrukturen fördert. Als ich in Israel war, gab es in unserem Team einen orthodoxen Rabbi. Eines Abends las ich ihm ein paar Stellen aus der Bibel vor, die ich nach dem Sabbatmahl in seinem Haus studiert hatte. In einer stand etwas wie: „Lieber Gott, gib uns die Macht, unseren Feinden die Augen auszureißen." Ich fragte ihn: „Sag, David, wie findest du Schönheit in so einer Bibelstelle?" Er erwiderte: „Oberflächlich betrachtet ist sie natürlich äußerst hässlich, Marshall. Du musst versuchen zu hören, was hinter dieser Botschaft ist."

Also nahm ich mir die Bibelstellen noch einmal vor und versuchte zu hören, was der Mensch, von dem diese Äußerung stammte, gesagt haben könnte, wenn er gewusst hätte, wie man es in Gefühlen und Bedürfnissen ausdrückt. Es war faszinierend, denn was, oberflächlich betrachtet, hässlich war, konnte ganz anders aussehen, wenn man die Gefühle und Bedürfnisse dieses Menschen spürte. Ich glaube, dass er eigentlich sagte: „Lieber Gott, bitte beschütze uns vor Menschen, die uns Leid zufügen könnten, und gib uns eine Möglichkeit, zu verhindern, dass das geschieht."

Killian: Sie sagten, dass von den verschiedenen Formen von Gewalt – der physischen, der psychischen und der institutionellen – die physische am wenigsten zerstörerisch ist. Warum?

Rosenberg: Physische Gewalt ist immer ein Nebenergebnis. Ich habe in Gefängnissen mit Menschen geredet, die Gewaltverbrechen begangen hatten. Sie sagen: „Er hatte es verdient. Der Kerl war ein Arschloch." Es ist ihr Denken, das mich erschreckt, wie sie ihre Opfer entmenschlichen, indem sie sagen, dass sie es verdient haben zu leiden. Die Tatsache, dass der Mann loszog und einen anderen Menschen erschoss, erschreckt mich auch, aber das Denken, dass dazu führte, erschreckt mich mehr, weil es in einem großen Teil der Menschheit tief verwurzelt ist.

Als ich zum Beispiel mit israelischen Polizisten arbeitete, fragten sie mich: „Was machen Sie, wenn jemand bereits auf Sie schießt?" Und ich sagte: „Schauen wir uns die letzten fünf Situationen an, in denen jemand auf Sie geschossen hat. Als Sie am Ort des Geschehens eintrafen, schoss die andere Person da bereits?" Nein, in keiner der fünf Situationen. In allen Fällen fanden mindestens drei Wortwechsel statt, bevor Schüsse fielen. Die Polizisten rekonstruierten das Gespräch für mich, und ich hätte nach den ersten beiden Wortwechseln vorhersagen können, dass es zu Gewalt kommen würde.

Killian: Doch Sie sagten, dass physische Gewalt manchmal notwendig ist. Würden Sie die Todesstrafe einschließen?

Rosenberg: Nein. Wenn wir uns um wiedergutmachende Gerechtigkeit bemühen, will ich, dass die Täter im Gefängnis bleiben, bis wir fertig sind. Und ich bin für jedes physische Eingreifen, das nötig ist, um sie von der Straße zu bekommen. Aber ich betrachte das Gefängnis nicht als eine Strafanstalt, sondern als einen Ort, wo gefährliche Leute untergebracht werden, bis wir die notwendige Wiedergutmachungsarbeit durchführen können. Ich habe mit einigen ziemlich furchterregenden Leuten gearbeitet, sogar mit Serienmördern. Aber wenn ich dabei blieb und den psychiatrischen Standpunkt vergaß, dass manche Leute zu kaputt sind, um sich je zu ändern, sah ich Fortschritte.

Als ich in Schweden mit Gefangenen arbeitete, erzählte mir der Gefängnisleiter von einem Mann, der fünf Menschen getötet hatte, möglicherweise sogar mehr. „Sie werden ihn gleich kennenlernen", sagte er. „Er ist ein Monster." Ich ging in den Raum, und da war er – ein großer kräftiger Mann, sein Arme über und über mit Tätowierungen bedeckt. Am ersten Tag starrte er mich nur an, ohne ein Wort zu sagen. Auch am zweiten Tag starrte er mich nur an. Ich wurde langsam sauer auf den Gefängnisleiter. *Warum, zum Teufel, hatte er diesen Psychopathen in meine Gruppe gesteckt?* Ich griff bereits auf die klinische Diagnose zurück.

Am dritten Morgen sagte dann einer meiner Kollegen: „Ich sehe, dass du gar nicht mit ihm geredet hast, Marshall." Da erkannte ich, dass ich diesen eingeschüchterten Häftling nicht angesprochen hatte, weil der bloße Gedanke, mich ihm zu öffnen, mir eine Heidenangst einjagte. So betrat ich den Raum und sagt zu dem Mörder: „Ich habe von einigen der Taten gehört, die Sie ins Gefängnis brachten, und wenn Sie Tag für Tag nur dasitzen und mich anstarren, ohne ein Wort zu sagen, empfinde ich Angst. Ich würde gerne wissen, was in Ihnen vorgeht."

Er fragte mich: „Was wollen Sie hören?" Und dann begann er zu reden.

Wenn ich mich nur zurücklehne und eine Diagnose stelle, weil ich denke, dass man an solche Leute nicht herankommt, werde ich sie nicht erreichen. Doch wenn ich die nötige Zeit und Energie investiere und ein Risiko eingehe, erreiche ich immer irgendetwas. Je nachdem, wie viel Schaden jemandem zugefügt wurde, kann es nötig sein, drei, vier oder fünf *Jahre* lang täglich Energie zu investieren, um den Frieden wiederherzustellen. Und darauf sind die meisten Systeme nicht eingerichtet. Wenn wir nicht in der Lage sind, jemandem das zu geben, was er oder sie braucht, um sich zu ändern, dann wäre meine zweite Wahl, dass diese Person im Gefängnis bleibt. Aber ich würde niemanden töten.

Killian: Sollten schreckliche Taten für die Personen, die sie begangen haben, nicht schwerwiegende Konsequenzen haben? Manche könnten es als ein sehr mildes Urteil empfinden, nur den Frieden wiederherzustellen.

Rosenberg: Nun, das hängt davon ab, was wir wollen. Eines wissen wir aus Statistiken über unser Justizvollzugssystem: Wenn zwei Menschen das gleiche Gewaltverbrechen begehen und der eine dafür ins Gefängnis kommt, der andere dagegen nicht – aus welchen Gründen auch immer –, dann besteht bei der Person, die ins Gefängnis kommt, eine viel höhere Wahrscheinlichkeit, dass sie weitere Gewalttaten verübt. Als ich das letzte Mal im Twin-Rivers-Gefängnis im Bundesstaat Washington war, saß dort ein junger Mann ein, der schon drei Haftstrafen wegen sexueller Belästigung von Kindern verbüßt hatte. Die Versuche, sein Verhalten durch Bestrafung zu ändern, waren eindeutig erfolglos gewesen. Unser derzeitiges System funktioniert nicht. Dagegen zeigen in Minnesota und Kanada durchgeführte Forschungsprojekte, dass bei einem Täter, der einen Prozess wiedergutmachender Gerechtigkeit durchläuft, eine viel geringere Wahrscheinlichkeit besteht, dass er wieder gewalttätig wird.

Wie ich schon sagte, Strafgefangene wollen sich lediglich entschuldigen – sie wissen nur zu gut, wie das geht. Doch wenn ich sie an den Ohren ziehe und nachvollziehen lasse, wie sehr das Opfer als Folge ihrer Handlungen gelitten hat, und wenn ich diese Kriminellen auffordere, in sich zu gehen und mir zu sagen, was *sie* fühlten, als sie ihre Taten begingen, ist das für sie eine sehr beängstigende Erfahrung. Viele sagen: „Bitte schlagen Sie mich, töten Sie mich, aber ersparen Sie mir das."

Killian: Sie sprechen von einer beschützenden Anwendung von Macht. Würden Sie Streiks oder Boykotte als eine beschützende Anwendung von Macht betrachten?

Rosenberg: Sie können es sein. Mit diesem Thema hat Gene Sharp sich sehr lange
beschäftigt. Er schrieb Bücher darüber und hat einen großartigen Artikel mit dem
Titel *168 Applications of Nonviolent Force* ins Internet gestellt. Er zeigt auf, wie im
Laufe der Geschichte Macht gewaltfrei eingesetzt wurde, um Gewalt zu verhindern
und Menschen zu beschützen, statt zu bestrafen.

Ich arbeitete in San Francisco mit einer Gruppe von Eltern, die über den Direktor
der Schule ihrer Kinder sehr beunruhigt waren. Sie sagten, er breche den Willen
der Kinder. Also trainierte ich mit den Eltern, wie sie mit dem Direktor kommunizieren konnten. Sie versuchten mit ihm zu reden, doch er sagte: „Verschwinden
Sie. Niemand sagt mir, wie ich meine Schule zu leiten habe." Da erklärte ich ihnen
das Konzept der beschützenden Anwendung von Macht. Jemand von ihnen schlug
einen Streik vor: Sie würden ihre Kinder nicht zum Unterricht schicken und vor
der Schule mit Transparenten demonstrieren, auf denen alle lesen konnten, was
für ein Mensch dieser Schulleiter war. Ich erklärte ihnen, dass sie den beschützenden Einsatz von Macht mit bestrafender Macht vermischten, denn dieser Vorschlag klang, als wollten sie den Mann bestrafen. Der beschützende Einsatz von
Macht konnte nur funktionieren, sagte ich, wenn sie klar vermittelten, dass ihre
Absicht darin bestand, ihre Kinder zu beschützen, und nicht darin, den Schul-
direktor zu verunglimpfen oder zu entmenschlichen. Ich schlug ihnen vor, auf
den Transparenten ihre Bedürfnisse zu äußern: „Wir wollen kommunizieren. Wir
wollen unsere Kinder zur Schule schicken."

Der Streik war sehr erfolgreich, aber nicht auf die Art, die wir uns vorgestellt
hatten. Als die Schulbehörde von einigen Dingen erfuhr, die dieser Direktor tat,
wurde er gefeuert.

Killian: Aber Demonstrationen, Streiks und Kundgebungen werden von den Medien
oft als aggressiv dargestellt.

Rosenberg: Ja. Bei einigen Demonstrationen der Globalisierungsgegner sahen wir
Leute zu weit gehen. Manche, die aufzuzeigen versuchen, wie schrecklich Groß-
konzerne sind, gehen unter dem Deckmantel einer beschützender Anwendung
von Macht bisweilen ziemlich gewaltsam vor.

Zwei Dinge unterscheiden gewaltfreie von gewaltsamen Aktionen. Erstens gibt
es vom gewaltfreien Standpunkt aus keinen Feind. Man sieht keinen Feind. Das
eigene Denken ist klar darauf fokussiert, die eigenen Bedürfnisse zu schützen. Und
zweitens hat man nicht die Absicht, die andere Seite leiden zu lassen.

Killian: Die US-Regierung scheint Schwierigkeiten zu haben, die beiden Arten von
Aktionen zu unterscheiden. Sie versucht Krieg akzeptabel klingen zu lassen, indem
sie an unser Bedürfnis nach Sicherheit appelliert, und dann handelt sie aggressiv.

Rosenberg: Nun, wir müssen uns schützen. Aber Sie haben recht, es ist so viel anderes
damit vermischt. Wenn die Bevölkerung nur vergeltende Gerechtigkeit kennt, will
sie nichts mehr, als jemanden leiden sehen. In den meisten Fällen, in denen wir am

Ende Gewalt einsetzen, hätte diese durch andere Arten zu verhandeln verhindert werden können. Ich habe keinen Zweifel, dass das möglich gewesen wäre, wenn wir den Botschaften, die so viele Jahre lang aus der arabischen Welt kamen, zugehört hätten. Das war keine neue Situation. In diesen Botschaften wurde immer wieder auf viele verschiedene Arten Schmerz zum Ausdruck gebracht, und wir reagierten nicht mit Empathie oder Verständnis. Und wenn wir den Schmerz anderer nicht hören, kommt er weiterhin auf Arten heraus, die Empathie noch schwieriger machen.

Wenn ich das sage, meinen die Leute oft, ich würde rechtfertigen, was die Terroristen am 11. September getan haben. Das tue ich natürlich nicht. Ich sage, die beste Antwort darauf wäre zu prüfen, wie wir es von vornherein hätten verhindern können.

Killian: Einige Menschen in den Vereinigten Staaten denken, dass es eine beschützende Anwendung von Macht ist, den Irak zu bombardieren.

Rosenberg: Ich würde sie fragen: Was ist Ihr Ziel? Ist es Schutz? Bestimmte Verhandlungsmethoden, die nie versucht wurden, wären beschützender als jede Anwendung von Macht. Unsere einzige Option ist eine radikal andere Art der Kommunikation. Wir erreichen den Punkt, an dem keine Armee Terroristen davon abhalten kann, unsere Flüsse zu vergiften oder die Luft zu verpesten. Wir gelangen an einen Punkt, wo unser bester Schutz darin besteht, mit den Menschen, die wir am meisten fürchten, zu reden. Nichts anderes wird funktionieren.

Anhang 2

Liste der Gefühle und Bedürfnisse

Gefühle, wenn Bedürfnisse befriedigt werden

LIEBEVOLL	INSPIRIERT	ERFRISCHT	FREUDIG ERREGT
mitfühlend	erstaunt	belebt	erstaunt
freundlich	ehrfürchtig	verjüngt	beseelt
liebevoll	staunend	erholt	begeistert
offenherzig		ausgeruht	aufgeregt
verständnisvoll	PRÄSENT	erquickt	verblüfft
zärtlich	hellwach	fit	begierig
herzlich	neugierig		energiegeladen
	vertieft	DANKBAR	ausgelassen
ZUVERSICHTLICH	entzückt	anerkennend	beschwingt
gestärkt	fasziniert	bewegt	lebendig
offen	interessiert	froh	leidenschaftlich
stolz	gespannt	berührt	überrascht
sicher	beteiligt		enthusiastisch
geschützt	gefesselt		
	gebannt		
	angeregt		

Gefühle, wenn Bedürfnisse nicht befriedigt werden

ANGST	WUT	ABNEIGUNG	ANGESPANNT
bange	ärgerlich	schockiert	ängstlich
panisch	aufgebracht	angewidert	missgestimmt
wie versteinert	zornig	abgestoßen	gereizt
verängstigt	fuchsteufelswild	Antipathie	nervös
misstrauisch	empört	Hass	überwältigt
erschreckt	voller Groll	Abscheu	gestresst
argwöhnisch			
besorgt	UNSICHER	TRAURIG	UNVERBUNDEN
	beschämt	deprimiert	entfremdet
UNRUHE	gedemütigt	verzweifelt	teilnahmslos
aufgewühlt	verletzt	entmutigt	gelangweilt
verstört	befangen	niedergeschlagen	unbeteiligt
ruhelos	verlegen	bedrückt	distanziert
bestürzt		unglücklich	gleichgültig
unbehaglich	MÜDE		abgestumpft
unwohl	fix und fertig	VERLETZLICH	
unsicher	ausgebrannt	zerbrechlich	SCHMERZ
verwirrt	ausgelaugt	unsicher	gequält
gespalten	erschöpft	bedürftig	am Boden zerstört
perplex	abgeschlagen	verwundbar	todunglücklich
unschlüssig	schlapp	empfindlich	verletzt
verloren			einsam
durcheinander	VERSTIMMT	SEHNSUCHT	elend
hin- und hergerissen	verärgert	Verlangen	untröstlich
	frustriert	Neid	
	ungehalten	Wehmut	
	irritiert	sehnlicher Wunsch	
	genervt		

Bedürfnisse

VERBINDUNG	EHRLICHKEIT	SINN
Akzeptanz	Authentizität	Achtsamkeit
Zuneigung	Integrität	Feiern
Wertschätzung	Präsenz	Herausforderung
Zugehörigkeit		Klarheit
Nähe	FRIEDEN	Kompetenz
Kommunikation	Schönheit	Bewusstsein
Gemeinschaft	Verbundenheit	Engagement / einen Beitrag
Freundschaft	Leichtigkeit	leisten
Mitgefühl	Gleichheit	Kreativität
Rücksicht	Harmonie	Erkenntnis
Beständigkeit	Inspiration	Effektivität
Zusammenarbeit	Ordnung	Effizienz
Empathie		Wachstum
Intimität	SPIEL	Integration
Liebe	Freude	Lernen
Gegenseitigkeit	Humor	Trauern
Geborgenheit	Abenteuer	Bewegung
Austausch		Mitwirkung
Respekt / Selbstachtung	KÖRPERLICHES WOHLBEFINDEN	Bestimmung / Ziele
Sicherheit	Luft	verwirklichen
Schutz	Nahrung	Selbstausdruck
gemeinsame Realität	Bewegung / Körpertraining	Anregung
Stabilität	Ruhe / Schlaf	Verständnis
Unterstützung	sexueller Ausdruck	
kennen und gekannt werden	Sicherheit (Schutz vor lebens-	AUTONOMIE
sehen und gesehen werden	bedrohlichen Situationen)	Wahlmöglichkeiten
verstehen und verstanden	Unterkunft	Würde
werden	Körperkontakt	Freiheit
Vertrauen	Wasser	Unabhängigkeit
Wärme		Raum
		Spontaneität

Literatur

Bryson, Kelly B. (2006): *Sei nicht nett, sei echt! Ein Gleichgewicht zwischen Liebe für uns selbst und Mitgefühl mit anderen finden.* Paderborn: Junfermann.

Carkhuff, Robert R. (1993): *The Art of Helping.* Amherst: Human Ressource Development Press.

Eisler, Riane (1989): *Von der Herrschaft zur Partnerschaft. Weibliches und männliches Prinzip in der Geschichte.* München: Bertelsmann.

Foucault, Michel (1993): *Überwachen und Strafen: Die Geburt des Gefängnisses.* Frankfurt a.M.: Suhrkamp.

Frankl, Viktor (2009): *... trotzdem Ja zum Leben sagen: Ein Psychologe erlebt das Konzentrationslager.* München: Kösel.

Gendlin, Eugene (2012): *Focusing: Selbsthilfe bei der Lösung persönlicher Probleme.* Reinbek: Rowohlt.

Kashtan, Inbal (2013): *Von Herzen Eltern sein: Die Geschenke des Mitgefühls, der Verbindung und der Wahlfreiheit miteinander teilen.* Paderborn: Junfermann.

Kohn, Alfie (2010): *Liebe und Eigenständigkeit: Die Kunst bedingungsloser Elternschaft, jenseits von Belohnung und Bestrafung.* Freiburg: Arbor.

Lerner, Michael (2002): *Spirit Matters.* Charlottesville: Hampton Roads.

Leu, Lucy (2014): *Gewaltfreie Kommunikation. Das 13-Wochen-Übungsprogramm. Ein praktischer Leitfaden für Übungsgruppen, Selbststudium und GFK-Kurse.* Paderborn: Junfermann.

Maslow, Abraham (1994): *Psychologie des Seins. Ein Entwurf.* Frankfurt a.M.: Fischer.

Piatigorsky, Gregor (1998): *Mein Cello und ich und unsere Begegnungen.* München: dtv.

Rifkin, Jeremy (2010): *Die empathische Zivilisation. Wege zu einem globalen Bewusstsein.* Frankfurt: Campus.

Williamson, Marianne (1993): *Rückkehr zur Liebe: Harmonie, Lebenssinn und Glück durch „Ein Kurs in Wundern".* München: Goldmann.

Wink, Walter (1999): *The Powers That Be: Theology for a New Millennium.* New York: Random House.

Weitere Möglichkeiten und Hilfsmittel, um Gewaltfreie Kommunikation zu lernen

Wir hoffen, dass dieses Buch Ihnen gefallen hat, dass Sie die GFK-Prinzipien schon in Ihrem Leben anwenden konnten und dass Sie im Umgang mit sich selbst und anderen davon profitiert haben. Wenn ja, fragen Sie sich vielleicht: Was ist der nächste Schritt? Ich möchte Ihnen ans Herz legen, falls möglich, erfahrene GFK-Trainerinnen oder GFK-Trainer zu finden, die Sie beim weiteren Üben unterstützen. Wie Sie inzwischen wohl festgestellt haben, sind die GFK-Prinzipien intellektuell leicht zu verstehen. Doch vielleicht haben Sie auch gemerkt, dass es extrem schwierig sein kann, diese Prinzipien im täglichen Leben anzuwenden und zu praktizieren. Wenn Sie mit einer ausgebildeten Trainerin oder einem ausgebildeten Trainer arbeiten, haben Sie Gelegenheit, in Echtzeit „live" zu erleben, wie GFK funktioniert und effektiv praktiziert wird. Über die Website des Center for Nonviolent Communication (CNVC) ↗ http://www.cnvc.org oder über ↗ http://www.gewaltfrei.de finden Sie zertifizierte Trainerinnen und Trainer sowie Gruppen, die Sie beim Üben und Praktizieren unterstützen können.

Vielleicht möchten Sie auch zusammen mit anderen Menschen, die daran interessiert sind, GFK zu einem Teil ihres täglichen Lebens zu machen, eine Übungsgruppe gründen. In diesem Fall sind zwei unten aufgeführte Bücher – von Lucy Leu und von Marshall Rosenberg – eine große Hilfe. Viele GFK-Institute bieten Kurse, Seminare, Workshops, Freizeiten sowie individuelles Training und Coaching an. Auch Mailinglisten liefern nützliche Informationen und helfen beim Lernen der GFK. Außerdem können Sie sich online auf YouTube GFK-Videos anschauen. Nachfolgend haben wir einige hilfreiche Informationsquellen aufgelistet:

Websites

↗ http://www.gewaltfrei.de – deutschsprachige Website mit Listen von Trainerinnen und Trainern sowie weiterführender Literatur und anderen Ressourcen.
↗ http://www.cnvc.org – auf der [englischsprachigen] Website des *Center for Nonviolent Communication* finden Sie inspirierende Artikel über Anwendungen der GFK,

Informationen über Trainer/innen und Trainings auf der ganzen Welt sowie einen Online-Shop, der Bücher, Hörbücher und Videos anbietet.

↗ http://www.nvcacademy.com – die [englischsprachige] Website der *NVC Academy* ist eine ergiebige Quelle für kostenlose und kostenpflichtige GFK-Lernmöglichkeiten und Veranstaltungen über die Anwendung der GFK in vielen Lebensbereichen. Abonnentinnen und Abonnenten erhalten jeden Monat einige Videos zum Herunterladen. Es gibt auch mehrere nützliche Gratis-Tools (zum Beispiel eine Anleitung zum Schreiben „gewaltfreier E-Mails") sowie jeden Donnerstag eine anderthalbstündige Telekonferenz mit zertifizierten Trainerinnen und Trainern.

↗ http://www.nonviolentcommunication.com – die Website des GFK-Verlages PuddleDancer Press gibt einen Überblick über GFK und enthält ein Archiv von Artikeln über eine Vielzahl von GFK-Themen.

GFK-Trainer/innen und GFK-Organisationen

Auf ↗ http://www.CNVC.org oder ↗ http://www.gewaltfrei.de finden Sie Informationen über GFK-Zentren und zertifizierte Trainer/innen auf der ganzen Welt und in Ihrer Region.

Im *Fachverband Gewaltfreie Kommunikation e.V.* sind viele deutschsprachige Trainerinnen und Trainer organisiert. Unter ↗ http://www.fachverband-gfk.org finden sich auch interessante Informationen rund um das Thema GFK.

Diskussionsforen und Mailinglisten

Über ↗ http://www.cnvc.org/connect/e-forums.html gelangen Sie zu den (englischsprachigen) Foren NVC and Social Change, Synergy Communication, NVC in Education und NVC Parenting.

Unter ↗ http://www.gewaltfrei-dach.eu/mailing.php finden Sie unter anderem die Mailingliste von NGFK, einem Informationsnetzwerk für alle, die im deutschsprachigen Raum an der Gewaltfreien Kommunikation interessiert sind, und die Mailingliste von GFK-Eltern-sein (siehe auch ↗ http://de.dir.groups.yahoo.com/group/GFK-Eltern-sein), einer Gruppe zur gegenseitigen Unterstützung, um in alltäglichen Lebenssituationen mit Kindern die einfühlsame Haltung zu üben.

Unter ↗ http://www.xing.com/net/giraffen findet sich die größte deutsche Online-Diskssusionsgruppe, in der über 5000 Teilnehmer einen engagierten und kompetenten Austausch zu allen Aspekten der GFK pflegen.

Bücher

Bryson, Kelly (2006): *Sei nicht nett, sei echt! Ein Gleichgewicht zwischen Liebe für uns selbst und Mitgefühl mit anderen finden.* Paderborn: Junfermann.
Der Autor dieses Buches arbeitete viele Jahre lang als Therapeut mit Einzelpersonen und Paaren. Er wendet GFK an, um Beziehungsprobleme von Erwachsenen zu lösen. Seine Wortgewandtheit macht die Lektüre zu einem Vergnügen.

D'Ansembourg, Thomas (2011): *Endlich ICH sein. Wie man mit anderen zusammenleben und gleichzeitig man selbst bleiben kann.* Freiburg: Herder.
Noch eine Einführung in die GFK; weitere Perspektiven und Erfahrungen können hilfreich sein.

Hart, Sura & Kindle Hodson, Victoria (2007): *Respektvoll miteinander leben. Die 7 Schlüssel zur Konfliktlösung. Wie Eltern und Kinder mithilfe der GFK Konflikte in Kooperation umwandeln können.* Paderborn: Junfermann.
Übungen, Tipps und Anregungen für Eltern, die GFK in ihrer Familie anwenden wollen.

Hart, Sura & Kindle Hodson, Victoria (2006): *Empathie im Klassenzimmer.* Paderborn: Junfermann.

Hart, Sura & Kindle Hodson, Victoria (2010): *Das respektvolle Klassenzimmer. Werkzeuge zur Konfliktlösung und Förderung der Beziehungskompetenz.* Paderborn: Junfermann.
Diese beiden Bücher bieten einen strukturierten Überblick über die GFK und viele wunderbare Übungen und Anregungen, um Kindern im Rahmen einer Gruppe GFK beizubringen. Viele davon würden sich, leicht abgewandelt, auch für das Training mit größeren Kindern (also jungen Erwachsenen) eignen.

Haskvitz, Sylvia (2006): *Ins Gleichgewicht kommen. Essen nach Wahl und nicht aus Gewohnheit.* Paderborn: Junfermann.
Dieses Buch beschreibt einen mitfühlenden Weg zu einem gesunden Essverhalten, einer ausgewogenen Ernährung und körperlichem Wohlbefinden.

Kashtan, Inbal (2005): *Von Herzen Eltern sein. Die Geschenke des Mitgefühls, der Verbindung und der Wahlfreiheit miteinander teilen.* Paderborn: Junfermann.
Die Autorin dieser 48 Seiten umfassenden Schrift ist die Initiatorin des Elternprojekts des *Center for Nonviolent Communication.* Sie zeigt klar auf, was es bedeutet,

zu sich selbst und seinen Kindern mitfühlend zu sein, und gibt viele Beispiele für die Anwendung der GFK in schwierigen Situationen.

Killian, Dian, mit Mark Badger (Illustrator) (2008): *Urban Empathy: True Life Adventures of Compassion on the Streets of New York.* New York: Hungry Duck Press.
In diesem Bilderroman beschreibt die Gründerin und Direktorin des *Center for Collaborative Communication* in New York City anhand konkreter Beispiele aus dem wirklichen Leben die Anwendung von GFK in kritischen Situationen mit Familienmitgliedern, Kindern und völlig Fremden auf den Straßen von New York. Die Geschichten illustrieren, wie man Selbst-Empathie und Empathie mit anderen praktiziert und klare Beobachtungen äußert. Ein weiteres Thema sind „schwierige" Unterhaltungen über Rassismus, Antisemitismus und Homophobie.

Larsson, Liv (2009): *Begegnung fördern. Mediation in Theorie und Praxis. Mit Gewaltfreier Kommunikation vermitteln.* Paderborn: Junfermann.
Dieses Buch beschreibt, wie man mit der GFK in Konflikten zwischen zwei oder mehr Personen (zu denen man möglicherweise selbst gehört) vermitteln kann.

Leu, Lucy (2014): *Gewaltfreie Kommunikation. Das 13-Wochen-Übungsprogramm. Ein praktischer Leitfaden für Übungsgruppen, Selbststudium und GFK-Kurse.* Paderborn: Junfermann.
In diesem Buch finden sich Übungen und Aktivitäten, die auf Rosenbergs Buch *Gewaltfreie Kommunikation. Eine Sprache des Lebens* abgestimmt sind. Der erste Teil des Buches beschreibt, wie man eine Übungsgruppe gründet und organisiert, und enthält wertvolle Tipps, die auf der langjährigen Erfahrung der Autorin beruhen.

Rosenberg, Marshall B. (2004): *Erziehung, die das Leben bereichert. Gewaltfreie Kommunikation im Schulalltag.* Paderborn: Junfermann.
Dieses Buch beschreibt – in Theorie und Praxis – die Anwendung der GFK im Klassenzimmer anhand konkreter Beispiele.

Rosenberg, Marshall B. (2012⁹): *Gewaltfreie Kommunikation. Eine Sprache des Lebens.* Paderborn: Junfermann.
Dieses Werk des „Erfinders" der Gewaltfreien Kommunikation ist die „GFK-Bibel". Was es an Theorie enthält, ist inzwischen zwar größtenteils auch in anderen GFK-Büchern zu finden, doch es enthält Rosenbergs eigene Beispiele und seine Erfahrungen beim Praktizieren von GFK auf der ganzen Welt, auch in von Konflikten und Kriegen erschütterten Regionen. Wenn Sie eine Übungsgruppe gründen wollen, die mit dem oben genannten Übungsbuch von Lucy Leu arbeitet, ist dieses Werk Rosenbergs eine hilfreiche Ergänzung, da Leus Buch darauf abgestimmt ist.

Die vier Schritte des GFK-Prozesses

Klar ausdrücken, wie es *mir geht,*
ohne Vorwürfe oder Kritik zu äußern.

Empathisch aufnehmen, wie es *dir geht,*
ohne Vorwürfe oder Kritik zu hören.

BEOBACHTUNGEN

1. Was ich frei von meinen Bewertungen
beobachte (sehe, höre, erinnere, mir
vorstelle), das zu meinem Wohlergehen
beträgt oder nicht:
„Wenn ich sehe / höre ...“

1. Was du frei von deinen Bewertungen
beobachtest (siehst, hörst, erinnerst, dir
vorstellst), das zu deinem Wohlergehen
beträgt oder nicht:
„Wenn du siehst / hörst ...“
(Wird beim Anbieten von Empathie manchmal
nicht ausgesprochen.)

GEFÜHLE

2. Was ich bei dieser Beobachtung emp-
finde (Gefühl oder Empfindung, kein
Gedanke):
„Ich fühle ...“

2. Was du bei dieser Beobachtung empfindest
(Gefühl oder Empfindung, kein Gedanke):
„Du fühlst ...“

BEDÜRFNISSE

3. Was ich brauche oder schätze (Bedürfnis,
keine Vorliebe oder spezifische Handlung), das meine Gefühle verursacht:
„... weil ich ... brauche / schätze ...“

3. Was du brauchst oder schätzt (Bedürfnis,
keine Vorliebe oder spezifische Handlung),
das deine Gefühle verursacht:
„... weil du ... brauchst / schätzt ...“

Klar um das bitten, was *mein* Leben
bereichern würde (ohne es zu fordern).

Empathisch aufnehmen,
was *dein* Leben bereichern würde
(ohne eine Forderung zu hören).

BITTEN

4. Die konkreten Handlungen, von denen
ich mir wünsche, dass sie in die Tat
umgesetzt werden:
„Wärst du bereit ...?“

4. Die konkreten Handlungen, von denen du
dir wünschst, dass sie geschehen:
„Hättest du gern...?“
(Wird beim Anbieten von Empathie manchmal
nicht ausgesprochen.)

5600 San Francisco Rd. Ste.A.
Albuquerque, NM 87109, USA
E-Mail: cnvc@cnvc.org, Website: ↗ http://www.cnvc.org

Über das Center for Nonviolent Communication

Das Center for Nonviolent Communication (CNVC) ist eine weltweit tätige Organisation, deren Vision eine Welt ist, in der die Bedürfnisse aller Menschen auf friedliche Weise erfüllt werden. Wir fördern die weltweite Verbreitung der Gewaltfreien Kommunikation (GFK).

Das CNVC wurde 1984 von Dr. Marshall Rosenberg gegründet. Seither ist es an einer umfassenden gesellschaftlichen Transformation beteiligt, sowohl was das Denken, die Kommunikation und das Handeln betrifft. Die GFK wird in aller Welt in Gemeinschaften, Schulen, Gefängnissen, Kirchengemeinden, in der Wirtschaft und in vielen anderen Kontexten gelehrt. Es gibt 200 zertifizierte Trainerinnen und Trainer und Hunderte anderer, die Jahr für Jahr ca. 250.000 Menschen in 35 Ländern unterrichten.

Das CNVC ist überzeugt, dass das GFK-Training ein wesentlicher Schritt in einem fortdauernden Prozess ist, um eine einfühlsame und friedliche Gesellschaft aufzubauen.

Über die Gewaltfreie Kommunikation

Ob in Schlafzimmern oder Vorstandsetagen, in Klassenzimmern oder Kriegsgebieten: Tag für Tag verändert die Gewaltfreie Kommunikation das Leben von Menschen. Die GFK ist ein leicht zu begreifender, hochwirksamer Prozess, der friedlich an die Wurzel der Gewalt und des Schmerzes geht. In der GFK untersuchen wir die unerfüllten Bedürfnisse hinter unserem Handeln und hinter dem, was wir sagen, und vermindern so Feindseligkeit, heilen Schmerz und stärken berufliche und private Beziehungen. Die GFK findet Anwendung in Unternehmen, Schulen, Gefängnissen und in der Mediation – und das weltweit. Sie trägt zu einem Kulturwandel bei, indem Institutionen, Unternehmen und Regierungen ein GFK-Bewusstsein in ihre Organisationsstrukturen integrieren und ihm in ihrem Führungsstil Rechnung tragen.

Die meisten Menschen hungern geradezu nach Fertigkeiten, die ihre Beziehungen verbessern können, ihnen ein stärkeres Gefühl geben, etwas bewirken zu können, oder ihnen einfach nur helfen, effektiver zu kommunizieren. Unglücklicherweise wurde den meisten von uns von Geburt an beigebracht, zu urteilen, zu fordern und Diagnosen zu stellen. Wir denken und kommunizieren in den Kategorien „richtig" und „falsch". Im besten Fall führt das zu Kommunikationshemmnissen, Missverständnissen und Frustration. Es kann jedoch auch Ärger und Schmerz hervorrufen und zu Gewalt führen. Ohne es zu wollen, können selbst Menschen mit den besten Absichten sinnlose Konflikte herbeiführen.

Die GFK hilft uns, unter die Oberfläche zu gelangen und zu entdecken, was in uns lebendig ist. Und dass alle Handlungen sich auf menschliche Bedürfnisse zurückführen lassen, die wir zu erfüllen suchen. Mit einem weiterentwickelten Gefühls- und Bedürfniswortschatz fällt es uns leichter, klar auszudrücken, was in einem bestimmten Moment in uns vorgeht. Wenn wir unsere Bedürfnisse verstehen und anerkennen, können wir auch eine gemeinsame Basis für zufriedenstellendere Beziehungen entwickeln. Schließen Sie sich den vielen Tausenden von Menschen in aller Welt an, die ihr Leben und ihrer Beziehungen durch diesen einfachen und dennoch revolutionären Prozess bereits verbessern konnten.

Über die Autorinnen

Dr. **Jane Marantz Connor** ist vom *International Center for Nonviolent Communication* zertifizierte GFK-Trainerin und die Initiatorin des *New York Intensive Residential Training in Nonviolent Communication*. Sie promovierte an der *University of Wisconsin-Madison* in Psychologie und absolvierte das *BayNVC North American Leadership Program*.

Viele Jahre lang lehrte sie (Entwicklungs-)Psychologie und an der *State University of New York* in Binghamton, wo sie gegenwärtig außerordentliche Professorin emerita für Humanentwicklung (human development) ist. Sie gab Kurse in Mitfühlender Kommunikation, multikultureller Psychologie und Sozialpsychologie (*human services*). Janes Kurs in multikultureller Psychologie, der ihr immer besonders am Herzen liegt, hat zum Ziel, Studierenden unterschiedlicher Herkunft zu helfen, einander besser zu verstehen und sich effektiver miteinander zu verbinden. Für diesen Kurs, an dem inzwischen mehr als 400 Studierende pro Semester teilnehmen, erhielt sie den *Chancellor's Award for Excellence in Teaching*. Sie hat auch schon im Nahen Osten sowie in Asien, Afrika und Australien GFK gelehrt und arbeitet zurzeit als GFK-Lehrerin, Trainerin und Beraterin im Raum Washington, D.C.

Dr. **Dian Killian** ist vom *International Center for Nonviolent Communication* zertifizierte GFK-Trainerin, Gründerin und Direktorin des *Center for Collaborative Communication* (ehemals *Brooklyn Nonviolent Communication*) und Lebensberaterin. Sie ist nicht nur die Koautorin dieses Buches, sondern schrieb auch einen (von Mark Badger illustrierten) Bilderroman mit dem Titel *Urban Empathy: True Life Adventures of Compassion on the Streets of New York*. In den USA, Europa und Asien hat Dian Workshops für diverse Organisationen konzipiert und durchgeführt;

darunter für das *New York Open Center*, das *92nd Street Y*, die *New School University*, Kripalu, die *Insight Meditation Society*, das *Omega Institute for Holistic Studies*, die *New York University*, das *U.N. Development Program* und *Fortune-500-Unternehmen*, sowie für ein *Internationales Intensivtraining (IIT)* mit Marshall Rosenberg. Sie ist als sehr integre und engagierte Vermittlerin bekannt, die mit viel Humor, Wärme, Verständnis und Kreativität die GFK lehrt und vorlebt. Sie ist über info@collaborative-communication.org erreichbar.

Weitere Informationen zur Gewaltfreien Kommunikation erhalten Sie beim:
Center for Nonviolent Communication (CNVC)
5600-A San Francisco Rd NE Suite A
Albuquerque, NM 87109 USA
Internet: ↗ http://www.cnvc.org
E-Mail: cnvc@CNVC.org
Tel.: 001-505-244-4041

Unter ↗ http://www.gewaltfrei.de finden Sie auch Informationen zu Trainern im deutschsprachigen Raum.